Palladianismus

Andrea Palladio – Kontinuität von Werk und Wirkung

Palladianismus

Andrea Palladio – Kontinuität von Werk und Wirkung

Werner Oechslin

Eidgenössische Technische Hochschule Zürich

DARCH gta

Departement Architektur
Institut für Geschichte und Theorie der Architektur

Lektorat
Julia Berger, Zürich

Satz
Angelika Wey-Bomhard, Zürich

Gestaltung
Arsenale Editrice, Verona

Fotografien aus den Publikationen
der Stiftung Bibliothek Werner Oechslin
Robert Rosenberg, Einsiedeln

Bildbearbeitung, Druck und Endfertigung
EBS Editoriale Bortolazzi-Stei, Verona
www.ebs-bortolazzi.com

Schriften
Stempel Garamond, Akkurat

Copyright
© 2008 Autor und gta Verlag, ETH Zürich
© Abbildungen: Regione del Veneto/Arsenale Editrice sowie
Stiftung Bibliothek Werner Oechslin

Autor und Verlag haben sich bemüht, alle Inhaber
von Urheberrechten ausfindig zu machen. Sollten dabei Fehler
unterlaufen sein, werden diese entsprechend der Benachrichtigung
in den nachfolgenden Auflagen berichtigt und
die Rechtsansprüche im üblichen Rahmen abgegolten.

Verlag
gta Verlag
ETH Zürich
8093 Zürich
Schweiz
http://books.gta.arch.ethz.ch

ISBN 978-3-85676-239-1

Die Deutsche Bibliothek verzeichnet diese Publikation in der
Deutschen Nationalbibliografie;
detaillierte bibliografische Angaben sind im Internet über
http://dnb.de abrufbar.

Inhaltsverzeichnis

6 Geleitwort
Andreas Tönnesmann

8 «Palladio il Rafaello dell'Architettura»

12 TEIL I

14 «Non res, sed similitudines rerum»
In der Tradition der Nachahmungslehre

18 Vicenza um 1800: Vorstellung und Idee,
Distanz und Nähe zum palladianischen Modell
und der unverzichtbare Genius Loci

38 «[...] il Bello di Proporzione»
Abgrenzung Palladios gegen Regel und Doktrin

44 Das unvermeidliche Bild und seine Verselbstständigung
Fiktives und reales Palladio-Verständnis

56 Zum Wesen der Nachahmung
und zur Begründung der Autorität Palladios

62 «[...] toujours semblable à lui-même»
Die Etablierung von Palladios Ruhm

68 «[...] comprendere, & in disegno ridurlo»
Die Architekturzeichnung als Grundlage
einer späteren Entwurfslehre

74 «[...] a parte per parte», «a membro per membro»
Figuren und Zeichen, Ansätze zu einer Grammatik
und Syntax der Architektur

82 Formgebung, ein schlüssiges Verfahren, und die Metapher
der Sprache in der Architektur des 16. Jahrhunderts

86 «Geometrical pattern» und «grid construction rules»
Formalisierung und der Verlust der Körperlichkeit

90 «Formelsinn», die Sehnsucht
nach einer Elementarlehre der Architektur,
und der Blick auf die
«wirkliche Baupraktik» um 1800

96 «Hausbau und dergleichen»,
«Une maison – un palais»
Palladios erfolgreichste Erfindung, die «usanza nuova»

102 Das «Frontespicio nella facciata dinanti»,
Markenzeichen palladianischer Architektur,
und die ihm zugeordnete Geschichtskonstruktion

116 «Architektur als Körpergestaltung» versus
«Fassaden-Denken» und «Säulenunfug»

124 TEIL II

126 Auf dem Weg zu einer umfassenden «Civilbaukunst»
«Teutsch-Italiänisches» im 17. Jahrhundert

158 Das Regelwerk der französischen Akademie
und der Rückbezug auf Palladios Architektur
Frankreich vom 17. bis zum 19. Jahrhundert

196 «Holländereien» im 17. Jahrhundert
Palladianismus versus Klassizismus

218 «Palladianism» oder «Englishness»
England von 1600 bis 1800

282 Das Grosse und Einfache und das Moderne
Palladianismus vom 18. bis zum 21. Jahrhundert

328 Anmerkungen
336 Bibliografische Notiz
339 Namensregister
341 Ortsregister
342 Bildnachweis

Geleitwort

Architekturbücher erleben derzeit eine Konjunktur wie schon lange nicht mehr. Brillant gemachte Bildbände erobern den Markt. Sie präsentieren die grossen architektonischen Œuvres der Gegenwart und der Vergangenheit, huldigen der Schönheit von Architektur und vertrauen meist der Zugkraft prominenter Namen. Wie steht es heute um das kritische Architekturbuch? Um den fundierten Kommentar, die vergleichende Erläuterung, das wissenschaftliche Argument? Um Publikationen, die neben den bildhaften Eigenschaften der Architektur auch deren räumliche, konstruktive, funktionale, politische und intellektuelle Dimensionen ausloten? Die den Blick auf Themen wagen, denen sich architektonisches Denken und Tun oft über lange Zeiträume verpflichtet? Bücher dieser Art gibt es durchaus. Aber sie trauen sich viel zu selten auf die Foren kultureller Auseinandersetzung, können in Attraktivität und Ausstattung mit populären Büchern nur im Einzelfall konkurrieren und ziehen sich häufig in fachliche Nischen, in Schattenzonen ohne Anspruch auf öffentliche Aufmerksamkeit zurück. Damit lässt die Architekturpublizistik ein Potenzial des intellektuell anspruchsvollen, interdisziplinären Leserinteresses ungenutzt, das innerhalb wie ausserhalb der akademischen Welt darauf wartet, neu angesprochen zu werden.

Mit welcher Art von Architekturbuch wir es bei diesem Band zu tun haben, ist auf den ersten Blick gar nicht so leicht zu sagen. Grossartige Architekturfotografien schlagen schon beim ersten Blättern in den Bann. Sie stellen Bauten in den Mittelpunkt, die kaum in den allenthalben akzeptierten Kanon der Meisterwerke gehören, deren Folge aber Neugier weckt und deren Zusammenhang schon im Anschauen Überzeugungskraft entfaltet. Eine andere Art von Abbildungen tritt hinzu: gedruckte Blätter, Frontispize, beschriftete Darstellungen von Fassaden und Grundrissen, Schnitten und Details, zuweilen auch Texte aus historischen Büchern. Ein Material also, das für die Geschichte architektonischer Lehre und architektonischen Denkens steht, das oft genug ausserhalb der physischen Welt des Gebauten angesiedelt und über engere Fachkreise hinaus selten bekannt wird. In diesem Buch zeigen sich beide Seiten der Architektur, die gedankliche wie die materielle, sofort untrennbar miteinander verbunden. Und damit entschlüsselt sich dem Leser die Dimension, die Werner Oechslin seinem Thema abgewinnt, noch bevor er seine Lektüre überhaupt ernsthaft aufgenommen hat.

Palladianismus – das umständlich klingende, aber seit langem geläufige Wort verweist auf das architektonische Werk Andrea Palladios (1508–1580), der zu den prägenden Persönlichkeiten der italienischen Renaissance gehörte. Zu Lebzeiten hatte der Baumeister Palladio allerdings durchaus nicht die Fortüne, die seinem Schaffen postum zuteil wurde. Insofern ist man versucht, von Palladio als dem Mozart der Architektur zu sprechen. Sein Wirken blieb überwiegend auf das provinzielle Vicenza beschränkt, schon im nahen Venedig hatte Palladio immer wieder Schwierigkeiten, als Architekt akzeptiert zu werden. Erst als Palladio im Jahr 1570 seine bahnbrechenden *Vier Bücher über die Architektur* veröffentlichte, gelang es ihm, auch ausserhalb seiner engeren Heimat aus dem Schatten der Anonymität herauszutreten. Mit dieser intellektuell wie gestalterisch herausragenden Publikation legte er selbst den Grundstein für seinen späteren Ruhm. Vermochte er als Buchautor doch sein singuläres Wissen über antike Architektur nicht nur textlich auszubreiten, sondern in grandiosen Bildtafeln auch dem Auge seines Publikums zu vermitteln und darüber hinaus – ein bis dahin nie gewagtes Experiment – das eigene Schaffen den bewunderten Werken des Altertums zur Seite zu stellen.

Schon bald nach Palladios Tod setzte ein vehementes Interesse an seinem Werk ein, und zwar dank der Lektüre seiner *Vier Bücher*. Zunächst in Venedig, bald aber auch in England, wo Inigo Jones – Zeitgenosse Shakespeares, selbst Theaterpionier und zugleich kongenialer Architekt – Palladios Idiom binnen Kurzem heimisch zu machen verstand. Wie die Aneignung der Architektur Palladios in England vonstattenging und welche langfristigen Wirkungen sie einleitete, ist nach wie vor *das* Musterbeispiel für den glücklichen Verlauf eines kulturellen Rezeptionsprozesses. Nicht Nachahmung allein, sondern vielmehr Neuentdeckung und fruchtbare Anpassung, vor allem aber schöpferische Umdeutung waren die Leitlinien, denen die legitime Besitznahme einer künstlerischen Sprache durch eine ganz andersartige Kultur und Gesellschaft gehorchte. Jones und die Architekten, die ihm nachfolgten, halfen entscheidend mit, England mit Berufung auf Palladio gewissermassen aus dem Stand zu einem ausstrahlenden Zentrum der Klassik in Europa zu machen – was immerhin bedeutete, die antik-mediterrane Tradition so umzuformen, dass sie ihr Erbe einer emanzipativen aristokratischen Kultur und einer protestantischen Gesellschaft ohne zentriertes Weltbild überhaupt angemessen auszahlen konnte.

Es braucht das ganze Können Werner Oechslins, diese 'Übersetzungsleistung' in ihrer Komplexität so darzustellen, dass der Leser nicht den Eindruck sich abspulender formgeschichtlicher Verläufe gewinnt, sondern sich von Mal zu Mal die Augen reibt, auf welchen oft abenteuerlichen Umwegen, in wie dichter Verschränkung mit Philosophie, Altertumskunde und exakter Wissenschaft, aber auch dank welchem Enthusiasmus für sein Schaffen Palladio am Ende doch noch zum Europäer und Weltbürger geworden ist. Palladianismus ist in diesem Buch nicht einfach ein Synonym für Klassizität oder gar Klassizismus, sondern ein Begriff, der in seiner Einschwörung auf den Namen und das Werk Palladios wirklich ernst genommen wird. Bei Werner Oechslin wird der Palladianismus als einzigartige Metamorphose eines individuellen Œuvres verständlich, das durch vielfach aufeinander aufbauende Interpretationen zur architektonischen 'Lingua franca' eines langen Zeitalters geworden ist. Nicht nur England, sondern auch das protestantische Deutschland, die Niederlande, Frankreich, die skandinavischen und die baltischen Länder, schliesslich die Vereinigten Staaten vermochten Palladios Erbe so in ihre eigene kulturelle Überlieferung zu integrieren, dass es dort nicht als wie immer geachteter und bewunderter Fremdkörper erhalten blieb, sondern seinen lebendigen Beitrag zur Identitätsfindung all dieser sich erneuernden Kulturen leisten konnte. Fast überflüssig zu sagen, dass Werner Oechslin, dem starre historische Grenzziehungen ohnehin verdächtig sind, die Geschichte des Palladianismus nicht wie üblich mit dem 18. Jahrhundert enden lässt, sondern mit hoher Sensibilität ihre Wirkungsmacht auch ins 19. Jahrhundert, in die Moderne und in unsere Gegenwart fortschreibt.

Vor zwei Jahren bereits ist Werner Oechslins Werk in Elena Filippis italienischer Übersetzung bei Arsenale Editrice erschienen. Das Institut für Geschichte und Theorie der Architektur, der gta Verlag und das Departement Architektur der ETH Zürich sind stolz darauf, dieses magistrale Buch jetzt in seiner leicht erweiterten deutschen Originalfassung herauszubringen. Dass es sich um einen inspirierenden, über seinen engeren Gegenstand vielfach hinausweisenden Beitrag zur architekturgeschichtlichen Forschung handelt, wäre bereits Grund genug. Aber es geht hier zugleich um einen Autor, dessen unvergleichliches Wissen, dessen hochempfindliches Sensorium für Architektur und dessen persönliche Ausstrahlung seit vielen Jahren Lehre und Forschung unseres Departements mitentscheidend prägt. Der gta Verlag scheint uns auch deshalb die geradezu selbstverständliche Heimstatt dieses Buches zu sein.

Es gibt noch einen weiteren Grund für uns, den künftigen Leserinnen und Lesern das Buch mit besonderer Wärme ans Herz zu legen. Hat Werner Oechslin doch im engsten inhaltlichen Bezug auf die Arbeit des Departements Architektur seit Jahrzehnten seine Bibliothek in Einsiedeln aufgebaut. Wir hoffen bald sagen zu können, dass diese einzigartige, nach wie vor vom persönlichen Engagement des Gründers getragene Forschungsstätte und Sammlung zum kostbarsten Besitz der ETH Zürich zählt. Aus den umfassenden Einsiedler Beständen und aus den zahlreichen neuen Pfaden, die der Bibliothekar und Entdecker Werner Oechslin in die architektonischen Vorstellungswelten vieler Jahrhunderte geschlagen hat, ist das Buch unverkennbar hervorgegangen. Nicht nur die in Fülle und Aussagekraft bestechenden historischen Abbildungen, die ausnahmslos aus den Beständen der Bibliothek Werner Oechslin stammen, sind dafür eindrucksvoller Beleg. Ebenso ist es die differenzierte, beziehungsreiche und immer wieder durch Rückgriffe auf verschüttete Wissensreserven überraschende Argumentation, die das Buch im besten Sinn als Ergebnis bibliothekarischer Kultur und zugleich als Frucht einer aussergewöhnlichen Leserbiografie auszeichnet. Ihm ist grosser, nachhaltiger Erfolg zu wünschen!

Andreas Tönnesmann
Vorsteher des Instituts gta und des Departements Architektur der ETH Zürich

John-Baptiste Jackson, *Landschaft mit San Giorgio Maggiore*, 1744
(Stiftung Bibliothek Werner Oechslin, Einsiedeln)

Die Darstellung der heroischen Landschaft, in der der Blick auf Palladios San Giorgio Maggiore fällt, als ob sich diese auf der – als bukolische und georgische Idylle inszenierten – Terraferma befände, gehört zu einer Serie auserlesener Chiaroscuro-Stiche, die John-Baptiste Jackson 1744 kurz vor seiner Rückkehr nach England verfertigte. Jackson kam 1731 nach Venedig, fand bald bei Console Smith Unterstützung, widmete jene letzte Serie seiner bewunderten druckgrafischen Experimente aber Robert d'Arcy, 4. Earl of Holderness, der dem Console Smith als englischer «ambassador» in Venedig vorgesetzt wurde. Zur Zeit der Entstehung des Bildes fand jener Höhenflug der Palladiobegeisterung statt, der auch die Malerei mit ihrer Möglichkeit gezielter Fiktion erfasste, als Antonio Visentini und Francesco Zuccarelli die Villa Rotonda und den Redentore in ebenso heroische Landschaften hineinstellten und als Francesco Algarotti seine palladianischen Capricci in Auftrag gab. Der Console Smith war stetiger Bezugspunkt dieser versuchten Apotheose Palladios als des Erneuerers der «semplicità» und «magnificenza» der antiken Architektur. Aber die – gleichsam zwischen London und Venedig betriebene – Idealisierung Palladios verweist, wie Jacksons Darstellung zeigt, noch auf viel mehr, auf Stimmung und Lebensstil in idealer Umgebung. Watelet nennt es die «jouissances de la campagne» und charakterisiert sie als «un tissu de désirs excités sans recherches, & des satisfactions remplies sans effort». So, mit Verweis auf Watelet, wurde dieses Ideal von jener schillernden Figur evoziert, die früher selbst zur Entourage des Console Smith gehörte, 1787 zur Beschreibung der Villa «Alticchiero» des Angelo Quirini ansetzte und kurz zuvor mit einer Festdarstellung (*Del soggiorno dei conti del Nord a Venezia in Gennaro del MDCCLXXXII*) ihre erste literarische Aufwartung machte: Giustina Wynne, contessa di Rosenberg e Orsini. Venedig und damit Palladio waren längst Inbegriff eines kulturellen Ideals geworden, nach dem man sich im Norden sehnte.

«Palladio il Rafaello dell'Architettura»

«Nulladimeno è il Palladio il Rafaello dell'Architettura, e con ragione merita sopra ogni altro d'essere studiato.» «Nulladimeno» beginnt diese – abschliessende – Beurteilung, die Francesco Milizia in seinen *Vite de' più celebri Architetti* (1768) Andrea Palladio widmet. Milizia ist wie kaum ein Zweiter als rigoroser Kritiker im Zeichen einer klassischen Orthodoxie der Architektur in die Literatur eingegangen. Denkt man daran, dass derselbe Milizia andernorts die jungen Adepten davor warnt, Borromini zu folgen, weil sie wie dieser suizidgefährdet sein könnten, so kommt sein einschränkendes «nulladimeno» einer Lobeshymne gleich. Milizia hat ja zuvor auch das Urteil der «Inglesi» über Palladio zitiert, die ihn als «il loro Newton dell'Architettura» einschätzten.

Lobpreisungen über Verweise auf andere Berühmtheiten aus Kultur und Wissenschaft! Der tiefere Grund dieser hohen Bedeutung Palladios scheint mit einer klaren begrifflichen Umschreibung nicht greifbar zu sein. Gemäss Milizia lässt sich Letzteres ohnehin nur in Bezug auf ein in allen Teilen festgefügtes, in sich stimmiges, kohärentes Lehrgebäude tun. Und dem, der Orthodoxie sowie der Festlegung auf nachgelieferte, vereinfachende Stil- und Epochenbegriffe entziehen sich bekanntlich gerade die Grossen und die Grössten. Im Hinblick auf das klassische Ideal fällt die abschliessende Beurteilung Palladios durch Milizia gezwungenermassen nicht gerade schmeichelhaft und schon gar nicht einheitlich aus: «[…] Non giunse però a veder chiara l'origine della sua professione, nè a trarne tutte le guste conseguenze da profugare ogni abuso. Egli studiò più ad imitar l'antico, *che ad esaminare, se l'antico era esente da vizj. Se egli avesse ben filosofato* non avrebbe fatto uso (almeno sì frequente) di piedestalli sotto le colonne, non avrebbe […].» Kaum hat Milizia das «filosofare» ausgesprochen, verliert er sich schon im Katalog der «abusi», der Regelverstösse.

Dies zeigt das Elend aller Theorie auf, die auf dem Wege strenger Deduktion in die Praxis überführt werden soll. Das bald auch im architektonischen Umfeld beliebte «filosofare» scheint Milizia im Sinne der Orientierung an einer verbindlichen Norm und Theorie auffassen zu wollen. Es trennen ihn gerade darin Welten von Daniele Barbaro und Andrea Palladio und deren Sichtweisen von «ars», «operare», «isperienza» und dem auf äussere Dinge bezogenen «habito regolatore delle opere» und dessen Ausrichtung auf die «cose utili alla vita». In Barbaros Verständnis der vitruvianischen Definition der Architektur sind Praxis («fabrica») und Theorie («ratiocinatio») – in dieser Reihenfolge – eben nicht getrennt, sondern beziehen sich, wie «il Padre, & la Madre», in gleicher Weise und gemeinsam auf das Gebaute, auf das Werk. Die Praxis («Fabrica è continuato, & essercitato pensiero dell'uso») ergebe sich aus Zielsetzung und Zweck. Und die Theorie begleite dieses «operare» im Sinne der Aufgabe des (bauenden) Architekten und seiner architektonischen Vernunft («essendo l'ufficio dell'Architetto approvare le cose ragionevoli»). Die Theorie, von Barbaro in guter Tradition mit «discorso» übersetzt, wird somit generell der menschlichen Vernunft zugewiesen, die das Tun unterstütze. Barbaro erklärt dies so: «Il *discorso è proprio dell'huomo*, & la virtù che discorre, è, quella che *considera quanto si può fare con tutte le ragioni all'opere pertinenti*, & pero erra il discorso, quando l'intelletto non concorda le proprietà delle cose atte à fare, con quelle, che sono atte à ricevere. Discorre adunque l'huomo, cioè applica il principio al fine *per via del mezzo; il che come s'è detto, è, proprio dell'humana spetie* […].»

Milizia wirft Palladio dagegen vor, er habe das Wesen («l'origine») des architektonischen Tuns nicht wirklich erfasst und verweist – zeitgemäss – auf den Naturbegriff und auf ein letztlich normatives Theorieverständnis. Jene Normen bezieht Milizia aus einer ideal gedachten und deshalb fiktiven antiken Architektur mitsamt ihrem – reduzierten – Formenkanon. In der Ausweitung der Baukunst auf menschliche Wesenszüge und Bestimmungen und auf gesellschaftliche Zielsetzungen hat wohl vielmehr Barbaro (und in seinem Gefolge Palladio) philosophiert – und nicht Milizia, der diesbezüglich bei Palladio einen Mangel ausmacht. Hier ist vieles radikal verdreht worden, was für die Frage des Palladianismus von grösster Wichtigkeit ist. Denn es ist allzu evident, dass sich eine unter dieses Stichwort gesetzte Nachfolge auf das Vorausgegangene als eine Autorität, wenn nicht gar als eine in ein festes Bild geprägte Norm bezieht. Die oben beschriebene Differenz weist unmittelbar auf die Problematik aller *afterthougts* wie auch des a posteriori kreierten Begriffs des Klassischen. Sie lässt gerade deshalb die Frage obsolet erscheinen, ob Palladianismus als eine (Sub-)Kategorie von Klassizismus zu begreifen sei.

Das Problem kann nicht auf den in der bisherigen Palladianismus-Forschung üblichen Kontrast einer kontextbezogenen, dem jeweiligen Fall/Objekt zugewandten Analyse und einer Verallgemeinerung in Begriffen wie Stil oder Typ reduziert werden. Schliesslich gehört es zu den evidenten Leistungen Palladios, dass er mit der «usanza nuova» seiner Paläste und Villen und mit dem «Frontespicio nella facciata dinanti» dem gesamten Hausbau seinen Stempel aufgedrückt hat. Dass kein Bau Palladios dem anderen gleich ist, erklärt sich eben nicht negativ durch die Abweichung von einem (Ideal-)Typ, sondern aus der Zuordnung des Konkreten zum einzelnen Werk und des Allgemeinen zu Ratio und Intellekt. Barbaro formuliert dies so: «l'huomo si compiaceva, & *in universale abbracciava non l'opera, ma la cognitione*», wobei er dann noch, letzte Zweifel ausräumend, präzisiert, das allein genüge nicht, jener «discorso» (des Allgemeinen, Theoretischen, Universalen) müsse einer zweiten Bedingung gehorchen, «che nella fabrica è collocata».

Gemessen an diesen differenzierten Vorstellungen zum Konkreten und Allgemeinen, die eben nicht modern in Praxis und Theorie auseinanderdividiert sind, sondern lediglich zwei Aspekte («affettioni») desselben Gegenstandes – eines Gebäudes – beschreiben, verhalten sich die idealtypischen Betrachtungen zur

Architektur Palladios oft reichlich grob gestrickt. Man kann allerdings behaupten, dass es gerade deshalb überhaupt erst möglich sei, von Palladianismus zu sprechen. Allein, das macht die Sache nicht wahrer! Tatsache ist umgekehrt, dass sich das Verständnis von Palladianismus viel zu ausschliesslich an einem Idealtyp oder, was weitgehend identisch ist, an einem Stilbegriff palladianischer Architektur orientiert hat. Dabei kamen notwendigerweise die Vielfalt der Verbindungen und der Reichtum unterschiedlicher und unterschiedlich begründeter Formen der Auseinandersetzung zu kurz. Seitdem Alessandro Pompei (1735) missbilligend von der «cieca pratica» gesprochen hat, gehen klassische Orientierung und theoretische Option wie auch Form häufig genug Hand in Hand – übrigens bis in moderne Zeit, als Colin Rowe in der Architektur eines Le Corbusier genauso wie bei Palladio «the logical disposition of motifs dogmatically accepted» zu erkennen glaubte.

Milizia bestätigt Pompeis Vorurteil gegen eine 'blinde' Praxis, wenn er 1768 schreibt, alle Fehler Palladios («scorrezioni») seien «nate dall'esecuzione». Es tut nichts zur Sache, wenn er dies anderen als Palladio selbst anlastet, die dessen Werke zu Ende geführt haben. Praxis erscheint hier als zu bedauernde Abweichung von der Theorie. Milizia verrät noch anderweitig sein Unverständnis gegenüber Palladio, wenn er ergänzt, dieser habe zwar viel gebaut, aber eben doch nie das Glück gehabt, ein ausserordentliches Werk erstellen zu dürfen – wie Michelangelo oder Bernini. «La sua maestosa e corretta semplicità avrebbe trionfato», beschliesst Milizia seine Ausführungen zu Palladio. Dass der grosse Erfolg Palladios gerade umgekehrt damit etwas zu tun haben könnte, dass er eben nicht vereinzelte herausragende, unerreichbare Meisterwerke realisiert, sondern *Lösungen für anfallende Bauaufgaben* angeboten hat, insbesondere des Hausbaus, kümmert Milizia kaum.

Insofern hat der andere grosse klassizistische Kritiker der Architektur, Antoine Chrysostome Quatremère de Quincy, bei der Einschätzung Palladios eine glücklichere Hand. Gegen die Kritik der Regelabweichung – und natürlich auf französische Auffassungen bezogen – stellt er fest: «Il [Palladio] leur [à l'architecture antique] demandoit non des règles toutes faites, mais les principes qui avoient fait les règles; *il vouloit s'en approprier l'esprit avant d'en suivre la lettre.*» Das bleibt zwar sehr vage, trifft den Sachverhalt aber gleichwohl. Keine wörtliche Regeltreue, dafür im Geist der antiken Monumente, so, wie das Palladio – auf eigener Kenntnis und Erfahrung aufbauend und sich selber den Freiraum und die «usanza nuova» gestattend – im «Proemio» der *Quattro Libri* beschrieben hat. Bei seiner umsichtigen Analyse Palladios kommt Quatremère de Quincy deshalb zu einer Vorstellung, die nach Massgabe einer ausgewogenen Situation von antiker Autorität und eigenem Talent grundsätzlich offen und deshalb äusserst anpassungsfähig erscheint: «Le *talent* de l'auteur est sans doute le principe d'où émane cette facilité: mais cette propriété de s'adapter à tout, d'être adopté par tous, est aussi ce qui distingue son talent, *et en a généralisé l'influence.*» Bezogen auf die rigoristischen theoretischen Ansichten antwortet Quatremère de Quincy, Palladio habe zwischen Regel und Freiheit «une sorte de moyen terme» gefunden. Insgesamt stellt er fest, «que le style de Palladio eut une propriété qui dut en faciliter la propagation». Es ist ausgerechnet der wegen seiner klassizistischen Neigungen oft genug kritisierte Quatremère de Quincy, der aufgrund solch sensibler Beurteilung dazu kommt, Palladio als Palladio zu begreifen und der zudem den Grund des grossen Erfolges in dessen Selbstverständnis als Architekt findet. Das lässt allerdings nur eine sehr summarische Charakterisierung palladianischer Baukunst zu: «C'est du Palladio». Es sei etwas in dieser Architektur, was – ausserhalb der Erfassung genauer Regeln oder anderweitiger präziser Festlegungen – als palladianisch erkennbar ist, auf den ersten Blick! Viel tiefer reicht die Analyse nicht. Sie lässt offen, wie im Einzelfall die Verhältnisse und Umstände liegen und zu dem jeweiligen Resultat geführt haben und führen werden.

Was Milizia und Quatremère de Quincy zu Palladio äussern, beschreibt indirekt die Schwierigkeiten, die der Erforschung einer Wirkungsgeschichte Palladios häufig genug zum Hindernis geworden sind. Es ist einerseits das Problem, Palladios Bauten von den Stereotypen zu unterscheiden, die immer wieder mit ihnen gleichgesetzt oder zumindest vermengt wurden. Dass ein sich wandelndes Verständnis von Theorie und Praxis, von Geschichte und Idealisierung des Klassischen den Blick oft genug verstellt hat, lässt sich kaum bestreiten. Man hat sich deshalb meist umso mehr an ein äusseres Bild palladianischer Architekturerscheinung geklammert und darin den roten Faden eines dem Phänomen eines Stils nachgebildeten Palladianismus gefunden. Diese Ansicht folgte einer durchaus modernen Auffassung von Kunst und Architektur, bei der die Erscheinungsform über lange Strecken den Vorrang vor anderen Betrachtungsweisen genoss. Man darf das Argument durchaus polemisch zuspitzen. Denn manchmal will es tatsächlich so aussehen, als ob das Modernste – und scheinbar Vordringlichste – an der Palladianismus-Forschung der Ausweis eines 'Internationalismus' palladianischer Architektur im Sinne einer universalen Geltung wäre. So wie 1932 in der New Yorker Ausstellung zwecks Propagierung des *International Style* eine Liste all jener Länder vorgelegt wurde, in denen sich das neue, moderne Architekturideal durch verwandte Bilder dokumentiert fand, liess sich gleichsam Palladianismus global belegen: bis nach Ungarn und Polen, wo sich das Phänomen im Meer allgemeiner klassizistischer Erscheinungsformen allmählich verlor. Das Bild für sich allein genommen ist ein trügerisches Mittel, um kulturelle und künstlerische Wirkungszusammenhänge adäquat darstellen zu wollen.

Paradoxerweise hat dieselbe Fixierung auf ein klassisches, noch auf Säulen und Giebel eingeschworenes Muster die Palladianismus-Forschung daran gehindert, die Schwelle zur Moderne zu überschreiten, obwohl zum Beispiel gerade die Vereinfachungen eines Quatremère de Quincy in der Beschreibung Palladios genauso gut moderne Ideale treffen. «Einfachheit» und «Eleganz» sind Kennzeichnungen, die bei der Gewinnung der Form einer modernen Architektur – etwa bei Walter Gropius (1913) – erneut bemüht werden. Um die entsprechende Bedeutung Palladios ins rechte Licht zu rücken, muss man *ex negativo* feststellen, dass wohl kaum eine andere historische Position der Architektur als diejenige Palladios dazu ausersehen war, auch noch in moderner Zeit aktuell und – vulgär ausgedrückt – brauchbar zu erscheinen. Das geschah aus durchaus unterschiedlichen Beweggründen und beschränkte sich keineswegs auf die allgemeine Anerkennung universal gültiger Proportionsgesetze.

Dies sind die Motive, weshalb hier das Thema nicht auf ein Kapitel 'Palladio und die Moderne' reduziert wird, sondern an verschiedener Stelle, vielleicht oft überraschend, aufgegriffen wird. Das ergibt sich ohnehin aus dem Bestreben, die *Unterschiedlichkeit* in den verschiedenen 'Kulturnationen' im Umgang mit Palladio zu betonen, um andererseits die riskante, weil stark verallgemeinernde Frage 'kultureller Achsen', die im Falle der Verbindung Veneto-England so evident erscheint, zumindest zu erwähnen. Es ist unvermeidbar, dass bei all diesen Erwägungen die Akzente ungleich gesetzt wirken. Vor einer – nicht erreichbaren – Vollständigkeit wird stets dem Exemplarischen eines bestimmten Sachverhaltes der Vorzug gegeben.

Der 'moderne' Blickwinkel ist aber noch auf sehr viel grundsätzlichere Weise Angelpunkt der folgenden Überlegungen. Man wird wohl nur mit dieser Einsicht die Vorstellung eines Palladianismus als eines – bloss an den Phänotypen der Bauten Palladios orientierten – 'Stils' überwinden können, um tiefer nach den Gründen seiner überragenden Wirkung zu fragen. Dass die entsprechende Analyse bei Palladio selbst ansetzen muss, leuchtet ein. Und dass man auch hier den Blick verändern und mittelbar auf Unverständnis stossen würde, war stets klar, zumal wenn man im Zusammenhang mit Architektur und Architekturzeichnung das Wort 'systematisch' oder – von Vitruvs «scientia» (I, I, 1) übernommen – 'Wissenschaft' verwendete. Die Absicht und das dringende Bedürfnis, Palladio eben nicht aus dem unmittelbaren Blickfeld des zeitgenössischen entwerfenden Architekten zu entlassen, bedingte einen Zugang, welcher der *kunst*interessierten Kunstgeschichte weitgehend abhanden gekommen war. Es waren vorerst – in den 1970er Jahren – typologische Studien, die in eine systematische Richtung wiesen und die Grenzen dieses Zugangs aufzeigten. Und daraus entstand ein Projekt, das sich an Vitruvs «graphidis scientia» entzündete und die systematische Architekturzeichnung zum Inhalt hatte. 1980 fand im Rahmen der Architekturbiennale – gleichzeitig zum Palladio-Jubiläum – jene postmoderne Re-Inthronisierung der Säule statt, die prompt auch von Palladio Besitz ergriff. Es war umso dringlicher, auf diese im alten Historismus-Missverständnis aus modernen Zeiten angesiedelte Position differenziert zu reagieren. Der Schreibende war auf dem Jubiläumskongress zu Palladio 1980 – wie auch 2008 – mit dem Thema 'Palladio und die Moderne' betraut. Der Text wurde nur abgelegen in einer deutschen Fassung (1981) gedruckt; er enthielt nebst einer Analyse der Casa Tonini von Reichlin/Reinhart gleichsam – vom entwerferischen Standpunkt aus betrachtet – das Programm zu einer Begründung von Palladios Architekturauffassung und von deren Erfolgsgeschichte in sieben Punkten. Diese umfassten die «regole universali», die «similitudo» (und die Analogiefrage), die vitruvianische «scientia» und die bei Barbaro präzisierten Bezüge der «maniere del dire» und der «maniere degli edificij», die «consideratione universale della forma», die Typologien, die Zeichnung und die Entwurfsmethode («graphidis scientia») und schliesslich eben auch die Konkretheit der Architektur als eines «artificio circa lo habitare».

Das waren die Themen, die schon zuvor in die Vorlesungen und Übungen eingeflossen waren, die der Schreibende 1979/80 und 1980/81 in Berlin und Bonn zu Palladio – und mittelbar zu Vitruv, Alberti, Trissino und Barbaro – hielt. Der Berliner Habilitationsvortrag war der vitruvianisch begründeten Theorie der Zeichnung gewidmet und wurde deshalb 'gerettet', weil gerade damals die geometrischen Ritzzeichnungen aus Didyma bekannt wurden und so 'der Archäologe' für das Vorgetragene Verständnis aufbrachte. Es war durchaus programmatisch gedacht, als dann 1981 der Beitrag *Geometrie und Linie. Die Vitruvianische 'Wissenschaft' von der Architekturzeichnung* im ersten Heft von *Daidalos* erschien, in dem unter anderem auch Beiträge von Bruno Reichlin, von Yve Alain-Bois zur Axonometrie und die erste deutsche Vorstellung von Daniel Libeskind publiziert wurden.

Letztlich sind es diese Vorarbeiten, die der folgenden Darstellung zugrunde liegen. Natürlich hat sich jener 'Gang in die Moderne' – und die Vertiefung in Palladio selbst – seither fortgesetzt und zuletzt zur Studie *C'est du Palladio: un avvicinamento al fenomeno del palladianesimo* (im Rahmen der vom Centro Internazionale di Studi di Architettura Andrea Palladio 1999 veranstalteten Ausstellung) und zur Untersuchung *Out of history? – Peter Eisenmans 'Formal Basis of Modern Architecture'* als Einleitung zur Publikation der Dissertation von Peter Eisenman geführt (gta Verlag, Zürich 2005). Vielleicht hängen – bei aller Unterschiedlichkeit von Interessen und Themen – viele der einzelnen, auch anderweitigen Studien doch enger zusammen; das bildet den Grund, dass der Autor – über die Massen – auf seine eigenen Forschungen verweist. Es soll einzig und allein dem Zusammenhang der Argumentation dienen.

Mit Palladio im intensiven Dialog fühlt sich der Autor der kleinen *repubblica dei letterati* freundschaftlich und dankbar verbunden, die sich um das Centro Internazionale di Studi di Architettura Andrea Palladio in Vicenza gebildet hat, ihren älteren und jüngeren Mitgliedern und *palladianisti*, Renato Cevese, Franco Barbieri und James Ackerman in gleicher Weise wie Howard Burns und Guido Beltramini. Der freundschaftlichen Verbindung mit Lionello Puppi, der Unterstützung durch die Übersetzerin und Erforscherin Fritz Burgers, Elena Filippi, den Verlegern Fabio und Jonathan Bortolazzi und Paola Gobbi verdankt der Autor die erste, 2006 erschienene italienische Version des Buches.

Andreas Tönnesmann, dem Vorsteher des Instituts gta und des Departements Architektur der ETH Zürich, bin ich zu grossem Dank für die Aufnahme des Buches in das Programm des gta Verlages verpflichtet. So konnte nachgeholt werden, was der ersten, unter erheblichem Zeitdruck entstandenen Ausgabe mangelte, ein Anmerkungsapparat, der vor allem dem Nachweis der Quellen dient, sowie ein erweitertes Kapitel zum Thema 'Palladio und die Moderne'. Dank gebührt der Leiterin des gta Verlages Veronika Darius und ihren Helferinnen und Helfern, Angelika Wey-Bomhard und insbesondere auch Julia Berger, unter deren wachsamem Auge viele Mängel beseitigt wurden und der Text nun seine verbesserte Gestalt angenommen hat.

Auch diese zweite, erweiterte Ausgabe des Buches widme ich meiner Familie, Anja, Anna und Luca.

Werner Oechslin

Teil 1

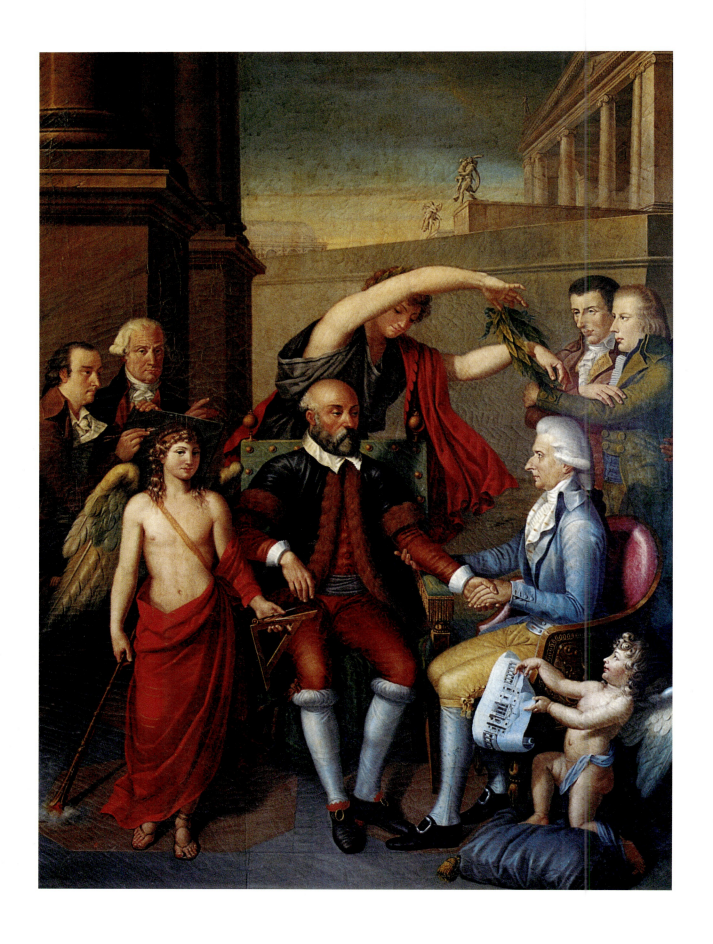

«Non res, sed similitudines rerum»
In der Tradition der Nachahmungslehre

«Imiter dans les beaux-arts, c'est produire la ressemblance d'une chose, mais dans une autre chose qui en devient l'image.»
Antoine Chrysostome Quatremère de Quincy, *Essai sur la Nature, le But et les Moyens de l'Imitation dans les Beaux-Arts*, Paris 1823, S. 3

'Ismen' sind Zeichen der Verallgemeinerung.[1] Es gibt nicht viele Künstlernamen, an die sich ein 'Ismus' angefügt hat, als ob durch den Künstler allein ein ganzer Stil geprägt worden wäre. Der – idealtypisch geformte – Stilbegriff versucht eigentlich aus einer Vielzahl typischer Erscheinungsformen verschiedenen Ursprungs und verschiedener Autorschaft sowie deren erkennbarer Übereinstimmung ein möglichst einheitliches Ganzes zu bilden, um es auf seine verbindlichen Hauptmerkmale zurückzuführen. Dieser Vorgang des Herausbildens überindividueller Wesenszüge künstlerischen Ausdrucks ist meist auf ganze Epochen bezogen, wobei dann natürlich gilt, dass deren kennzeichnendste Vertreter tonangebend sind, sodass man etwa – wie das die *Encyclopédie* von Diderot und d'Alembert im einschlägigen Beitrag zur Epoche beschreibt – die napoleonische Zeit nach dem auffälligsten Zeitgenossen, Napoléon, benennt. Vom 'Individualstil' wird umgekehrt erst dann mit Vorliebe gesprochen, wenn das Merkmal des Allgemeineren und Verallgemeinerbaren gerade fehlt und das Charakteristische stärker hervortritt. Dementsprechend sucht die Kunstgeschichte bei der Analyse des Werkes eines einzelnen Künstlers eher die Entwicklung und mittelbar die Veränderung in den Griff zu bekommen; die Abweichung liegt ihr näher als Mainstream und Common Sense.

Bei Palladio sehen die Dinge offensichtlich ganz anders aus. Und mittelbar ist das der Grund, weshalb man mühelos von Palladianismus spricht und weshalb bezogen auf Inhalt und Bedeutung dieses Begriffes ein breiter Konsens herrscht. Im Falle Palladios hat sich gleichsam ein Stil – mit sämtlichen Vorzeichen verallgemeinerbarer Merkmale und mit dem entsprechenden Anspruch auf Gültigkeit – über dem Werk eines Einzelnen gebildet. Andererseits ist im palladianischen Stil der konkrete Vorwurf des Werkes Palladios stets erkennbar gegeben und vorhanden. Aus der Besonderheit eines an dem Œuvre eines einzelnen Künstlers orientierten Stils entstehen aber auch Irritationen. Man ist sich einig, dass Palladianismus nicht mit Klassizismus gleichzusetzen ist: weil eben die palladianischen Merkmale stets sichtbar bleiben, so klassisch und allgemeingültig die Werke auch erscheinen mögen. Umgekehrt muss immer wieder betont werden, dass sich die Vorstellung des Palladianismus häufig genug von der Konkretheit und vor allem vom Reichtum und der Verschiedenheit der Bauten Palladios löst und zur Vereinfachung und Typisierung drängt. Die ganze Diskussion zum Thema 'Palladio und Palladian*ismus*' wird notgedrungen immer um solche Fragen kreisen müssen, wenn man denn die übliche triviale, auf möglichst grosse Ähnlichkeit von Bauten Palladios und seiner Nachfolger ausgerichtete Betrachtungsweise überwinden will, um tiefer nach Grund und Wesen palladianischer Architektur zu fragen. Es wird, so besehen, unumgänglich sein, dem komplexen Zusammenhang konkreter Architektur und ihrer verallgemeinerbaren Elemente nachzugehen, die nicht auf abstrakte Regeln beschränkt sind. Wenn Quatremère de Quincy, einer der kompetentesten Theoretiker der Architektur, versucht, die vielfältigsten Analysen und Argumentationen zu Palladio auf einen Punkt zu bringen, findet er zu der Formel: «C'est du Palladio».[2] Er verlässt sich darauf, dass das, was er zu ergründen sucht, genau genommen für jedermann erkennbar und plausibel ist. Dass Bauten palladianisch sind, teilt sich über deren *Erscheinungsform* unmittelbar mit. Ganz modern ist es der Wiedererkennungswert – das, was man auf- und wahrnimmt, und das, was man in Erinnerung behält –, auf den das Wesentliche palladianischer Architektur bezogen erscheint. Das ist gleichbedeutend mit der Tatsache, dass sich Palladianismus nicht auf ein theoretisches Konstrukt – und natürlich schon gar nicht auf eine einfache, universale Regel – reduzieren lässt. Die in der 'wirklichen' Architektur gesuchte

Francesco Boldrini, *Apotheose des Andrea Palladio, mit Ottone Calderari und Zeitgenossen*, Öl auf Leinwand, 197 x 226,5 cm (Vicenza, Privatsammlung; ehemals Castelgomberto, Villa Da Schio)

Gesetzmässigkeit bezieht sich vielmehr auf das, was auch in der Wahrnehmung unmittelbar gegeben ist, so, wie es modern in der Psychophysik und in den davon ausgehenden Ansichten eines Amédée Ozenfants und Le Corbusiers dargelegt wird.[3] Laut deren im ersten Heft von *Esprit Nouveau* propagierten Vorstellung «sur la Plastique» zielt die «origine mécanique de la sensation plastique» weniger auf einen Geniebegriff als eben auf das «métier» und eine damit verbundene «science de la composition» mitsamt einer «technique d'exécution», die lernbar und dementsprechend wiederholbar sind.[4] Man muss davon ausgehen, dass bei Palladio und der palladianischen Tradition eine theoretische Auffassung wirksam ist, die im Sinne der vitruvianischen «scientia» in der Tat aus einer die Praxis erhellenden und begleitenden («demonstrare atque explicare», Vitruv, I, I, 1) Befähigung und Kenntnis besteht. Das widerspricht deutlich einer streng nomothetischen, Regel schaffenden Theorie, wie sie sich später – etwa im Umfeld der französischen Architekturakademie – in der Architektur häufig genug durchsetzen wird. 'Theorie der Praxis' ist das korrekte Stichwort, das sich dem Phänomen Palladianismus am besten an die Seite stellen lässt. Auch die alte vitruvianische Bedeutung der Praxis passt zu dieser *Mitte* einer ebenso konkreten wie verallgemeinerbaren palladianischen Architektur: «Continuata ac trita usus meditatio» enthält die Vorstellung einer in der Ausübung fortgesetzten und danach in Erkenntnis mündenden Erfahrung. Auch dafür gibt es das moderne Äquivalent in der «recherche patiente» eines Le Corbusier.

Die Mittelstellung Palladios ist schon früh erkannt und thematisiert worden. Quatremère de Quincy beschreibt 1823 in seinem *Essai sur la Nature, le But et les Moyens de l'Imitation dans les Beaux-Arts* mit Bezug auf die zeitgenössischen ästhetischen Theorien gleichsam die Eckpunkte, denen sich eine palladianische Architektur offensichtlich zu entziehen weiss, und die Aporie angesichts dieser Tatsache: «Quelques métaphysisiciens,» – gemeint ist hier Immanuel Kant – «pour embrasser la théorie entière de l'imitation dans les beaux-arts, ont tenté d'en ramener toutes les notions à un principe général, mais si élevé, mais lacé dans une région si peu accessible à la compréhension du plus grand nombre, que ceux même qui croient y atteindre, n'y saisissent qu'une sorte de point de concentration, où le tout absorbe ses parties.»[5] Quatremère de Quincy erteilt hier denjenigen theoretischen Modellen eine Abfuhr, die in allzu grosser Abstraktion – gemäss dem Titel des berühmten Traktates des Abbé Batteux *Les Beaux Arts réduits à un même principe* (1746) – alles auf ein einziges Prinzip, auf eine erste und alleinige Ursache zurückführen möchten. Und so, wie Quatremère de Quincy Kant kritisiert, lehnt er andererseits auch Johann Georg Sulzer ab: «D'autres, se traînant en théoriciens sur les routes multipliées de l'analyse, se sont flattés de détailler, partie par partie, l'ensemble d'une doctrine générale, applicable dans chaque objet à chacun des beaux-arts: mais, en visant à l'universalité, ils ont manqué l'unité: ils ont eu trop de pièces à réunir, pour en faire un corps; et dans l'incohérence de leur ouvrage, les parties n'ont pu produire un tout.»[6] Quatremère de Quincys Mittelweg meidet also die extremste Form der Abstraktion wie auch die sich in den «trop de pièces» verlierende Unverbindlichkeit. Er sieht in einer *Ganzheit* den Kern einer Imitationslehre, die allerdings «pas quelque chose de fort simple» sei. Die Einheit, die es zu beschreiben gilt, ist von zusammengesetzter, von komplexer Natur. All dies lässt sich passend auf das Phänomen Palladianismus beziehen. Es kann nicht darum gehen, ein einzelnes Werk – wegen einer äusseren Ähnlichkeit und wegen bestmöglicher äusserer Imitation – zu erkennen und mehrere in eine Reihe zu bringen. Es geht vielmehr um den Grund solcher Zusammenhänge. «Non res, sed similitudines rerum» schreibt Quatremère de Quincy – nach Ciceros *De Natura Deorum* (I, I, § 27) – als Motto über das erste Kapitel seines *Essai sur la Nature, le But et les Moyens de l'Imitation*. Diese Losung könnte genauso gut über einer Untersuchung zum Palladianismus stehen. Sie trifft auch auf die erste These Quatremère de Quincys zu: «Imiter dans les beaux-arts, c'est produire la ressemblance d'une chose, mais dans une autre chose qui en devient l'image.»[7] Zweifelsfrei sind in der fortgesetzten Nachahmung palladianischer Modelle über die erreichte Ähnlichkeit 'Bilder' entstanden. Aber das Phänomen Palladianismus erkennen wir weniger im Bild selbst als in dem Prozess und in den Beweggründen, die dazu führen. Schliesslich bleiben bei all diesen Vorgängen der

Francesco Dell'Aqua, Palladianische Phantasie, in: *Descrizione delle Architetture, Pitture e Scolture di Vicenza [...]*, Vicenza 1779, Frontispiz

historische Palladio und die Einmaligkeit seiner Werke erkennbar. Darin erweist sich die 'Balance', jener Mittelweg zwischen Verallgemeinerung und Konkretheit beziehungsweise die Verallgemeinerung in der konkreten Form der Architektur, gleichbedeutend mit 'Theorie der Praxis', wie sie Palladios Schaffen auszeichnet und wie sie dem Palladianismus – mit unterschiedlichen Akzenten – als Basis dient.

Es ist schnell gesagt, dass der hier gemeinte Zugang eben nicht über die klassischen Motive eines Säulenportikus oder des Systems der Säulenordnung erfolgt (bezüglich dessen Palladio ja stets erst nach Vignola rangiert). Das ist ein Grund, weshalb Palladio in moderner Zeit, die sich als Überwinderin der Säule und somit des äusseren Zeichens einer 'klassisch-historischen' Architektur gab, einmal mehr mit besonderer Aufmerksamkeit bedacht wurde.[8] Derjenigen Palladianismus-Forschung, der bloss die äussere Imitation als Leitlinie gilt, ist dies bis heute entgangen. Le Corbusiers «Et Vignole – enfin – est foutu! Merci! Victoire!» hat zusammen mit allen anderen Tabula-rasa-Bekundungen Wirkung gezeigt und mittelbar von dem abgelenkt, was zu den eigentlichen Ursachen der einzigartigen Wirkungsgeschichte Palladios führt.[9] Dass jene grundsätzlichen, allgemeinen Prinzipien einer über alle äusseren (Stil-)Veränderungen hinweg gültig gebliebenen Architektur in der – scheinbar so flüchtigen – Erscheinungsform unmittelbar erfahrbar sind, entzieht sich sonderbarerweise häufig der Einsicht des kritischen Betrachters. Es ist aber gerade dies das Erfolgsrezept des Palladianismus, dass sich das Allgemeine, Gültige und andererseits das jeweils gegebene Konkrete in so erstaunlicher Weise *ausgewogen* in ein und demselben Objekt finden. Das ist es zumindest, was sich von den herausragenden Beispielen palladianischer Architektur sagen lässt, ohne dass hier – einmal mehr – einer idealtypischen Verkürzung des Problems das Wort geredet werden soll.

Es ist deshalb umso wichtiger und sinnvoll, mit der Analyse und Darstellung dort anzusetzen, wo dieses Zusammengehen des Spezifischen, mithin spezifisch Lokalen mit dem Universalen, Allgemeinen unmittelbar ins Auge springt. In ganz besonderer Weise ist dies in Vicenza selbst der Fall, dem Ort, an dem sich jeder Palladianer seinem Vorbild und Modell ausserordentlich verpflichtet und darüber hinaus auf extreme Weise herausgefordert fühlt.

Descrizione delle Architetture, Pitture e Scolture di Vicenza [...],
Vicenza 1779, Titel

Vicenza um 1800: Vorstellung und Idee, Distanz und Nähe zum palladianischen Modell und der unverzichtbare Genius Loci

«*E bene io spero che questa gioventù all'ombra crescente della venerata protezion vostra anelerà ad emulare il patrio valore, e Vicenza ergerà ancora la fronte maestosa in faccia all'Europa ammiratrice, facendo risorgere nuovi Palladj, e nuovi Scamozzi.*»

Andrea Rigato, *Osservazioni sopra Andrea Palladio*, Padua 1811, S. 5

Die kurze napoleonische Emphase führte in weiten Teilen Europas zu grossen Hoffnungen und Erwartungen. Mit der Neuordnung von Gesellschaft und Staat sollten die höchsten Ideale der Kunst erreicht und umgesetzt werden. «Le Muse, antiche compagne degli Eroi e de'Re, ebbero sempre in usanza di far argomento de'loro canti il valore de'Forti nelle battaglie, e la virtù seduta sul Trono, e il diadema di Giove del pari che l'alloro di Marte acquista più riverenza e splendore, celebrato da queste Dive.»[10] Gemäss diesem inneren Zusammenhang sei Herkules in den Olymp aufgenommen worden und habe denjenigen am Grabe Achills in Tränen ausbrechen lassen, der bisher der grösste Eroberer gewesen sei, Alexander nämlich, bis er, Napoleon, erschienen sei. Das sind die Gedanken, die Vincenzo Monti an den Beginn seiner *Visione* setzt, die er Napoleon, dem Kaiser der Franzosen, zu dessen Krönung als König Italiens am 26. Mai 1805 widmet. Der Tenor ist die am schönsten Thron («a'piedi del più bel Trono del Mondo») dargebrachte «ammirazione dell'Universo». Die höchsten Ideale der Kunst vereinigt mit den Taten des siegreichsten Eroberers der Welt! Das sind wahrhaft *universale* Vorstellungen, wie sie sich damals häufig – und oft genug vor dem idealen Hintergrund des Griechischen und Klassischen – einstellten. Vincenzo Monti endet seine enthusiastische Vision mit dem Vers: «*Il patrio Amor, che solo mi consiglia*». Das Patriotische und das weltumspannende Universale gehen einen Bund ein, so, wie dies Mars und Apoll, Krieg und Kunst tun. «L'antica sapienza parve stabilire l'amistà tra il Guerriero e il Poeta associando Ercole colle Muse.» So erklärt Vincenzo Monti das nächstfolgende, der französischen «Grande Armata» gewidmete Poem *La Spada di Federico II. Re di Prussia* (1806), in dem einmal mehr die Genealogie der grossen Helden, von Achill und Alexander bis zu Napoleon, evoziert wird. Und wenn Monti schliesslich die *Palingenesi politica* an «Giuseppe Napoleone Re di Spagna e delle Indie» richtet, dann folgt hier die sublimste aller Vorstellungen, die einer «anima universale», die seit Pythagoras, Platon und Vergil die Welt beherrsche und – «tutta la macchina dell'universo» – weiterhin beherrschen solle.[11] Verbindliche Kultur auf höchster Ebene als Resultat weltlicher Macht und Machtentfaltung! Umso verständlicher wird dabei, dass diese Universalvorstellung an diejenige einer grundlegenden Reform geknüpft ist, die aus dem Chaos der «sistemi politici» heraus- und deren Teile neu zusammenführen solle: «ne restaura le membra, e le informa di miglior vita.» So solle der «mondo fisico» in einen «mondo morale» verwandelt und veredelt werden.

Es sind damals gerade die Künste, denen diese Kraft moralischer Verwandlung zugebilligt wird. Und es sind Künstler, die sich nach dieser Aufgabe sehnen und in ihr aufgehen. Solche Vorstellungen beherrschen in jener Zeit die Welt – und überdauern den raschen Wechsel politischer Macht. «L'homme du monde indique ses besoins; souvent il les indique mal, l'Architecte les rectifie.»[12] So 1804 Claude-Nicolas Ledoux! Längst hat der Architekt seine Führer-Funktion erkannt. Er sucht nach dem, der ihm offiziell diese Aufgabe übermittelt, und wenn es bloss um die 'Berichtigung' der physischen Welt geht. Ledoux, selbst Opfer des Umsturzes des Bourbonenregimes, für das er noch die Befestigungsanlagen rund um Paris, die «barrières», baut, widmet sein 'Monument', *L'Architecture considerée sous le rapport de l'art, des moeurs et de la législation* (1804), dem russischen Zar, dem neuen «Alexandre du Nord», weil dieser sich um «un système social» bemühe, das dem «bonheur du genre humain» zugedacht sei. Ledoux hat auf

Ottone Calderari, Casa Daniele Zanchi, Padua, Fassade, in: Ottone Calderari, *Disegni e Scritti d'Architettura*, I, Vicenza 1808, Taf. XLII

der Grundlage einer palladianischen Typologie und des Prinzips der stetigen Variation derselben wenigen Elemente eine umfassende neue architektonische Welt konzipiert, die er trotz oder wegen der äusseren Veränderungen («les villes se détruisent, les nations changent la face de la terre […]») als Vision präsentiert: «[…] l'Architecte n'a-t-il pas un pouvoir colossal?» Gefangen sei der Architekt in den äusseren Zwängen und Bedingungen. Und doch führe gerade auch die «imitation» zur «imagination»: «Alors l'Architecte cessera d'être copiste.»[13] Das Resultat: Ledoux' Werk ist in seiner umfassenden Systematik und Variation wie kein anderes der palladianischen Tradition verpflichtet und keines ist gleichzeitig so unterschiedlich, seiner eigenen Zeit verbunden.

Bei Ledoux' derartig weit ins Grundsätzliche hineinzielendem architektonischem Programm scheint das Allgemeine vorzuherrschen. Allein, jede einzelne Begründung, die er seinen Bauten in der Absicht, deren Nutzen und Notwendigkeit nachzuweisen, beigesellt, vollzieht sich im Konkreten – und noch mehr: im Leben, im «ordre social». Die Kunst 'atmet': «Le corps a des poumons pour raffraîchir la pensée et régler les élans de l'imagination.»[14] Das Allgemeine bezieht sich bei Ledoux auf die Bedeutung, die der Architektur generell zukommt, und ihr dürfe – und solle – deren äussere Form durchaus entsprechen.

«Wenn der Geist handelt, so handelt er mit einem zum Grunde liegenden Zweck», notiert Karl Friedrich Schinkel auf seiner ersten Italienreise.[15] Sein Tagebuch beschränkt sich meist auf Äusserlichkeiten. Aber der Eindruck täuscht. Auch «unter den Reizen des südlichen Lebens» habe Schinkel, so sein Biograf Franz Kugler 1842, «das Bedürfnis nach einer strengeren Geistesnahrung» empfunden, «wozu ihm die Werke Fichte's, die er mit auf die Reise genommen Gelegenheit boten».[16] Einige der Schriften Johann Gottlieb Fichtes waren durchaus an ein breiteres Publikum gerichtet, wie *Die Bestimmung des Menschen* (1800). Diese sollte den Leser «kräftig von der Sinnlichkeit zum Übersinnlichen fortreissen».[17] Aber entscheidend blieb die «Welt, die mich umgibt».

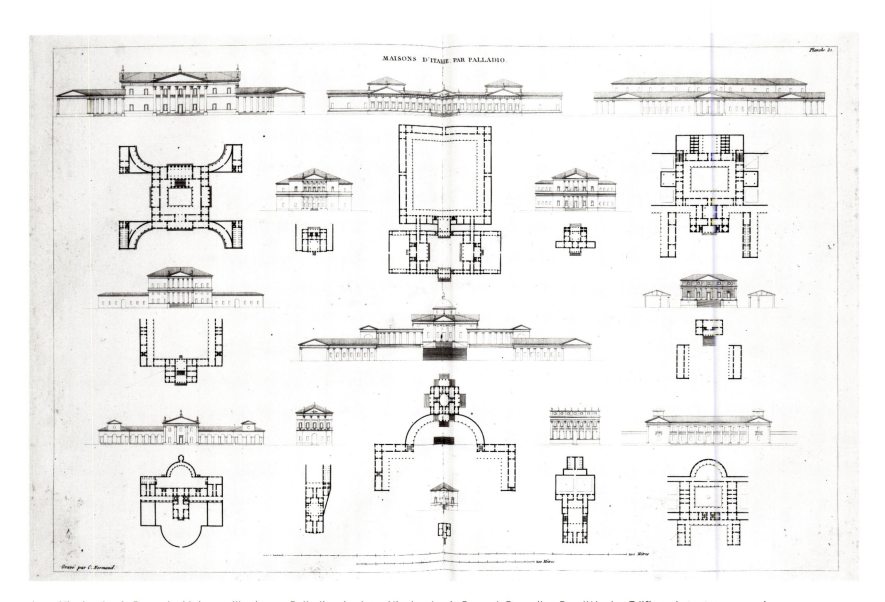

Jean-Nicolas-Louis Durand, «Maisons d'Italie, par Palladio», in: Jean-Nicolas-Louis Durand, *Recueil et Parallèle des Edifices de tout genre, anciens et modernes […]*, Paris An IX, Taf. 51

Einsichtig sind deshalb Feststellungen wie diese: «Jeder Gegenstand hat seine bestimmte Anzahl von Eigenschaften.» Und: «Jeder Gegenstand besitzt jede dieser Eigenschaften in einem bestimmten Grade.» Die «Welt, die mich umgibt», war die reale, konkrete und auch die geistige. So wandte sich der Philosoph zum «Princip der Tätigkeit, des Entstehens und Werdens», das «an und für sich rein in ihr [der Welt] selbst [ist], so gewiss sie Kraft ist, und in nichts ausser ihr».[18] Solches lässt Schinkel zur Einsicht kommen, dass in der Kunst «der Gedanke immer auf Verwirklichung gerichtet sein» müsse.[19] Und was daraus folgt, ist seine Einschätzung des Prinzips der Nachahmung, wobei das Neue und das Sittliche in gleicher Weise als Massstäbe künstlerischen Tuns angeführt werden: «Da nun Kunst überhaupt nichts ist, wenn sie nicht neu ist, das heisst praktisch darauf ausgeht, den sittlichen Fortschritt im Menschen zu fördern, und dafür immer neue Wendungen erfindet, sieht man schon, dass aus dem Vorhandenen eine höhere Kritik nie vollständig erwachsen kann, und deshalb Kunstgelehrte, die nicht zugleich *practische Künstler* sind, allemal weit von der höchsten Kritik und deshalb von der höchsten Einsicht in die Kunst entfernt sind.»[20] «Verwirklichung», «immer neue Wendungen» und dies aufgehoben in der «practischen Tätigkeit», das ist es, was die Stellung des Künstlers in der Gesellschaft beschreibt. Und es fällt auf, wie sehr auch Schinkel fern aller abgehobenen Philosophie das konkrete architektonische Tun im Auge behält.

An Palladio zieht Schinkel allerdings vorbei. Der Ort, auf den Schinkels praktische Tätigkeit zielt, ist ein anderer. Und er wird sicherlich nicht jene Fassaden-Architektur fortsetzen wollen, die vor ihm in Potsdam nach englischen Stichen der Werke Palladios als 'Bild' entstanden ist. Auf der ersten, frühen Italienreise zieht es ihn über Venedig, wo er die «schöne Kuppelkirche von Palladio» auf der Isola di San Giorgio Maggiore knapp erwähnt, und Padua – aber an Vicenza vorbei – mit Gewalt nach Süden. Und erst spät, bei der Rückkehr vom zweiten Italienaufenthalt, hält er sich am 12. November 1824 einen Nachmittag lang in Vicenza auf, bis er

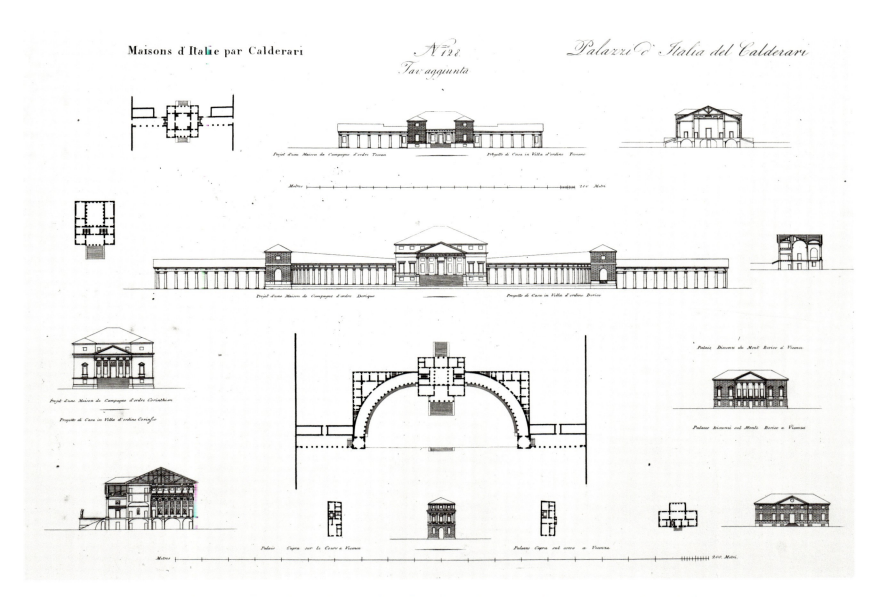

«Maisons d'Italie par Calderari/Palazzi d'Italia del Calderari», synoptische Darstellung der Werke Calderaris in der erweiterten italienischen Ausgabe des 'grossen Durand' in Analogie zur Darstellung von Palladios Werken, in: *Raccolta e Parallelo delle Fabbriche classiche di tutti i tempi, d'ongi popolo e di ciascun stile, di J. N. L. Durand con l'aggiunta di altre 300 e più fabbriche e monumenti […], opera pubblicata per cura de' professori della I.R. Accademia di Belle Arti*, Venedig 1833, Taf. 128

Seite 22–23: Ottone Calderari, Palazzo Cordellina, Vicenza, Erdgeschoss, in: Ottone Calderari, *Disegni e Scritti d'Architettura*, I, Vicenza 1808, Taf. XIX

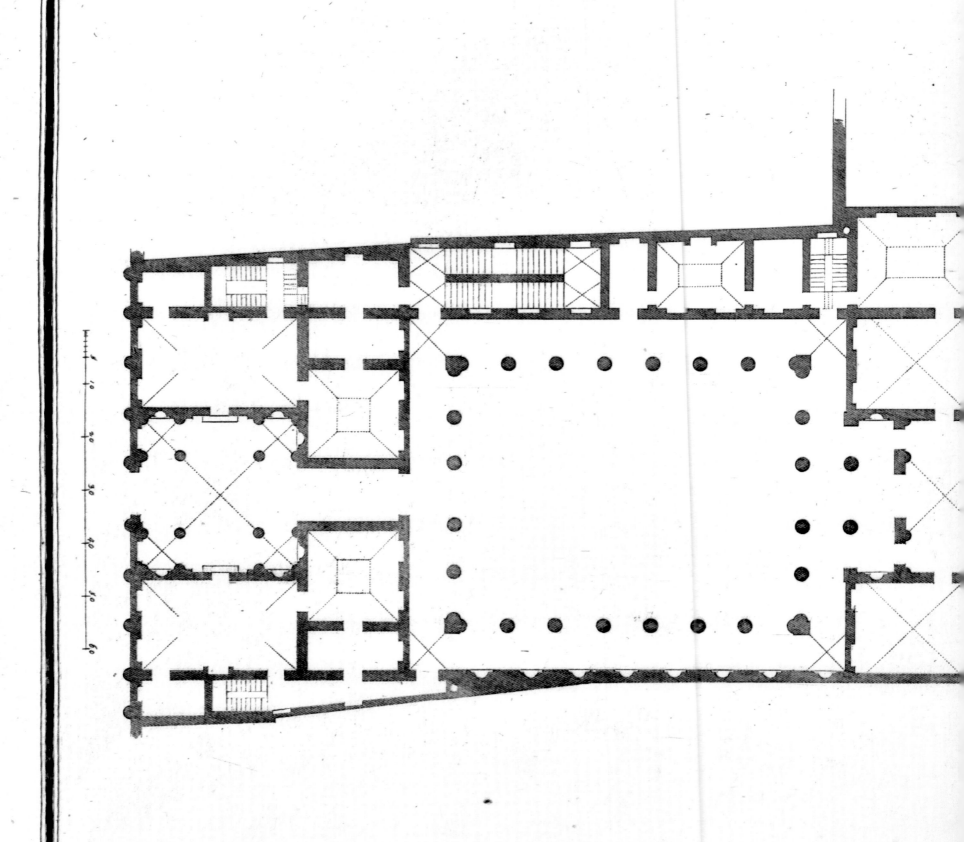

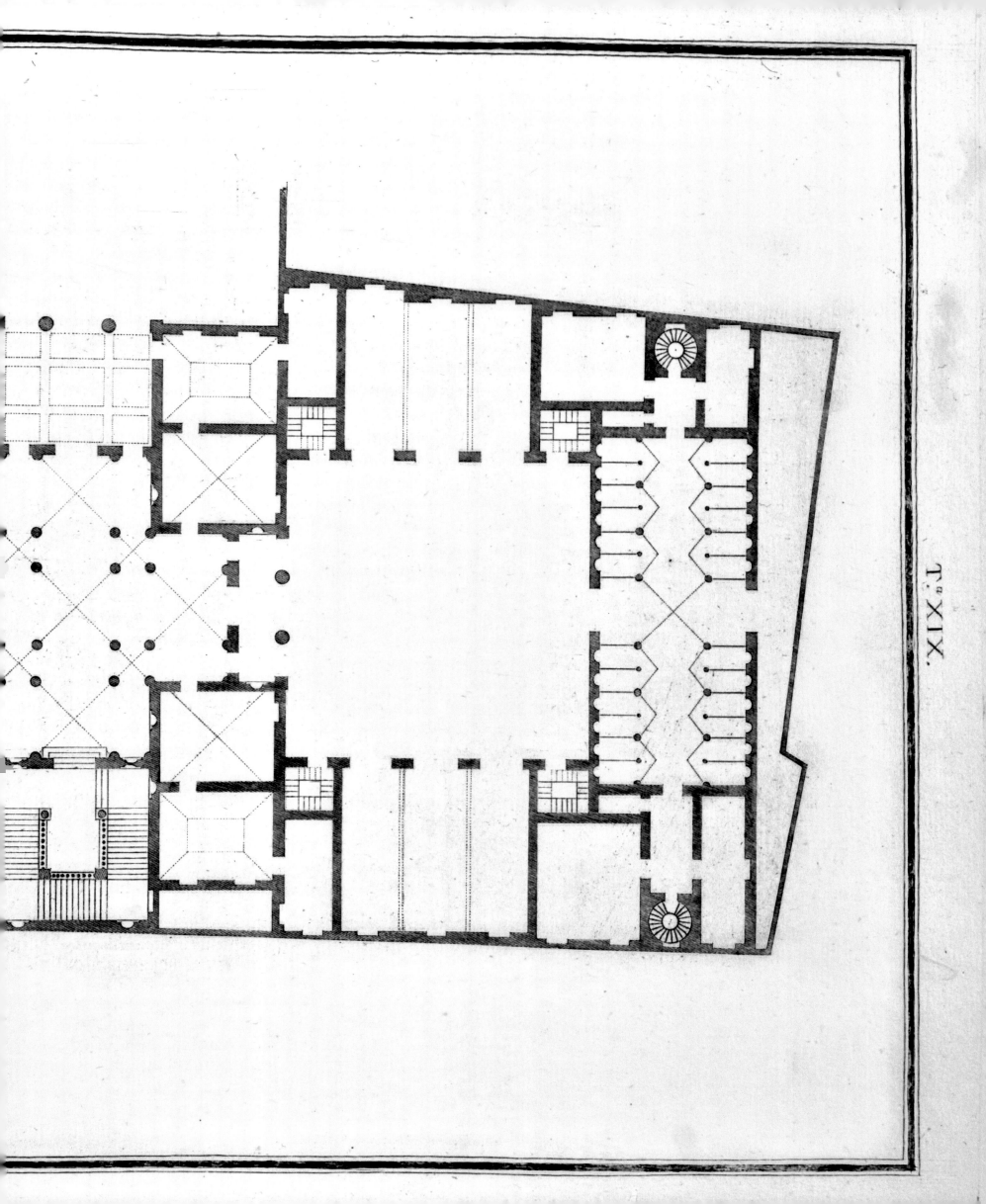

T.ª XIX.

am Abend befriedigt feststellt: «Es war ein schönes Abendrot geworden, welches diesen Spaziergang verherrlichte.»[21] Mehr nicht! Palladios Bauten sind ihm längst bekannt und die Besichtigung eher Bestätigung als Entdeckung: «Wir strichen durch die Strassen, um die schönsten Paläste des Palladio, Scamozzi, Calderari zu sehn.»

In Berlin holen Schinkel nach der ersten Reise andere – sehr konkrete – Probleme ein. Im Erschrecken über die wahren Folgen der napoleonischen 'Befreiung' begibt er sich, auch darin Fichte folgend, vorübergehend auf die Flucht, um dann am Aufbau des neuen Preußens, 'architektonisch sich verwirklichend', mitzuhelfen.

Die auf solchen kritischen Vorstellungen aufgebauten künstlerischen Ambitionen – und der damit auf den Weg gebrachte Enthusiasmus – gleichen sich ganz unabhängig davon, ob sie in Berlin oder in Vicenza gefasst werden. Dort wendet sich 1811 Andrea Rigato an den «Podestà» von Vicenza, Francesco Anguissola, und die «Ornatissimi Signori Savj Municipali» Barbaro, Sesso, Bissari, Trissino und di Velo, um ihnen – in der Absicht der «educazione di questa gioventù» – die Bedeutung Andrea Palladios vor Augen zu führen.[22] Dieser sei es, dem Vicenza zu verdanken habe, den «primato fra le più cospicue città d'Europa» beanspruchen zu dürfen. Der Patriotismus zeigt sich hier – noch unter dem Vorzeichen napoleonischer Weltherrschaft – gestärkt und gibt sich erzieherisch. «E bene io spero che questa gioventù all'ombra crescente della venerata protezion vostra anelerà ad emulare il patrio valore, e Vicenza ergerà ancora la fronte maestosa in faccia all'Europa ammiratrice, facendo risorgere nuovi Palladj, e nuovi Scamozzi.»[23]

Neue Palladios und neue Scamozzis! Es geht Rigato in erster Linie darum – auch diesbezüglich Vincenzo Monti und seiner Anklage gegen die «furti letterarj e scientifici» nacheifernd –, die Bedeutung von Vicenza und Italien, das sich im Überfluss eigener künstlerischer und wissenschaftlicher Leistungen zu wenig um den Nachruhm seiner Geisteshelden gekümmert habe, wiederherzustellen und zu unterstreichen. So bemüht er all jene Autoren, die sich Palladios angenommen und dessen besondere Verdienste hervorgehoben haben. Dies dient dem Beweis, dass niemand in der Weise wie Palladio nicht nur Ideale geformt, sondern auch im konkreten Werk immer wieder erreicht habe. «Intento sempre il Palladio alla sua arte, ch'era in lui divenuta una forte passione, assottigliava l'ingegno a norma delle circostanze, e procurava (siccom'egli protesta, e raccogliesi chiaramente dalle sue fabbriche) di avviarsi all'apice della perfezione.»[24] Wie sich die Gedanken doch ähneln! Deutlich wird einmal mehr ausgesprochen, was auf die Verwirklichung angelegt ist. Palladios – universale – Bedeutung liegt nicht in

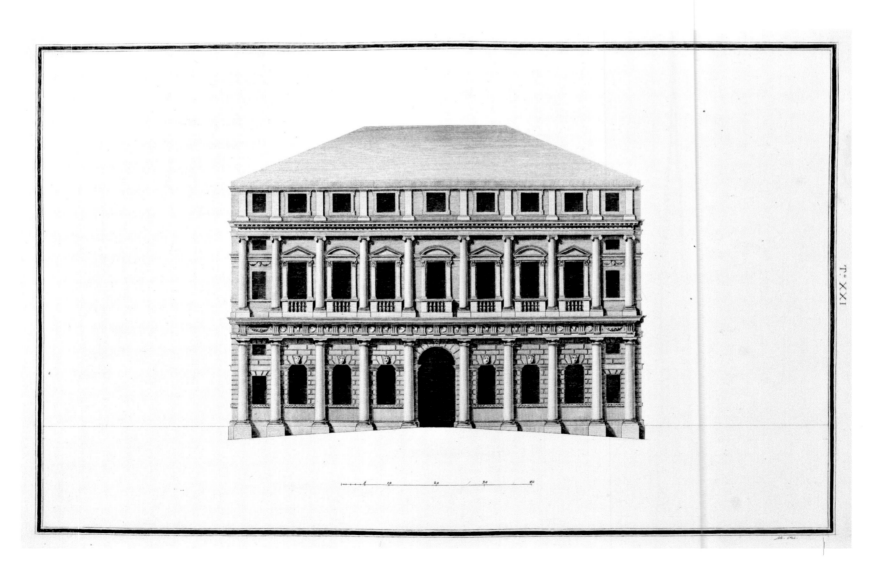

Ottone Calderari, Palazzo Cordellina, Vicenza, Strassenfassade, in: Ottone Calderari, *Disegni e Scritti d'Architettura*, I, Vicenza 1808, Taf. XXI

der Anwendung einer abgehobenen und verfestigten allgemeinen Regel von Kunst und Architektur, sondern in der Fähigkeit, seine architektonischen Vorstellungen in jeder sich ihm bietenden Situation – gemäss Schinkels Formulierung «in immer neuen Wendungen» – so einzubringen, dass sich ihre Umsetzung dem *Ideal der Perfektion* nähert. Wer Letzteres zu erreichen glaubt, läuft allerdings Gefahr mitzuhelfen, dass die auf diese Weise erzielten Lösungen zu Modellen werden – und so einem an Modellen orientierten Palladianismus das Wort zu reden. Wie eng oder wie grosszügig man das auch sehen mag, entscheidend ist, die diesem Vorgang zugrunde liegende, gleichsam moralische, dem Ethos einer «forte passione» geschuldete Tugend auf dem Wege zu konkreten Lösungen als Ideal zu erkennen und anzustreben. Das meint das Zielen nach Perfektion, so betont es Rigato. Andererseits führt er dies am Beispiel der Villa Rotonda aus, einer Idee, die schon manchem Architekten vorschwebte, die aber der Erfindungsgabe eines Palladio bedurfte, um konkret zu werden und auf die Welt zu kommen. Deshalb, *weil* dies so schwierig und so selten ist, ist es eben auch – im engeren Sinn – zur Nachahmung des gefeierten Modells gekommen: «Wertmorland [sic!] disperando forse di non poter comporre nulla di migliore si servì del modello di quella del Capra, e la costruì presso Trumbridge [sic!].»[25] So Rigato: Ein Urteil zugunsten von Palladio! Es sei dies der Beweis – gegenüber Milizias Kritik an Palladio –, dass dieser selbst keinerlei Imitation antiker Muster betrieben habe: «Palladio è perciò un uomo d'ingegno, non imitatore servile».[26] Der grosse Erfolg Palladios bei seinen Nachahmern könnte allerdings – falsche – Rückschlüsse auf eine irgendwie geartete Schemenhaftigkeit, auf eine gar zu einfache Verfügbarkeit seiner Lösungen als leicht wiederholbare Modelle suggerieren. Doch die Wirklichkeit lehrt das Gegenteil. Erst durch Palladios Meisterschaft im Bewältigen unterschiedlichster Situationen entsteht jener Eindruck von Leichtigkeit und Eleganz. «Parlino per me la molteplice diversità delle piante de' suoi edifitij, le loro forme or rette or curve or miste, la varietà delle loro logge, ora con archi, ora con colonne, ora sporgenti, ora rientranti, l'eleganza di quelle torrette, il vago contrasto dei loro colmi, il piramidare de' loro corpi principali, segnatamente quelli posto or fra retti or fra curvi peristili, i quali sembrano invitare e raccogliere quelli che li riguardano.»[27]

Palladios Bauten stünden im Zeichen von «diversità» und «varietà»! In Rigatos Charakterisierung, die sich durchaus konkret auf die gebauten Werke bezieht, wird keine einzige architektonische Regel im engeren Sinn, kein abstraktes Prinzip genannt, von dem sich Palladianismus in Deduktion herleiten liesse. Ganz

Ottone Calderari, Palazzo Corcellina, Vicenza, Längsschnitt, in: Ottone Calderari, *Disegni e Scritti d'Architettura*, I, Vicenza 1808, Taf. XXIII

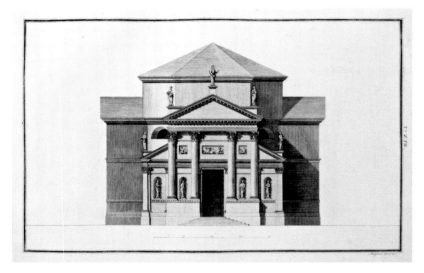

Oben: Ottone Calderari, Palazzo Cordellina, Vicenza, Fassade zum mittleren Baukörper, in: Ottone Calderari, *Disegni e Scritti d'Architettura*, I, Vicenza 1808, Taf. XXII

Unten: Ottone Calderari, Tempio di Sant'Orso, bei Vicenza, Fassade nach dem Entwurf von 1777, in: Ottone Calderari, *Disegni e Scritti d'Architettura*, I, Vicenza 1808, Taf. XVII

'modern' werden die *Erscheinungsform* und der *Eindruck insgesamt* dargestellt, die, jedermann zugänglich, ohne weitere Umstände sinnlich erfahrbar und erkennbar sind. Der Beschreibung einer sich aus aufgetürmten Baumassen und unterschiedlich geformten und platzierten Loggien zusammensetzenden Architektur entsprechen unmissverständlich konkrete Bauwerke. Auf wenige Kennzeichen beschränkt gibt sich der Text verallgemeinernd, meint aber deutlich die gebaute Architektur Palladios. Sie ist das Objekt der Bewunderung und verführt zu so viel Nachahmung.

Der «uomo d'ingegno» in Palladio entspricht andererseits dem ethisch gegründeten Künstlerideal, wie es sich in aufklärerischer Zeit zwischen Ratio und Enthusiasmus entwickelt hat. Die Perfektion erhält somit eine andere oder eine zusätzliche Bedeutung.[28] Sie meint das Resultat, das sich erst nach einem Prozess, dem der notwendige Impetus, die «passione» und daraus folgend die «laboriosi studj» zugrunde liegen, in der Verwirklichung ergibt. «Perfection, c'est l'accord qui regne dans la variété de plusieurs choses différentes, qui concourent toutes au même but», definiert 1765 die grosse *Encyclopédie* von Diderot und d'Alembert.[29] Und Sulzer schreibt 1774 in seiner *Allgemeinen Theorie der Schönen Künste*: «Vollkommen ist das, was zu seiner Völle gekommen, oder was gänzlich, ohne Mangel und Überfluss das ist, was es seyn soll. Demnach besteht die Vollkommenheit in gänzlicher Übereinstimmung dessen das ist, mit dem was es seyn sol, oder des Würklichen mit dem Idealen.»[30]

Die Übereinkunft des Wirklichen mit dem Idealen passt hervorragend zu den Vorstellungen, die man sich von Palladios Architektur gemacht hat. Und dass in dessen Bauten verkörpert und in Übereinstimmung gebracht sei, was als bestmögliches Ziel denkbar und auch erstrebenswert sei, hat letztlich den Patriotismus von Andrea Rigato angestachelt und den Wunsch nach neuen Palladios und Scamozzis in seiner Heimat Vicenza ertönen lassen. 1811 waren solche Sichtweisen durchaus gang und gäbe. Der hohe Anspruch an ein Kunst- und Künstlerideal charakterisiert die Zeit.

Ein weiteres Zeugnis des damaligen Enthusiasmus liefert in demselben Jahr Antonio Diedo in dem *Elogio*, das er Ottone Calderari widmet: «Passeggiava egli di notte a fianco di un dolce amico la piazza, e all'affacciarglisi la Palladiana Basilica resa più bella e leggiadra dal modesto chiaror della luna, fu soprappreso da un'estasi deliziosissima, in cui assorto e rapito per alcun tratto, riscosso poi e destatosi proruppe in quella espressione foriera di gran risultati: Quanto mi piace tal fabbrica! Dovremmo Amico, studiare l'Architettura.»[31] Ein 'Raptus' im Anblick der im nächtlichen Glanz des Mondscheins leuchtenden Basilica Palladios, der zu einem spontanen Aufruf zum Studium der Architektur führt! Der Akzent liegt einmal mehr auf dem unmittelbaren Eindruck und dem persönlichen Erlebnis des Betrachters. Dies ist es, was zur Anerkennung und Lobpreisung Palladios führt. Die Episode vor der Basilica in Vicenza erinnert an all jene römischen Berichte über die nächtlichen Besuche des Kolosseums und den Aufenthalt in Sankt Peter bei Dämmerlicht, die in der architektonischen Lichtsymbolik Etienne-Louis Boullées weiterwirken und bald als «mode d'aller voir le Colysée au claire de lune, comme le Vatican aux flambeaux» eher geringschätzig beschrieben werden.[32]

Calderari verstarb 1803. 1808 erschien der erste Band der aufwändig gestalteten Ausgabe der *Disegni e scritti d'architettura di Ottone Calderari*, zu deren Herausgebern auch der zitierte Andrea Rigato gehört. Die Widmung des Werks ergeht an Antonio Canova: «A Voi, che nel secolo della filosofia dell'arti belle colà dove esse hanno la primaria loro sede [...] sì a Voi più che ad ogni altro a buon diritto conviensi la dedica dell'opere di quell'illustre vostro compatriota e contemporaneo.»[33] Canova, schon zu Lebzeiten über alles gefeiert, entsprach dem nach einem Höheren zielenden Ideal eines Künstlers wie kein anderer. Er löste ein, was andernorts als Mangel spürbar war und was noch viel später – allzu pauschal – als Schwäche vorausgegangener Zeiten diagnostiziert wurde. Jean Antoine Coussin eröffnete den Prospekt zu seinem *Du Génie de l'Architecture* von 1822 mit den Worten: «Il manquait à l'architecture, à cet art immense par ses résultats d'utilité tant morale que physique [...] d'être connue dans son ensemble, et d'être considérée selon son véritable caractère. LA PHILOSOPHIE DE L'ART vient remplir cette lacune.»[34] Mit Canova schienen alle

Erwartungen erfüllt. Und sie werden in der Widmung der Werke Calderaris 1808 auch präzis umrissen und beschrieben: «[…] in Roma, la fama, che sempre accompagna il vostro genio, fece torcere ad essi gl'insaziabili loro sguardi da sì chiari monumenti di scultura, e rivolgerli alle insigni vostre produzioni, le quali considerate ad una ad una, ora vi ammirarono lo stile grandioso di un Fidia, ora il grazioso di un Prassitele, sempre però lo scarpello avvivatore di un Lisippo.»[35] Auf diese Weise wird Canova eingereiht unter die Grössten der Bildhauerei. Zeilen später ist die Rede nicht nur von Ottone Calderari, sondern – im Vergleich zu Rom – von Vicenza, «in quel suolo, ove vennero ad attinger fama i Burlington e gli Jones, suolo, che i Palladj e gli Scamozzi hanno reso celebre ugualmente che quello di Roma.» So fehlt jetzt nur noch der direkte Vergleich Canovas mit Calderari: «ricordevoli della stima che Canova a Calderari e questo a Canova in viruoso nodo legava.»

In der «Prefazione» folgt der Bezug auf Palladio: «Fra i più celebri architetti *dai tempi del Palladio* infino ai giorni nostri, altri forse non v'ha per nostro avviso, che salito sia ad un grado così alto e mirabile di perfezione e di fama, come il signor Ottone Calderari.»[36] 'Ad esempio del Palladio' müsste man präzisieren, so, wie das immer wieder in der Beschreibung seiner Werke und Projekte hervorscheint. Von Canova führt andererseits auch ein direkter Weg zu Palladio – und nach Rom. Rigato stellt 1811 in seinen *Osservazioni sopra Andrea Palladio* die Frage, wo man dessen angemessen, in Würde gedenken könne, und optiert für das römische Pantheon («No il veneto suolo non aveva per l'uomo illustre luogo abbastanza decoroso, ed il solo Pantheon di Roma, quello, che con sì viva compiacenza disegnò e descrisse […] era a lui convenevole»).[37] Canova allein sei es gegeben gewesen, Palladios Bild in Stein zu meisseln, was dieser «acceso di patrio zelo» auch getan habe. So schliesst sich der Kreis in einer der herausragenden Episoden der Künstlerverehrung, für die das römische Pantheon vorübergehend von der Santa Maria ad Martyres in ein zeitgeistiges *Famaedium* konvertiert und hergerichtet wurde. Das Unternehmen, das Canova leitete und mithilfe junger Künstler – mittels dreizehn zusätzlicher Büsten und weiterer Hermen über dem Gesims – durchführte, hatte damals eine so deutliche Signalwirkung, dass es auch Giannantonio Selva in seinem *Elogio* auf Michele Sanmicheli anlässlich der Preisverleihung der Reale Veneta Accademia di Belle Arti 1814 ausdrücklich erwähnte und erläuterte.[38] Die venezianischen Künstler – und mit ihnen Palladio – fanden durch die Hand des venezianischen «il nostro Fidia» ihre Aufstellung im Pantheon der Künste. Und Selva verpasste es nicht, neben Sanmicheli auch Palladio ins rechte Licht zu setzen und einen adäquaten Vergleich zu ziehen: «Minerva scelto avrebbe il Palladio per suo Architetto, Marte il Sammicheli. Il primo assomigliar si potrebbe a Raffaele nella pittura, il secondo al Buonarotti. Ambidue sommi Artisti; se non che, la castigatezza e costanza di sile del Palladio, sì nei suoi scritti, che nelle sue opere, gli fece molti valenti seguaci, mentre la varietà del Sammicheli, senza la improntà originale del suo carattere, non poteva avere felici imitatori.»[39]

So ist auch das Thema der Nachahmung wieder aufgegriffen, das – bezogen auf Palladio selbst und sein Verhältnis zur Antike – die Geister zuweilen geschieden hat. Milizia hat ihm gleichsam den Klassizismus vorgehalten, nämlich vorrangig der Vergangenheit

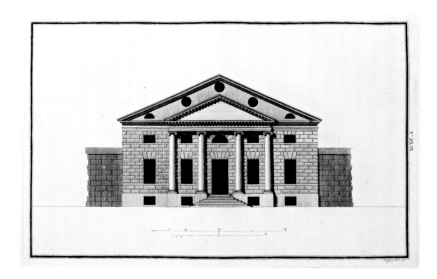

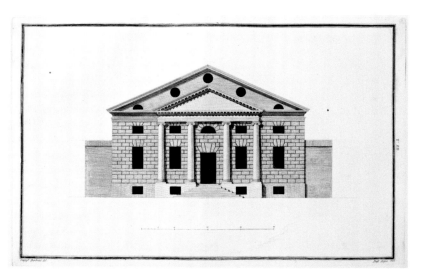

Oben: Ottone Calderari, Casino Villereccio del Signor Anti, Vicenza, «diligente copia della facciata eseguita» (ausgeführter Bau samt Veränderungen), in: Ottone Calderari, *Disegni e Scritti d'Architettura*, I, Vicenza 1808, Taf. XLVI

Unten: Ottone Calderari, Casino Villereccio del Signor Anti, Vicenza, Fassadenentwurf, in: Ottone Calderari, *Disegni e Scritti d'Architettura*, I, Vicenza 1808, Taf. XII

verpflichtet zu sein («è stato a scuola de'più grandi Maestri, non viventi, ma morti»).[40] Allein, die Orientierung an den höchsten Idealen hebt die Architektur Palladios über die Geschichte und über ihre eigene Zeit hinaus. «Immortale» ist das Attribut, das die Herausgeber von Calderaris Werken diesem 1808 zugestehen. Und natürlich setzt das voraus, dass auch Palladio längst in den Olymp der unsterblichen Künstler aufgenommen worden ist.

Wie sich das Verhältnis von Calderari und Palladio um 1800 ausnahm, vermittelt das Bild, das Francesco Boldrini – fern aller Verführung durch künstlerische Meisterschaft – genau diesem Thema widmete. Dargestellt ist die Bekrönung Calderaris mit einem Lorbeerkranz – in einer durch und durch lokalen, bürgerlichen, ja biedermeierlichen Atmosphäre.[41] Vicenza in seiner Konkretheit, ohne jegliche Beschönigung! Alle erscheinen in ihren üblichen Kleidern, Palladio seiner Zeit entsprechend, Calderari und die weiteren Figuren zeitgenössisch. Nur die allegorischen Staffagefiguren brechen mit diesem *decorum*, und dennoch wirkt

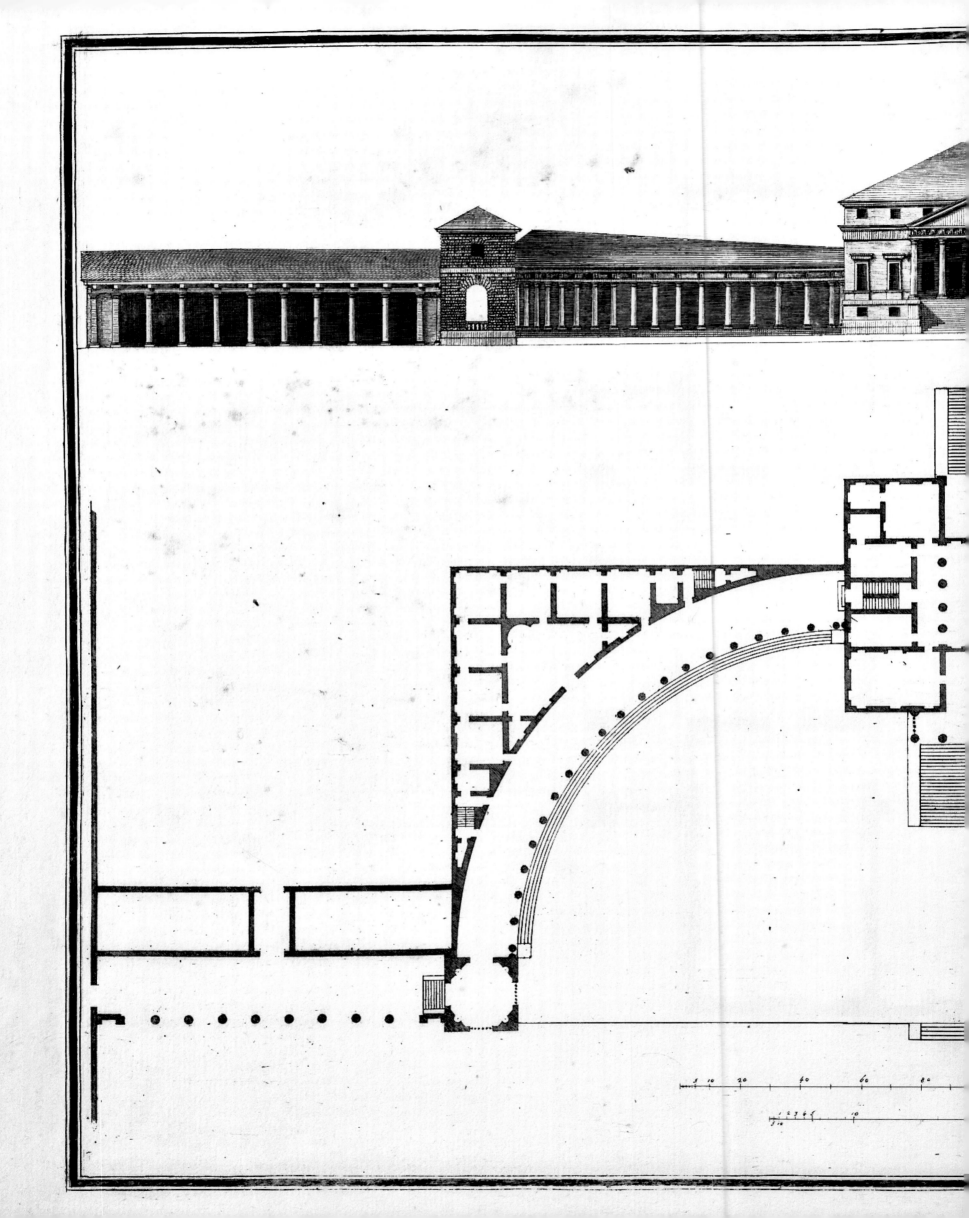

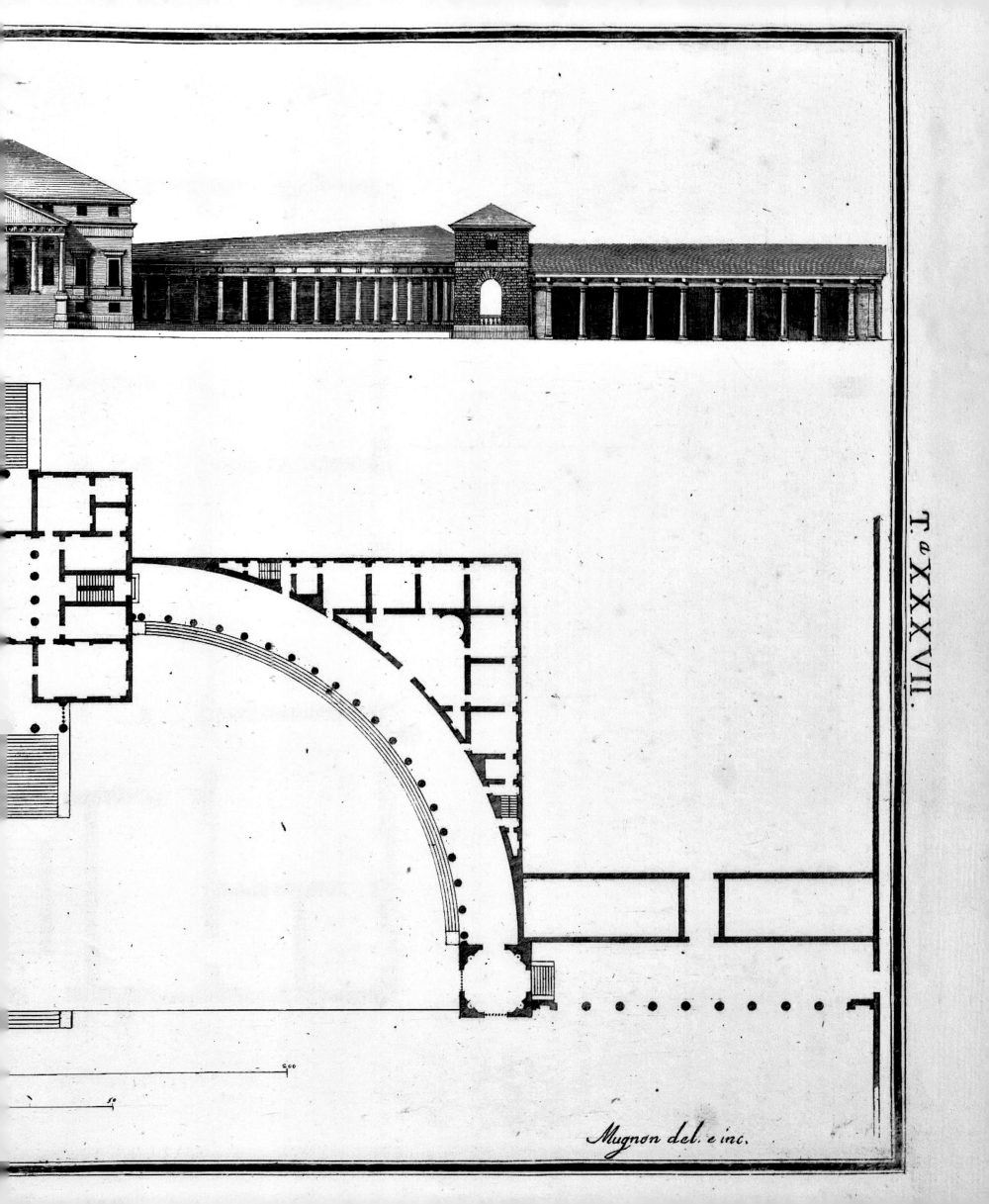

Mugnon del. e inc.

Tav. XXXVII.

der kleine Putto, der Palladio eine Zeichnung Calderaris gleichsam als Beweisstück für dessen Können entgegenhält, pausbäckig und naiv. Nicht Ottone Calderari, dem doch das Ganze gilt, besetzt die Mitte des Bildes. Nein, es ist Palladio, dem die Ehre gebührt. In der Widmung von Calderaris *Opere* sind es Phidias, Praxiteles und Lysipp, die die Ahnenreihe Canovas bilden, in der Architektur ist es Palladio, von dem aus die direkte Linie über Vincenzo Scamozzi, Inigo Jones und Lord Burlington zu Calderari führt. So wird der Kreis geschlossen.

An Calderaris Gefolgschaft gegenüber Palladio und an seinen hehren Idealen lässt sich nicht deuteln. «Emulatore perfetto del Palladio» wird er – beispielsweise im Zusammenhang mit dem Atrio del seminario in Verona – genannt. Wie sich allerdings Vorbild, Nachahmung und Idealität zueinander verhalten, verrät am besten das – bis heute häufig gescholtene – Projekt für den Palazzo Cordellina in Vicenza, dessen Beschreibung die Herausgeber der Werke Calderaris mit der Feststellung einleiten: «Ecco il capo d'opera del Calderari.»[42] Das Klagen über die Nichtvollendung ist schon damals festgeschrieben. Das Projekt spricht andererseits für sich. Es ist ein Lehrstück palladianischer Palasttypologie, und zwar in seiner erweiterten Ausrichtung auf die idealen (rekonstruierten) Vorgaben des antiken Hauses, wie es in Daniele Barbaros Vitruvausgabe und danach in den *Quattro Libri* erscheint, oder eben auch als Fortschreibung des – gleichfalls nicht vollendeten – Palazzo Valmarana. Mit den zwei alternativen Fassadenlösungen, die eine als Synthese der Fassaden der Palazzi Valmarana, Barbarano und Iseppo Porto, die andere im rustizierten Modus, den verschiedenen Atrien und dem Innenhof mit den Eck-Doppelsäulen nach dem Modell der verschmolzenen Säulen des Palazzo Chiericati zeigt Calderari, wie aus den vielfachen Elementen und Variationen ein Ganzes entsteht, das nun in der Tat mehr als die Summe seiner Teile, nämlich eine dem palladianischen Ideal der Perfektion, der inneren Harmonie nahekommende Lösung ist.

«Si può dir regia più che privata», liest man 1808.[43] Unvollendet war das Werk herrschaftlich genug, um Napoleon 1796 und 1797 mehrmals als Absteige zu dienen.[44] So eng waren die napoleonischen Beziehungen in einer Zeit, in der sich die Hoffnung zu den höchsten Idealen aufschwang und in der man gleichwohl auf dem Boden der Realität blieb, den konkreten Gegebenheiten verpflichtet. All das ist der Nachahmungslehre einbeschrieben. An diesen Bedingungen kommt man kaum vorbei. An ihnen soll das Wesen des Palladianismus genauer erfasst werden.

Seite 28–29: Ottone Calderari, Casa di Villa d'Ordine Dorico, Idealprojekt, in: Ottone Calderari, *Disegni e Scritti d'Architettura*, I, Vicenza 1808, Taf. XXXVII

Gegenüber: Ottone Calderari, Kapelle des Palazzo Porto, Vivaro, Fassade, in: Ottone Calderari, *Disegni e Scritti d'Architettura*, I, Vicenza 1808, Taf. XXXV

Zu Seite 32–37: Weit mehr als alle anderen zeitgenössischen Bauten gelten die Werke Ottone Calderaris als Palladio besonders nahe oder gar mit seiner Architektur identisch. Dies gilt vor allem für seine Entwürfe. Das Idealprojekt einer Villa dorischer Ordnung wurde von den Herausgebern der Werke Calderaris als mit der Architektur Palladios verwechselbar bezeichnet. Ottone Calderari, *Disegni e Scritti d'Architettura*, II, Vicenza 1815, S. 28: «Palladio stesso rimarebbe soddisfatto nel vedere trasfusa la sublimità del suo ingegno nello spirito del suo concittadino, le cui opere a buon diritto immortali non solo gareggiano, ma si confondono con quelle del principe degli architetti».

Seite 32–33: Ottone Calderari, Casa Anti Veronese, Vicenza (contrà Mure Pallamaio)
Seite 34: Ottavio Bertotti Scamozzi, Palazzo Braghetta, Corso Palladio, Vicenza, 1780
Seite 35: Ottone Calderari, Tempio di San Orso, bei Vicenza
Seite 36–37: Ottone Calderari, Palazzo Cordellina, Vicenza, 1776 ff. «Atrio a quattro colonne»

Magnum in Parvo;
OR,
THE MARROW OF
Architecture.

Shewing *how to draw a* Column *with its* Base, Capital, Entablature, *and* Pedestal;

AND ALSO

an Arch of any of the five Orders.

And duly limit the Rise *and* Projection *of every one, even the smallest Member.*

According to the Proportions laid down by the most celebrated PALLADIO, *to y*e *utmost degrees of Exactness and Speed possible.*

*So plain & so easy, that a young Gentleman tho' an utter stranger to y*e *Art, may apprehend the Whole, by seing only one Example wrought, in a method Entirely new.*

BY *William Halfpenny.*

Printed for John Wilcox at the Green Dragon in Little-Britain and Tho. Heath Mathematical Instrument Maker next the Fountain Tavern in the Strand LONDON. 1728.

«[…] il Bello di Proporzione»
Abgrenzung Palladios gegen Regel und Doktrin

Der Inbegriff palladianischer Bauten muss – unvermeidbar – in ihrem Bezug zu Palladio selbst und zu seinem Werk gesehen werden. Es ist die Nachahmung und auch die *aemulatio*, das Nacheifern, was das Verhältnis charakterisiert. Kaum jemand hat diesem Ideal mehr nachgelebt als Calderari, der ein Leben lang die palladianischen architektonischen Lösungen und Modelle – im Sinne des albertischen Begriffs des «exemplar»,[45] des mustergebenden Vorbilds – gleichsam systematisch ihrer möglichen Perfektionierung zugetrieben hat. Dies sind keine typologischen Reduktionen, wie das anderweitig durchaus an der Tagesordnung ist, sondern aus dem tieferen Verständnis konkreter Tatsachen weiterentwickelte Lösungsansätze der klassischen Themen der Architektur wie Villa, Haus und Tempel.

Es ist indes nicht zu übersehen, dass auch jener andere Teil der Definition des Modells durch Leonbattista Alberti seine Wirkung zeigt: das Modell als «modulus», als das es sehr viel leichter und über die Schwierigkeiten von Kontext und genauer Vergleichung mit Palladios Werk hinaus zu universaler Gültigkeit emporklimmt. Natürlich hat sich die *Proportionslehre* – wie das jene die Architektur seiner Zeit stark beeinflussende Darstellung Rudolf Wittkowers belegt, *The Architectural Principles in the Age of Humanism* (1949) – als Königsweg einer Architekturtradition erwiesen, der sich dann auch die palladianische Architektur mühelos eingliedern liess.[46] Das zu übersehen, wäre falsch; die Unterschiede zu einer an Palladios Werk in seiner Konkretheit selbst massnehmenden Folgearchitektur zu betonen, ist andererseits notwendig. Unverkennbar ist, dass der Name Palladios – auch unabhängig von seinen Bauten – immer wieder dort auftaucht, wo jene universale Ausrichtung der Architektur auf bindende Regeln und Proportionen, mittelbar auf das System der Säulenordnungen, festgeschrieben wird, das entlang dieser Richtlinien entwickelt worden ist.

Zu Vignolas Lehre bestehen kaum überbietbare Kontraste, und dennoch finden sie sich beide, Vignola wie Palladio, eingebettet in eine das Rückgrat der architekturtheoretischen Diskussion bis in jüngere Zeit bildende Lehre. Vignola lässt seiner berühmten *Regola delle cinque ordini d'architettura* im Vorwort «Ai Lettori» die Argumentation vorangehen, die das Verlangen nach einer «certa corrispondenza, e proporzione di numeri» aus der Erfahrung eines damit einhergehenden Wohlgefallens («al giudicio commune»!) erklärt und dieses gemäss der sicheren Grundlage der Musik («come ben provano li musici nella lor *scienza*») in eine «breve regola facile e spedita» überführen möchte.[47] Auch wenn Vignola die Unwägbarkeiten kennt und vom architektonischen Modul als einer «misura arbitraria» spricht, ist es deutlich genug, dass er – und noch mehr seine Nachfolger und 'Nachbeter' – sich auf der Suche nach einer 'Weltformel der Architektur' befindet. «Donner des règles» wird später zur vordringlichen Zielsetzung der Akademien und in ihnen hält sich die Proportionslehre als Grundlage aller theoretischen Spekulation über Architektur ganz besonders lang.[48] Schliesslich werden sich die Proportionen als moralischer Rettungsanker auch noch dann anerbieten, als man nach 1945 nach sicheren Werten – gleichsam einer moralischen Grundlegung von Architektur wie um 1800 – Ausschau halten und sich in Mailand zum *Proporzioni*-Kongress, Le Corbusier mit seinem *Modulor*, Wittkower mit seinen *Architectural Principles*, zusammenfinden wird.[49] Universalgesetze der Baukunst! Eine Sehnsucht, der sich auch Palladio zuweisen liess.

William Halfpenny, *Magnum in Parvo; or The Marrow of Architecture. […] According to the Proportions laid down by the most celebrated PALLADIO, to ye utmost degrees of Exactness and Speed possible […]*, London 1728, Titel

Palladio Londinensis;
OR,
The LONDON Art of Building.

IN THREE PARTS.

I. Containing a *Demonstration* of all the Geometrical Problems which are necessary to describe SQUARES, CIRCLES, OVALS, POLYGONS, ARCHES, and GROINS.

The most approved Methods for Mensuration of *Superficies*, and *Solids*, applied to the Measurement of all Sorts of Artificers Works concerned in BUILDING.

The Prices of the *Labour* and *Materials*, of the several Kinds of Works performed by DIGGERS, BRICKLAYERS, MASONS, CARPENTERS, JOINERS, SMITHS, PLAISTERERS, PLUMBERS, GLASIERS, PAINTERS, and PAVIOURS; with Directions for making an *Estimate* of the Expence of any Fabric, great or small.

The Prices of all Sorts of Iron-work: viz. *Nails*, and what each Sort ought to weigh. The Prices of *Locks, Bolts, Hinges, Latches,* &c. *Axes, Hammers, Saws, Chizzels, Augers,* &c.

II. Containing plain and easy Directions for the Construction of the FIVE ORDERS OF ARCHITECTURE, with their several *Pedestals, Columns,* and *Entablatures,* accurately described; and a *Parallel* drawn between *this* and Mr. GIBBS's Method, and *that* of the BUILDER's REPOSITORY; shewing how the Orders are to be used over each other; with their *Intercolumniations,* &c.

A large Variety of *Frontispieces* and *Doors,* suited to each Order; the Proportion of *Windows, Piers* for *Gates, Obelisks, Block Cornices,* with the Proportion of *Rooms, Cieling-Pieces, Frets;* also *Chinese* Latice-works for *Pailings, Gates, Hatches,* &c.

An easy and entirely New Method of finding the exact Module or *Diameter* for the erecting Columns or Pilasters THREE several Ways in a just Proportion. 1. *Arithmetically.* 2. *Geometrically,* by Scale and Compass. 3. *Inspectionally,* by a Table; which shews, in Proportion to *any* Height given, the exact *Diameter*; also how to calculate the *Diameter* of the Orders, according to the Proportions laid down by Mr. GIBBS, or any other Author.

And also the Method of Reducing any Module or *Diameter* (from 6 to 24 Inches) into *Feet* and *Inches,* by a New Inspectional Table; whereby the Trouble of dividing a Module into *Minutes* is avoided, and the Whole performed by the common *two Foot Rule*.

III. Copiously treating of the several Kinds of *Stair-Cases*; the various Forms of their twisted *Rails*: Also the best Rules, with Variety of Examples for Forming, Framing, and Trussing all Manner of ROOFS for Buildings, Publick or Private, though the PLAN be *Square or Bevel*.

With a Collection of the *Ground Rules* necessary to be observed in Architecture and Building.

The Whole illustrated with Fifty-four COPPER PLATES.

To which is annexed,

The BUILDER's DICTIONARY.

By *WILLIAM SALMON*.

The SIXTH EDITION.

With great Alterations and Improvements, By E. HOPPUS, Surveyor to the Corporation of the *London Assurance*; and other *Eminent* Hands.

LONDON: Printed for C. HITCH, L. HAWS, J. RIVINGTON, R. BALDWIN, W. JOHNSTON, J. RICHARDSON, S. CROWDER and Cº. T. LONGMAN, B. LAW, E. DILLY, C. WARE and Cº. and A. WARD. 1762.

Palladios Auffassung von Architektur kann allerdings kaum auf solche Regeln reduziert werden, ohne dass Wesentliches verloren ginge. Seine Lehre, wie sie in der Tradition seiner Nachfolge (des Palladianismus) immer deutlicher heraustritt, ähnelt vielmehr einer *Gebäudelehre*, deren Gegenstand der Reflexion in erster Linie das konkrete Bauwerk selbst ist und bleibt. Der Gebäudelehre wird die Proportionslehre einverleibt und nicht umgekehrt, so, wie das die bereits erwähnte vitruvianische Vorstellung der unterstützenden Aufgabe der Theorie, das «demonstrare atque explicare», vorsieht.

Es ist also nicht überraschend, dass zu derselben Zeit, in der die Gültigkeit palladianischer Architektur mit bestimmten Bauten – von Ottone Calderari ebenso wie von seinen Nachfolgern – beschworen wird, der Mathematikprofessor aus Padua, Alessandro Barca, die Gründe architektonischer Schönheit in einer mathematischen Gesetzmässigkeit, den Proportionen, definiert.[50] Andrea Rigato erinnert 1811 daran, dass Palladio selbst – lange bevor Le Roy die Ruinen Griechenlands gesehen hatte, und natürlich vor Cordemoy, Laugier und Sulzer – immer wieder darauf verwiesen habe, dass es «sarebbe utilissimo per il progresso dell'Architettura, che gli Architetti in Europa lavorassero di nuovo sopra gli Ordini». Es lässt sich nicht bestreiten, dass Palladio in dieser Hinsicht eine bedeutende Rolle spielt, auch wenn das Risiko zunehmender Unkenntnis von Palladios eigenem Werk gegeben ist. Denn die Frage nach den architektonischen Proportionen führt eben immer wieder – auch – auf Palladio zurück. *Magnum in Parvo; or The Marrow of Architecture. Shewing how to draw a Columne with its Base, Capital, Entablature, and Pedestal* überschreibt William Halfpenny sein 1728 in London erschienenes Werk.[51] Auf der Titelseite folgt die Präzisierung: *According to the Proportions laid down by the most celebrated Palladio, to ye utmost degrees of Exactness and Speed possible.* Das Ideal Vignolas – eine «breve regola facile e spedita» – ist ganz nach dem damaligen englisch-palladianischen Zeitgeist auf Palladio übertragen. Danach, in den der praktischen Beschreibung und Anleitung gewidmeten Texten des Buches von Halfpenny, kommt der Name Palladios allerdings nicht mehr vor. Er dient, auf dem Titel, als weiter nicht zu hinterfragende Autorität. Dasselbe gilt für das häufig aufgelegte Buch vergleichbaren Inhalts von William Salmon, der dieses kurz und bündig überschreibt: *Palladio Londinensis or The London Art of Building*.[52] Dahinter verbirgt sich eine praktische Einführung in die Londoner Baugewohnheiten.

Palladio steht hier für die verbindliche – und deshalb normative – Festlegung der Proportionen, wie sie sich in der Lehre von den Säulenordnungen darstellt. *Magnum in Parvo* in Halfypennys Titel von 1728 bedeutet so viel wie: die grosse Gesetzmässigkeit, die universale Regel in der konkreten, einzelnen Form der Säule und der Säulenordnung. Alessandro Barca nennt es in seiner 1806 in Bassano erschienenen und Giacomo Quarenghi gewidmeten Studie – durchaus zeitgemäss – «il Bello di Proporzione», als ob er hier das architektonische Äquivalent zum «Kunstschönen» gefunden hätte. Der Publikation lagen Vorlesungen zugrunde, die Barca zwischen 1793 und 1798 an der Accademia delle Scienze in Padua hielt. Er zielt weit über die engere Frage architektonischer Nutzanwendung hinaus und spricht von seinen Studien als «metafisica». Jedoch verleibt er seiner Theorie die anerkannten Regelwerke der Architektur als Belege und Beweise ein: «Io mi lusingo, che tutte le ragioni fin ora addotte proteggano abbastanza il mio saggio dalla taccia di parzialità o partito, se gli esempj in esso si prendono dalle regole di Vitruvio, di Palladio, e di Vignola esclusivamente, e da'monumenti Greco-Romani a preferenza de'Greci, benchè de'felici tempi di quella Nazione creatrice delle belle arti, e maestra del gusto.»[53] Man sieht, dass der Geschichte hier gerade so viel Gewicht beigemessen wird, wie es ihre Beweislast opportun erscheinen lässt. Längst hat Barca den Trennstrich zu jener vitruvianischen Architekturtradition, der er nicht einmal den Begriff der Theorie, jedoch den der «costruzione architettonica» zuordnet, vollzogen und dagegen die aktuelle «applicazione delle scienze esatte alle meccaniche» gesetzt. Barca geht in dem vom wissenschaftlichen Fortschritt seiner Zeit geprägten kritischen Blick auf die Vergangenheit noch weiter und unterstellt deren Baumeistern, sie hätten sich «più dal senso, dalla fantasia e dal gusto, che da un'esatta e riflessiva ragione» leiten lassen.[54] Man habe sich an Schwierigkeiten nicht gestört und auch dann weitergebaut, als Klarheit noch nicht erreicht worden sei, was eben den Missstand erkläre, «come fecero, l'arte loro con sempre nuove invenzioni, ed applicazioni dal solo gusto col mezzo del senso e della fantasia suggerite». Das entspricht dem damals üblichen – klassizistischen – Vorurteil gegen die «licenze» einer gemäss späterer Typisierung barocken Bautradition, die ja schon von Alessandro Pompei 1735 mit Blick nach Rom als «cieca», als nicht nur blinde, sondern sich blindlings ins Verderben stürzende Bauauffassung gebrandmarkt worden ist.[55] Der Intellektualismus Barcas reisst aber – im Zeichen der «ragione» – noch weitere Wunden auf. Denn 'unwissenschaftlich' sei, frei nach Carlo Lodoli, auch die «contraddizione fra la costruzione vera, e la rappresentata».[56]

Die Konstruktion und somit auch die Architektur hätten 'richtig' zu sein. So besehen wird man auch Palladio nach vorbestimmten, normierten Vorstellungen a posteriori lesen wollen. Das wird zu Überraschungen und Verwirrung und zu keinerlei Lösung führen. Solches widerfährt schon den Mitgliedern der Pariser Académie Royale d'Architecture, als sie sich mit Beschluss vom 28. Februar 1673 anschicken, Palladios *Quattro Libri* zu lesen.[57] Der Annahme, Palladio befolge «exactement la doctrine de Vitruve», gesellt sich bald die Beobachtung hinzu, dass sich Intention, Aussage und Wirklichkeit nicht immer entsprächen. So vermerkt das Protokoll der Akademiesitzung vom 30. Mai 1673, an der unter anderem François Blondel und André Félibien teilnehmen, zur Frage der Kanneluren der korinthischen Säulen: «[…] il a esté remarqué que sa figure ne répond pas entièrement à sa doctrine».[58] Theorie und Praxis, Text und Bild im Widerspruch! Nun bezweifelt niemand, dass gerade Palladio der Architektur ihre

William Salmon, *Palladio Londinensis; or, The London Art of Building [...]*, sechste Ausgabe London 1762, Titel

antiken, vitruvianischen Formen bis in Einzelheiten hinein wieder zugeführt hat; aber ihn damit auf eindeutige, doktrinäre Weise festlegen zu wollen, führt an seiner Architektur vorbei. An palladianischen Kompromissen und Neuerfindungen ist man an der Pariser Akademie nicht interessiert. Was sich nicht in vitruvianischen Begriffen formulieren lässt, hat auch nicht zu existieren. Die 'doppelten' Säulen am Portikus des Palazzo Chiericati werden deshalb als «vicieuses» beschrieben, «non seulement parce qu'*elles se mangent l'une l'autre, mais parce qu'elles sont posées obliquement*».[59] Sich fressende Säulen?! Die Wahrheit liegt gemäss dieser Sichtweise nicht in den Tatsachen, sondern einzig und allein in der vitruvianischen, jeder besonderen Ausprägung von Architektur – so auch der palladianischen – 'überlegenen' Doktrin.

Barca zitiert zu dieser strittigen Frage architektonischer Wahrheit nicht etwa die Stelle Vitruvs, wo dieser ganz zu Beginn der Erörterung einer architektonischen Wissenschaft grundsätzlich die Notwendigkeit eines begründeten Zusammenhangs – aber eben nicht dessen mathematische Exaktheit – fordert. «Cum in omnibus enim rebus, tum maxime etiam in architectura haec duo insunt: *quod significatur et quod significat*. Significatur proposita res, de qua dicitur; hanc autem significat demonstratio rationibus doctrinarum explicata.» (Vitruv, I, I, 3) Er beruft sich vielmehr, analog zu den Pariser Akademikern, auf die divergierende Erklärung des Zahnschnitts («dentelli») am Gebälk, je nachdem, ob sich dessen Anbringung auf die originale Holzkonstruktion oder eben auf den davon abgeleiteten Steinbau bezieht.[60] «Ita quod non potest in veritate fieri, id non putaverunt in imaginibus factum posse certam rationem habere.» (Vitruv, IV, II, 5) Was nicht in der Wirklichkeit vorhanden sei, könne auch nicht sinnvoll im Bild wiedergegeben werden! Barca liest hier Vitruv, als ob ihm die auf diesem Passus aufgebaute – zugespitzte – Maxime Lodolis im Ohr steckte: Was nicht «in funzione» sei, solle auch nicht «in rappresentazione» erscheinen.[61]

Purismus, Rigorismus! Barca stellt sich, nach mathematischer, eindeutiger Art, gegen die gewachsene und oft genug im Kompromiss erzielte architektonische Lösung, wie sie sich im Werk Palladios immer wieder, aus Not und wegen der Umstände ergeben hat. Die Regel ist die einzige Vernunft – auch in der Architektur. Der Rest, so scheint es, wird davon abgelöst und ins Bild – und in die Lüge – verbannt.

So, wie Lodoli und seine Adepten und Interpreten sich das als eine 'strenge Wissenschaft' zurechtlegen, kann man dem Praktiker Palladio natürlich nicht gerecht werden. «*La sua filosofia fu a mezzo; se fosse andato colla ragione più avanti, avrebbe veduto, che quel suo fregio tutto metopa sarebbe stato un vano incapace di sostenerli, e perciò un fregio insignificante, e posto unicamente per adornare.*»[62] In lodolianischer Sicht ist Palladio also nur ein halber Philosoph und Intellektueller! Das Argument bezieht sich jedoch ausschliesslich auf Teile des Architekturdekors und deren supponierte innere Kohärenz, auf eine Einzelheit also, ein Detail. Weil sich Palladio in schwierigen oder nicht eindeutigen Situationen die Freiheit eigener Entscheidungen und Lösungen nahm, wird ihm gleich vorgeworfen, den soliden Boden der (verbindlichen) Theorie verlassen zu haben. Die Plinthen der kleinen Säulen der Basilica in Vicenza werden so lediglich nach der Erfüllung einer vorgegebenen Theorie und Regel in jedem einzelnen Element beurteilt: «*La sua pratica avrebbe corrisposto alla sua teoria.*» Von Palladio haben wir umgekehrt gelernt, dass die Theorie ihm zuhilfe kam, die Praxis besser zu bewältigen. Notgedrungen ist die Praxis anders als die Theorie. Alles weist darauf hin, dass sich eine an Palladios Bauten orientierte Tradition, ein auf diese Weise zustande gekommener Palladianismus unmöglich auf das Prinzip einer blossen Regelbefolgung einschränken lässt. Es geht beim Palladianismus um mehr, um Architektur in all ihren Aspekten und vor allem in ihrer komplexen physischen Wirklichkeit.

Dem widerspricht nicht, dass man zwischen Palladios Werk und den – übrigens sehr unterschiedlich tradierten – Prinzipien von Lodolis Lehre genügend Berührungspunkte feststellen kann. Auch in Palladios Bauten lassen sich die «retta funzione» genauso wie die «rappresentazione», Funktion wie Form und sicherlich auch die «analogia» als eine «proporzionata regolar convenienza» ablesen und erkennen. Gerade im Vergleich zu der von der rationalen Kritik lodolianischen Zuschnitts geforderten «analogia» zeichnet die palladianische Architektur aus, dass bei ihr Wahrheit und Abbild nicht voneinander abgelöst sind. Das Wesen der Architektur Palladios findet sich in den Bauten selbst am besten aufgehoben: trotz des Menetekels Alessandro Barcas, das den Bruch des Systems der Säulenordnung als notwendige Folge der kleinsten Abweichung von Norm und Doktrin androht. Klassizismus und Palladianismus gehen verschiedene Wege!

Marian M. Peretjatkowitsch, Russische Bank für Handel und Gewerbe (rechts oben) sowie Fassaden anderer Architekten, Sankt Petersburg, 1910–1915 – Beispiele für 'Fassadismus'/Palladianismus, in: Werner Hegemann, *Reihenhaus-Fassaden, Geschäfts- und Wohnhäuser aus alter und neuer Zeit*, Berlin 1929, S. 130

261 / LENINGRAD
Mietaaus. Erbaut 1914   *Flats. 1914*
Arch.: A. E. Bjelogrud

262 / LENINGRAD
Miethaus   *Flats*
Arch.: M. S. Lialewitsch

263 / LENINGRAD
Russische Bank für Handel und Gewerbe
Bank Building / Arch.: M. M. Peretjatkowitsch

264 / LENINGRAD
Miethaus. 1914   Arch.: W. A. Szukó   *Flats. 1914*

Das unvermeidliche Bild und seine Verselbstständigung
Fiktives und reales Palladio-Verständnis

Die 'Bilder' haben sich von den Bauwerken Palladios abgelöst – ganz ohne seinen direkten Einfluss oder den palladianischer Architekten. Und auch die oben erläuterte rigoristische Interpretation Vitruvs, die penetrante Loslösung von Wahrheit und Bild, war nicht der Auslöser dieser unverkennbaren Entwicklung. Symptomatischer ist vielmehr jene 1743 in der Widmung der *Prima Parte di Architetture, e Prospettive* von Giovanni Battista Piranesi gemachte Feststellung: Vor Venedig nach Rom gelangt, muss er einsehen, dass seine Chancen als Architekt Bauten zu errichten gering sind, was ihn in aller Konsequenz folgern lässt, er wolle nun seine Vorstellungen und Ideen der Zeichnung, dem Bild anvertrauen. Wie sich die Malerei der Bauten Palladios bemächtigt hat, ist auf geradezu exemplarische und sicherlich auch programmatische Weise dokumentiert worden.[63] Das mediale Ereignis wurde von dem überliefert und kommentiert, der sich ohnehin nicht nur als zeitgeistiger, allen aktuellen Themen seinen Stempel aufdrückender Intellektueller, sondern eben auch als im wörtlichen Sinn Bild-Vermittler – insbesondere beim Aufbau der Kunstsammlungen in Dresden – einen Namen gemacht hatte, Francesco Algarotti.

Er schreibt am 28. September 1759 an Prospero Pesci in Bologna: «Altre volte abbiam ragionato insieme di un nuovo genere, quasi direi, di pittura, il qual consiste a pigliare un sito dal vero, e ornarlo dipoi con belli edifizj o tolti di qua e di là ovvero ideali.»[64] Algarotti spricht hier von einer neuen Bildgattung, die darin besteht, dass man die – alte – Möglichkeit der Fiktion gezielt einsetzt und wirklich Gegebenes (im üblichen Sinn des *Ab*bildes) mit Idealem, mit Phantasievorstellung beliebig und zugunsten erhöhter Illusion vermischt. In Zeiten der hochentwickelten «scenografia» überrascht dieses Verfahren nicht. Bemerkenswert ist hingegen, dass Algarotti im Einvernehmen mit Canaletto ein erstes Gemälde gemäss diesem Verfahren Palladio widmet, genauer: dass er zur Herstellung und Begründung einer solchen Gattung die Bauten Palladios für besonders geeignet hält. Damit scheint er – entgegen den obigen Bemerkungen zum Gewicht der Konkretheit palladianischer Bauten und des Genius Loci Vicenzas – einer unbeschränkten Verfügbarkeit palladianischer Bildinhalte das Wort zu reden. Und: Er weiss offenbar längst, wie ausgeprägt die besondere Eignung palladianischer Bauten für Bild und Ansicht ist. «Il primo quadro che io feci lavorare in tal gusto, fu una veduta del nostro ponte di Rialto […].» Algarotti wählt das 'Tourismus'-Motiv Nummer eins! Er gibt ihm – theatralisch, bühnenbildmässig – das ideale Aussehen gemäss dem nicht realisierten Projekt Palladios und erreicht so den Zauber höchster Illusion, bei dem das Wirkliche (die Situation und Lage und ihre kalkulierte, untrügerische Wiedererkennbarkeit) mit dem Phantastischen verschmolzen wird. «In tal modo si viene a riunire la natura e l'arte, e si può fare un raro innesto di quanto ha l'una di più studiato su quello che l'altra presenta di più semplice. Nel qual semplice per altro ci sono certe andature e certi accidenti che male immaginare si potriano dall'artista il piu eccellente.»[65] Da ist – ganz 'modern' – Bildkalkül nicht im Sinne der bildgemässen Aufschlüsselung eines inhaltlichen Konzeptes beschrieben, sondern nach den mehr oder minder

Canaletto, *Palladianisches Capriccio mit Basilica, Palazzo Chiericati und dem Projekt für die Rialtobrücke* 1755–1759 (Parma, Galleria Nazionale)

günstigen Bedingungen der Wahrnehmung. Die im Gemälde Canalettos erreichte «contaminatio», womit Aldo Rossi den Charakter dieses palladianischen 'Capriccio' bezeichnete, ist das, was man mit einem Blick erfasst und begreift.[66] Die palladianische Architektur *ist* bildhaft, aufs Beste geeignet, im Bild festgehalten und – wegen des hohen Wiedererkennungswertes – in Erinnerung behalten zu werden.

Eine andere, berühmt gewordene Formel Algarottis weist auf die architektonische Problematik der Betonung des 'Bildes' hin. Könnte er wählen, so wohnte er am liebsten in einem französischen Palais und schaute auf einen palladianischen Bau auf der gegenüberliegenden Seite der Strasse.[67] Die französische Architektur steht für Baukomfort und Luxus innerer Ausstattung; Palladio liefert die schönen Fassaden. Das ist das Verdict und die allzu häufig verkürzte Vorstellung eines 'Bild-Palladianismus', so wie ihn eben das Gemälde Canalettos vorgibt und vortäuscht. Die moralische Argumentation zur Architektur wendet sich um 1800 natürlich gegen eine solche unarchitektonische Vereinfachung der Dinge. In seiner Rede vor der Reale Veneta Accademia di Belle Arti am 3. August 1823 über Giacomo Quarenghi betont Antonio Diedo, dieser habe es eben verstanden, «magnificenza Latina» und »leggiadria Oltremontana» zu verbinden: «talchè i suoi edifizi non darebbero mai luogo a quel voto di abitare una Casa Francese, e di averne in prospetto una Palladiana, mentre è del pari in essa provvisto al comodo, ed al diletto.»[68]

Längst hat sich die Kunst auf ihre nationalen Eigenheiten kapriziert, ist der Nord-Süd-Gegensatz in künstlerische Kennzeichen zerlegt worden. Und nach dieser Massgabe entwickelt sich eben auch Palladianismus am Ort Palladios anders und muss anderen Bedingungen gehorchen als in grosser Distanz, wo umgekehrt dem Bild, der blossen Vorstellung ganz offensichtlich mehr Bedeutung zukommt.

Diejenigen, die beide Pole verbinden, sind die Reisenden, denen der Augenschein, die Überprüfung eines durch Stiche vermittelten Eindrucks vor dem Bauwerk in Vicenza wichtig erscheint. Ihre Berichte sind zwar häufig genug stereotyp, nachgeschrieben und dem Déjà-vu verpflichtet, aber auch von divergierenden, teils unzuverlässigen eigenen Urteilen gespickt. Charles de Brosses meint, der auf dem Campo Marzo «à la manière de l'antique» errichtete Triumphbogen sei von Palladio konzipiert und «si je ne me trompe, son plus beau morceau».[69] Schinkel kommentiert den Bogen: «nicht sein [Palladios] schönstes Werk».[70] Bei der Entzifferung des Manuskripts des 1799 postum publizierten – und gleichwohl berühmt gewordenen – Reiseberichtes von Charles de Brosses entstanden offensichtlich Schwierigkeiten: Aus dem Palazzo Chiericati wurde – chinesisch anmutend – «Tiesagute».[71] Wie sehr Distanz trügt und wie schnell sich konkrete Kenntnis und Erinnerung in diffuse Angaben ausserhalb von Raum und Zeit auflösen, erfährt man selbst aus den orthodoxesten Dokumenten des Palladianismus. Als der Venezianer Giacomo Leoni 1726 seinen monumentalen *Palladio* in englischer und französischer Fassung bei Pierre Gosse in Den Haag erscheinen liess und auf einer Seite eine kurze Charakterisierung Palladios gab, betonte er auch das Antikenstudium, aufgrund dessen Palladio die «véritables régles» gefunden habe, «qui jusqu'à son tems étoit demeuré inconnu même à Brunelleschi & Michel Ange *ses contemporains*.»[72] «Ses contemporains»?! So der Zusatz des Übersetzers. Man geht in genügend geographischem und zeitlichem Abstand grosszügig mit den Fakten um!

Palladio wird aus der Geschichte herausgelöst, das ist *eine* Bedingung für die Erfolgsgeschichte des Palladianismus. Die *andere* ist die unverzichtbare und uneingeschränkt fortwirkende Bedeutung der Werke Palladios. Dies belegt ein weiterer prominenter Reisender, Johann Wolfgang Goethe. Am 19. September 1786 notiert er: «Vor einigen Stunden bin ich hier angekommen und habe schon die Stadt durchlaufen, das Olympische Theater und die Gebäude des Palladio gesehen. Von der Bibliothek kannst du sie in Kupfer haben, also sag ich nichts, nenn ich nichts, als nur im allgemeinen. *Wenn man diese Werke nicht gegenwärtig sieht, hat man doch keinen Begriff davon.* Palladio ist ein recht innerlich und von innen heraus grosser Mensch gewesen.»[73] Goethe zeigt sich also beeindruckt von dem, was er sieht. Er bildet sich davon eine allgemeine Vorstellung, verweist für alle Einzelheiten – und deren mögliche Überprüfung – auf die Bücher mit den gestochenen Abbildungen, um sich umso mehr dem Ganzen zuzuwenden, für das ihm zuletzt Palladio selbst als grosser, innerlicher Mensch vor dem (geistigen) Auge steht. Und deutlich beschreibt Goethe die Bedingung für das Zustandekommen eines solchen Eindrucks und einer solchen Erkenntnis. Der «Begriff» ist nicht das Losgelöste, bloss Abstrakte, sondern das, was aus der Gegenwärtigkeit und Konkretheit der Anschauung unmittelbar entsteht. Der 'Bücherweisheit' wird die eigene Erfahrung als die verlässlichere Instanz gegenübergestellt.

Auf den zitierten Notizen beruhend erhält dieser entscheidende Passus in der *Italienischen Reise* Goethes eine noch klarere Form: «Wenn man nun diese Werke gegenwärtig sieht, so erkennt man erst den grossen Wert derselben, denn sie sollen ja *durch ihre wirkliche Grösse und Körperlichkeit das Auge füllen*, und durch die schöne Harmonie ihrer Dimensionen nicht nur in abstrakten Aufrissen, sondern mit dem ganzen perspektivischen Vordringen und Zurückweichen den Geist befriedigen; und so sag' ich vom Palladio: er ist ein recht innerlich und von innen heraus grosser Mensch gewesen.»[74] Der «Begriff» in der ersten Formulierung mochte missverständlich sein – jetzt präzisiert Goethe «Grösse und Körperlichkeit» als das, was über die Sinneswahrnehmung erfasst und dann geistig begriffen werde. Goethe kennt sich aus in den Darstellungsformen, den «species dispositionis, quae graece dicuntur ideai» (Vitruv, I, II, 2). Deshalb formuliert er die Differenz zwischen einer Palladiokenntnis aus dem «sehr artigen Büchelchen mit Kupfern zur Bequemlichkeit der Fremden» und der eigenen Wahrnehmung von Körper und Grösse der Bauten Palladios. Im Gegensatz zu der abstrahierten Orthographie (in den Stichen) macht erst die perspektivische Darstellung die – wieder ganz korrekt nach Vitruv («scaenographia est frontis et laterum abscendentium adumbratio») beschriebenen – Vor- und Rücksprünge architektonischer Körper erfahrbar und zugänglich. Und natürlich entgeht Goethe nicht, dass Palladio mit der «höchsten Schwierigkeit», der «schicklichen Anwendung der Säulenordnungen in der bürgerlichen Baukunst» befasst gewesen sei. Aber statt rigoristisch – und beckmesserisch – auf kleine Widersprüche aufmerksam zu machen und Palladio deswegen bloss «mezza filosofia» (wie Lodoli) zuzubilligen, begegnet er dem, der sich an dem grundsätzlichen Widerspruch, der Verbindung von Säulen und Mauer zu schaffen macht, mit hohem Respekt und schliesst letztlich auf den Menschen selbst. Goethe äussert tiefstes Bedauern in Anbetracht der Tatsache, dass man Palladios Werken – ihrer «Körperlichkeit» – nicht mehr Sorge angedeihen lasse: «denn man verdient wenig Dank von den Menschen, wenn man ihr inneres Bedürfniss erhöhen, ihnen eine grosse Idee von ihnen selbst geben, ihnen das Herrliche eines wahren edlen Daseins zum Gefühle bringen will.»[75] Die moralische Vorstellung – im Zusammenhang mit Palladios Architektur – kehrt zurück, noch viel deutlicher auf ihn selbst, Palladio, bezogen und nicht bloss auf die Ideale einer Architektur. «Denn ich finde auch hier, leider gleich! das was ich fliehe und suche neben einander», endet Goethes Eintrag vom 19. September. Er bezieht sich auf Palladios Basilica und das daneben stehen gebliebene, «kastellähnliche», von «ungleichen Fenstern übersäte» Gebäude. Man möchte in dieser Beobachtung Goethes die doppelte Wurzel des Palladianismus erkennen, einerseits die Verallgemeinerung und damit einhergehend die Ablösung des Bildes von der Architektur und andererseits die Grundlegung in den wirklichen, körperlichen Bauten selbst.

All das ist in jenem eingangs erläuterten grosszügigen Konzept der Nachahmung als dem Garant der Weiterentwicklung von Kunst enthalten. Es zeigt sich, wie angemessen gerade im Falle Palladios und des Palladianismus die Definition ist, die Quatremère de Quincy 1823 in seinem *Essai sur la Nature, le But et les Moyens de l'Imitation dans les Beaux-Arts* gegeben hat. («Imiter dans les beaux-arts, c'est produire la ressemblance d'une chose, mais dans une autre chose qui devient *l'image*.») Weil die Bauten Palladios, wie dies Goethe erfuhr und erörterte, in ihrer wirklichen Grösse und in ihrer wahren Körperlichkeit einzigartig sind, stellen Nachahmungen stets ein Anderes, wiederum Originelles und Neues dar, das sich – nicht nur über ein einzelnes Element oder gar eine davon abgeleitete Merkwürdigkeit oder Regel, sondern gesamthaft und ganzheitlich – auf Palladio bezieht. Dafür erscheint der Begriff des Bildes in der Tat umfassend genug, symbolhaft und allen Fiktionen von Weiterentwicklung und Variation gegenüber offen.

Zu Seite 48–55: Im Kapitel «De i disegni delle case dell Città» in seinen *Quattro Libri* von 1570 schreibt Palladio: «E perche se bene alcune delle fabriche disegnate non sono del tutto finite; si puo nondimeno da quel che è fatto comprendere qual debba esser l'opera finita ch'ella sia […].» Palladio lässt sein Werk unvollendet und evoziert damit weitere Vorstellungen und Phantasien. Mit den nicht fertiggestellten Bauten Palladios in Vicenza setzte sich auch Lord Arundel auseinander, der in den *Remembrances at Vicenza* an John Evelyn gerichtet formulierte: «Of private pallaces many are excellently begun, but few or non finished […].» 1646 notierte John Evelyn dementsprechend in seinem Tagebuch: «This sweete Towne has numerous well-built Palaces, besides a number begun and not yet finished (but of stately design) […].» Die Errichtung weiterer Gebäude war notwendig, um Idee und Bild jener palladianischen Architektur, die Vicenza bis heute charakterisiert, Wirklichkeit werden zu lassen. Der antike *Decumanus* hat sich erst nach und nach zu dem entwickelt, was jetzt richtigerweise Corso Palladio genannt wird. Die Bauten von Vicenzo Scamozzi (Palazzo Trissino, 1577–1579; Palazzo Thiene, 1593–1612), von Ottavio Bertotti Scamozzi (Palazzo Borghetta-Betrame, 1780) und von Ottone Calderari (Palazzo Loschi Zilleri, 1782), die Chiesa dei Filippini (1824), nach einem Entwurf Calderaris von Antonio Piovene errichtet, und andere Bauten mehr haben dazu beigetragen, dass von den wenigen authentischen Zeichen palladianischer Architektur ausgehend diese «strada nuova» eine palladianische Physiognomie erhalten hat.

Seite 48: Vincenzo Scamozzi, Palazzo Galeazzo Trissino, Corso Palladio, Vicenza, 1588 (heute Palazzo Trissino Baston sul Corso)
Seite 49: Vincenzo Scamozzi, Palazzo Galeazzo Trissino, Vicenza, 1588, Detail am seitlichen Bogen des Portikus
Seite 50: Vincenzo Scamozzi, Palazzo Galeazzo Trissino, Vicenza, 1588, Detail des Portikus mit Inschrift am Fries, Eingangsbereich und Hof
Seite 51: Vincenzo Scamozzi, Palazzo Galeazzo Trissino, Vicenza, 1588, Fassade zum Corso Palladio
Seite 52: Vincenzo Scamozzi, Palazzo di Enea Thiene, Corso Palladio, Vicenza, 1593–1612 (heute Palazzo Bonin-Longare)
Seite 53: Ottone Calderari, Palazzo Loschi Zileri, Corso Palladio, Vicenza, 1782
Seite 54 oben: Ottone Calderari, Palazzo Loschi Zileri, Vicenza, 1782, Maske über dem Eingang
Seite 54 unten: Antonio Piovene nach Ottone Calderari (Entwurf), Chiesa dei Filippini, Vicenza, 1824, Detail der Dekoration
Seite 55: Antonio Piovene nach Ottone Calderari (Entwurf), Chiesa dei Filippini, Corso Palladio, Vicenza, 1824

Zum Wesen der Nachahmung und zur Begründung der Autorität Palladios

«Non, sans doute, l'autorité n'auroit jamais eu lieu dans les arts, si ce beau matériel ne se trouvoit lié lui-même au beau intellectuel, & par cela sujet à toutes les variétés de l'opinion. Mais ce qui, plus que tout le reste a introduit, & comme nécessité dans les arts, la puissance de l'autorité, le voici: cette raison tient à la nature des choses, & à l'histoire même des arts.»

Antoine Chrysotome Quatremère de Quincy, «Autorité», in: *Encyclopédie Méthodique. Architecture*, Bd. 1, Paris 1788, S. 175

Die Bedeutung und der Ruhm Palladios gründen wesentlich auf seiner Nachahmung. Wie umfassend und grundsätzlich das aufzufassen ist, wird umso offensichtlicher, als beim Tode Palladios vieles unvollendet war und selbst die berühmte Basilica ein Torso blieb. Es geht beim Palladianismus um mehr als um den Anschluss an eine bestehende Bautätigkeit und -tradition; und hinter dem Namen Palladio verbirgt sich mehr als nur die Summe seiner Werke. Die Nachahmung hat eben die Ähnlichkeit mit den Dingen und nicht die Dinge selbst zum eigentlichen Ziele: «non res, sed similitudines rerum» (Cicero, *De Natura Deorum*, I, I, § 27). Es ist am Ende (nach Quatremère de Quincy) «une autre chose», an der der Bezug festgestellt und mit der Palladio wieder in Erinnerung gerufen werden soll.[76] Damit ist das Wesen der Nachahmung – und die unvermeidbare Peripetie, der daran gekoppelte Anspruch auf künstlerische Originalität – beschrieben.

Allerdings ist nichts bei diesem Sachverhalt eindeutig. Giovanni Pietro Bellori (1672) schliesst von dem ciceronianischen «ut igitur in formis, & figuris est aliquid perfectum, & excellens […]» auf eine Idee, bei der das «vero» und «verosimile» zu einer Einheit zusammengefügt werden sollten, was zwar die Zielsetzung, aber keineswegs die Lösung vorgibt.[77] Die Anwendung der «Idea» auf die Architektur in jenem berühmten Vortrag Belloris vom Mai 1664 vor den versammelten Mitgliedern der Accademia di San Luca in Rom klärt das Verhältnis von allgemeiner Regel und konkretem Vorwurf auch nicht auf, sondern bestärkt die Schwierigkeit des Problems, wie sie sich schon Palladio dargeboten hat: «Quanto l'Architettura diciamo, che l'Architetto deve *concepire* una nobile Idea, e stabirlirsi una mente, che gli serva di legge, e di ragione, consistendo le sue invenzioni nell'ordine, nella disposizione, e nella misura, ed euritimia del tutto, e delle parti. Ma rispetto la decorazione, & ornamenti de gli ordini sia certo trovarsi l'Idea stabilita, e confermata su gli essempi de gli Antichi, che con successo di longo studio, diedero modo a quest'arte; quando li Greci le costituirono termini, e proporzioni le migliori, le quali confermate da i più dotti secoli, e dal consenso, e successione de'Sapienti, divennero leggi di una meravigliosa Idea, e bellezza ultima, che essendo una sola in ciascuna specie, *non si puo alterare, senza distruggerla.*»[78]

Wie die noble Aufgabe des Künstlers («concepire una nobile Idea») auf eine Linie mit dem Respekt vor den durch Konvention, Tradition und Autorität erhärteten und deshalb unverrückbaren Grundsätzen («divennero leggi») gebracht werden soll, bleibt in der Darstellung Belloris offen. Man ahnt, dass Palladios Architektur diesem Weg zwischen Szylla und Charybdis wenigstens vordergründig einfachere Leitplanken setzte, dass solch zweigeteilte, auf Neuerfindung wie antiker Autorität basierende Imitation nach Palladios Muster verlässlicher zustande kam. Bellori schreibt seine Gedanken zu einem Zeitpunkt nieder, als sich längst künstlerische Exzesse bemerkbar machten, als Architekten, statt sich an Autorität zu halten («in vece di rendersi grazie a tali uomini sapientissimi»), sich ideenlos kopierten («e senza invenzione l'uno dall'altro abbia copiato […]»).[79] Dass sich die Kunst über die Natur

Andrea Palladio, *I Quattro Libri dell'Architettura*, Venedig 1570, Frontispiz der von Console Smith initiierten und 1768 von Giovanni Battista Pasquali in Venedig herausgegebenen 'Faksimileedition'

setzt, sie übertrifft, ist zumindest verführerisch und bewirkt mitunter auch, dass sich der Respekt vor dem Künstler auf das Bild verlagert: «[...] quindi nasce l'ossequio, e lo stupore degli uomini verso le statue, e le immagini [...].»

Unverständnis und – unvermeidbarer – Ablösungsprozess als 'unzertrennliche Zwillinge'? Gänzlich liessen sich die «similitudines rerum» nie von den «res» unterscheiden: trotz und wegen der Unwägbarkeiten der Nachahmung. Als der mit der Absicht des Bauens nach Rom gekommene Piranesi feststellte, wie schwierig, wie unmöglich es im päpstlichen Staat geworden sei, dieses erste Ziel eines Architekten umzusetzen, verwandelte er seine Frustration in eine auf jener 'Bildwirklichkeit' aufgebauten Empfehlung zur Flucht in die Darstellungsmöglichkeiten der Maler und Bildhauer und der Perspektive, die als einziger Ausweg und somit als Notwendigkeit übrigblieb. In diesem Sinne schreibt er im Widmungstext zu seiner *Prima Parte di Architetture, e Prospettive* (1743): «altro partito non veggo restare a me, e a quasivoglia altro Architetto moderno, che *spiegare con disegni* le proprie idee, e sottrarre in questo modo alla Scultura, e alla Pittura l'avvantaggio, che come dicea il grande Juvarra, hanno in questa parte sopra l'Architettetura».[80] Die Darstellungswelten basieren zwar auf der Geschichte und auf der Autorität des Gebauten, aber sie bedienen sich ausschliesslich der Mittel der bildenden Künstler. Aus dem Teufelskreis des Bildes kommt nicht heraus, wer nicht selber baut. Insofern bezeugt Piranesis Nachsatz die Bitterkeit dessen, der zusehen muss, wie andere bloss wegen äusseren Reichtums über jene Ausführungskompetenz verfügen: «[...] e sottrarla [l'Architettura] altresì dall'arbitrio di coloro, che i tesori posseggono, e che si fanno a credere di poter a loro talento disporre delle operazioni della medesima.»[81] Könnten wenigstens die guten Bilder über die schlechten Bauten die Stimme erheben!

Die Akzente verschieben sich. Piranesi ist auf die Fiktion angewiesen, die jeder künstlerischen Aktion – getreu nach Horaz' apostrophiertem Diktum «ex noto fictum» – zugrunde liegt. Allein, er möchte sich, könnte er es, nicht allein auf 'Kunstgriffe' verlassen. Die Lehre von der Fiktion ist genauso verführerisch und irritierend – und auslegungsbedürftig – wie die von der Nachahmung. Ob, wie beispielsweise in Schopenhauers *Parerga und Paralipomena* (1851), bezogen auf unser Erkenntnisvermögen die «Bilder allein [...] das uns unmittelbar Bekannte, das Gegebene» seien, darüber mag man streiten.[82] Mit einer Welt des 'als ob', mit provisorischen und indirekten Vorstellungsgebilden kann sich jedenfalls der Architekt, dessen Ziel erklärtermassen der Bau ist, letztlich weder im Erkennen noch im Handeln abfinden. «Poterne effettivamente eseguire alcuna» ist und bleibt der berechtigte Wunsch jedes Architekten, selbst der eines Piranesi. Das entspricht der bekannten philosophischen Umschreibung menschlicher Kompetenz: «Nosse, velle, posse». Das Vermögen zu bauen stellt den wesentlichen, unabdingbaren Bestandteil der Teleologie des Architekten dar. So wird eben auch Piranesi nicht müde, die Unstimmigkeit einer bloss auf das Bild verweisenden Nachahmungstätigkeit zu betonen. Lange vor dem Diktum der «architecture parlante» spricht er von den «parlanti ruine» der antiken Bauten, genauer von ihren «immagini», die seine Phantasie zwar bewegt hätten («mi hanno riempito lo spirito»), aber von begrenztem – architektonisch heuristischem – Wert sind: «che di simili non arrivai a potermene mai formare sopra i disegni, benchè accuratissimi, che di queste stesse ha fatto l'immortale Palladio, e che io pur sempre mi teneva innanzi agli occhi.»[83] Überraschend betritt hier Palladio die Szene. Er, der als «immortale» eingeführt wird, dient dem Kontrast, der Illustration einer unüberbrückbaren Kluft zwischen Fiktion und Realität innerhalb der verfügbaren Bildwelten. Für die Wirklichkeit der antiken Architektur steht Palladios Autorität, der sie wie kein Zweiter hat wiederauferstehen lassen; aber Piranesi bezeichnet auch das Unvermögen Palladios, jene antike Grösse über zeichnerische Reduktionen angemessen zu vermitteln.

Palladios Mentor Daniele Barbaro trennte klar die Bereiche der Perspektive und der Architektur, die Piranesi verbindet. «Che utilità sia della Prospettiva, che rilevi molto in questo fatto, io nol vedo», schreibt er in seinem Vitruvkommentar (1556) mit Bezug auf die strittige Frage der Lesart von «sciographia» respektive «scenographia».[84] «Descrittione del Profilo» ist Barbaros erste Übersetzung dieses Begriffes und danach richtete sich Palladios zeichnerische Wiederherstellung der vitruvianischen «species dispositiones», der griechischen «ideai». Man sucht in den *Quattro Libri* also vergebens nach – bildnahen – Perspektiven; es bleibt in der Zeichnung bei der architektonischen Abstraktion. Und Barbaro behielt sich alle weiterführenden Gedanken zu jenem Darstellungsbereich einer gesonderten Analyse vor und schied so das perspektivische Lehrbuch *Prattica della Perspectiva* von der Architekturlehre Vitruvs.[85] Die Meinung hatte sich durchgesetzt, dass Wirklichkeit und Wahrheit zusammengingen und andererseits die (perspektivische) Darstellung der Lüge und Fiktion zugehörte. Giovanni Battista Bertani formulierte es 1570 an Martino Bassi gerichtet so: «Tengo io la verità esser'il rilievo naturale; & la Perspettiva esser la bugia, & fittione.»[86] Hier scheint bereits das Risiko blosser Scheinwelten, potemkimscher Fassaden auf – wie bei den im 18. Jahrhundert nach Palladios Palästen, genauer nach den davon gemachten Stichen errichteten Bauten in Potsdam. Zumindest hatten die den Kompromiss mit moderner, abstrakter Form suchenden graphischen Reduktionen, die sich in der Wiederherstellung (durch Nicola Fortmann-Drühe, 2000–2002) dieser kriegszerstörten palladianischen Gebäude ergaben, nur noch Schablonen und sicherlich kein «rilievo naturale» zum Ziel. So besehen bliebe – einmal mehr – nur eine palladianische Bilderwelt, eine fiktive Welt, wo doch andererseits die vitruvianische «firmitas» als Wesenszug der Architektur reale materielle Gegebenheit vorschreibt. Was in der für Piranesi scheinbar so ausweglosen Situation intakt bleibt, ist die Autorität Palladios. Sie wird durch die Tatsache der prosaischen Architekturdarstellung in den *Quattro Libri* in keiner Weise angetastet. (Piranesis Bilderwelt wird umgekehrt bald die ganze Welt den Atem anhalten und fern der Wirklichkeit Fiktionen entstehen lassen!) Und in jedem Fall ist ohne die Autorität Palladios die Nachahmung – oder eben die blosse Bildwiederholung –, ist Palladianismus nicht denkbar.

Autorität! Piranesi sucht sie in der Antike und in den einschlägigen Zeugnissen des «immortale Palladio»; er sucht sie auch bei den bauenden Architekten seiner Zeit, bei Nicola Salvi und Luigi Vanvitelli sowie bei Filippo Juvarra, der ganz offensichtlich zusätzlich für die Bildüberlieferung, für die Darstellungsmöglichkeit der Architektur als Garant zur Verfügung steht. Palladio kannte seinerseits Kapazitäten, mit deren Hilfe er sich auf ähnliche Weise in Tradition und Geschichte einbetten wollte: die «Antichi Romani», deren Bauten und gleichberechtigt daneben Vitruv – Gebautes also wie die Kunde davon. Auch Palladio zitierte zudem seine Zeitgenossen («io veggo à questi tempi essere assaissimi di questa professione studiosi»[87]) und war voll des Lobes. Er nannte dann die Schwierigkeiten und Nöte, um zu seinem Ziel zu gelangen. Piranesis «altro partito non veggo» scheint vorweggenommen in dem Satz Palladios: «E perche di me stesso non posso promoter altro, che una lunga fatica, e gran diligenza, & amore, ch'io ho posto per intendere, & praticare quanto prometto.» Zumindest das Eingeständnis der Grenzen des eigenen Vermögens ist hier wie dort thematisiert. Und gemeinsam ist beiden auch der Ausgangspunkt. Piranesi spricht 1743 von der «antica maestà, e magnificenza Romana», die seine Begeisterung für die Sache ausgelöst hätten: «lasciai io ancora le mie native contrade, e mi venni dal medesimo spirito condotto in questa Regina delle Città.» Noch deutlicher, einem Topos[88] gleich und mit der Nachahmungslehre konform wurde dies schon 1570 von Palladio formuliert: «Da naturale inclinatione guidato mi diedi ne i miei primi anni allo studio dell'Architettura: e perche sempre fui di opinione che gli antichi Romani come in molt'altre cose, cosi nel fabricar bene habbiano di gran lunga avanzato tutti quelli, che dopo loro sono stati; mi proposi per maestro e guida Vitruvio: il quale è solo antico scrittore di quest'arte; & mi misi alla investigatione delle reliquie de gli Antichi [...].»

Piranesis Widmung von 1743 scheint Palladio nachgeschrieben zu sein und dies hilft, die Apostrophierung des «immortale Palladio» nur noch besser zu begreifen. Übereinstimmend ist in beiden Texten die Autorität der Antike – und der vorausgegangenen Meister – fixiert. Sie bezeichnet den roten Faden. Es ist die bedingungslose Anerkennung, deren Weiterführung in der Nachahmung dann doch sehr vieles offenlässt. In diesem Sinne schlägt Piranesi Palladio als «immortale» der Antike zu, so, wie auch Palladio beispielsweise mit Bramante verfuhr.

Wie also soll man nach diesen grundsätzlichen Erwägungen Autorität spezifischer bei Palladio ansetzen, verstehen? Ist ihr Gewicht schlicht de facto der uneingeschränkten, nicht in Zweifel zu ziehenden Anerkennung zuzuschreiben, ist es der Tradition zu danken, die solches fortführte und erhärtete, oder meint Autorität gar, wie Englands Palladianer im frühen 18. Jahrhundert suggerierten, eine moralische Pflicht? Achtung der hohen Kompetenz Palladios ist es allemal. Quatremère de Quincy, der wie kaum jemand zuvor dem Begriff der Autorität eine ausführliche Analyse im Rahmen architekturtheoretischer Überlegungen angedeihen lässt, pocht auf dessen differenzierte Betrachtung und besondere Bedeutung im Rahmen der Künste. Seit jeher hätten die Künste das Joch der Autorität zu tragen gehabt, so beginnt, kritisch, sein einschlägiger Beitrag im ersten Band (1788) seines architektonischen Begriffslexikons, das der *Encyclopédie Méthodique* einverleibt wurde. Voran geht die durchaus übliche Definition: «Autorité se dit, & s'entend particulièrement du droit que certains ouvrages, certains artistes, ou certains siècles ont acquis, de fixer l'opinion générale, de donner la loi, de se faire respecter, & même imiter aveuglément.»[89] Man ist also auch hier – vorerst – auf festgefügte Regelwerke, auf Respekt und blinden Gehorsam verwiesen. Quatremère de Quincy benutzt den Vergleich mit den Wissenschaften. Ihre Macht und Autorität werde stets durch neue Erfahrungen geschwächt. Bei den Künsten scheine es sich gerade umgekehrt zu verhalten: «Dans les arts, au contraire, le tems semble le fortifier: s'il paroît quelquefois s'atténuer, c'est qu'il change de forme. Enfin on diroit que le despotisme de l'*autorité* augmente dans les arts, à mesure qu'il diminue dans les sciences.»[90] In der Kunst verstärkten Alter und Geschichte die Autorität. Dazu liefert Quatremère de Quincy eine – zumindest aus heutiger Sicht – überraschende Erklärung und Begründung. Die Wissenschaften suchten die Prinzipien und Ursachen in der Natur zu begreifen, während die Künste – in der Nachahmung der Natur – sich auf die Wirkungen konzentrierten: «[...] les arts ne visent qu'à en étudier ou saisir les effets, & à nous affecter par les mêmes moyens que ceux de la nature.» Bei ihrer den Naturgesetzen nachspürenden Untersuchung seien die Naturwissenschaftler auf «conjectures» angewiesen. In ihrem – philosophischen – Blick auf die Wahrheit der Natur seien andererseits die Künste (im Vergleich zu den noch jungen Wissenschaften) weiter fortgeschritten und längst gefestigt. Was die beiden unterscheide, sei, so besehen, in erster Linie ihr unterschiedliches Verhältnis zur Autorität. Die Wissenschaften begännen mit dem Irrtum und den darauf folgenden neuen Einsichten und liessen so – in Folge der gewünschten Korrektur – mit dem Vor-Urteil auch die Autorität verschwinden. Die Künste setzten stattdessen ganz anders bei der Wahrheit an. Und je mehr sich die ursprüngliche Strahlkraft des 'Lichtes der Wahrheit' mit der Zeit verliere, umso grösser werde, stellvertretend, die Autorität. Das liest sich wie ein Kommentar zur ciceronianischen Vorstellung der «nuntia vetustatis».[91] Das Alter allein verschafft Gewicht und Respekt! Doch Quatremère de Quincy sieht darin die Gefahr, dass der Blick auf Neues vor lauter mit Autorität ausgestatteten Vorbildern verstellt werde: «Ainsi l'art perfectionné se nuit à lui-même, & trouve dans la perfection la cause de sa ruine.» Also müsse man diese blinde Autorität («cette autorité aveugle») zurückweisen und korrigieren. Die Vernunft, das Einsehen und Verstehen, eile zur Hilfe; der Autorität bleibe (nur noch) die Aufgabe der Unterstützung: «L'autorité doit servir à nous appuyer, mais non pas à nous conduire. La *raison* doit être notre guide: l'autorité sert à nous assurer que ce guide ne nous égare pas. *Nous devons suivre l'une, & consulter l'autre.*»[92]

So scheint die Frage der Autorität auch für den – im Sinne Vitruvs – räsonierenden Architekten gelöst. Er konsultiert die Autorität, nimmt sie hinein in sein Kalkül! Das bedeutet aber durchaus auch: Je näher Palladio der Antike steht und je mehr er für sein Studium der antiken Architektur gelobt wird, umso grösser wird seine Autorität. Man muss also einen beträchtlichen Teil der tatsächlichen Gründe für die Bedeutung Palladios in seinem Verständnis der Antike und seinem spezifischen architektonischen Umgang mit ihr finden. Andererseits mögen auch Palladios gebaute 'Bilder' als plausibel und überzeugend gelten, ganz im Sinne des Zugeständnisses Quatremère de Quincys: «[...] on voit que les effets sont plus aisés à sentir, que les causes ne le sont à deviner». Dieser argumentiert weiter wie folgt: Weil die Kunst in der Natur kein sichtbares, unmittelbar greifbares Vorbild finde, sei sie auf (anderweitige) Autoritäten angewiesen. Auf die Natur beziehe sich die Kunst «que sur les *rapports*, les *analogies* qui affectent agréablement notre âme par l'entremise de la vue.»[93] Auf diese Weise ist auch das prinzipielle Ziel architektonischer Schönheit («beau en architecture») längst an die Fragen des Geschmacks («goût») gekoppelt und so Autorität im Sinne von Beständigkeit gegen die Flüchtigkeit des Geschmacks ausdrücklich erwünscht. Nun gerät die Kunst – trotz eingangs bestärkter Überlegenheit naturgesetzlicher Kunstbegriffe – arg unter empirischen Druck. «A son défaut, l'art a dû se contenter de la pluralité.» Eine einheitliche Kunstauffassung sei ausser Reichweite. Und deshalb gelange man («on est convenu») zur Ansicht, dass das, was sich durch all die Jahrhunderte gegen Zufälligkeiten, gegen «les exemples éphémères d'un usage local», durchgesetzt habe, eben auch gültiger sei. Daraus entsteht letztendlich die Gewissheit: «L'autorité en architecture ne doit donc être autre chose que la certitude de la pluralité des suffrages sur les matières du goût & sur celles du beau.»[94] Es bleibt Quatremère de Quincy nachzuweisen, dass sich Autorität – der antiken Architektur etwa – auf genau diese Weise eingestellt habe. Er bezieht sich auf den Beweis von Roland Fréart de Chambray, der bei den alten Griechen die Nähe zur Natur als Ursache und Garant der Gültigkeit ihrer Kunst erblickt: «[…] leurs ouvrages sont-ils devenus, pour nous, l'équivalent de la nature même». Anstelle eines schlüssigen Belegs setzt Fréart de Chambray den Topos: «[…] on ne pouvoit rien ajouter, rien ôter, rien changer au système que ses ingénieux inventers ont sçu».[95] Im übrigen demonstriere die neue und neueste Zeit hinlänglich, dass man solcher Autorität bedürfe, fährt Quatremère de Quincy fort.

Was über all diese trickreichen Argumentationen hinaus Bestand hat, ist die Empfehlung, wie mit der Autorität (und dem in diesem Zusammenhang geforderten Einsatz von «raison») umzugehen sei. Es wirft gleich auf zweierlei Aspekte, die Palladios Autorität betreffen, ein bezeichnendes Licht: «Cependant l'autorité de l'antique veut être *appréciée, discutée, modifieée par la saine critique*, par la *connoissance approfondie des monumens*, ainsi que des peuples qui les érigèrent, des siècles où ils furent élevés, & des causes qui pûrent influer sur leur goût.»[96] Dieser Satz liest sich wie der Abriss eines ganzen Forschungsprogramms, weshalb Quatremère de Quincy an dieser Stelle auf seinen Beitrag *Antique & Architecture* verweist. Es bedürfe einer gesunden, massvollen und umsichtigen Kritik wie auch der Monumentenkenntnis. Zum anderen äussert sich Quatremère de Quincy am Schluss seines einschlägigen Beitrages ganz explizit zu den Zeichnungen nach den antiken Bauwerken: «On appelle encore *autorité* dans les dessins, ou restitutions des monuments antiques, tout ce qui peut prouver que le plan ou l'élévation qu'on en fait, est conforme à ce qu'elle étoit autrefois.»[97] Es geht also um die zeichnerische Erfassung derjenigen architektonischen Gegenstände, denen man Autorität zuschreibt, wobei die Zeichnung ihrerseits bei maximaler Treue gleichfalls Autorität erhält.

Auch in seinem Beitrag *Antique & Architecture* diskutiert Quatremère de Quincy die Bedeutung möglichst präziser zeichnerischer Erfassung antiker Monumente: «A quoi servent tous ces dessins des monuments antiques, minutés & copiés sans arts, qui grossisssent les recueils de l'architecte?» Der Architekt müsse durch präzise Massaufnahme («l'étude des mesures») und insgesamt durch möglichst genaue Erfassung («l'imitation exacte») der antiken Architektur mitsamt ihren «nuances légères» und ihren «variétes insensibles qui en modifient les formes & le caractère» den kaum bemerkbaren Unterschieden auf die Schliche kommen.[98] Das meint also gerade nicht das voreilige Erkennen allgemeinster Regeln, sondern eben die Vielfalt und den Formenreichtum antiker Architektur, der sich unmittelbar in den Monumenten selbst zu erkennen gibt, weshalb Quatremère de Quincy hinzufügt, es müsse diese Arbeit «par la pensée», in der Identifikation mit dem antiken Geist vollzogen werden. Autorität und Nachahmungslehre, der grundsätzliche und der am konkreten Objekt interessierte Zugang, finden hier ihren Ausgleich. Quatremère de Quincy definiert: «La véritable manière d'imiter l'Antique consiste à en pénétrer l'esprit, à en deviner les raisons, à en approfondir les principes, à développer ses moyens, à découvrir les routes secrètes par lesquelles il affecte notre ame, à rechercher les causes de ces impressions grandes, simples & variées qu'on éprouve à la vue des monuments.»[99] Was anderes, wenn nicht gerade das hat Palladio mustergültig vorgegeben? Es ist dies genauer zu erläutern, um noch tiefer in die Gründe des Erfolges und der Mustergültigkeit seiner Architektur einzudringen und um hinter die Autorität Palladios blicken zu können.

Bernard Picart (Stich, 1715), Palazzo Chiericati von Palladio, Vicenza, Teil der Fassade, in: Jacques Leoni, *Architecture de Palladio, Divisée en Quatre Livres […], Traduit de l'Italien*, Den Haag 1726, I, Taf. IV

L'ANTICHITA DI ROMA
DI
M. ANDREA PALLADIO

Racolta Brevemente da gli Authori Antichi & Moderni.

Aggiuntovi
Un Discorso sopra li Fuochi de gli Antichi.

In OSSONIO,
Nello Teatro Seldoniano, A.D. MDCCIX.

ANTIQUITATES URBIS ROMÆ
AB
ANDREA PALLADIO

Ex Veterum & Recentiorum Authorum Scriptis Breviter Collectæ.

Quibus adjicitur
Tractatus de Veterum Focis.

OXONII,
E Theatro Sheldoniano, A.D. MDCCIX.

«[…] toujours semblable à lui-même»
Die Etablierung von Palladios Ruhm

«Da naturale inclinatione guidato mi diedi ne i miei primi anni allo studio dell'Architettura: e perche sempre fui di opinione che gli Antichi Romani come in molt'altre cose, cosi nel fabricar bene habbiano di gran lunga avanzato tutti quelli, che dopo loro sono stati; mi proposi per maestro, e guida Vitruvio: il quale è solo antico scrittore di quest'arte; & mi misi alla investigatione delle reliquie de gli Antichi edificij, le quali malgrado del tempo, & della crudeltà de'Barbari ne sono rimase: & ritrovandole di molto maggiore osservatione degne, ch'io non mi haveva prima pensato; cominciai à misurare minutissimammente con somma diligenza ciascuna parte loro: delle quali tanto divenni sollecito investigatore, non vi sapendo conoscer cosa, che con ragione, & con bella proportione non fusse fatta, che poi non una, ma più e più volte mi son trasferito in diverse parti d'Italia, & fuori per potere intieramente da quelle, quale fusse il tutto, comprendere, & in disegno ridurlo.»

Andrea Palladio, *I Quattro Libri Dell'Architettura*, Venedig 1570, «Proemio à i Lettori», S. 5

Man findet in den ersten Zeilen des «Proemio» Palladios zu den *Quattro Libri* all das vorgezeichnet, was Quatremère de Quincy in seinem Beitrag zur Autorität in der Architektur diskutiert. Palladio beschreibt nicht nur blindlings den Vorrang antiker Architektur, obwohl er seine seit jugendlicher Zeit diesbezüglich unerschütterliche 'Autoritätsgläubigkeit' («sempre fui di opinione») bekennt. Er bezeugt vielmehr, wie er gedenkt, diesen Primat – die Ratio herausstellend, die Raison bemühend – Schritt für Schritt zu *belegen*. Dadurch erst, durch seine Beweisführung und die damit offengelegte Methode, wurde er selbst zur Autorität. Ganz unmissverständlich bezieht sich dies insbesondere auf sein kategorisches und uneingeschränktes analytisches Vorgehen des «misurare minutissimamente con somma diligenza ciascuna parte loro» und andererseits auf die angestrebte und erreichte Synthese des «potere intieramente da quelle, quale fusso il tutto, comprendere, & in disegno ridurlo». Am Ende stehen das *Verstehen* und das *In-der-abstrakten-Zeichnung-zur-Darstellung-Bringen* wie Synonyme für einen einzigen Vorgang: die Herstellung der Autorität der antiken Architektur.

Darin erweist sich eines der grossen Verdienste der *Quattro Libri*. Mittelbar wird die alte Bedeutung der Autorität, eben nicht die blinden Gehorsam fordernde, sondern vielmehr die des beweisführenden «ex auctoritate» betont. Autorität wird nicht bloss übernommen und befolgt, sondern erklärt und erläutert und bis in filigrane Strukturen des architektonischen Gegenstandes hinein verfolgt, sodass daraus nicht voreilig eine platte (klassizistische) Theorie resultiert, sondern in Kenntnis der «nuances légères» (Quatremère de Quincy) in einem nie endenden Prozess der Zugang zur Antike gesucht wird. Irgendwie musste jedoch auch Palladio den Kompromiss mit dem Erkennbaren und Erreichbaren schliessen und legte so die Gründe der Autorität – und mittelbar die Prinzipien der antiken Architektur – in einer modifizierten, aber eben rationalen, nachvollziehbaren und systematischen Form vor. Auf dem Weg zum Ideal der Perfektion und Nachahmung antiker Architektur stehen Palladios eigene Bauten als «exempla», als Ausweis dieser Annäherung und der Deutung einer (absoluten und unerreichbaren) architektonischen Wahrheit. Exemplarisch, wegweisend, konkret und zudem modellgebend sind die Bauten Palladios stets, und so kann man gerne darüber hinwegsehen, dass vieles baulich erst gar nicht zu Ende geführt wurde. «E perche di me stesso non posso prometter altro, che una lunga fatica, e gran diligenza, & amore, ch'io ho posto per intendere, & praticare

Andrea Palladio, *L'Antichità di Roma […]/Antiquitates Urbis Romae […]*, Oxford 1709, Doppeltitel. Diese Neuausgabe wurde von Henry Aldrich, Dean of Christ Church und Architekt von Peckwater Quadrangle, veranlasst.

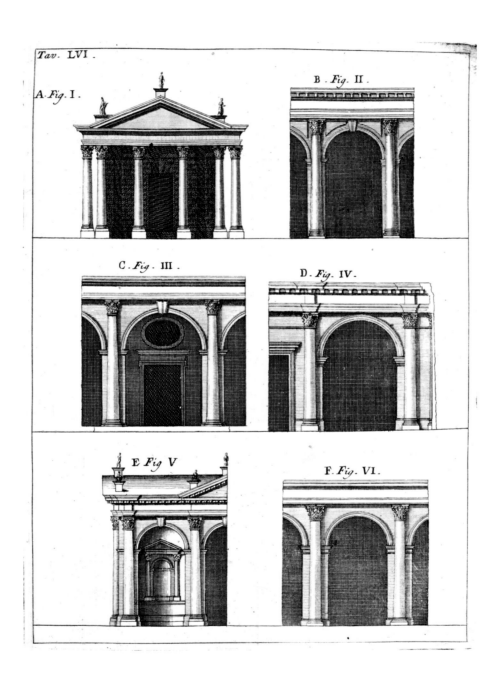

Gegenüber: Giorgio Fossati, «Archi dell'Ordine jonico senza Piedestalli», Vergleich der Lösungen von Vitruv, Vignola, Serlio, Palladio, Scamozzi und nach antiker Manier, in einer architektonischen Rahmung, in: [Francesco Muttoni], *Architettura di Andrea Palladio Vicentino di nuovo ristampata [...] dall'Architetto N.N.*, III, Venedig 1741, Taf. XXXVI

«Archi dell'Ordine corintio, senza Piedestalli», Vergleich der Lösungen von Vitruv, Vignola, Serlio, Palladio, Scamozzi und nach antiker Manier, ohne dekorativen Rahmen, in: [Francesco Muttoni], *Architettura di Andrea Palladio Vicentino, Nella quale sono ridotte in compendio le Misure, le Proporzioni [...]*, Venedig 1741. Diese kleinere Palladio-Ausgabe von Muttoni wurde publiziert, um «una semplice occhiata» und das «con un metodo più facile, più chiaro, e più compendioso» zu ermöglichen.

quanto prometto», schreibt Palladio 1570 im «Proemio». Vorerst steht für Palladio der Weg zur Feststellung jener Autorität, die bald seine eigene sein wird, im Vordergrund. Oder eben: Wer die Erfassung der antiken Architektur unter solchen ebenso minutiösen wie systematischen Bedingungen und Prämissen angeht, weist ihr und sich selbst Autorität zu.

Das gilt in der Tat bestens für Palladio. Sein Bemühen und seine Absicht sind im höchsten Grade glaubwürdig. Auf die Erforschung der antiken Baukunst ist sein ganzes Studium ausgerichtet, folgt man dem Bekenntnis im «Proemio» der *Quattro Libri*. Jene sprichwörtliche Autorität der Antike erhält auf diese Weise die entsprechende, passende und in jedem Falle klärende Ergänzung, so, wie dies Quatremère de Quincy mit seinem Appell an die «raison» später fordert. Aus der Autorität wird im Sinne des «ex auctoritate» schon bei Palladio das beweisende Verfahren, ja der Beweis selbst. Blindlings lässt sich aus den Resten der Antike eben nichts holen. Es braucht Geist *und* Methode! Dass man diese Qualitäten Palladio und seinen *Quattro Libri* zuschrieb, erklärt ganz allgemein seine überragende Autorität. Wie wäre es sonst zu deuten, dass 1709 – noch Jahre vor dem Totalausbruch englischer palladianischer Programme – Charles Fairfax mit der Hilfe von Henry Aldrich, Architekt und Dean of Christ Church, Palladios *Antichità di Roma* in einer italienisch-lateinischen Ausgabe in Oxford herausgibt, als ob die entsprechenden antiquarischen Kenntnisse damals nicht sehr viel einfacher und vollständiger woanders zu erreichen wären![100] In der «Praefatio» wird jedoch

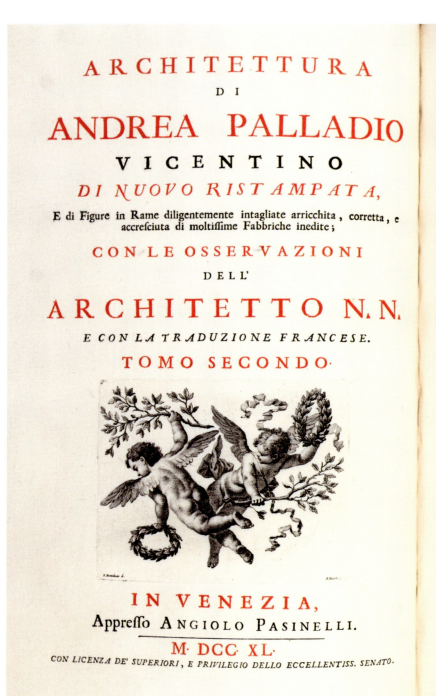

[Francesco Muttoni], *Architettura di Andrea Palladio Vicentino di nuovo ristampata [...]*, II, Venedig 1740, Doppeltitel

gerade umgekehrt die erweiterte Pariser Ausgabe von Palladios Rom-Buch mit dem Argument abgelehnt, «cum ille non tam Palladii Antiquitates edere videretur, quam suas scribere». Es geht um die möglichst getreue Neuedition des in der Bodleian Library in zwei Ausgaben (von 1575 und 1592) erhaltenen Büchleins Palladios («elegans hic Palladii libellus») – und nur darum. Selbst in der Rubrik antiquarischer Romführer galt die Autorität Palladios als unantastbar. Die kleine bibliophile, als Neujahrsgeschenk gedachte Auflage bestärkt diese Tatsache.[101] Und natürlich kommt auch das Argument des Alters hinzu, der «nuntia vetustatis» nach Cicero: «A Palladii temporibus», seit der Zeit Palladios, habe sich das Gesicht der Stadt so sehr geändert, dass vieles verschwunden sei und manche Reste des alten Roms vergeblich gesucht würden. Insofern war die Autorität Palladios ganz offensichtlich intakt.

Nur auf diese Weise, mit dem Blick auf die längst erreichte Autorität, lässt sich zudem verstehen, wie sehr Palladios Charakterisierung der Antike an Bedeutung zunahm, bis sie mit den grundsätzlichen Einsichten und Überzeugungen zur Architektur deckungsgleich wurde. Das war vor allem um 1800 verbreitet. Damals interpretierte Quatremère de Quincy Palladio auf umfassendste Weise und subsumierte dessen allgemeingültige Architekturauffassung ebenso wie dessen einmaliges konkretes und spezifisches Werk unter «C'est du Palladio».[102] Dass ausgerechnet Quatremère de Quincy, der wie kein Zweiter seiner Zeit über die Mittel und über die Befähigung zu präziser architekturtheoretischer Analyse verfügte, am Ende auf diese Formel angewiesen schien, deutet am besten auf die bereits etablierte Autorität Palladios und ihre Gründe hin.

Der Einschätzung Palladios wurde so manches Bild nachgezeichnet, das sich Reisende und Bildungsbürger zu eigen machten. Der bei Christian Gottlob Heyne in Göttingen gebildete Hamburger Domherr und Reformer Friedrich Johann Lorenz Meyer bringt es 1801/02 in der französischen Variante seiner *Voyage en Italie* auf den Punkt: «Palladio s'éleva, par son génie, au dessus de presque tous ses contemporains, et se plaça à côté des plus grands artistes. A la noble simplicité des Grecs, à la grandeur, à la majesté qu'il sut réunir dans son stile, et qui caractérisent tous ses monumens, il joignit encore les agrémens d'une élégance particulière, qui naissait de la légèreté de ses constructions. Il se préserva de tout ce qui n'aurait point été d'accord avec ces caractères qui distinguaient éminemment l'art chez les Grecs; et *toujours semblable à lui-même*, de tous les grands maîtres des siècles passés, *il fut et il est encore celui qu'on peut proposer aux imitateurs comme le plus parfait modèle.*»[103] Meyer ist längst davon überzeugt, dass Paris zum Zentrum der Kunst geworden ist («ce n'est plus à Rome, c'est à Paris que l'on admire aujourd'hui les chef-d'oeuvres de l'art antique et moderne»), und umso deutlicher beschränkt er sich auf die Feststellung jener Dinge in Kunst und Wissenschaft, die tatsächlich zukunftsbestimmend – und für seine hamburgische Heimat nützlich – seien.

Die Charakterisierung Palladios durch das «il fut et il est encore […] le plus parfait modèle» kann man getrost mit der damaligen baulichen Entwicklung an der Elbchaussee vor den Toren Hamburgs in Verbindung bringen, die sich an dem Ideal eines guten «Gesellschaftswesens» orientierte. 1785 liess sich der Kopenhagener Architekt Christian Frederik Hansen in der Hamburg benachbarten Stadt Altona nieder. Mit ihm hatte sich Meyer schon 1783 in Rom getroffen. Und nun sollte Hansen das moderne bauliche Erscheinungsbild Altonas und seiner aufgeklärten Führungsschicht prägen. Hatte Hansen seine Architekturausbildung den Möglichkeiten seiner Zeit entsprechend natürlich breit abgestützt, so liess er sich doch auch durch Palladios Auffassung und die ihm zugeschriebene «noble simplicité des Grecs» in besonderer Weise beeindrucken. Die Autorität Palladios hat sich also nach Massgabe seines eigenen Umgangs («toujours semblable à lui-même» bei Meyer) mit der Autorität der Antike niedergeschlagen und verfestigt.

Giorgio Fossati, Vergleich der ionischen Ordnung nach Vitruv/Barbaro, Vignola, Serlio, Palladio, Scamozzi und nach antiker Manier gemäss Palladio, in: [Francesco Muttoni], *Architettura di Andrea Palladio Vicentino di nuovo ristampata […]*, III, Venedig 1741, Taf. XXXIV

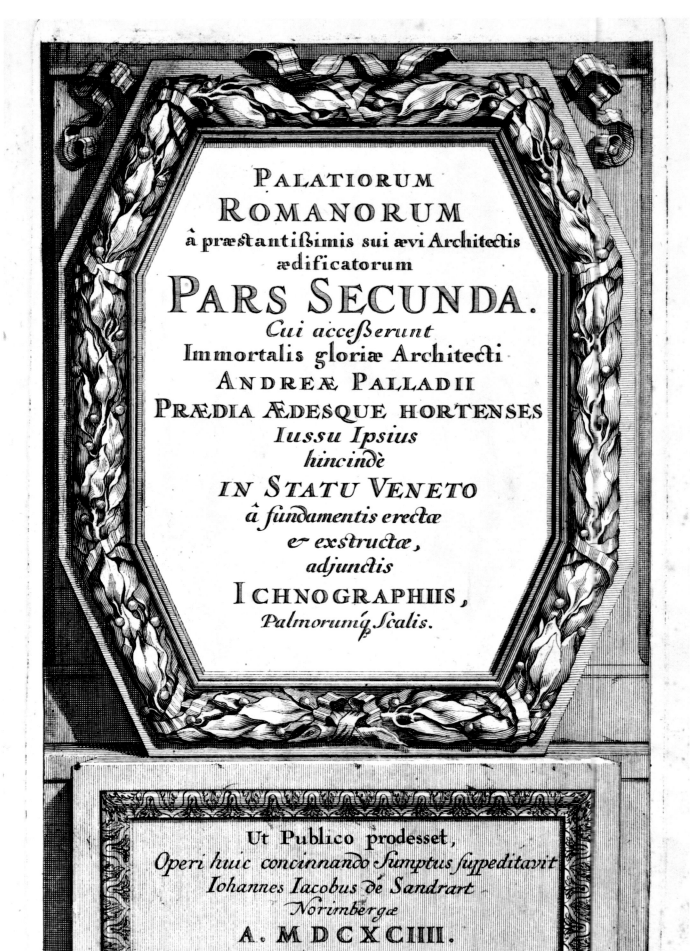

PALATIORUM
ROMANORUM
à præstantissimis sui ævi Architectis
ædificatorum
PARS SECUNDA.
Cui accesserunt
Immortalis gloriæ Architecti
ANDREÆ PALLADII
PRÆDIA ÆDESQUE HORTENSES
Iussu Ipsius
hincindè
IN STATU VENETO
à fundamentis erectæ
& exstructæ,
adjunctis
ICHNOGRAPHIIS,
Palmorumq́ Scalis.

Ut Publico prodesset,
Operi huic concinnando Sumptus suppeditavit
Iohannes Iacobus de Sandrart
Norimbergæ
A. MDCXCIIII.

«[…] comprendere, & in disegno ridurlo»
Die Architekturzeichnung als Grundlage einer späteren Entwurfslehre

«Et in tutti questi libri io fuggirò la lunghezza delle parole, & semplicemente darò quelle avertenze, che mi parranno più necessarie […].»
Andrea Palladio, *I Quatro Libri Dell'Architettura*, Venedig 1570, «Proemio à i Lettori», S. 6

Hinter Palladios vermeintlich kompakter, vollständiger und geschlossener Auffassung von Architektur versteckt sich, im «Proemio» der *Quattro Libri* angezeigt, ein durchaus analytischer Vorgang. Das von ihm selbst entworfene Bild passt perfekt in das damalige Verständnis der vitruvianischen Tradition und Lehre, an deren Ausdeutung Palladio an der Seite Daniele Barbaros zumindest zeichnerisch Anteil hatte. «Comprendere, & in disegno ridurlo» umschreibt insofern präzis die spezifische Kompetenz des Architekten.[104] Und es fällt leicht, dies in Bezug auf Vitruvs Begriff der «ratiocinatio», der geistig-theoretische Tätigkeit umschreibt, zu deuten und zu klären: Palladios 'Theorie' wird über die zeichnerischen Festlegungen kodifiziert. Dafür steht, genau betrachtet, der Begriff «ratiocinatio», der seinerseits dem «more geometrico» als dem schlüssigen Verfahren des Syllogismus nachgebildet ist.[105] Daniele Barbaros Bemühungen, bei der Bereinigung der vitruvianischen Begriffe zu den «species dispositiones» mittels Ausschluss der Perspektive und zugunsten der Schnittfigur (ganz im zeichnerischen Sinne von Mass- und Winkelwahrheit) Klarheit zu schaffen, sind dieser Tendenz zuzuschreiben. Wissenschaftliche Kohärenz ist gefordert, wenn Palladio das «misurare minutamente» an den Anfang jenes Prozesses setzt, der schliesslich dem «comprendere», der Einsicht und dem Verstehen dienen soll, das konsequenterweise in einem Atemzug mit dem «& in disegno ridurlo» genannt wird.

Leonbattista Alberti hat längst an die Stelle der vitruvianischen – doch recht allgemeinen – «ratiocinatio» die deutlicher architektonisch zu begreifenden «lineamenta» gesetzt.[106] Es sind die Sprache und der hohe systematische Wert der Geometrie und ihrer Liniengerüste, die dem Verstehen der Architektur zugewiesen wurden. Sie erfüllen auch die vitruvianische Forderung, die an das Potential der «ratiocinatio» gekoppelt ist: «explicare» und «demonstrare».[107] Diese Aufgabe nimmt Palladio schon für Barbaro wahr, als er ihm mit erklärenden Zeichnungen – zugunsten eines verbesserten Verständnisses des Textes von Vitruv – zur Seite steht. Das verlangt Barbaro gleichsam, wenn er 1556 im «Proemio» zu seinem Vitruvkommentar schreibt: «Segno manifesto del sapere è il poter insegnare, & ammaestrare altrui […].»[108] Es ist die *systematische Architekturzeichnung* – in Übereinstimmung mit Vitruvs «ratiocinatio», dem «discorso» (so Barbaros Übersetzung) und im Sinne der «lineamenta» Albertis –, mit der Palladio seine Methode und sein Verständnis verbindet. Das sind die Prämissen, die ihn über alle Unwägbarkeiten hinweg («si deve credere» oder «è molto verosimile», um nur an einige Formulierungen Palladios zu erinnern) nicht nur zur Einsicht, sondern auch zu Lösungen führen. Denn auf dem Weg zu einer verbesserten Architektur ist es entscheidend, so Palladio im «Proemio», über die Kenntnisse der Monumente und der Texte hinaus auf die konkrete Arbeit und Erfahrung als die wahre Tätigkeit und Kompetenz des Architekten zurückzugreifen: «La onde veggendo, quanto *questo commune uso di fabricare*, sia lontano dalle osservationi da me fatte ne i detti edificij, & lette in Vitruvio, & in Leon Battista Alberti, & in altri eccellenti scrittori che dopo Vitruvio sono stati, & da quelle ancho, *che di nuovo da me sono state praticate* con molta sodisfattione, & laude di quelli, che si sono serviti dell'opera mia […].»[109]

Vom «commune uso» zu dem, was Palladio aufgrund der Auseinandersetzung mit den antiken Bauten, den Schriften Vitruvs, Albertis und ihrer Nachfolger entwickelt und als neu zur allgemeinen Befriedigung in die Welt setzt, führt also insbesondere der Weg

Johann Jakob Sandrart (Hg.), *Palatiorum Romanorum […] Pars Secunda. Cui accesserunt Immortalis gloriae Architecti Andreae Palladii Praedia Aedesque Hortenses Iussu Ipsius hincinde in Statu Veneto a fundamentis erectae et exstructae […]*, Nürnberg 1694, Titel. An diesen Nachdruck des Stichwerkes von Pietro Ferrerio und Giovanni Battista Falda fügte Sandrart die Villen Palladios in Grund- und Aufrissen an.

der konkreten Erfahrung. Daniele Barbaro weiss dem – und der Variante, blossen theoretischen Kenntnissen – im «Proemio» zu seinem erstmals 1556 erschienenen Vitruvkommentar mit einer grundsätzlichen Betrachtung Rechnung zu tragen. Es geht ihm vorerst um den Stellenwert allgemeingültiger Aussagen («propositioni universali»), die mit den «principij delle Arti» gleichzusetzen sind.[110] Und er setzt voraus, dass solche Universalien aus der Erfahrung gewonnen werden könnten, was 'erkenntnistheoretisch' mit der Abfolge von Sinneseindruck, Erinnerung und Vergleichung des Erinnerten beschrieben wird: «Nel conoscer una cosa vi concorre prima il Senso, dapoi la Memoria, & di piu la comparatione delle ricordate cose».[111] Anders formuliert: Aus vielen einzelnen und unterschiedlichen Erfahrungen liessen sich «col mezzo della memoria» die «propositione universali» erreichen. Das nimmt Palladios Methode, seinen Weg, aus der Geschichte durch *Vergleichung* und insofern durch *Systematisierung* gültige Lösungen zu erzielen, vorweg. Um den Stellenwert der Erfahrung – oder eben der «memoria», des Umgangs mit Geschichte – zu präzisieren, benutzt Barbaro das Bild der Spuren eines Hirsches: Man folge den Spuren, um den Hirsch zu finden. Aber die Spuren seien nicht Teil des Hirsches. Ebenso sei die Erfahrung nicht ein Teil der Kunst, sondern ein Prinzip, sie auffinden zu können, Mittel zum Zweck: «[…] così l'isperienza è principio di ritrovar le Arti».[112] Und um auch hier keinerlei Missverständnisse aufkommen zu lassen, erläutert Barbaro: «Certo e che *quanto all'operare* non è da l'Arte la Isperienza differente.» Hier, in der Ausübung, berühren sich Kunst und Erfahrung. Und so stellt sich die Frage anders: Zu welchen Bedingungen sei die «forza & efficacia dell'operare» grösser und was sei zu beachten?

Was in Barbaros Darlegung folgt, ist der später dutzendfach abgewandelte Topos zur einseitigen und deshalb ungünstigen Verteilung praktischer und theoretischer Kenntnisse. Es kommt auf den Zusammenhalt an und Barbaro sieht das auf seine besondere Weise: «Con tutto questo l'Arte è piu eccellente, & piu degna della Isperienza, perchè è piu vicina al sapere, intendendo le cause, & le ragioni delle cosa, là dove la Isperienza opera senza la ragione.»[113] Es wird einmal mehr klar, dass Erfahrung nicht allein, sondern nur in ihrer Ausrichtung auf die Kunst selbst bestehen kann. Und so wird nun – ganz im Sinne Albertis – in Zusammensicht von Kenntnis und Erfahrung der ideale Künstler beschrieben: «Appresso *lo intelligente Artefice* è piu pronto à risolvere, & dar conto delle cose, che il semplice, & puro esperto, la onde l'Arte è alla sapienza, che è habito nobilissimo, piu propinqua.»[114] Auf Umwegen nähere sich so auch der Künstler der Weisheit, was Barbaro wichtig genug ist, um nochmals mit Vitruv zu begründen und weiter zu argumentieren: «& Vitr. però vuole che la Isperienza sia con la cognitione accompagnata.»[115] Zweierlei Erfahrungen seien zu unterscheiden: «l'una che all'Arte è proposta, cioè che si fa *prima* che l'Arte s'acquisti, come è quando si dice io faccio Isperienza, & voglio provar se mi riesce alcuna cosa, & questa è come *fonte à fiume*. L'altra che eccita, & desta l'arte, che in noi si trova.»[116] Barbaro folgert, dass eine so verstandene Erfahrung denjenigen Künsten am nützlichsten sei, «che *per inventione* s'acquistano». Er fügt das Lob derer an, die erfinden und die erfolgreiche Weiterentwicklung häufig genug anderen, Nachfolgern, überlassen. «Il nascimento dell'Arti da principio è debole, ma col tempo acquista forza, & vigore.»[117] Die damit verbundenen Strapazen lohnten sich. Denn die Anforderungen an die Künste, so Barbaro, könnten nicht gross genug sein. Bezogen auf ihre beiden Orientierungen – «come discorreno, & con vie ragionevoli trovando vanno le cagioni, & le Regole dell'operare» und «come con prontezza di mano s'affaticano in qualche materia esteriore» – besässen die Künste mehr oder weniger Eigenschaften der «scienza».[118] Für Barbaro ist dabei klar, dass Letzteres durch den Anteil der Mathematik («l'Arte del numerare, la Geometria, & le altre Mathematice») entschieden werde.

Inwieweit gerade diese Definition der Erfahrung in Palladios in aller Selbstverständlichkeit formuliertem «comprendere, & in disegno ridurlo» enthalten ist oder ob er sich selbst nicht doch näher dem «operare» wähnt, muss man offenlassen. Es fällt – im Kontrast zum 'platonischen' Hang Barbaros, die Prinzipien der Kunst in einer schier unerreichbaren Höhe anzusiedeln – zumindest auf, dass in dem zitierten Passus von Palladios «Proemio» das Lernen aus Monumenten und Texten und die eigene Praxis auf dieselbe Stufe einer immergültigen Erfahrungsgrundlage gestellt werden, als ob der eine Satz Barbaros, «quanto all'operare non è da l'Arte la Isperienza differente», für ihn besonderes Gewicht erlangt hätte. Das «operare», die «inventio» und die Erfahrung scheinen bei Palladio daher als in erster Linie zusammengehörig begriffen zu sein. Und Palladio erweckt den Eindruck, mit der Ausgangsthese Barbaros («Nasce ogni Arte dalla Isperienza […]») zufrieden zu sein, ohne sich im Einzelnen auf dessen nachfolgende Erörterungen allzu sehr einzulassen. Das ist das Geschäft des Philosophen! Palladio ist ohnehin klar, dass es sich bei der Architektur nicht um eine Theorie handeln kann, die eine Praxis generiert, die wiederum das Werk eines Einzelnen hervorkehrt. Palladio hält dagegen: «[…] il quale non solo à se stesso deve esser nato».[119] Ganz albertisch wird die Tätigkeit des Architekten in den Mittelpunkt einer das gesellschaftlich Verbindliche und Nützliche hervorstreichenden Auffassung gestellt. Albertis Betrachtung beginnt im Prolog zu *De Re Aedificatoria* mit der Einordnung der «artes» in das Programm menschlicher Glücksfindung («ad vitam bene beateque agendam»), die sich den Definitionen von Staat und Stadt bei Plato und Aristoteles anschliesst, die ihrerseits 1615 in Scamozzis *Idea della Architettura Universale* in expliziter Weise in die Präambel architektonischer Theoriebildung zurückfinden.[120] All das ist bei Palladio implizite enthalten.

Auf diese Weise kommt die 'Theorie der Praxis' Palladios zustande, der man eben nicht über die Feststellung von Regeln, sondern über die Frage, wie man in unterschiedlichen Situationen und Bedingungen zu architektonischer Lösungen gelangt, am ehesten gerecht wird. Das entspricht durchaus der Auffassung Barbaros und insbesondere der albertischen Definition vom Tun des Architekten, des durch «certa admirabilique ratione et via» charakterisierten Vorgehens, das sich auf die intellektuellen («tum mente animoque») wie praktischen («tum et opere») Befähigungen bezieht. Auf dieser Voraussetzung, einer letztlich gebauten und deshalb nützlichen Architektur, beruhen Palladios *Quattro Libri*. Deshalb sei hier die Fortsetzung des obigen Halbsatzes aus Palladios «Proemio» als wesentliche Schlussfolgerung und auch als konkrete Aufforderung an den Architekten zitiert: «mi è parso cosa degna di huomo; il quale non solo à se stesso deve esser nato, *ma ad utilità ancho de gli altri*». Es ist ein humanistisches Bekenntnis, das die Lehre Albertis fortsetzt, obwohl die äussere Form und der Duktus der *Quattro Libri* so völlig andersgeartet sind und Palladio dem umfassenden, in der lateinischen Wissenschaftssprache gehaltenen und Vitruv reformierenden Werk *De Re Aedificatoria* ein auf die Wirklichkeit baulicher Aufgaben und deren Bewältigung gerichtetes Handbuch folgen lässt. Umso mehr sind die *Quattro Libri* dem «certa admirabilique ratione et via», dem, was heute als *Entwurf* beschrieben wird, gewidmet. Palladios Buch gibt sich, um es modern zu sagen, lösungsorientiert. Und es folgt insbesondere auch dem, was Alberti zur Natur des architektonischen Werkes, des Gebäudes, sagt, dass es nämlich ein Körper («corpus quoddam») aus Form («lineamenta») und Materie («materia») sei und dass aus der Art und Weise jener «lineamenta», der durchaus wörtlich aufgefassten Liniengefüge («cohesio modusque linearum») die Wirkung von Schönheit («ex quo praecipua pulchritudinis effectio emanarit») entstehe.[121] Palladios «comprendere, & in disegno ridurlo» bildet dazu das passende Korrelat und beschreibt gleichzeitig den kürzesten und effizientesten Weg, einen «modus brevis», das Ziel zu erreichen.

Dass dem scheinbar so kompakten und in sich geschlossenen Werk der *Quattro Libri* ein langer Prozess umfangreichen Lernens und grosser Erfahrung, in jedem Fall eine «recherche patiente» (Le Corbusier) zugrunde gelegen hat, ist andererseits offensichtlich.[122] Dies zu verstehen, helfen auch Palladios eigene Hinweise, die Vorgänge zeichnerischer Umsetzung illustrieren. Folgt man dem Text zu seinen Bauten in den *Quattro Libri*, gelangt man kaum problemlos zu schlüssigen Einsichten. Den sprachlichen Ausführungen Palladios ist häufig genug das «tâtonnement», das unsichere Herumtasten, einbeschrieben, das noch Ozenfant und Jeanneret (Le Corbusier) zum Anlass nehmen werden, eine ungenügende wissenschaftliche Grundlegung (in diesem Fall des Kubismus) zu kritisieren.[123] Es handelt sich oftmals um schwierige Anfänge, die eine Trennung gemachter Erfahrung und gewonnener Einsichten und deren klare Darstellung kaum zulassen. So bleiben Palladios Texte, die in den *Quattro Libri* die Zeichnungen seiner eigenen Werke begleiten, sehr nahe am «operare». Gerade deshalb sind zusätzliche Angaben zuweilen notwendig, um die Situation des Gebäudes und das tatsächliche Baugeschehen zu klären.

Zu den Rissen des Palazzo Barbarano schreibt Palladio beispielsweise: «[...] Non ho posto ancho il disegno della pianta, secondo che è stato ultimamente concluso, e secondo che sono hormai state gettate le fondamenta, per non havere potuto farlo intagliare à tempo, che si potesse stampare.»[124] Die kleinformatig abgebildete Fassade korrigiert er ebenfalls: «[...] non si fa la facciata a questo modo (come ho detto) ma secondo il disegno, che segue in forma grande.» Nicht nur Projekt und Ausführung, auch die reproduzierten Abbildungen passen nicht zusammen; und der Text gestaltet sich als flüchtige Ausrede und verwirrt. Da scheint der Blick auf den grundsätzlichen, paradigmatischen Wert des Entwurfs verstellt zu sein. Und man erinnert sich, dass die Mitglieder der neu gegründeten Académie Royale d'Architecture bei ihrer am 28. Februar 1673 aufgenommenen und bis zum 4. Juni 1674 weitergeführten Lektüre der *Quattro Libri* in erster Linie Einzelheiten, Abweichungen und Irritationen und natürlich keine kohärente Theorie, wie ihnen das vorschwebte, zur Kenntnis nehmen mussten.[125]

Man kann die 'Mängel' der *Quattro Libri* aber auch umgekehrt lesen. Die mittlerweile veränderten Entscheidungen beim Bau des Palazzo Barbarano halten Palladio ganz offensichtlich nicht davon ab, das Projekt in Grund- und Aufriss und zudem den davon abweichenden detaillierteren Fassadenplan als jeweils gültige Illustrationen eines Entwurfs, seiner «inventione» darzustellen. Deshalb sind die wegen nachträglichen Erwerbs von Grundstücken erfolgten Modifikationen des Projekts von nur minderer Bedeutung. Dass Palladio dem Begriff «inventione» durchaus eine grundsätzliche Bedeutung und zudem den Wert einer freien Entscheidung zumisst, ergibt sich eben gerade «per cagion del sito». Erst die zu Einschränkung und Anpassung führende Lage hat die Abweichung des Entwurfs von der Idealität ausgelöst.

Folgt man dieser Spur, so werden zwei Dinge umso deutlicher. Zum einen: Weil jedem einzelnen präsentierten Projekt die Bedeutung des Paradigmatischen unzweifelhaft zukommt – so, wie dies Palladio im Grunde genommen zu Beginn mit Bezug auf jene Auftraggeber, «che si sono serviti dell'opera mia», vorweggenommen hat –, fällt umso weniger auf, dass sich im «Libro Secondo», zwischen die Paläste und Villen Palladios eingefügt, auch die grundsätzlichen Vorstellungen der vitruvianischen Atrien und der Häuser der Griechen und Römer finden. Trotz des Überhandnehmens von Palladios Bauten und Entwürfen, die auch im Titel hervorgehoben sind («[...] nel quale si contengono i disegni di molte case ordinate da lui [...]»), bietet sein zweites Buch doch eine umfassende, in grundsätzlicher Absicht erbrachte Darstellung einer *angewandten Privatbaukunst*.[126] Man kann das Ganze also auch so verstehen, dass Palladio – von den unzureichenden Angaben bei Vitruv ausgehend unter Hinzufügung der eigenen Erfahrungen – erstmalig ein einschlägiges Traktat zur privaten Zivilbaukunst vorgelegt hat. Zweifelsohne ist das «Libro Secondo» häufig so gelesen und sein Wert – weit mehr als jener der übrigen Bücher – wegen seines auf die modernen Bedürfnisse ausgelegten Inhalts ausserordentlich hoch taxiert worden. Darauf baut der Welterfolg der *Quattro Libri* insgesamt auf und zudem die besondere Wertschätzung dieses Buches. Es ist bezeichnend, dass neben den zahlreichen Neuauflagen eben auch das «Libro Secondo» besondere Beachtung fand: als Johann Jakob Sandrart sein verlegerisches Bemühen, italienische Kunst im Norden bekannt zu machen, auf das attraktive Thema der Paläste und Villen ausdehnte. So finden sich in dem von Sandrart edierten, 1694 in Nürnberg erschienenen zweiten Teil der *Palatiorum Romanorum a praestantissimis sui aevi Architectus aedificatorum*, dem Nachdruck des Stichwerkes von Pietro Ferrerio und Giovanni Battista Falda zu römischen Palästen, einige der Villen Palladios angefügt, die im Titel wie folgt angekündigt sind: *[...] Cui accesserunt Immortalis gloriae Architecti Andreae Palladii Praedia Aedesque Hortenses Iussu Ipsius hincinde in Statu Veneto a fundamentis erectae & exstructae, adjunctis Ichnographiis, Palmorumque scalis*.[127] Palladios Villen werden zu Modellen und stehen auch insgesamt für die Gattung der Villa, die bei Sandrart noch umständlich irgendwo zwischen Landgütern und Gartengebäuden (*Praedia Aedesque Hortenses*) angesiedelt wurden.

Zum anderen fällt auf, dass Palladio die Vorstellungen zu Aufgabe und spezifischer Kompetenz des Architekten im Sinne Albertis mittlerweile so sehr vertieft hat, dass er den grafischen Reduktionen, den «lineamenta» als den konkreten Formen seiner Projekte, nicht bloss illustrierende Funktionen zubilligt, sondern ihnen dort, wo es nicht um grundsätzliche Erläuterungen, sondern um die Architektur selbst geht, die Hauptrolle in den *Quattro Libri* zuweist. Das «comprendere, & in disegno ridurlo» wird nicht beiläufig befolgt, sondern gibt sich als das erklärte Ziel zu erkennen. Es ist in den das Werk beherrschenden Holzschnitten unmittelbar fassbar. Und es macht das Buch zum Buch für Architekten. Längst ist hier verinnerlicht, was seit Alberti – auf Vitruv basierend – entwickelt wurde: *Die Zeichnung ist die spezifische Sprache des Architekten.* Palladio stellt sich in diese Tradition, als ob er sich der synonymen Bedeutung des vitruvianischen «ratiocinatio» und Barbaros «discorso», dem Diskurs, der beweis- und zielführenden Sprache präzis entsänne. Palladio hat zur Sprache des Architekten gefunden, jenem besonderen «discorrere», dem in der Tat die mathematischen Vorzüge wissenschaftlicher Verlässlichkeit gegeben sind, von denen Barbaro im Prolog zu seiner Vitruvausgabe 1556 spricht. Konsequenterweise sind es 1570 in den *Quattro Libri* die – wenn auch gröblichen, jedoch geometrisch korrekten – Holzschnitte, die den 'Haupttext' des Buches ausmachen, während die sprachlichen Erläuterungen meist als blosser 'Subtext', in Form von 'Anmerkungen' und 'Fussnoten', ergänzend hinzugegeben sind.

Geht man die Dinge so an, wird man den eigentlichen paradigmatischen Wert der *Quattro Libri* – den Daniele Barbaro vorweg postuliert hat – nicht in der bloss als Methode und Weg begriffenen Erfahrung Palladios finden, die man mit seinen Bauten gleichsetzt, sondern in den Zeichnungen, die daraus entwickelt und zur «arte» oder gar zu deren «ragione universale» gediehen sind. Im Hinblick auf Palladios Wirkung und auf die hierbei den *Quattro Libri* zukommende Bedeutung ist die in der Darstellungsform der Zeichnungen gesuchte und erreichte Verallgemeinerung des konkreten Vorwurfs als paradigmatisches Modell hoch anzusetzen.

Nach Andrea Palladio, gemäss den Vorlagen der *Quattro Libri* (II, 60, 63), Villa Angarano und Villa Trissino in Meledo, in: Johann Jakob Sandrart (Hg.), *Palatiorum Romanorum [...] Pars Secunda. Cui accesserunt Immortalis gloriae Architecti Andreae Palladii Praedia Aedesque Hortenses Iussu Ipsius hincinde in Statu Veneto a fundamentis erectae et exstructae[...]*, Nürnberg 1694

Ædificium
quod in Vico Comiti Iacobo Angarano proprio Agri Vicentini exstructum est reperibile.

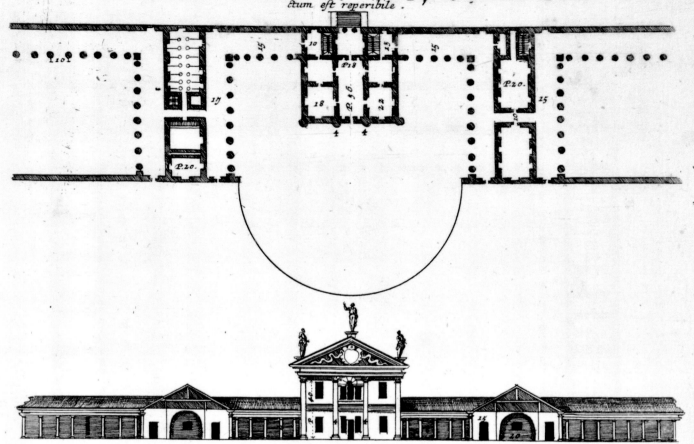

Ædes
Comitis Trissini Meledi in Vico Vicentini Agri exstructæ.

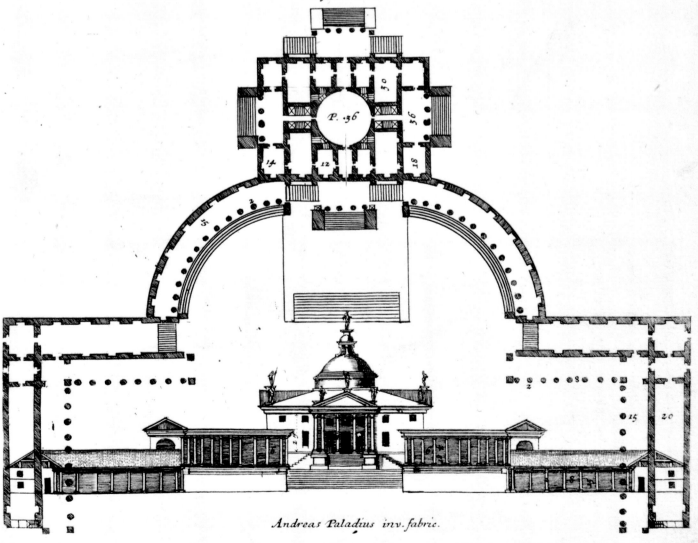

Andreas Paladius inv. fabric.

Tav. XXXI. Tom. II. pag. 63.

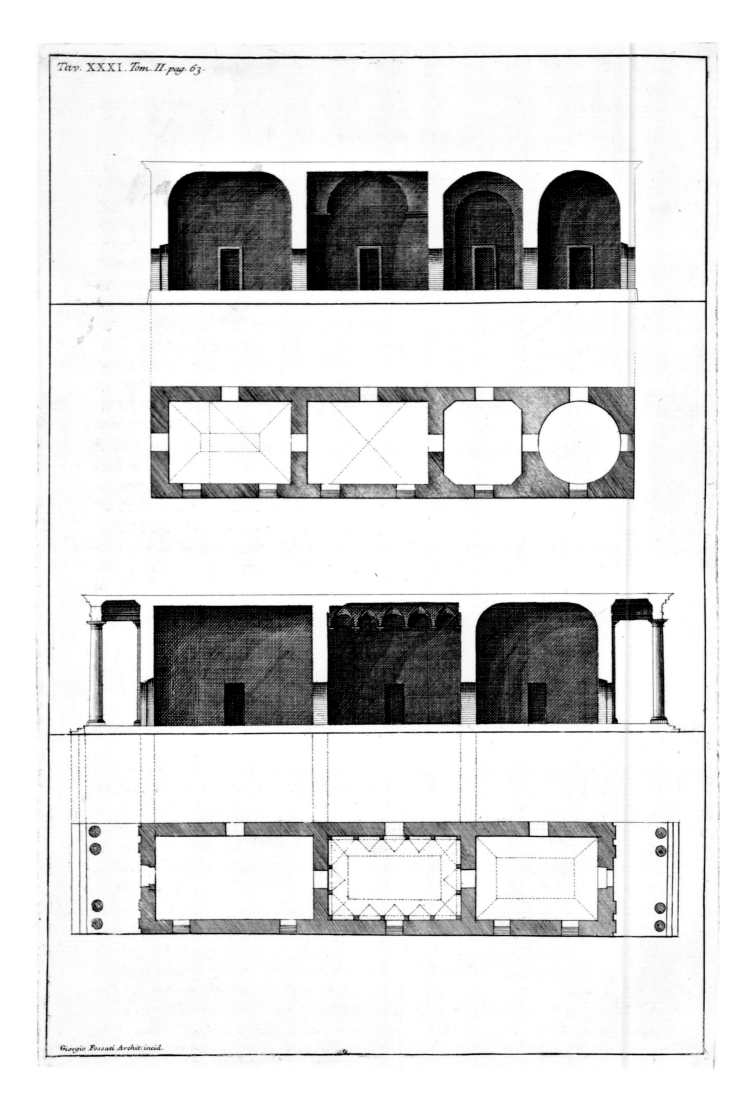

Giorgio Fossati Archit. incid.

«[…] a parte per parte», «a membro per membro»
Figuren und Zeichen, Ansätze zu einer Grammatik und Syntax der Architektur

«Figura est, quae ab aliquo, vel aliquibus Terminis comprehenditur. […] Quantitati enim adnectitur, & simul cum illa subsistit, ipsique subijcitur Quantitas: Quantitatis vero illius Ratio, & aspectus, nil aliud est, quam Figura, & Forma.»
    Euklid, in: Francesco Barozzi, *Procli […] In Primum Euclidis Elementorum librum Commentariorum […] Libri IIII […]*, Padua 1560, S. 78, S. 81

«Ma per dichiaratione io dico, che significare è per segni dimostrare, & segnare, e imprimere l segno: là dove in ogni opera da ragione drizata, & con dissegno finita è impresso il segno dell'Artefice, cioè la qualità, & la forma, che era nella mente di quello, perciò che l'artefice opera prima nell'intelletto, & concepe nella mente, & poi segna la materia esteriore dell'habito interiore. […] Appresso habbia dissegno […].»
    Daniele Barbaro, *I Dieci Libri Dell'Architettura di M. Vitruvio Tradutti Et Commentati […]*, Venedig 1556, S. 9, S. 10

Palladio steht bei Abfassung seiner *Quattro Libri* längst in einer Tradition. Er hat, wie vor ihm Sebastiano Serlio, mittelbar dank seiner Romaufenthalte – den ganzen Prozess der in Rom systematisch vorangetriebenen Erfassung der antiken Bauten durch die Zeichnung nachgeholt und sich angeeignet, um ihn dann durch Stichreproduktion und Buch zu verbreiten. Dem Antikenstudium kommt bei Palladio genau der Stellenwert zu, den er im «Proemio» mit Blick auf die eigene Bildung und den eigenen Werdegang beschreibt. Das «misurare minutissimamente con somma diligenza», das Bekenntnis «divenni sollecito investigatore» und schliesslich das «per poter intieramente da quelle, quale fusse il tutto, comprendere, & in disegno ridurlo» sind ebenso autobiografisch wie programmatisch zu lesen.[128] Damit ist auch illustriert, dass sich die Autorität der Antike nunmehr in ein konkretes architektonisches Verfahren innerhalb der spezifischen Kompetenz des Architekten verwandelt hat. Über die Analyse in Aufmessung, zeichnerischer Umsetzung und Kodifizierung entsteht im Ansatz eine konkrete architektonische Grammatik und Syntax, die sich als Basis späterer Verwendung umso mehr anbietet, als ihre elementare Ausrichtung betont einfach und unkompliziert ist.

Der Fundus zeichnerischer Aufnahmen Palladios kommt – vom unmittelbaren Einfluss auf sein eigenes Planen und Bauen abgesehen – vorerst Barbaros Unternehmen einer Vitruvausgabe (1556 und 1567) und danach den *Quattro Libri* (1570) zugute. Wie sich beide Projekte überlappen, zeigt sich gerade in jenen Zeichnungen, die die bei Vitruv beschriebenen Behausungen der Griechen und Römer betreffen. An ihnen, einer in jeder Hinsicht normalen, jederzeit praktisch umsetzbaren architektonischen Aufgabe, erproben Barbaro und Palladio mit besonderer Hingabe ihre Absicht, die verbindliche Zeichnung im Sinne Vitruvs als *Grundlage einer verlässlichen Architekturlehre* wiederauferstehen zu lassen. Es lässt sich dies, so scheint es, umso besser demonstrieren, als es sich hier eben nicht in erster Linie um besondere und bedeutende Monumente, sondern allgemeiner um Bauweisen an und für sich handelt. Barbaro kommentiert das zweite Kapitel des sechsten Buches von Vitruv genau in diesem Sinne: «Io ho detto che molto ragionevolmente Vitr. ha voluto replicare nel sesto libro quelle cose che nel primo ha voluto per introduttione dell'Architettura proporre, perchè l'Architetto haver deve le istesse idee, nell'ordinare gli edifici privati, che egli ha nelle cose publiche, & molto bene

Giorgio Fossati, «Delle maniere de'Volti e tipologia degli spazi», in: [Francesco Muttoni], *Architettura di Andrea Palladio Vicentino di nuovo ristampata […]*, II, Venedig 1740, Taf. XXXI

avvertire alla dispositione […].»¹²⁹ Bei der Behandlung der Privatbauten solle also an die grundsätzlichen Erwägungen des ersten Buches Vitruvs angeknüpft werden. Es fällt auf, dass Barbaro hier – in Entsprechung zum vitruvianischen Text («Come anche appare nelle Scene dipinte […]») – die unterschiedlichen Darstellungsmodi der Zeichnung in Erinnerung ruft. So empfiehlt er, der Architekt müsse sich (auch) in der Perspektive auskennen: allerdings nicht, um selber Perspektiven anfertigen zu können, sondern ganz offensichtlich, um die an die Sinneswahrnehmungen gekoppelten Täuschungen richtig beurteilen zu können. «Et qui si vede quanto sia necessaria la prospettiva allo Architetto, e dimostra la forza sua, quando sia, che la vista nostra meravigliosamente ingannata sia dalle pitture fatte ne i piani, che per ragione di prospettiva regolata da un sol punto fa parere le cose di rilievo, & non si puo certificarsi, che non siano di rilievo se l'huomo non le tocca, o non se le avvicina.»¹³⁰ Verbunden ist diese Feststellung der Verwirrung des Verstandes durch die Sinne («Non enim veros videtur habere visus effectus, sed fallitur saepius iudicio ab eo mens», Vitruv, VI, II, 2) mit dem generellen Hinweis auf die Verlässlichkeit eines architektonischen Regelwerks und auf die Schwierigkeit, diesem in der Praxis und in einer unberechenbaren Situation zum Durchbruch zu verhelfen: «[…] Vitr. ha detto di sopra, & molto piu chiaramente dice nel presente luogo, cioè che non sempre si deve servare le istesse regole, e simmetrie, perche la natura del luogo richiede spesso altra ragione di misure […].»¹³¹ Denn das ist das eigentliche Thema, das Vitruv und mittelbar Barbaro hier anschneiden: «Nulla architecto maior cura esse debet, nisi uti proportionibus ratae partis habeant aedificii rationum exactiones.»¹³² Barbaro liest diese Forderung bezogen auf die Definition der Eurythmie. Und so verlangt er, dass der Architekt – trotz und in Berücksichtigung aller täuschenden Sinneseindrücke und aller anderweitigen Unregelmässigkeiten – alle notwendigen Vorkehrungen treffe, «che egli *sottilissimamente* proveda, à quello, che sarà necessario à quella parte, che Euritimia è chiamata nel primo libro.»¹³³

Vitruv beschreibt in der Folge das Haus und seine Einzelteile. Bei Barbaro sind an dieser Stelle in auffällig prominenter Weise Grundriss, Schnitt und Aufriss des (griechischen) Privathauses eingefügt. Palladio führt hier einmal mehr die besondere Qualität der Architekturzeichnung vor, um gleichsam die Erwartungen Barbaros im Hinblick auf eine – trotz gegebener Schwierigkeiten stets erwünschte – präzise, in sich schlüssige Planung und Ausführung zu erfüllen. Die innere Kohärenz (und Eurythmie) eines Projektes wird so durch die Zeichnung (und nur durch sie!) gewährleistet und konkretisiert. Umgekehrt wird deutlich, welcher Grad der Anpassung und Veränderung, welcher Spielraum von Adaptation den (zeichnerischen) Modellen zugedacht ist: Sie sind offensichtlich so konkret gezeichnet, wie sie allgemein konzipiert sind! Sie besitzen wie die bei Alberti beschriebenen Modelle die Qualitäten richtiger Proportionierung, Symmetrie und Ordnung im Sinne des «modulus» und sind andererseits – gemäss dem zweiten Begriff der Modelldefiniton Albertis – als «exemplar» unmittelbares und konkretes Vorbild.¹³⁴

Dieser doppelte Charakter, die mit dem Modell gleichbedeutende konkrete wie allgemeine Ausrichtung der Musterrisse Palladios, verweist deutlich auf ihren didaktischen Wert und begründet ihren Erfolg. Anhand des Privathauses in Barbaros Vitruvausgabe demonstriert Palladio mustergültig, was die (vitruvianische) Architekturzeichnung zu leisten imstande ist. In den *Quattro Libri* entwickelt er dies weiter und legt im zweiten Buch die vollständige Abfolge zeichnerischer Erläuterungen der Haustypologie mitsamt ihren konstituierenden Raumteilen vor, den Atrien und Sälen.

Zeichnerische Konvention und Disziplin haben sich durchgesetzt. Sie tragen wesentlich dazu bei, dass Palladios Vorbildhaftigkeit schnell erkannt und geschätzt wird. Es geht dabei nicht zuletzt um den Grad der Systematisierung, der sich für die Zeichnung, aber noch imperativer für die Herstellung eines Buches, genauer die typographische Fixierung und Drucklegung aufdrängt. Anders gesagt: Der Weg von der Vereinfachung der Architekturform in die zeichnerische Konvention bis hin zur typologischen Verallgemeinerung trifft sich mit dem Zwang der auf einfache Linienführung angewiesenen Holzschnitte.

Es ist also immer wieder die Zeichnung, die sich als Mittel der Erkenntnis und Bearbeitung des architektonischen Gegenstandes wie auch als Grundlage seiner Vermittlung in den Vordergrund stellt. Palladio steht insofern in einer längst gefestigten Tradition. Mit Serlio – und dessen Bemühungen des Sammelns, Zusammentragens und Publizierens von Zeichnungen – wurde eine systematische Phase ausgelöst, in der gleichsam alles druckreif vorlag. Serlios ideales Editionsprogramm, das er dem vierten Buch (1537) seines Architekturtraktates voranstellt, beginnt entlang den Bedingungen der zeichnerischen Wiedergabe mit der Geometrie und führt über die Perspektive (dem, was er «aprir il suo concetto in *disegno visibile*» nennt) zu den vitruvianischen Darstellungsformen von «icnographia», «orthographia» und «sciographia».¹³⁵ Geometrie ist hier als das entscheidende Instrument der Notation architektonischer Zielsetzungen eingeführt: «Nel primo libro tratterò de i principij de la Geometria, e de *le varie intersecation de linee, in tanto che l'Architettura potrà render buon conto di tutto quello' ch'egli opererà.*»¹³⁶ Und in der Widmung des dritten Buches (1540) an den französischen König François I. ist auch die konkrete Anwendung und der ambitiöse Umfang dieses Prinzips in Worten beschrieben, die Palladios Formulierung im «Proemio» deutlich vorwegnehmen: «Considerando io piu volte fra me stesso la grandezza de gli antichi Romani, & il loro alto giudicio ne lo edificare: il quale anchor si vede ne le ruine di tante, e si diverse fabriche, cosi ne l'antica Roma, come in piu parti de l'Italia, & ancho fuori; deliberai, oltre le altre mie fatiche di Architettura, *di mettere in un volume*, se non tutte; almeno la maggior parte di esse antichità: acchiochè qualunque persona, che di Architettura si diletta; potesse in ogni luogo, ch'ei si trovasse, togliendo questo mio libro in mano, veder tutte quelle maravigliose ruine de i loro edificij […].»¹³⁷ Bei Serlio waren also die Absicht und die Bedingung des In-ein-Buch-Setzens durchaus bedacht.

Es bedarf auch hier, im Vorfeld Palladios, zusätzlicher Hinweise, wie mithilfe der Geometrie der architektonische Gegenstand verlässlich beschrieben wird. Das «render buon conto», mit dem Serlio diese besondere Befähigung der Geometrie bezeichnet, ist in der lateinischen Übersetzung von Giovanni Carlo Saraceno – präziser – als «probabilem rationem […] reddere» gegeben.¹³⁸ Es geht um eine Annäherung an die (komplexe) Wirklichkeit, wobei jener Rationalisierungsvorgang behilflich sein soll, mit dem der vorgefundene Gegenstand (eines antiken Bauwerks oder eben auch einer blossen Ruine) gleichsam zum Prinzip erhoben werden soll. Geometrisch gesehen ist es die Figur, die aus der «intersecation de linee» entsteht respektive mit ihr identisch ist. «*Figura* est, quae ab aliquo, vel aliquibus Terminis comprehenditur», lautet die euklidische Definition.[139] In der Behandlung des Proclus-Kommentars zu Euklid, die Francesco Barozzi 1560 Daniele Barbaro widmet, wird dies bezogen auf die Kunst etwa so dargestellt – gemäss einem mittlerweile hinlänglich bekannten Muster –, dass in der Figur ein innewohnendes Gesetz äusserlich durch Partization an Materie und «quantitas» sichtbar gemacht werde («est enim Figura, quae ab Arte […] iuxta praeexistentem in Arte ipsa Rationem: Arte quidem speciem producente, Materia vero formam, & pulchritudinem, & venustatem illinc recipiente»).[140] Die so erreichte Form behält ihre ursprüngliche Kraft mitsamt den Phantasie- und Bildvorstellungen. Nach Massgabe dieser inneren Verlässlichkeit nennt auch Serlio die Geometrie «certissima arte». Er bedient sich ebenfalls des «profondissimo Euclide», insofern dieser ihm eben das «in dissegno» «dimostrare» und zudem «con quella piu breve via che a me sarà possibile» ermögliche.[141] Letzteres hat Serlio mit Vignola gemeinsam, der das erklärte Ziel – mit anderen Akzenten – in der Knappheit und Kürze der Methode erkennt: «sotto una breve regola facile, e spedita (da potersene valere)».[142] Hier trennen sich aber auch gleich die Wege von Vignola und Serlio. Ob man eine universale Regel (wie Vignola) oder aber eine überblickbare Kasuistik architektonischer Figuren im Sinne von geschlossenen Formen (wie Serlio) anstrebt, ist zweierlei. Der Grad der Abstraktheit respektive der Annäherung an die Vielheit individueller Gegebenheiten wird bei der Festlegung eines zweckmässigen Verfahrens zum Zünglein an der Waage.

Serlio, darin Palladio vorgreifend, orientiert sich an der grossen Zahl der Monumente und ihrer materiellen Konkretheit. Gliedweise werden die Bauten in der zeichnerischen Figur so zur Darstellung gebracht, dass ihnen der architektonisch konkrete Charakter hinlänglich anzusehen ist. Die zeichnerischen Symbole sind so gewählt, dass sie über die reine geometrische Abstraktion hinaus auf die bauliche Wirklichkeit verweisen: auf das – bildähnliche – 'Figürliche' der Form. Dabei könne der ganze Reichtum vielgestaltiger Figuren erschlossen werden, was Francesco Barozzi mit Proclus geradezu enthusiastisch beschwört: «Et se se propagans, non cesset utique, donec ad ultimum quoddam perveniat, omnemque Formarum varietatem aperiat.»[143]

Bei der Zeichen-Gebung selbst ist übrigens auch dem Genüge getan, was schon Albrecht Dürer in seiner *Unterweisung der Messung* im Prinzip erkannt und, ausdrücklich auf die gezeichneten Figuren bezogen, grundsätzlich formuliert hat: Man müsse der abstrakten Linie – gegen die reine euklidische Lehre – ein Mindestmass an Körperlichkeit zugestehen, damit sie sinnlich erfahrbar sei («ut invisibilis linea tracta illo recto animo intelligatur»[144]). Das lässt sich natürlich verallgemeinern im Sinne jener aristotelischen Feststellung, dass nichts der Erkenntnis zugeführt werden könne, was nicht zuvor über die Sinne gelangt sei. Dies gilt auch für die ansonsten so abstrakte geometrische Zeichnung, die somit am ganzen Reichtum von Phantasie und Vorstellung partizipiert. Der architektonischen Figur kann und soll deshalb – über die rein geometrisch aufgefasste Form hinaus – derjenige Anteil an Bildhaftigkeit verliehen werden, der die Beziehung zum konkreten architektonischen Gegenstand unmittelbar einsichtig macht.

Mit der von Serlio wie später von Barbaro und Palladio beabsichtigten Drucklegung der architektonischen Figuren wurde der Zwang zu einer verbindlichen Konvention noch verstärkt: Eine probate Methode für die Architekturdarstellung im Spannungsfeld zwischen Abstraktheit und Konkretheit wollte festgelegt sein. Bei Serlio lässt sich nachvollziehen, worauf es ihm ankommt und wie er dies zu garantieren sucht, wo möglicherweise Hindernisse im Wege liegen. Die 'Lesbarkeit' seiner Holzschnitte steht im Vordergrund, und das ist bei grossen Gegenständen respektive deren starker Verkleinerung im Bild zuweilen gefährdet. Serlio greift zu passenden Massnahmen: «Perche ne la pianta passata per la minutezza de le cose non si possono cosi ben conoscere i membri particulari; ho voluto in queste due faccie dimostrare *a parte per parte* alcuni membri piu diffusamente, si come l'ingenioso Architetto per via de caratteri gli saprà conoscere, scontrandogli con la pianta integra.»[145] Es werden also Einzelheiten vergrössert abgebildet und mittels Symbolen auf die Gesamtdarstellung bezogen.[146] Was damit auch deutlich gemacht wird und sich alsbald als das wesentliche Element einer verlässlichen Architekturdarstellung erweisen wird, ist der Umstand, dass das Begreifen des architektonischen Planes an die Erkennbarkeit des einzelnen Teiles, des jeweiligen «membro», geknüpft wird. Wo dies in Frage gestellt sein könnte, müsse das betreffende architektonische Glied bis zur Deutlichkeit vergrössert werden. «Per essere (come ho detto qui adietro) la pianta de le Therme Diocletiane ridotta in così picciola forma, mal si possono comprendere le cose *a membro per membro*: e però io ho voluto dimostrarne almeno una parte in forma un poco maggiore […].»[147] Soweit die Erklärung Serlios zu den Planausschnitten im grossen Massstab.

Was mit Serlio bestärkt wird, ist die – mit der Drucklegung der zeichnerischen Vorlagen etablierte – *Symbolsprache der architektonischen Figur*, die zwar auf der abstrakten und verlässlichen («certissima») Geometrie fusst, aber auch bildähnliche Elemente oder Zeichen aufweist wie einen Kreis für einen Säulengrundriss und zudem Materie (Mauerdicke) durch Schraffierung symbolisch kenntlich macht. Palladio perfektioniert in den *Quattro Libri* diese Methode und gibt den Holzschnitten auch noch die Vermassungen hinzu, sodass der geometrischen die arithmetische Information beigesellt wird und ihre wissenschaftliche Verlässlichkeit insgesamt erhöht erscheint. Damit wurde für lange Zeit ein *gültiger, weil zweckmässiger Standard* in der Wiedergabe der Architekturzeichnung erreicht.

Das, was über die reine Geometrie und die abstrakte geometrische Figur – und damit über die reine Wissenschaft – hinausreicht, ist übrigens bereits bei Vitruv thematisiert und findet natürlich bei Daniele Barbaro die notwendige Beachtung. Jene, die ausschliesslich der wissenschaftlichen Grundlegung der Architektur folgten, eilten einem Schatten hinterher, meint Vitruv. Und Barbaro erklärt dies so: «Rispondo, che le cose dell'intelletto alla piu parte *ombre* paiono, & il volgo stima le cose in quanto che à i sensi, & à gli occhi sottoposte sono, & non inquanto non appaiono,

XC   DE LE ANTIQVITA

Erche nè la pianta passata per la minutezza de le cose non si possono cosi ben conoscere i membri particulari; ho uoluto in questa due faccie dimostrarne a parte per parte alcuni membri piu diffusamente, si come l'ingenioso Architetto per uia de caratteri gli saprà conoscere, scontrandogli con la pianta integra.

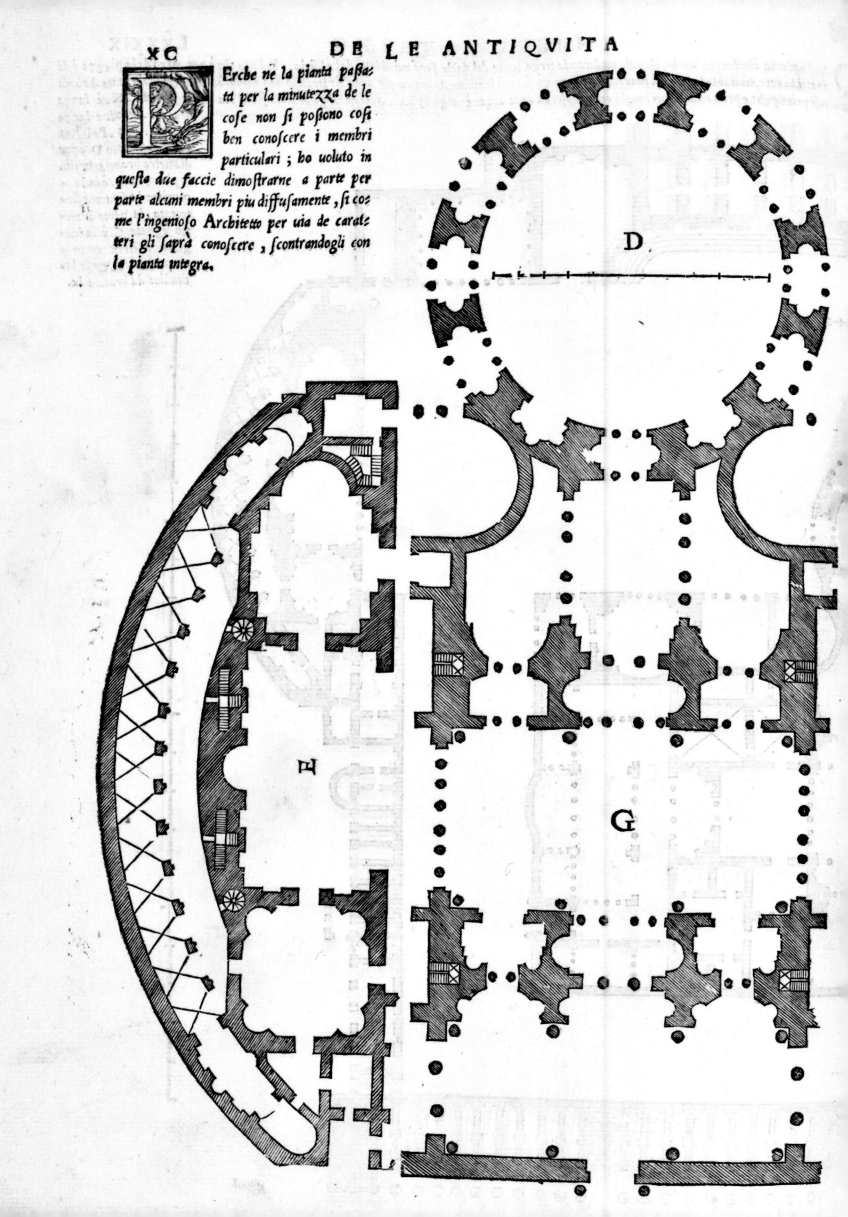

LIBRO TERZO XCI

Quantunque le figure qui sotto siano così disordinate, e di più pezzi; il prudente Architetto avertirà che sono membri de le Therme passate, hauendo riguardo a le lettere, che ui sono poste dentro: che scontrandole ritrouerà qual parte sono, & auertisca bene che la parte qui sotto. H. & . X. ua separati da quella parte segnata. F. e che le figure qui sotto s'intendono tre parti de membri separati, quantunque siano appresso l'un l'altro per accommodarli ne le stampe: e questo è a fine che i membri si possino meglio conoscere, & intendere: ne ui ho posto le misure particolari, imperoche l'Architetto si ualerà più de l'inuentione che de le misure.

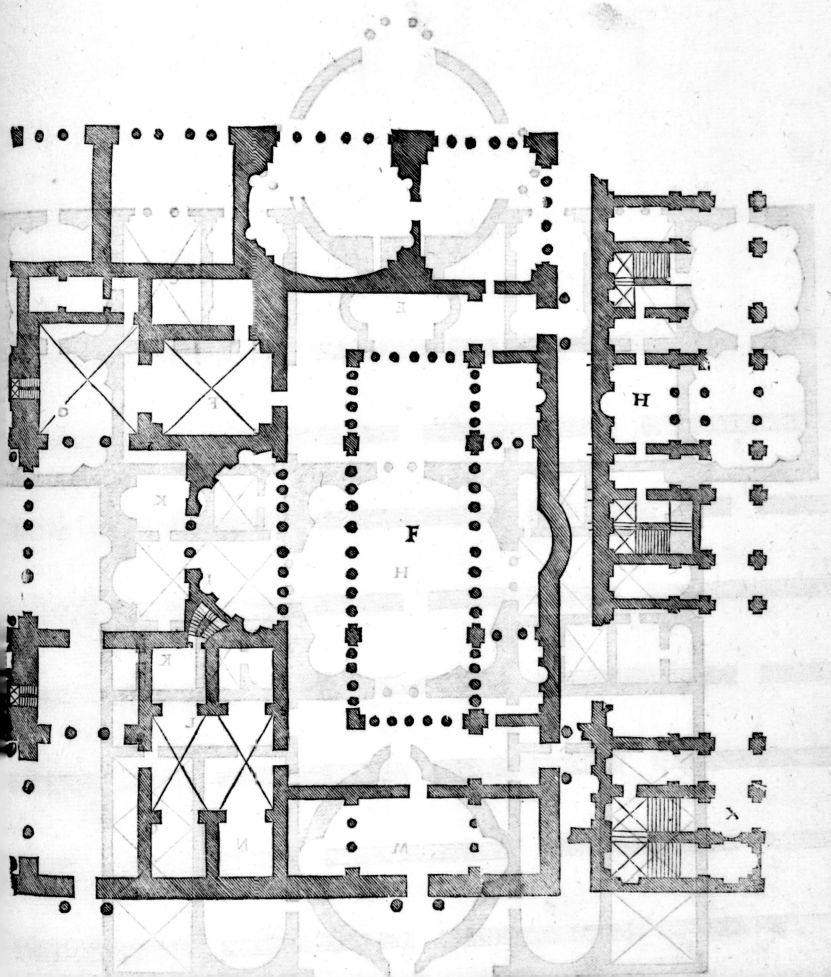

XCVIII DE LE ANTIQVITA

Er essere (come ho detto qui adietro) la pianta de le Therme Diocletiane ridotta in cosi picciola forma, mal si possono comprendere le cose a membro per membro: e però io ho uolato dimostrarne almeno una parte in forma un poco maggiore, laquale è qui sotto, e uiene ad essere la parte di mezo come dinota la lettera. A. e cosi quella linea, che è nel mezo, è cento palmi, onde il diligente Architetto potra col compasso trouar quasi tutte le misure.

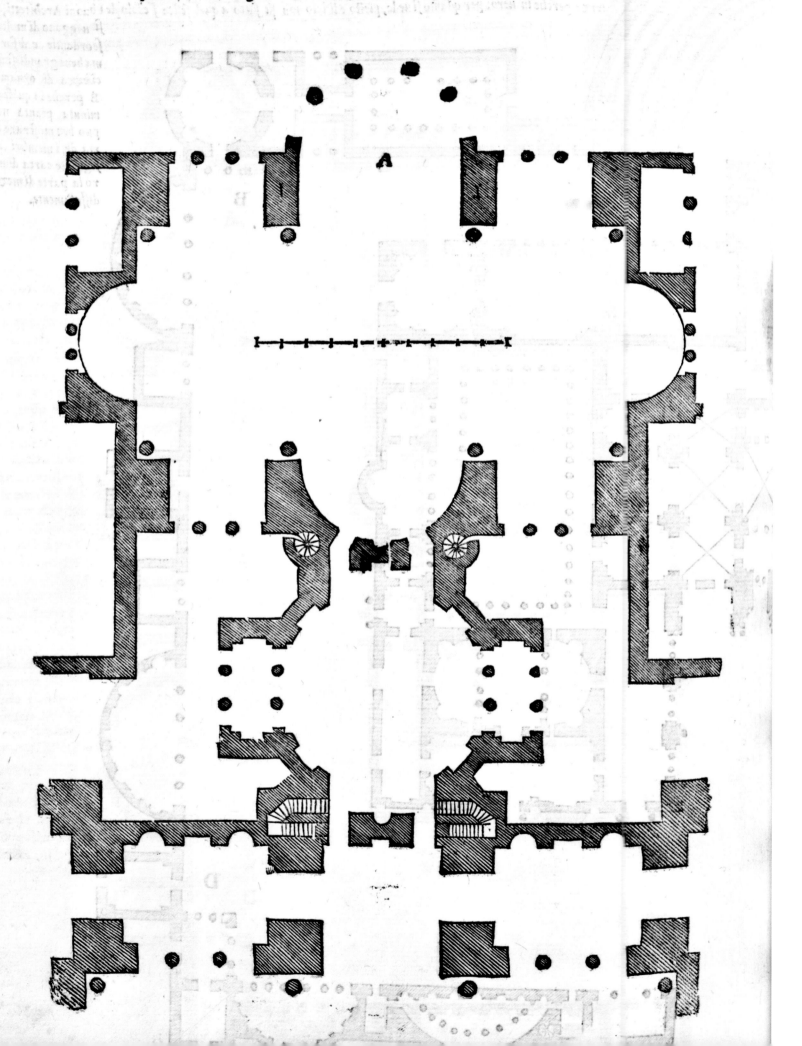

& questo avviene *per consuetudine*, perche non sono le genti avvezze à discorrere, & però l'accorto Vitr. non afferma, che i letterati habbino seguito l'ombre, ma dice, parere, questo che dinota *il giuditio de gli imperiti esser fatto dalle cose apparenti*, & però mi pare che molti vaneggiano nel decidere qual sia più nobile, la scultura, ò la pittura, imperoche vanno alla materia, al tempo, & a molti altri accidenti, che non sono dell'arte [...].»[148] Barbaro schweift ab. Aber er bestätigt – mit Vitruv –, dass das Problem der Sinnenhaftigkeit mit dem Dualismus von Theorie und Praxis verknüpft sei, sodass der folgende Satz Vitruvs grosse Bedeutung erlange: «Cum in omnibus enim rebus, tum maxime etiam in architectura haec duo insunt: *quod significatur et quod significat*.»[149] Den nächstfolgenden Satz übersetzt Barbaro so: «La cosa significata è l'opera proposta, della quale si ragiona. Quella che significa, è la prova, & il perche di essa con maestrevole ragione espresso, & dichiarito.»[150] Im Kommentar ergänzt Barbaro, dass die Baukunst zu jenen Tätigkeiten gehöre, bei denen ein konkret fassbares (physisches) Resultat zurückbleibe, «là onde bisogna che in essa [architettura] specialmente si consideri alcuna cosa fatta, o vero da esser fatta, & poi si consideri la ragione: & però due cose sono, una è la significata, & *proposta opera*, l'altra è la significante, cioè *dimostrativa ragione*.»[151] Daraus entwickelt Barbaro seine Architektur-Semiotik: «Tutti gli effetti adunque, & tutte l'opere, ò lavori delle Arti: tutte le conclusioni di tutte le scienze sono le cose significate, ma le ragioni, le prove, le cause di quelle sono le cose significanti, & *questo è perche il segno si referisce alla cosa significata, l'effetto alla causa, la conclusione alla prova*.»[152] Es bleibt also dabei, dass der intellektuelle Teil der Architektur («ratiocinatio») ein konklusives Verfahren («discorso») darstellt.[153] Und das wird nun gleichsam auf die 'Zeichensprache' des Architekten, auf seine konkreten Vorgehensweisen mitsamt der dabei befolgten «consuetudine» bezogen. Barbaro fährt fort: «Ma per dichiaratione io dico, che *significare è per segni dimostrare, & segnare, e imprimere il segno*: là dove in ogni opera da ragione drizzata, & con dissegno finita è impresso il segno dell'Artefice, cioè la qualità, & la forma, che era nella mente di quello, perciò che l'artefice opera prima nell'intelletto, & concepe nella mente, & poi segna la materia esteriore dell'habito interiore.»[154] Der Prozess des Architektur-Schaffens lässt sich letztlich gemäss Barbaro auf die Formel zurückführen, dass *ein Inneres äusserlich gemacht* wird.[155] Und dieser Habitus verlangt umgekehrt nach dem «significare», der deutenden Zeichengebung durch den Künstler, was sich in der Symbolsprache der Zeichnung manifestieren kann und soll.

Bei Barbaro folgt herausgehoben Vitruvs «specialmente nell'Architettura». Und bei Vitruv selbst fügt sich die Bildungsempfehlung an: «Et ut litteratus sit, peritus graphidos, eruditus geometria [...].» Dass Barbaro das bei Vitruv kurz darauf ausgeführte «deinde graphidos scientiam habere» besonders wichtig erscheint, ist nun kaum mehr verwunderlich.[156] «Appresso habbia dissegno [...]»! Barbaro leitet den Kommentar dazu mit der Feststellung ein, dass auch hier das Prinzip der Zuordnung der Mathematik zu einer «ars» gelte, die wiederum eine Praxis bestimme. Bezogen auf die Architektur stellt Barbaro deshalb fest: «Vitr. vuole, che non solamente habbiamo quelle prime, & universali, che rendono le ragioni delle cose, ma anche gli essercitij, & le pratiche da quelle procedenti, & però quanto al dissegno vuole, che habbiamo facilità, & pratica, & la mano pronta à tirar drite linee, & vuole, che habbiamo la ragione di quelle, che altro non è, che *certa, & ferma determinatione conçetta nella mente*, fatta con linee, & anguli approvata dal vero, il cui ufficio è di prescrivere à gl'edifici atto luogo, certo numero, degno modo, & grato ordine.»[157] Letzeres ist eine wörtliche Wiederholung dessen, was Alberti zu Beginn des ersten Kapitels seines ersten Buches in *De Re Aedificatoria* zu den «lineamenta» äussert. Dort wird der Vorgang des «coaptandi iungendique lineas et angulos» konkret auf die Herstellung einer «facies» eines Gebäudes bezogen.[158] Bei beiden ist also der Weg des «significare» – modern: des Bedeutung-Herstellens – der Zeichnung einbeschrieben. Ihr ist es somit gegeben, die Annäherung an die Konkretheit eines Bauwerkes zu vollziehen; denn sie soll ja eben nicht in der idealen abstrakten geometrischen Form verharren, obwohl sie von der Geometrie Gebrauch macht. Auch dies konkretisiert Barbaro, wenn er nochmals das vitruvianische «peritiam graphidos» mit dem Hinweis auf die Bildung von Figuren illustriert. Die «peritia de i lineamenti» verhalte sich zur Kunst wie die Mathematik zur Philosophie und ermögliche die «terminatione delle cose», bestimme Grösse und Figur, «la grandezza, & i contorni».[159] Auf diese Weise bleibt andererseits auch gewahrt, was schon Alberti vorgibt, dass durch die «lineamenta» nämlich nicht nur die einzelne (zu materialisierende), sondern die mehreren Objekten gemeinsam zugrunde liegende Form erfasst sei («ubi una atque eadem in illis spectetur forma»). Die Verallgemeinerung im Konkreten, das ist der Kompromiss, der angestrebt wird und der dem ähnelt, was später und in jüngster Zeit – häufig genug verunklärend – als Typologie festgeschrieben wird. Hier gilt es lediglich festzuhalten, dass die grosse Nachfolge Palladios – eben auch im Zeichen der Typologie – massgeblich der in den gezeichneten wie gebauten architektonischen Gebilden erreichten *Mitte* zwischen einmalig-konkreten und allgemeinverbindlich-abstrakten Formulierungen zuzuschreiben ist. Das vitruvianische Begriffspaar «significatur»/«significat» mag an moderne semiotische Vorstellungen denken lassen. Barbaro bezieht es umfassend auf die gesamte Welt und auf die in ihr wirksamen drei «agenti delle cose»: «il Divino, il naturale, lo artificiale».[160] Der Welt des Menschen entspricht das Letztere, das «artificio» und die «arte». «Significare» wird so gleichgesetzt mit dem Aufzeigen jener – keineswegs oberflächlichen – Zeichen, «che veramente sono come *cagione* delle cose»: «cioè rappresenta le cose alla virtù, che conosce, & concorre principalmente à formare il concetto secondo l'intentione dell'Arte».[161]

Seite 78–79: Sebastiano Serlio, «membri de le Therme [Antoniane]», Grundriss, vergrösserte («per la minutezza de le cose») und detaillierte («a parte per parte») Wiedergabe der komplexen Formen der antiken römischen Thermen, in: Sebastiano Serlio, *Il Terzo Libro,* Ausgabe Venedig 1551, S. XC–XCI

Gegenüber: Sebastiano Serlio, Diokletiansthermen, vergrösserter Planausschnitt zwecks verbesserter Lektüre der vielgliedrigen Grundrissform («comprendere le cose a membro per membro»), in: Sebastiano Serlio, *Il Terzo Libro*, Ausgabe Venedig 1551, S. XCVIII

Tav. XXXIV. DELL' ORDINE IONICO.	Pl. XXXIV. DE L' ORDRE IONIQUE.
A. Fig. I. Vitruvio comentato da Monsignor Dan. Barbaro. 1567.	A. Fig. I. Vitruve avec le Comentaire de Monseign. Dan. Barbaro Edit. 1567.
B. Fig. II. Giac. Baroccio da Vignola. 1736.	B. Fig. II. Jaques Barocce de Vignola. Edit. 1736.
C. Fig. III. Sebasti. Serlio. 1552.	C. Fig. III. Sebast. Serlius Edit. 1552.
D. Fig. IV. Andrea Palladio. 1570.	D. Fig. IV. André Palladio. Edit. 1570.
E. Fig. V. Vincenzo Scamozzio. 1615.	E. Fig. V. Vincent Scamocce. Edit. 1615.
F. Fig. VI. Del Tempio della Fortuna Palladio. Lib. IV. Tav. XXXII.	F. Fig. VI. Du Temple de la Fortune tiré de Palladio au Livre IV à la Pl. XXXII.

Formgebung, ein schlüssiges Verfahren, und die Metapher der Sprache in der Architektur des 16. Jahrhunderts

«Perciò, che si come ljelementi sono le prime, et indivisibili parti de le voci articulate, così le lettere, che rappresentano essi, sono le prime, et indivisibili parti de le parole, che si scriveno. & è da sapere, che ljantiqui chiamorono voci articulate le parole humane, non (come dice Prisciano) perche siano applicate ad alcuna intenzione de la mente di colui, che la proferisce, ma perciò, che a formare esse si congiungono, e s'annodano insieme alcune distinzioni, et inflexioni di voce [...].»

Giovan Giorgio Trissino, *Dubbii Grammaticali*, Vicenza 1529, S. aa 11

«[...] & si come la scrittura è segno del parlare, & il parlare della mente, così le dissegnationi Mathematiche, & le figure Geometriche erano come segni de'concetti di loro.»

Daniele Barbaro, *I Dieci Libri Dell'Architettura Di M. Vitruvio Tradutti Et Commentati [...]*, Venedig 1556, S. 265 [165]

«Come le maniere del dire sono qualità dell'oratione convenienti alle cose, & alle persone, cosi le maniere de gli edificij sono qualità dell'arte convenienti alle cose, & alle persone [...].»

Ebd., S. 16

Es geht Palladio und seinem Umkreis stets auch um architektonische Wesensforschung. Man will den Dingen auf den Grund gehen. «Significare» bedeutet gemäss dem Wortlaut Vitruvs eine «demonstratio rationibus doctrinarum». Es handelt sich um ein schlüssiges Verfahren mit «ragioni», «prove» und «cause» (Barbaro) und mit einem entsprechend verbindlichen Resultat – natürlich innerhalb architektonischer Zuständigkeit und Konvention. Die «dimostrativa ragione» des «significare» bediene sich auf dieser Grundlage und zu diesen Bedingungen des «per segni dimostrare, & segnare, e imprimere il segno».[162]

Es ist offensichtlich, dass der Prozess des Zeichen-Setzens mit dem Hylemorphismus, der unentwirrbaren Einheit von Materie und Form, zusammenhängt. Die Formgebung ist verbindlich auf die gebaute Wirklichkeit ausgerichtet. Der gekonnte Umgang mit ihr macht die Professionalität des Architekten aus, die Barbaro ausführlich, in sieben «conditioni» zusammengefasst, darlegt, ausgehend vom «ingegno», von der Notwendigkeit der Bildung und Ausbildung über das Streben nach Wahrheit bis hin zur Umsetzung, die als letzter Punkt mit «saper usar la detta via» und «applicatione» beschrieben wird.[163] Hier fasst Barbaro den Prozess nochmals zusammen «nel suo procedere ordinatamente, nel significare le cose, nel dar forma, & perfettione a tutto il corpo dell'Architettura». Es ist deutlich, dass diese Kennzeichnungen nicht synonym sind, aber das «procedere», «significare» und «dar forma» sind doch unabdingbar aufeinander bezogen und bilden die Facetten ein und desselben Vorgangs: des Entwerfens und Umsetzens von Architektur.

Der ständige Bezug – über die Architektur hinaus – auf die grundsätzliche Stellung der «ars» und ihre Leitlinien, die gleichsam den Aktionsradius des «artificio» bestimmen, weist darauf hin, dass eben dieser grössere Zusammenhang entscheidend ist und danach die Verlässlichkeit des architektonischen Vorgehens beurteilt wird. Beim Erfolgsmodell Palladio gehen ganz offensichtlich die verschiedenen, von Barbaro explizierten Konditionen eine hervorragende Synthese ein. Wo, wenn nicht bei Palladio, finden beispielsweise das «havere una via ragionevole» und das «ritrovare il

Vergleich der unterschiedlichen Festlegungen der ionischen Ordnung, in: [Francesco Muttoni], *Architettura di Andrea Palladio Vicentino, Nella quale sono ridotte in compendio [...]*, Venedig 1741, Taf. XXXIV

vero», eine vernünftige und in der Sache überzeugende Methode, zusammen und verbinden sich schliesslich auch noch mit der Effizienz des «saper usar la detta via [...] nell'applicatione»?

So modern 'Methode' klingen mag, ist sie – angesichts aller von Barbaro aus Vitruv abgeleiteten Bedingungen – genau das, was Palladio und sein Lehrgebäude für lange Zeit empfohlen hat. Die Brauchbarkeit der Methode richtet sich nach deren klarer und deutlicher Ausrichtung auf den Gegenstand. Das Vorgehen will konkret beschrieben sein: Serlio unterstrich bezogen auf die zeichnerische Erfassung von (vorbildhaften) Bauten den analytischen Wert seiner Methode, wenn er vom schrittweisen und detaillierten Vorgehen, «a parte per parte» und «a membro per membro», sprach.[164] Damit war zumindest das 'Konventionalsystem' Zeichnung auf seine Anwendung hin präzisiert und von der reinen Theorie (und mathematischen Grundlegung) weg zum architektonischen Gegenstand hingelenkt. Ganz analog deklariert Giangiorgio Trissino, der erste Mentor Palladios, in den *Dubbii Grammaticali* (1529) sein Vorgehen als «ragionevole cosa», indem er «secondo l'ordine de la natura» von den «principii primi, cioè da ljelementi, overo da le note di essi, che sono le lettere», ausgeht.[165] Für Trissino ist es entscheidend, dass den kleinsten untrennbaren Teilen der artikulierten Stimme Buchstaben zugeordnet seien, «che rappresentano essi», und dass durch Verbindung und Verknüpfung dieser Elemente («nodo», «articulo» oder «elemento») Artikulation entstehe. Es wird also auch von Trissino die nützliche Unterscheidung von «significatur» und «significans» getroffen. So würden verschiedene Elemente verbunden («ɛlementi variamente congiunti, et annodati insieme») und zu Wörtern gebildet («le parole humane si formano»), um letztlich – ganz parallel zu Barbaros Erklärung des «significare» – Geistiges in Form, ein Inneres in ein Äusseres zu bringen: «per dikiarire i concetti de la mente sua».[166] Dabei handele es sich um eine Befähigung des «ingegno humano», der ein «artificio» erzeuge.

Die Parallele von Sprache und Architektur leuchtet noch mehr ein, wenn man den Text von Priscianus heranzieht, auf den sich Trissino wiederholt beruft: «Litera igitur est *nota* elementi et velut *imago* quadam vocis literatae, quae cognoscitur ex qualitate et quantitate figurae linearum.»[167] Es kommt (noch) deutlicher der Selbstständigkeit erheischende 'Bildwert' der Buchstaben ins Spiel. Diese seien durch Linien erstellte künstliche Zeichen. Natürlich ist Daniele Barbaro mit den Zusammenhängen vertraut, und er verweist seinerseits – diesmal im architektonischen Kontext – auf die grundsätzliche Bedeutung der mathematisch-geometrischen zeichnerischen Symbole. Zu Beginn des sechsten Buches erzählt Vitruv – gleichsam in Reminiszenz an Pythagoras – die Geschichte des an der Küste von Rhodos gestrandeten Philosophen Aristipp, der aufgrund der in den Sand geritzten Zeichnungen das «bene speremus! hominum enim vestigia video» ausspricht.[168] Barbaro verlängert diese Anekdote ins Grundsätzliche. Es handele sich bei den «geometrica schemata» und «mathematiche figure» unmissverständlich um Zeichen menschlicher Kultur, um «vestigi della *mente*». Diese Einsicht allein erkläre die optimistische Schlussfolgerung von Aristipp. Und darauf, dass hier menschliche Erkenntnis thematisiert wird, kommt es an! Barbaro greift damit Vorstellungen auf, die Johann Gottfried Herder in seiner epochemachenden Kulturgeschichte *Ideen zur Philosophie der Geschichte der Menschheit* (1784) darlegen und thematisieren wird: «Mit dem aufgerichteten Gange wurde der Mensch ein Kunstgeschöpf [...]» und habe sich von dem Tiere («siehe das Thier!») abgehoben.[169] «Disse dunque Aristippo io vedo i vestigi de gli huomini, *cioè non d'animali brutti*», kommentiert Barbaro. Und so ist eben auch das herdersche, den Titel zu jenen Ausführungen bildende Postulat – «der Mensch ist zu feinern Sinnen, zur Kunst und zur Sprache organisiret» – bei Barbaro mit Blick auf die Architektur und ihre kulturelle Bedeutung als Kunst wie als Sprache vorweggenommen. Die entsprechende Formulierung, die Konsequenz aus der Aristipp-Anekdote, lautet bei ihm: «[...] si come la scrittura è segno del parlare, & il parlare della mente, così le dissegnationi Mathematiche, & le figure Geometriche erano come segni de'concetti di loro.»[170] Eindringlicher kann man den Zusammenhang sprachlicher und architektonisch-geometrischer Zeichen und Artikulationen kaum beschreiben. Und als ob das noch nicht deutlich genug wäre, fügt

Barbaro hinzu, dass diejenigen Architekten, «che non sanno leggere, ne dissegnare», von ihrem Beruf nichts verstünden. Das von Vitruv zu Beginn des ersten Buchs definierte «significare» wird also einmal mehr als Sprache im konkreten Bezug auf die architektonischen «lineamenta» gedeutet.

Die *Analogie von Sprache und Architektur* nimmt Barbaro auch am Ende des zweiten Kapitels des ersten Buches auf, wo Vitruv nochmals die Angemessenheit («faciendae sunt aptae omnibus personis») der Bauwerke betont. Diesem Postulat folgend formuliert Barbaro: «Come le maniere del dire sono *qualità dell'oratione convenienti alle cose, & alle persone,* cosi le maniere de gli edificij sono *qualità dell'arte convenienti alle cose, & alle persone,* & si come per fare una maniera dell'oratione otto cose necessarie sono, cioè la sentenza, che è l'intendimento, & la voglia dell'huomo, l'artificio, col quale l'una, & l'altra cosa si leva dall'interno concetto, le parole, che esprimeno li concetti, la compositione di quelle, con i colori, & figure, il movimento delle parti che si muovano, & la chiusa, & il fine della compositione, cosi per spedire una maniera dell'arte, sei cose necessarie sono [...].»[171] Die in Analogie zur Sprache gesetzten sechs architektonischen Notwendigkeiten seien die vitruvianischen Grundbegriffe von «ordinatio», «dispositio», «eurythmia», «symmetria», «decor» und «distributio». Damit wird manifestiert, dass die vorerst allgemein gehaltene Sprache-Architektur-Analogie aus ihrer abstrakten Zeichenhaftigkeit heraus in die Konkretheit des künstlerischen Prozesses, des Vorgehens und der Methode von Sprache wie Architektur verlängert werden müsse. Deshalb interessiert Sprache bezogen auf die zugeordnete Notation und als konklusives Verfahren, ausgehend von der Einsicht, die Barbaro mit Giovanni Marinello teilt, der im ersten Satz seiner *Copia delle parole* (1562) formuliert: «[...] ciascuna parola, che l'huom dice, significa, & dimostra alcuna cosa nella mente compresa.»[172] Und wie man mittels des 'porphyrischen Baumes' von den allgemeineren zu den spezifischeren Begriffen und Bedeutungen gelangt, lässt sich auch das Prinzip der Formgebung 'ramifikatorisch' auf die sechs spezifisch architektonischen Grundbegriffe Vitruvs auslegen. Genau dies tut Barbaro und fügt das entsprechende Schema seinem Kommentar zu Beginn des zweiten Kapitels des ersten Buches Vitruvs bei.[173]

Dass Barbaro Form und Figur in einen (systematischen und konklusiven) Zusammenhang stellt, so, wie Marinello «le cose & le parole» (wie «les mots et les choses»!) mittels des ramifikatorischen Schemas den Kategorien des Erkennens und Beschreibens zuordnet, dient ganz umfassend der theoretischen Grundlegung der Architektur.[174] Für Palladio und seine architektonische Praxis wird dieser geistig-philosophische Hintergrund unabdingbar. Für uns sind solche Einsichten notwendig, um die wirklichen, inneren Beziehungen richtig einordnen und verstehen zu können. Späte (moderne) Reduktionen auf ausschliesslich formale Sprachen gehen meist an der Tatsache vorbei, dass im Umfeld von Barbaro und Palladio Theorie und Praxis nie getrennt betrachtet wurden, stattdessen die ständige Ausrichtung grundsätzlicher Erkenntnisse auf die Konkretheit des architektonischen Gegenstandes eine unverzichtbare Bedingung war.

Das Begreifen und Beschreiben eines solchen, nicht nur auf eine Logik zurückgebildeten, sondern im Umkreis der «ars» ver-

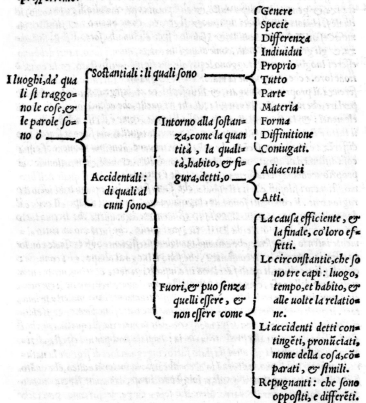

wurzelten konklusiven Verfahrens des Architekten ist anspruchsvoll. Die Formgebung sucht die Konkretheit des Gegenstandes, ohne sich in der Einzelheit und Zufälligkeit zu verlieren, und vermeidet die totale Reduktion, um bei allem Streben nach Universalität und allgemeiner Gültigkeit stets bei der konkreten Architektur zu verweilen. Deshalb ist Palladianismus auf so merkwürdige Weise auf das Gesamtwerk Palladios bezogen – und nicht bloss auf eine endliche Zahl einzelner grammatikalischer Bedingungen – und ihm verpflichtet. Und man darf feststellen, dass in dem hier beschriebenen Verfahren der tiefere Grund des Erfolges Palladios liegt.

Gegenüber: Daniele Barbaro, Ramifikation von «forma, e figura» in der Architektur unter Einschluss der Prinzipien Vitruvs von «ordinatio», «symmetria», «dispositio», «eurythmia», «decor» und «distributio», in: Daniele Barbaro, *I Dieci Libri Dell'Architettura Di M. Vitruvio Tradutti Et Commentati [...]*, Venedig 1556, S. 18

Oben: Giovanni Marinello, Ramifikation der «luoghi» von Dingen und Wörtern, in: Giovanni Marinello, *La Prima Parte della Copia delle parole [...]*, Venedig 1562, fol. 3v

Palladio's Geometry: The Villas

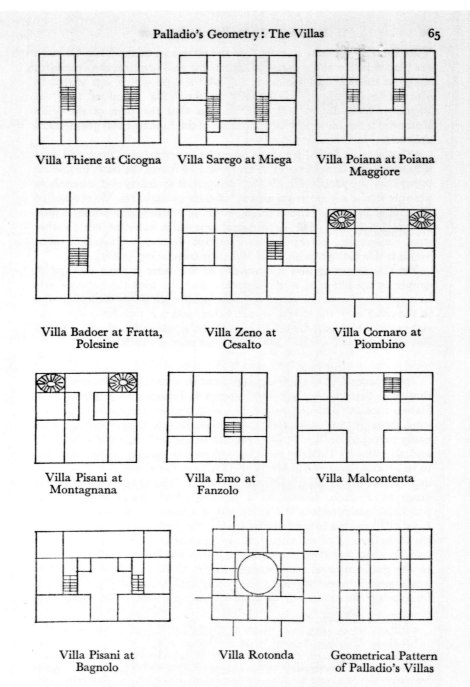

Fig. 8. Schematized Plans of Eleven of Palladio's Villas.

«Geometrical pattern» und «grid construction rules» Formalisierung und der Verlust der Körperlichkeit

«Die Welt muss an sich eine rationale Welt sein, im neuen Sinn der Rationalität, welcher an der Mathematik bezw. der mathematisierten Natur abgenommen worden war, und dementsprechend muss die Philosophie, die universale Wissenschaft von der Welt, aufzubauen sein als einheitlich rationale Theorie 'more geometrico'. [...] Allerdings wenn, wie das – in der gegebenen historischen Situation – als selbstverständlich gilt, die naturwissenschaftlich rationale Natur eine an sich seiende Körperwelt ist, so musste die Welt an-sich eine in einem früher unbekannten Sinn eigentümlich gespaltene Welt sein, gespalten in Natur an-sich und in eine davon unterschiedene Seinsart: das psychisch Seiende. [...] Die Abscheidung des Psychischen machte überhaupt, wo Vernunftprobleme empfindlich wurden, in steigendem Masse Schwierigkeiten. [...]
Es ist eine schlimme Erbschaft der psychologischen Tradition seit Lockes Zeiten, dass beständig den sinnlichen Qualitäten der in der alltäglich anschaulichen Umwelt wirklich erfahrenen Körper [...] unterschoben werden die 'sinnlichen Daten', 'Empfindungsdaten', die ungeschieden ebenfalls sinnliche Qualitäten heissen und, im Allgemeinen wenigstens, gar nicht von ihnen unterschieden werden. Wo man einen Unterschied fühlt, [...] spielt [...] die grundverkehrte Meinung eine Rolle, dass die 'Empfindungsdaten' die unmittelbaren Gegebenheiten sind.»
Edmund Husserl, *Die Krisis der europäischen Wissenschaften und die transcendentale Phänomenologie*,
Bd. 1, Belgrad 1936 (= Philosophia, Bd. 1), S. 77 ff., S. 136 f., S. 104

«[...] Nun haben wir schon bemerkt, dass, wenn gleich die Philosophen zwischen Objekten und Vorstellungen der Sinne einen Unterschied machen, welche sie als gleichzeitig existirend und ähnlich annehmen, dennoch dieses ein Unterschied sey, der von dem grössten Theile der Menschen gar nicht begriffen wird, die niemals der Meinung einer zwiefachen Existenz und Vorstellung Glauben beimessen, da sie nur ein Ding wahrnehmen.»
David Hume, *Über die menschliche Natur*, aus dem Englischen übersetzt [...] von Ludwig Heinrich Jakob, 1, Halle 1790, S. 402

Mit den vorausgegangenen Erörterungen sind grundsätzliche methodische Fragen berührt, die das architektonische Denken bis heute weiter beschäftigen. William J. Mitchell schliesst 1990 in Anbetracht der sich neu eröffnenden Möglichkeit der «computation» etwas voreilig auf eine 'generative Grammatik' Palladios und legt dessen Villen «grid construction rules» zugrunde, die eine unendliche Anzahl von Anwendungen zuliessen.[175] Er gesteht zwar – zumindest bezogen auf architektonische Einzelteile – ein, dass die palladianischen Lösungen nicht in jeder Hinsicht im Sinne einer Grammatik zu verallgemeinern seien, «so we must resort to enumerating the possibilities one by one».[176] Aber das hält ihn nicht davon ab, seine Sichtweise der Architektur dem Zeitgeist anzupassen. «Computer technology is revolutionizing the way that architectural design is done».[177] Palladio wie auch Jean-Nicolas-Louis Durand werden einer «comprehensive, rigorously developed computational theory of design» gefügig gemacht. Postuliert wird eine *Logic of Architecture*, die dem Dualismus von «form» und «function» zugeordnet ist oder die sogar eine neue Synthese respektive Identität suggeriert, etwa nach dem Muster: Form = Funktion = Design.[178] Wie weit sich diese Deutungen nicht nur von Palladios Architektur, sondern auch vom geistigen Hintergrund seiner Zeit – insbesondere von den tieferen Einsichten zum Zusammenhalt eines inneren Geistigen mit einem äusseren Körperlichen – entfernen, müsste klar geworden sein.

Rudolf Wittkower, «Schematized Plans of Eleven of Palladio's Villas», mitsamt dem zusammenfassenden «Geometrical Pattern of Palladio's Villas», in: Rudolf Wittkower, *Architectural Principles in the Age of Humanism*, London 1949, S. 65

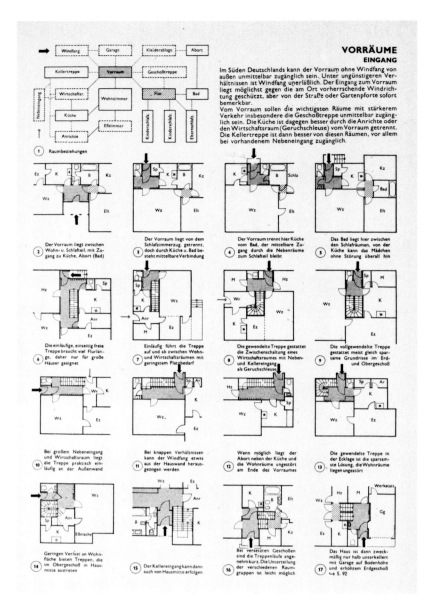

Ernst Neufert, Typologie/Normen für Vorräume, in: Ernst Neufert, *Bau-Entwurfslehre* (1936), Berlin 1943, S. 93

Schon Rudolf Wittkowers konkrete Auszeichnung eines «*Geometrical Pattern* of Palladio's Villas» in seinen *Architectural Principles in the Age of Humanism* (1949) löste ähnliche Irritationen aus.[179] Bei allen anderweitigen Bekenntnissen zur Komplexität der Architektur Palladios kam er eben auch – folgerichtig – zur Feststellung, «that the plan of the Villa Rotonda is the most perfect realization of the *fundamental geometrical skeleton*».[180] Damit begünstigte er eine bestimmte palladianische, auf das perfekte Musterbeispiel ausgerichtete Sichtweise und leistete solch vereinfachender Betrachtung weiter Vorschub. Idealität bestimmt hier – und in so mancher nachfolgenden palladianischen Vorstellung – 'platonisch' unterlegt den Akzent und den Massstab und setzt sich oft genug in einen Gegensatz zum empirischen Denken und zur Wirklichkeit. Wittkower fragt: «What was in Palladio's mind when he experimented over and over again with the same elements?»[181] Die Frage ist falsch gestellt, sie müsste etwa lauten: Welche Grundvoraussetzungen mussten erfüllt, welche Grundeinsichten gegeben sein, damit Palladio in stets veränderter Situation, Erfahrung auf Erfahrung setzend, seine Architektur erfolgreich durchsetzen und verwirklichen konnte?

Was sich auf einen Blick erfahren lässt, erschöpft sich nicht in einer Reduktion, weder einer rein bildhaften noch einer rein geometrischen. Quatremère de Quincys Formel «C'est du Palladio» trägt dem Rechnung. Die Geometrie bietet sich zwar als «certissima» an, aber Barbaro betont nicht umsonst schon im «Proemio» zu seiner Vitruvausgabe, dass bezogen auf «ars» wie «esperienza» der Weg und das Ziel zu unterscheiden seien. Auf Palladio passt bestens, was Barbaro schreibt: «Il nascimento dell'Arti da principio è debole, ma col tempo acquista forza, & vigore.»[182] Barbaros Kommentare verdeutlichen stets, dass das architektonische Vorgehen nicht mit einem mathematischen gleichzusetzen ist, sondern sich an ein solches anlehnt. Diese Differenz ist entscheidend und bildet den Grund, ja die Notwendigkeit der bei ihm so reichhaltigen Argumentation und – architektonischen – Begrifflichkeit, die vom «artificio» bis zum «segno» führt. Es sind weder die blossen «Bewegungen der Geschichte» mit ihrer «äusseren Zufälligkeit» noch die freigesetzten «Seifenblasen apriorischer Konstruktion», so die Eckpunkte in der Formulierung der Vorrede von Eduard Gans zu Hegels *Vorlesungen über die Philosophie der Geschichte* (1837), die sich hier, das eine gegen das andere, anwenden liessen.[183] Es bedarf umsichtigerer Betrachtungsweisen.

Auf Palladio trifft zu, was Edmund Husserl vermittelnd, spät – in der *Krisis der europäischen Wissenschaften* (1936) – zur kulturellen Bedeutung und Bedingtheit der Geometrie sowie zur «Mathematisierbarkeit» sagt und bezüglich ihrer Geschichte in Erinnerung ruft. Natürlich gehört er zu den Bewunderern jener Entwicklung, die die «Methodik des ausmessenden und überhaupt messenden Bestimmens» – «in der vorwissenschaftlich-anschaulichen Umwelt» – zur Möglichkeit führt, «alle überhaupt erdenklichen idealen Gestalten in einer apriorischen, allumfangenden systematischen Methode konstruktiv eindeutig zu erzeugen.»[184] Aber es ist eine andere Formulierung, die Husserls Anliegen und Skepsis kennzeichnet und den architektonischen Sachverhalt bei Barbaro wie Palladio hervorragend bezeichnet: Es geht um «ein geistiges Hantieren in der geometrischen Welt»,[185] was den Rückbezug von Mathematik und Geometrie auf die Welt und auf die Fragen von Sinn und Wahrheit einschliesst. Das so deutlich prononcierte «Hantieren» entspricht dem, was Barbaro bezüglich der «ars» des Architekten im «Proemio» aussagt: Sie sei «con prontezza di mano» auf eine Tätigkeit in der physischen, wirklichen Welt ausgerichtet und eine Mathematik ohne diese Sinngebung sei bloss «semplice imaginatione» oder gar «fallace coniettura».[186]

Gegen die «formale Logifizierung» der Mathematik hat Husserl nichts Grundsätzliches einzuwenden und er beschreibt vorerst auch nur die faktisch eingetretene «Arithmetisierung der Geometrie».[187] Aber das dabei entstandene Risiko einer «Entleerung ihres Sinnes» ist ebenso nachvollziehbar gegeben wie die Tatsache des zur «Formalisierung» verlaufenden Prozesses. Da auch eine Mathematik «ihre Methodik kunstmässig» ausbilde, werde sie «von selbst in eine Verwandlung hineingezogen, durch die sie gerade eine *Kunst* wird.» Aber Husserl fügt hinzu, dass bei allen Regeln der Kunst der «wirkliche Wahrheitssinn nur in einem an den Themen selbst und wirklich geübten sachlich-einsichtigen Denken zu gewinnen» sei.[188] Das bezieht er auf das «ursprüngliche Denken, das diesem technischen Verfahren eigentlich *Sinn* und den regelrechten Ergebnissen *Wahrheit* gibt». Und es deckt sich auch dies weitgehend mit dem, was zur «forma mentis», den damit zusammenhängenden Argumentationsweisen und den – natürlich stets auf Sinn und Wahrheit ausgerichteten – Begründungen eines Daniele Barbaro gesagt werden kann.

Natürlich dürfen und sollen wir weiterhin kritisch nach den «Sinnverschiebungen» fragen, die sich im Laufe der Zeit ergeben haben. Das von Husserl dazu beigebrachte Kriterium, dass nämlich «die ursprüngliche Sinngebung der Methode, aus welcher sie den Sinn einer Leistung für die *Welt*erkenntnis hat, immerfort aktuell verfügbar bleibt», hat allerdings nichts an Bedeutung eingebüsst.[189] Also verdient eine Beurteilung dessen, was Husserl bezogen auf das ursprüngliche Messen der Geometrie als «Abzweckung» bezeichnet, unsere Aufmerksamkeit. «Die in ihr [der Welt] sinnlich erfahrbaren und sinnlich-anschaulichen erdenklichen Gestalten und die in jeder Allgemeinheitsstufe erdenklichen Typen gehen kontinuierlich ineinander über.»[190] Das hört sich an wie eine passende Charakterisierung des Phänomens des Palladianismus, bei dem sich das Sinnlich-Anschauliche und das Verallgemeinerbar-Allgemeine auf merkwürdige Weise im Gleichgewicht halten!

Noch ein Gedanke Husserls soll hier erhellend anschliessen: Husserl argumentiert in seiner Darstellung geschichtlich. So wird im Umgang mit der Mathematik ein «Verwandlungsprozess der Methode» beobachtet und dabei eine «Überhöhung der 'Arithmetisierung'» und generell eine «universale 'Formalisierung'» festgestellt.[191] Husserl nennt dies eine «Vervollkommnungspraxis» und versteht sie als einen «im freien Eindringen in die Horizonte *erdenklicher* Vervollkommnung» sich auf plausible Weise einstellenden Prozess. Auf zum «reinen Denken»! Dagegen ist nichts einzuwenden. Aber es ist unschwer einzusehen, dass der lange beschworene innere Zusammenhang des Zeichens und des Bezeichneten darunter leiden könnte. Und dass die Figur bei Palladio modellhaft eine architektonische Artikulation verkörpert, sich aber nicht beliebig abstrahieren, mathematisieren lässt, würde vielleicht als unerhebliche Differenz beiseitegeschoben.

Es ist grundsätzlich – also vor der Frage nach Sinn und Wahrheit – nichts gegen eine *Logic of Architecture* einzuwenden, solange sie nicht die historischen Prämissen (in diesem Falle Palladio) rückwirkend verfälscht. Aber dies liesse sich mit Husserls massiver Kritik an jener «schlimmen Erbschaft der psychologischen Tradition seit Lockes Zeiten» erklären, wonach eben «sinnliche Qualitäten» und konkrete «Empfindungsdaten» vermengt würden.[192] Es geht beim Palladianismus, so stellt man fest, immer wieder um die Körperlichkeit der Architektur und deren raum-zeitliche Gebundenheit respektive um deren Missachtung!

Ob man schliesslich die mittlerweile abstrahierten und mathematisierten Vorstellungen zur Architektur Palladios – ganz unabhängig davon, ob sie überzeugend seien oder nicht – unter die Rubrik Palladianismus stellen will, ist einerlei. Offensichtlich hat sich auch dieser Zugang in besonderer Weise als plausibel angeboten, und er bildet de facto ein grosses Kapitel der Auseinandersetzung mit Palladio in der Moderne. Gerade deshalb sind die Überlegungen und Unterscheidungen Edmund Husserls nicht nur passend, sondern in jeder Hinsicht – mitsamt den historischen Implikatio-

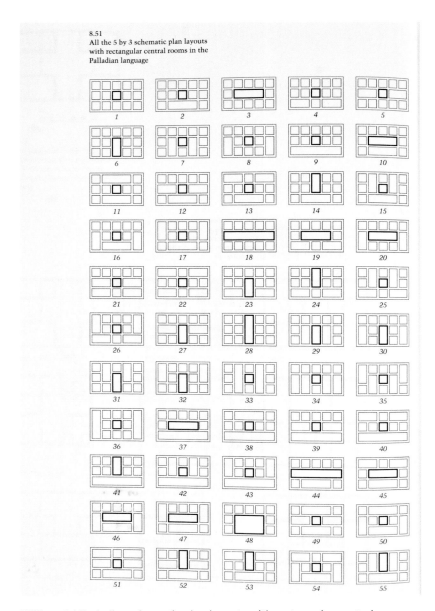

William J. Mitchell, «schematic plan layouts with rectangular central rooms in the Palladian language», in: William J. Mitchell, *The Logic of Architecture. Design, Computation, and Cognition,* Cambridge/Mass. 1990, S. 175

nen – nützlich und notwendig. Ihm ist, trotz Einsicht in die wirksame «Vervollkommnungspraxis» wissenschaftlichen Tuns, der Gedanke an die «durch menschliche Arbeitsleistung entspringenden *Kulturerwerbe*» viel zu wichtig, als dass er nicht in den sinnlichen Verkörperungen den erwünschten Vorteil schneller und operativer Verfügbarkeit (wie in reinen Gedanken) erkannte: als da sind Sprache und Schrift.[193] Und als ob Husserl die Problematik der Analogie von Sprache und Architektur sowie die Formulierungen Barbaros im Auge hätte, fügt er hinzu: «In ähnlicher Weise fungieren die *sinnlichen 'Modelle'*, zu welchen insbesondere gehören die während der Arbeit beständig verwendeten Zeichnungen auf dem Papier, für das Lesend-Lernen die gedruckten Zeichnungen im Lehrbuch und dergleichen.»[194] Hier zumindest scheinen die Spannungen zwischen einer rein mathematischen und einer sinnlichen Auffassung aufgehoben zu sein. Für Barbaro und seine Zeit war dies umgekehrt der aufzufindende, entscheidende Ort eines Brückenschlags, um überhaupt aus der erfahrbaren Welt und ihren Teilgewissheiten heraus zu grösserer Verbindlichkeit und zu Wahrheiten gelangen zu können. Der «ars» wurde dabei ein gewichtiger Anteil und eine bedeutende Rolle zuerkannt.

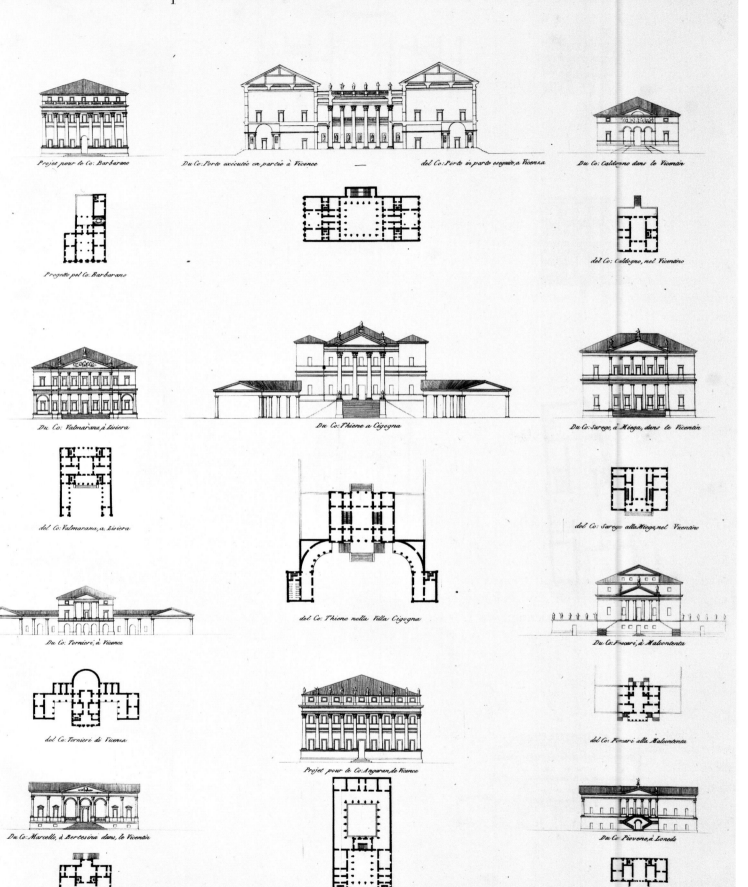

«Formelsinn», die Sehnsucht nach einer Elementarlehre der Architektur, und der Blick auf die «wirkliche Baupraktik» um 1800

«Wir werden zur Charakteristik eines solchen formalen Auffassungs-Schemas, das sich auf verschiedene 'Wirklichkeiten' werfen kann, vor allem eine zentrale Kennzeichnung angeben: Diese Haltung fahndet überall nach letzten, selbst nicht weiter zerlegbaren Elementen, aus denen man die Gegenstände des betreffenden Gebiets synthetisch entstehen lassen kann, aus deren Eigenschaften und Beziehungen sich die Eigenschaften aller übrigen Gebilde ableiten lassen. Ihr Ideal ist es, jede 'Welt' in Bausteine zu zerlegen: sie geht vom Zusammengesetzten zurück zum nicht weiter zerlegbaren Einfachen und setzt aus diesen Einheiten alle höhere Einheiten nach einfachen und überall wiederkehrenden Operationen zusammen. Alles weitere folgt aus diesem Grundzug.»

Hans Sedlmayr, *Die Architektur Borrominis*, 2. verm. Aufl. München 1939, S. 133

«Au contraire, une langue seroit de la plus grande facilité, si l'analogie, qui l'auroit seule formée, se montroit toujours d'une manière sensible, pour ne jamais échapper. On raisonneroit donc comme la nature nous apprend à raisonner, et on iroit sans efforts de découverte en découverte.»

Etienne Bonnot de Condillac, *La Langue des Calculs [...]*, Paris An VI [1798], S. 236

Nun lassen sich die verschiedenen modernen Bemühungen architektonischer Systematisierung umso präziser erfassen und einordnen. Es ist beispielsweise erhellend, dass Ernst Neufert, der Autor der *Bauentwurfslehre*, des wohl erfolgreichsten einschlägigen Buches des 20. Jahrhunderts, Palladio in seiner *Bauordnungslehre* von 1943 nur gerade dort berücksichtigt, wo er die so genannte «Hälftelung beim Bauen» diskutiert, jenes Verfahren, bei dem die kleinere Seite eines Raumes die grössere des nächsten bildet und das somit zu einer Verschachtelung unterschiedlich dimensionierter Räume nach der Folge 1, 1/2, 1/4, 1/8 führt.[195] Palladio ist also bei Neufert aufgrund eines konkreten Planungs- und Zeichnungsverfahrens zitiert. Den Sinn von Normierung und Bauordnung hatte Neufert in den Versen Goethes gefunden: «Vergebens werden ungebundene Geister / nach der Vollendung streben. / Wer Grosses will, muss sich zusammenraffen; / in der Beschränkung zeigt sich erst der Meister, / und das Gesetz nur kann uns Freiheit geben.»[196]

Neuferts Akzent liegt auf dem Verfahren, auf der Methode, auf dem Entwurf. Er kennt deshalb Konventionen, aber er schafft keine ab ovo vollständig neu erfundene *Pattern Language*, wie dies Christopher Alexander 1968 vorschwebt.[197] Dessen erklärter Gegner Peter Eisenman setzt andererseits bei der Geschichte an und zerlegt Giuseppe Terragni 'palladianisch', ganz nach der Massgabe seines Mentors Colin Rowe.[198]

Es wird in diesem Vergleich noch einmal deutlich, wie sehr die Metapher der Sprache das 'mathematische' Verfahren an die Geschichte und an die Wirklichkeit bindet. Dafür steht Antoine Laurent de Lavoisiers Bekenntnis im «Discours préliminaire» zu seinem *Traité élémentaire de Chimie*: «L'impossibilité d'isoler la Nomenclature de la science & la science de la Nomenclature, tient à ce que toute science physique est nécessairement formée de trois choses: la série des faits qui constituent la science; les idées qui les rappellent; les mots qui les expriment. Le mot doit faire naître l'idée; l'idée doit peindre le fait: ce sont trois empreintes d'un même cachet; & comme ce sont les mots qui conservent les idées & qui les transmettent, il en résulte qu'on ne peut perfectionner le langage sans perfectionner la science, ni la science sans le langage, & que quelque certains que fussent les faits, quelque justes que fussent les idées qu'ils auroient fait naître, ils ne transmettroient encore que des impressions fausses, si nous n'avions pas des expressions exactes pour les rendre.»[199]

Hans Sedlmayr – der Gestaltpsychologie nahestehend und als Erfinder einer architekturgeschichtlichen Strukturanalyse bezeich-

«Maisons d'Italie par Palladio [...] Palazzi d'Italia del Palladio», Darstellung auf der Basis eines einheitlichen Massstabes, in: Jean-Nicolas-Louis Durand, *Raccolta e Parallelo delle Fabbriche classiche di tutti i tempi [...]*, Venedig 1833, Taf. 126

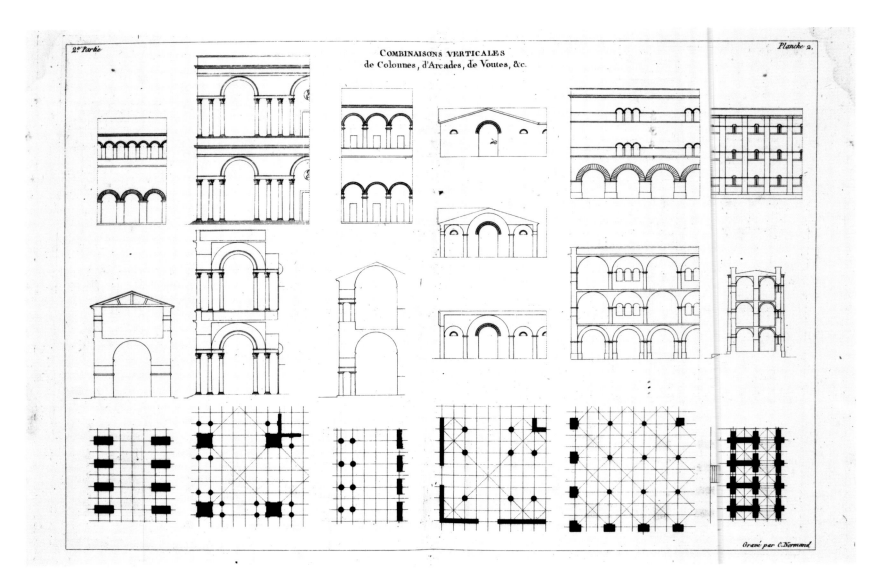

Jean-Nicolas-Louis Durand, «Combinaisons verticales de Colonnes, d'Arcades, de Voutes, &c.», in: Jean-Nicolas-Louis Durand, *Précis des Leçons d'Architecture Données à l'Ecole Polytechnique*, Paris An XI [1802], 2. Teil, Taf. 2

net – erklärt seine Analyse der komplexen Gebilde Borrominis (1939) mit Lavoisiers Abhandlung über die Chemie: «Wie ein Lavoisier die chemischen 'Körper' aus 'Elementen' bestehen 'sieht'; so sieht ein Borromini die architektonischen Körper aus Reliefelementen zusammengesetzt.»²⁰⁰ Sedlmayr beobachtet bei Borromini – und er hätte es auch auf Palladio beziehen können! – Elemente und den variierenden Umgang damit, «gleiche 'Verbindungen' derselben Grundeinheit in verschiedenen Entfaltungen». Darin sieht er «formal» ähnliche Haltungen am Werk wie in der Chemie, die sich auf eine allem zugrunde liegende «'elementare' atomistische Struktur der Körper» berufe. Sedlmayr bleibt aber nicht bei der Möglichkeit der Feststellung einer architektonischen Grammatik oder Syntax nach Massgabe einer chemischen Elementen-Lehre stehen, sondern folgert weiter: «Gibt man überhaupt zu, dass die hier behauptete Ähnlichkeit der Auffassungsart (zwischen der 'neuen Chemie' und der Architektur Borrominis) besteht, dann gelangt man dazu, dass es a priori Auffassungen der Wirklichkeit gibt, die unabhängig von der spezifischen materiellen Eigenart der 'Wirklichkeiten' sind, auf die sie sich richten.»²⁰¹

Einmal mehr schlägt hier das Dilemma 'Geist versus Körper' zu Buche. Sedlmayrs Argumentation reihte sich ein in die Versuche, die geschichtliche Wirklichkeit durch Formalisierung zu entmaterialisieren. Er hatte zwar einen in Klammern gesetzten Satz nachgeschoben, der wohl die Widerborstigkeit des betrachteten Gegenstandes gebührend berücksichtigen sollte. («Freilich hängt es dabei ausschliesslich von der betreffenden Wirklichkeit ab, ob und wie weit sie es gestattet, diese Auffassung durchzusetzen.»)²⁰² Aber die Zielsetzung Sedlmayrs – im Einklang mit so vielen modernen Theorien – ist unverkennbar. Er möchte nicht nur ein «formales Auffassungs-Schema» finden, das sich auf «verschiedenste» oder auf «beliebige 'Wirklichkeiten» anwenden lasse. Er sucht vielmehr «nach letzten, selbst nicht weiter zerlegbaren Elementen», aus denen man synthetisch «die Gegenstände des betreffenden Gebietes» – also auch der Architektur – entstehen lassen könnte.²⁰³ Das Ideal sei es, «jede 'Welt' in Bausteine zu zerlegen», um so «alle höheren Einheiten nach einfachen und überall wiederkehrenden Operationen» bilden zu können.

Auch das ist eine Folge des Sprach- und Strukturvergleichs! Lavoisier beruft sich auf Etienne Bonnot de Condillac und zitiert ihn: «[…] l'art de raisonner se réduit à une langue bien faite.»²⁰⁴ Hier bleibt offen, worin – und woraus – die Sprache besteht. Aber am Ende seines «Discours préliminaire» zitiert Lavoisier Condillac noch einmal: «Mais enfin les sciences ont fait des progrès, parce que les Philosophes ont mieux obsérvé, & qu'ils ont mis dans leur langage la précision & l'exactitude qu'ils avoient mises dans leurs obsérvations; ils ont corrigé la langue, & lon a mieux raisonné.»²⁰⁵

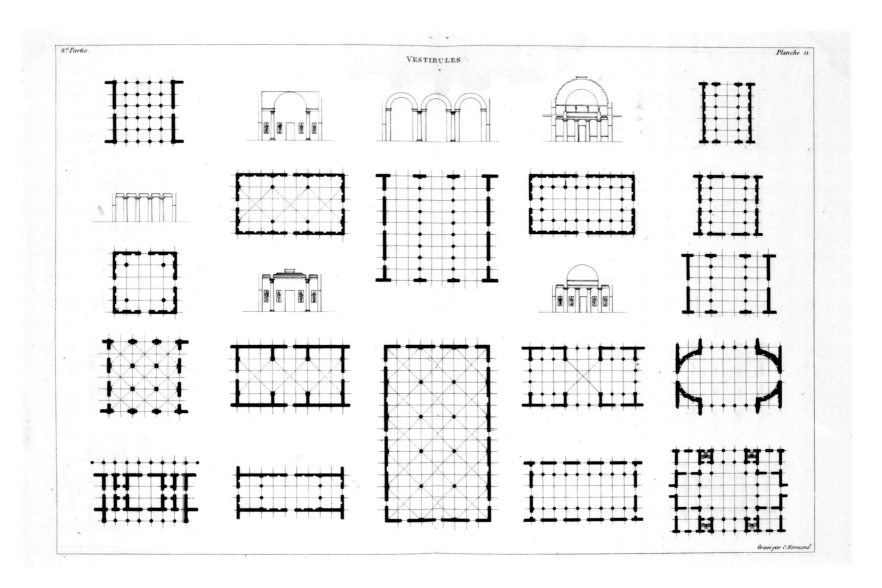

Jean-Nicolas-Louis Durand, «Vestibules», in: Jean-Nicolas-Louis Durand, *Précis des Leçons d'Architecture Données à l'Ecole Polytechnique*, Paris An XI [1802], 2. Teil, Taf. 1

Auch Condillac – und mit ihm Lavoisier – ist sich der Fortschritte der Wissenschaft und der «Vervollkommnungsreihen» und «Steigerungsreihen» wissenschaftlicher Exaktheit bewusst. Ist es jetzt der «Formelsinn», der das Szepter endgültig übernommen hat?

Diese Frage stellt sich zweifellos im Hinblick auf das Phänomen Palladianismus und dessen sich nach Massgabe der allgemeinen baulichen Entwicklung verändernde Spielarten. Müsste man für den Palladianismus einen Paradigma-Wechsel geschichtlich fixieren und somit einen körperlich ausgerichteten, an der Wirklichkeit (an den Bauten Palladios) orientierten Zugang von der nachfolgenden abstrakteren und systematischeren Sichtweise unterscheiden, befände man sich am ehesten im Umfeld von Condillac und Lavoisier und stiesse in Durand auf den Autor, an dem sich dies besonders deutlich ablesen liesse. Nicht umsonst wurde Durands Wiederentdeckung in den 1960er und 1970er Jahren von jenen Architekten mit Nachdruck betrieben, die sich damals der Typologie-Diskussion verschrieben hatten. Und damit ging bezeichnenderweise einher: die Vernachlässigung (oder eben die Verallgemeinerung) des jeweiligen konkreten einzelnen architektonischen Objekts und auch die neu entfachte Liebe zu Palladio, aber zu den Bedingungen des Geometrischen und Schematischen.

Nicht nur Palladio, sondern auch Durand wurden dadurch in Mitleidenschaft gezogen und recht einseitig beurteilt, weshalb zweierlei festzuhalten ist. Palladio kommt zwar im *Recueil et Parallèle des Edifices de tout genre, anciens et modernes* (1800), dem die Geschichte zusammenfassenden grossformatigen Stichwerk Durands vor, nicht aber – oder nur versteckt – in dessen systematischer Entwurfslehre, dem *Précis des Leçons d'Architecture données à l'Ecole Polytechnique* (1802).[206] Andererseits ist auch Durand im *Précis* – trotz des hohen abstrakten Wertes seiner Methode – sichtbar bemüht, den Anschluss an die vorausgegangene Architektur und deren Symbole zu gewährleisten. Auf diese Weise gelangt man zu den Überlegungen zurück, denen sich Palladio seinerseits bei der Publikation der *Quattro Libri* stellen musste. Das «da quelle, quale fusse il tutto, comprendere, & in disegno ridurlo» aus dem «Proemio» von 1570 taucht bei Durand erneut als Problemstellung – in leicht veränderter und entwickelter, wissenschaftlich exakterer Form – auf. In der «Notice», die Durand dem zweiten Band des *Précis* in der ersten Auflage hinzufügte und in der er auf den *Recueil et Parallèle* hinweist, kommt er gleich zur Sache: gerade so, als ob er sich Palladios «Proemio» zum Modell genommen hätte.[207] «Une chose qui importe extrêmement aux Architectes […] c'est d'étudier et de connaître tout ce qu'on a fait de plus intéressant en architecture dans tous les pays et dans tous les siècles», so der erste Satz, der dem entsprechenden Bekenntnis des lernbegierigen, alles in seine Betrachtung aufnehmen wollenden Palladio in nichts nachsteht. Es geht auch hier um das Ganze und noch mehr um dessen systematische Ordnung und Darstellung. «Nous les rassemblions dans un seul volume» und – mit Blick auf die Nutzanwendung – unter der Bedingung, «si l'on classait les edifices et les monumens par *genres*; si on les rapprochait selon leur dégré d'*analogie*; si on les assujétissait de plus à une *même echelle*.»[208]

Palladios *Quattro Libri* nehmen das – mit graduellen Abstufungen (mit einer noch nicht so weit gediehenen «Vervollkommnungspraxis») – vorweg: die thematische Ordnung der verwendeten «exempla» im Bemühen um Analogie und die einheitliche Darstellungsweise. Kaum ein anderes Werk der Architekturliteratur liesse sich so deutlich und stringent in die Nachfolge Palladios stellen. Durand denkt ähnlich konsequent wie vor ihm Barbaro, der die Zielsetzung der Architektur hervorhob und dieser die vitruvianischen Grundbegriffe gleichsam zwecks Erfüllung mit auf den Weg gab. Und Durand denkt so, wie dies schon Barbaro forderte, in den Bedingungen und Kategorien der Architektur selbst: «L'Architecture est un art qui a un genre propre et pour objet, la composition et l'exécution des édifices soit publics soit particuliers […] Les moyens qu'elle emploie pour y parvenir sont la convenance et l'économie.»[209] Hier ist manches verändert und verdeutlicht, so ist der Akzent auf die – bei Barbaro hervorgehobene – «disposition» («la seule chose à laquelle doive s'attacher l'architecte») gelegt. Auch Durand hält sich an die Vorstellung der spezifischen «ars» des Architekten und dessen auf den Gegenstand ausgerichtetes «operare». Die Kombinationskunst des Architekten beruhe auf der konkreten Kenntnis des Objekts, der architektonischen Elemente, der Mauern, Öffnungen und so fort: «Mais avant de disposer un édifice, c'est-à-dire, d'en combiner et d'en assembler les parties, il faut les connaître. Or, celles-ci sont, elles-mêmes, une combinaison d'autres parties que l'on peut appeler les élémens des édifices, tels que les murs, les ouvertures qu'on y pratique, les soutiens engagés et isolés, le sol exhaussé, les planchers, les voûtes, les couvertures, etc. Ainsi, avant tout, il faut connaître ces élémens.»[210]

So betrachtet 'erfindet' Durand zwar eine neue – auf Elementen aufgebaute – Entwurfslehre von bis dahin kaum gekannter systematischer Stringenz, aber er steht eben auch in der Tradition eines Palladio, der ihm darin – ebenso erfolgreich – voranging. «[…] si congiungono, e s'annodano insieme a formarla […]», so Trissino, und «ma io veggio che l'Arti scritte senza grammatica non s'hanno», so Barbaro:[211] Die Einsicht wird hier geteilt, dass gleichsam grammatikalisch und in jedem Fall auf – spezifisch architektonischen – Einzelteilen aufgebaut eine *Elementarlehre der Architektur* gebildet werden soll. Das unterscheidet Palladio und Durand von jenem Mainstream der architektonischen Theoriebildung, der sich häufig ausschliesslich nach kunsttheoretischen und ästhetischen Kategorien und Prinzipien ausrichtet und dabei die konkreten Fragen, wie es zum Bauen und letztlich zur Architektur kommt, einer nachgeordneten Praxis zuteilt.

Solche abgehobenen, 'akademischen' Theorien waren um 1800 – unter gegebenem äusseren Zwang und Handlungsdruck – längst wieder in eine Krise geraten, sodass ihnen beispielsweise Lukas Voch 1780 die Vorstellungen einer «*wirklichen Baupraktik* der bürgerlichen Baukunst» entgegenhalten konnte.[212] Damit ist in erster Linie das Erstellen eines Gebäudes «von seinem Grunde an, bis unter das Dach» unter Einbezug von «rechter Proportion» und «Simetrie» gemeint, während umgekehrt «der Gebrauch und Anwendung der Ordnungen, und ihrer daraus entspringenden Verzierungen» für sich allein genommen «*noch nicht* die wirkliche» Baupraktik ausmachten. Friedrich Weinbrenner betonte deshalb die Rolle des «ausübenden Baumeisters» und richtete sich mit seinem *Architektonischen Lehrbuch* (1810) an den «zeichnenden Künstler jeder Art». «Preis und Dank dem hohen Verdienst eines Serlio, Scamozzi, Vignola, Palladio, und einiger anderer! Als praktische, ausgezeichnete Künstler, haben sie, mit tiefer Einsicht und Kenntniss, ihre Werke über die Baukunst abgefasst.»[213] Dieses Lob schränkt Weinbrenner mit der Bemerkung ein, dass die zitierten Autoren ihre Ausführungen «meist […] auf die Verrichtung und Werke eines vollendeten Künstlers» konzentriert und nicht auf «allgemeine Studien» ausgedehnt hätten. (Auf Daniele Barbaro wollte Weinbrenner nicht eingehen!) Doch, sobald Weinbrenner dies – ganz vitruvianisch mit Blick auf alle erdenklichen «Hülfswissenschaften der Baukunst» – im «Stufengang» erledigt hat, kommt er wiederum im Einklang mit Palladios Überzeugungen auf die Forderung zurück: «Nach solcher theoretischen Vorbereitung von mehrern Jahren, bedarf der angehende Baukünstler praktischer Exempel von verschiedener Art. Er vergleiche seine Studien mit wirklichen Werken der Baukunst, er versuche sich in schriftlicher und bildlicher Darstellung eigener Ideen, er beschäftige sich praktisch […].»[214]

Weinbrenners wie Palladios Vorstellungen liegen auf der Schiene einer 'Theorie der Praxis' und veranschlagen die Bedeutung der Praxis nicht nur kollateral stützend, sondern konstitutiv. Auch insofern erklärt die Sprach-Metapher manches besser als kunsttheoretische Maximen, so sehr um 1800 auch sie zunehmender Verallgemeinerung anheimzufallen schien. Condillac legte die Sprach-Metapher über alles, auch über die Mathematik. In seinem postum erschienenen Werk *La Langue des Calculs* (1798), das im Untertitel den Zusatz *élémentaire* trägt, formuliert er im ersten Satz: «*Toute langue est une méthode analytique, et toute méthode analytique est une langue*. Ces deux vérités, aussi simples que neuves, ont été démontrées, la première dans ma grammaire; la seconde, dans ma logique; et on a pu se convaincre de la lumière qu'elles répandent sur l'art de parler et sur l'art de raisonner, qu'elles réduisent à un seul et même *art*.»[215] Hier wird einerseits – allen modernen, 'logistischen' Versuchen weit voraus – die Algebraisierung vorangetrieben, andererseits bleibt es mit der radikalen analytischen Methode und mit der Parallelsetzung von «art de parler» und «art de raisonner» bei einer «art» – aristotelisch (mit platonischen Unter- und Obertönen) wie bei Daniele Barbaro. Die um ein halbes Jahrhundert vorausgegangene, ästhetisch angesetzte kunsttheoretische Jahrhundertfrage des Abbé Batteux nach dem «réduire à un même principe»[216] beantwortet Condillac operativ und analytisch. Er orientiert sich an der Methode: «Donc si nous savons observer, nous apprendrons, comme eux, à simplifier; et, en simplifiant, nous arriverons de proche en proche aux découvertes les plus éloignées. Car, et je l'ai déjà dit, *l'analogie qui fait les langues, fait les méthodes, et la méthode d'invention ne peut être que l'analogie même.*»[217] Und Condillacs Überlegungen bleiben oftmals nicht nur pragmatisch, sondern auch erfrischend, wenn er etwa den gestelzten Begriff (künstlerischer) *Er*findung durch den einer Lösungsfindung ersetzt: «Voilà pourquoi on définit si mal le mot *inventer*, qui, si nous savions nous rendre compte de ce que nous voulons dire, n'auroit pas pour d'autre signification que le mot *trouver*.»[218] Man *findet* eine Lösung, man *er*findet sie nicht! Der damals verbreitete Genie-Wahn wird hier deutlich zurückgenommen. Schliesslich argumentiert Condillac gegen die völlige Automatisierung von Sprache – zugunsten des (alten) Analogie-Begriffs und letztlich der Anbindung an die Natur: «Imaginons une langue tout-à-fait arbitraire, en sorte que l'analogie n'ait déterminé ni le choix des mots, ni leurs différentes acceptions. Cette langue seroit un jargon que personne ne pourroit apprendre: on ne pourroit donc pas raisonner dans cette langue, moins encore inventer. Au contraire, une langue seroit de la plus grande facilité, si *l'analogie*, qui auroit seule *formée*, se montroit toujours *d'une manière sensible*, pour ne jamais échapper. On raisonneroit donc comme la nature nous apprend à raisonner, et on iroit sans efforts de découverte en découverte.»[219]

Condillacs *Langue des calculs* mag in mancher Hinsicht jener im Zeichen der «Mathematisierung» der Welt stehenden «Vervollkommnungspraxis» zugerechnet werden, die Husserl so skeptisch begleitet. Aber das Beispiel zeigt uns auch, dass es stets auf die Qualität der Argumentation und des Anbindens an die Wirklichkeit ankommt. Analogie und Methode – und «c'est la simplicité qui donne du prix à tout» (Condillac) – blieben gültige Kriterien und lassen erkennen, welch bedeutender Stellenwert bezogen auf das «comprendere, & in disegno ridurlo» Palladio zukommt.

Dieser Entwicklungsstrang der ausserordentlichen Wirkungsgeschichte Palladios führt weit über das Nachleben und die (blosse) Wiederholung von Bildern und Fassaden hinaus. Wer, wenn nicht Palladio, dürfte für sich reklamieren, eine Architektursprache in die Welt gesetzt zu haben, die allen Bedingungen gerecht zu werden imstande ist? Nämlich der «simplicité», der Analogie, dem «significare» im Sinne des Vitruv kommentierenden Barbaro und vor allem der «via» und «ratio»: dem mit den Mitteln und Elementen der Architektur, der «lineamentorum finitio» aufgefundenen und beschrittenen Weg und der zielführenden Methode. So erfüllt Palladio Leon Battista Albertis – bis heute unvermindert aktuelle – Anforderung an das Profil des Architekten auf vorzüglichste Weise: «Architectum ego hunc fore constituam, qui certa admirabilique ratione et via tum mente animoque diffinire tum et opere absolvere didicerit, quaecunque ex ponderum motu corporumque compactione et coagmentatione dignissimis hominum usibus bellissime commodentur.»[220]

Lukas Voch, Details zur «Auszierung» («decor») der Bauten, in: Lukas Voch, *Wirkliche Baupraktik der bürgerlichen Baukunst*, Augsburg 1780, Taf. XX

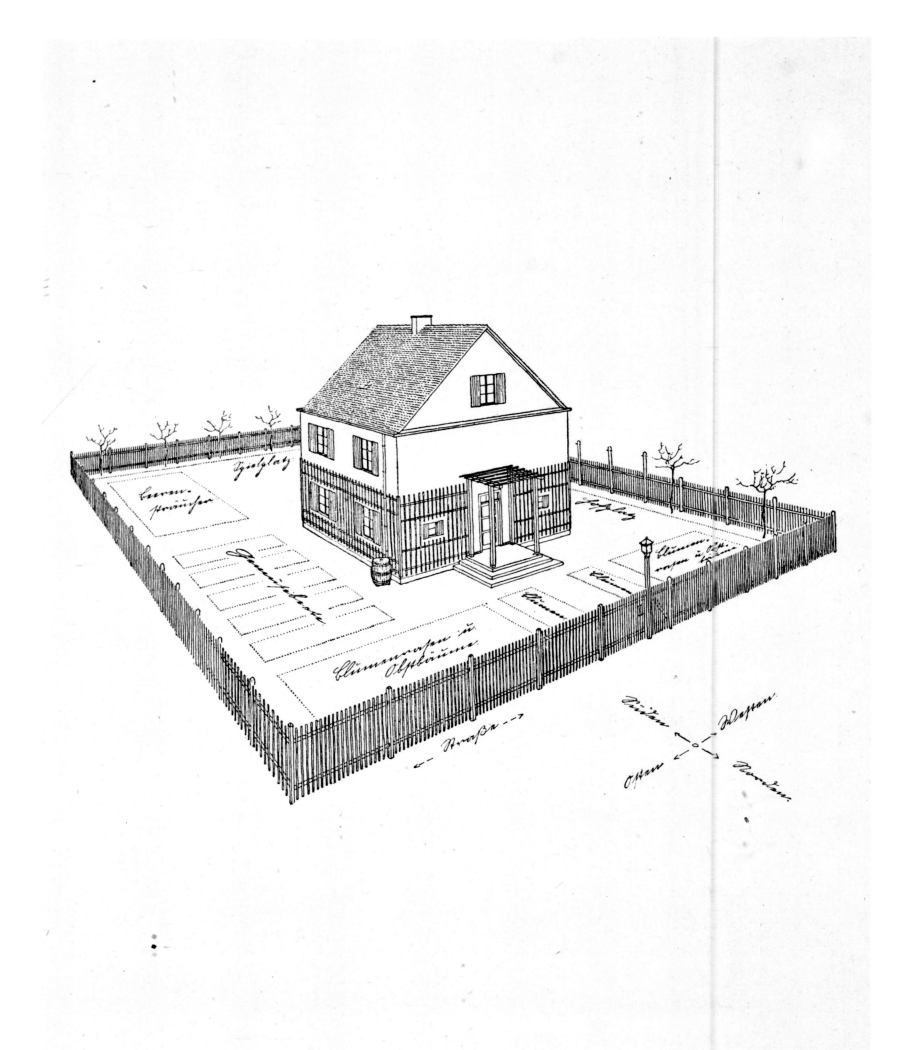

«Hausbau und dergleichen», «Une maison – un palais»
Palladios erfolgreichste Erfindung, die «usanza nuova»

«[...] havendo ritrovato gentil'huomini di cosi nobile, e generoso animo, & eccellente giudicio, c'habbiano creduto alle mie ragioni, e si siano partiti da quella invecchiata usanza di fabricare senza gratia, e senza bellezza alcuna [...].»

    Andrea Palladio, *I Quattro Libri Dell'Architettura*, Venedig 1570, 2. Buch, S. 4

«[...] Et cette conception normale de l'architecture [...] Répondre: Servir bien. *Servir bien, mais aussi servir le dieu qui est en nous. Eveiller le dieu qui est en nous, véritable et profonde joie de ce monde.»*

    Le Corbusier, *Une maison – un palais*, Paris 1928, S. 2

Barbaro leitet in seinem Vitruv-Kommentar die Behandlung der privaten Bauten im sechsten Buch ganz im Sinne einer – nahe am Benutzer und dessen Bedürfnissen orientierten – Begehung ein. Er beginnt bei den Teilen des Hauses, «che prima ci vengono in contra e penetrando poi a poco nelle piu rimote, e secrete (parti), quasi ci mena per mano, & ci conduce à veder di luogo in luogo le Stanze cittadinesche».[221] Der Ton scheint dem Umstand Rechnung zu tragen, dass man ein Wohnhaus auf Einladung betritt, vom Gastgeber geführt besichtigt und dies als Privileg auch zu schätzen weiss. Von den «bellissimi allogiamenti» und vom «riguardo mirabile al Decoro» ist die Rede. Die im zweiten Kapitel des Buchs folgende architektonische Erörterung des Themas setzt – auch im Text Vitruvs – behutsam bei allgemeinen, alles übrige regulierenden Vorkehrungen guter Proportionierung an: «Niuna cura maggiore havere deve lo Architetto, che fare, che gli Edificij habbiano per la proportione della rata parte, i compartimenti delle loro ragioni.»[222] Barbaro nimmt das zum Anlass, um auf den Zusammenhang dieser Ausführungen mit dem ersten Buch hinzuweisen, weil es bei den privaten wie bei den öffentlichen Bauten gleichermassen («havere deve le istesse idee») von besonderer Bedeutung sei, dass architektonische Grundsätze wie «Dispositione», «Decoro», «Bellezza», «Distribuzione», «Compartimento» – in dieser Reihenfolge! – berücksichtigt würden.[223] Nichts Neues? Privatbauten, ein Normalfall einer – doch auf das höchste Ideal antiker Monumente ausgerichteten – Architektur?

Die Einleitung Barbaros scheint auf merkwürdige Weise mögliche wichtige Fragen zu umgehen, um dafür umso mehr auf das alles überragende grundsätzliche Thema der Architektur zu verweisen: den Wohnbau. Auch Palladio hat in der Einleitung zum zweiten Buch seiner *Quattro Libri* vorerst wenig Neues zu den privaten Behausungen mitzuteilen, was einigermassen überrascht, wenn man bedenkt, dass er gerade hier seine eigenen Werke und den umfänglichsten Teil seines Œuvre vorzustellen gedenkt. Sein erstes Kapitel ist gemäss den Prioritäten Barbaros dem «Decoro» und der «Convenienza» (mittelbar also der «Dispositione») gewidmet, wobei diese nun aber deutlich nach praktischen Erwägungen, unter dem jedermann verständlichen Aspekt der «commodità» interpretiert wird: «E perche *commoda* si deverà dire quella casa, la quale sarà *conveniente* alla qualità di chi l'haverà ad habitare, e le sue parti corrisponderanno al tutto, e fra se stesse.»[224] Die Angemessenheit eines Wohnhauses liege darin, dass es ganz im Dienste des einzelnen Menschen stehe. Schnell gelangt Palladio so zu den besonderen Ansprüchen bei Häusern von «Gentil'huomini grandi, e massimammente di Repubblica», die mit «loggie» und «sale spatiose» ausgezeichnet seien.[225] Und Palladio sucht auch ganz offensichtlich, seine potentiellen Kunden mit derartigen

Heinrich Tessenow, der moderne Haustyp im Zeichen von «Sachlichkeit» und Regelmässigkeit, in: Heinrich Tessenow, *Hausbau und dergleichen*, Berlin 1916, S. 103

architektonischen Auszeichnungen zu locken und zufriedenzustellen, «accioche i clienti vi dimorino senza la loro noia.»[226] Der Kunde ein König und das Haus ein «castle»! Alle privaten Sehnsüchte, zu repräsentieren und über Bauluxus zu verfügen, sind hier mitgedacht, sodass Palladio am Ende dieser wenigen Zeilen schliesslich doch kritisch anfügen muss: «Ma spesse volte fa bisogno all'Architetto accomodarsi piu alla volontà di coloro, che spendono, che a quello, che si devrebbe osservare.»[227] Auch das hatte Barbaro im Kommentar zum «Proemio» des sechsten Buches Vitruvs deutlich herausgestellt: «[...] ma lo Architetto non può da se cosa alcuna: percioche bisogna, che egli trovi persone, che vogliono spendere, & far opere, dove ci vanno molti denari.»[228]

Es zeigt sich, dass die Frage des privaten Hauses auch aus der Sicht des Architekten alles andere als eindeutig und einfach ist, zumal – so Palladio im zweiten Kapitel – die Bedingungen des Baugrundes häufig genug keineswegs ideal und durch Begrenzungen eingeschränkt seien, «oltra i quali non si può l'Architetto estendere».[229] Dem Architekten sind auch hier Grenzen gesetzt. Die Aufgabe ist erkannt, die Anforderung gross. Und gerade für diese Bauaufgabe wird Palladio die wohl folgenreichsten Entscheidungen treffen und Lösungen in die Welt setzen, die untrennbar mit seinem Namen – und der Vorstellung eines Palladianismus – verbunden sein werden. Zu Beginn des dritten Kapitels lässt er die Katze aus dem Sack und nimmt auf, was er schon im «Proemio», abwertend, zum «uso commune», den Baugewohnheiten seiner Zeit, gesagt hat, aber grenzt nun deutlich ab: «*Io mi rendo sicuro*, che appresso coloro, che vederanno le sotto poste fabriche, e conoscono quanto sia difficil cosa lo introdurre *una usanza nuova*, massimamente di fabricare, della qual professione ciascuno si persuade saperne la parte sua; *io sarò tenuto molto aventurato* havendo ritrovato gentil'huomini di cosi nobile, e generoso animo, & eccellente giudicio, c'habbino creduto alle mie ragioni, *e si siano partiti da quella invecchiata usanza di fabricare senza gratia, e senza bellezza alcuna*; & in vero io non posso se non sommamente ringratiare Iddio (come in tutte le nostre attioni si deve fare) che m'habbia prestato tanto del suo favore, ch'io habbia potuto praticare molte di quelle cose, le quali con mie grandissime fatiche per li lunghi viaggi c'ho fatto, e con molto mio studio ho apprese.»[230]

Aus den Formulierungen Palladios spricht nicht nur künstlerisches Selbstbewusstsein in blosser Attitüde, sondern auch die Überzeugung eines Architekten, der dieses Postulat in langer Erfahrung erarbeitet und daraus das Bewusstsein seiner eigenen – epochemachenden – Leistung gewonnen hat, derer er sich nun vergewissert. «Io mi rendo sicuro»! Wer solches Aufheben – in einer scheinbar normalen Sache – macht, setzt Akzente. Der Hausbau war vorerst das Ungewohnte und, daraus folgernd, das Neue, darüber hinaus das *Grundsätzliche* innerhalb der damaligen architektonischen Debatte. Das macht schlagartig bewusst, dass Palladio – dem Modernitätsvorzug folgend (in seiner Zeit und Sicht!) – hier ein immerwährendes Thema berührt und aufgenommen hat und diesbezüglich Geschichte schreibt.

Hausbau und dergleichen, so lautet der Titel eines berühmten, modernen, einschlägigen Buches von Heinrich Tessenow.[231] Dort beginnt der Autor, eine Autorität unter seinesgleichen, der wie Palladio aus dem 'Qualunquismus' heraus- und gegen den Wert des Augenblicks antreten möchte, seinen Grundsätzlicherem gewidmeten Diskurs in einer ähnlich verhaltenen Weise: «Wenn wir uns heute ein neues Haus bauen oder eine Wohnung neu einrichten oder uns überhaupt um irgend etwas ernst bemühen, das einen einigermassen dauerhaften Wert haben soll, so werden wir finden, *dass das eine merkwürdig schwierige Geschichte ist*; wir raten hin und her, und es will uns doch so gar nichts eigentlich richtig sein; wir kennen und lieben beinahe alles, das ganz Alte so wie das ganz Neue, das Dicke wie das Dünne usw. und schwanken sehr.»[232] Für Tessenow war 1916 dabei klar, dass es um «das grosse Ganze» gehe und zudem, dass wegen des hohen Anspruches, «die besten oder massgebenden Arbeiten» zu erstellen, diesen «ganz notwendig etwas ausgesprochen Anfängliches» anhaften würde. Das Anfängliche wird durch den Zugriff auf das Elementare erklärt. Man würde eben, vor diese Aufgabe gestellt, nicht – kindlich – ein buntes Haus, sondern – im «männlichen» (!) Sinne – «ein

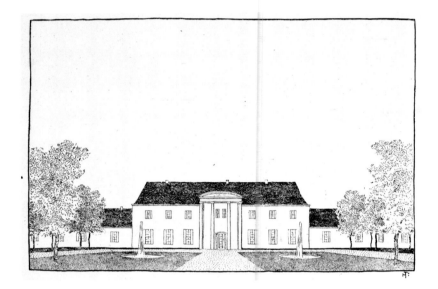

Oben: Heinrich Tessenow, «Gutsherrenhaus», der moderne Villentyp, in: Heinrich Tessenow, *Hausbau und dergleichen*, Berlin 1916, S. 142
Unten: Heinrich Tessenow, «Bildungsanstalt für rhythmische Gymnastik in Hellerau bei Dresden», in: Heinrich Tessenow, *Hausbau und dergleichen*, Berlin 1916, S. 122

Gegenüber: Heinrich Tessenow, Reflexionen über die Symmetrie des Hauses, in: Heinrich Tessenow, *Hausbau und dergleichen*, Berlin 1916, S. 35

bleibt zwar unser Interesse für die Achse immer lebendig; aber es teilt sich jetzt in das Interesse für die Achse und für die neuen

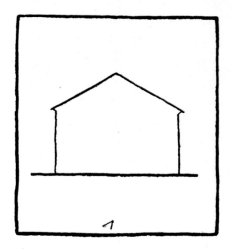 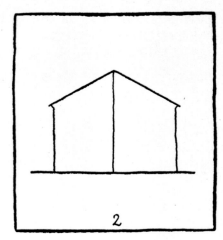

Bildteile, und unser Auge sozusagen pendelt zwischen der Achse und den neuen Bildteilen hin und her, so daß die Gesamtfläche plötzlich

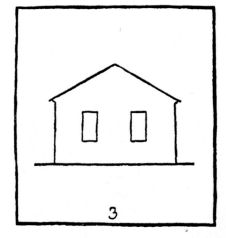 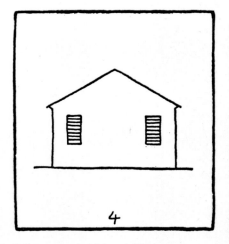

bewegt oder lebendig ist. Das läßt sich nun oft sehr schön ausbauen, indem man sucht, die neuen Bildteile möglichst weit von der Achse abzurücken und möglicherweise noch zu betonen, wie zum Beispiel in der Figur 4.

Haus im besten Fall gewissermassen vorsichtig kastenartig ausbilden».²³³ Das Wissen um die Bedeutung der Aufgabe Haus und um deren universale Grundlegung führt also vorerst zu entsprechend allgemein formulierten architektonischen Antworten.

Palladio selbst hat zunächst Gott gedankt – durchaus das grundsätzliche Gewicht seines «introdurre una usanza nuova» und das Aussergewöhnliche seiner Leistungen wahrnehmend.²³⁴ Er zeigt sich dafür erkenntlich, dass ihm die Realisierung seiner Werke – in erster Linie der Häuser und Villen, wie sie sich aus dem Zusammenhang des «Libro Secondo» ergibt – gegönnt gewesen sei. Selbst das findet an prominenter Stelle seine moderne Entsprechung. Auch Le Corbusier sieht sich in einem Moment der Krise gemahnt, den Gott in der Architektur zu entdecken. Seiner einschlägigen Darstellung *Une maison – un palais* (1928) hat er die Schicksalsfrage der Architektur überhaupt unterlegt: «Ce titre pourrait être aussi bien: DE LA NAISSANCE FATALE DE L'ARCHITECTURE.»²³⁵ Fatal waren für Le Corbusier die äusseren Ereignisse rund um den Wettbewerb für den Völkerbundpalast in Genf, woraus er seinen Anti-Akademismus entwickelte. Aber fatal, nämlich untrennbar mit dem menschlichen Schicksal verbunden, sei auch, sehr viel weiter gefasst, die Architektur selbst. Und ihr Inbegriff, wenn man denn zu den Ursprüngen – oder zu den Ursprungslegenden – zurückkehrt, ist der Hausbau. Am Haus wird das Wesen der Architektur erklärt, wird das «émouvoir», das, was Menschen bewegt, festgemacht. Welches sind Mittel und Zweck?, fragt Le Corbusier. «Servir bien»? Es gehe um mehr, um «besoins supérieurs». Deshalb laute die Formel «servir le dieu qui est en nous» oder eben: «éveiller le dieu qui et en nous».²³⁶ Das Göttliche im Menschen durch die Architektur aufzuspüren, das ist es, was dem Hausbau seine fatale, schicksalhafte Bestimmung verleihe. Auch Le Corbusier sieht dadurch die Aufgabe des scheinbar so Gewöhnlichen nobilitiert. «Objet qui intéresse en nous la bête *et* la tête», nennt er das Haus. Und so, wie Tessenow «alle Buntheiten als oberflächlich, dilettantisch oder unzünftig» ablehnt, um dem Ernst der Sache gerecht zu werden, beschwört nun eben Le Corbusier den 'Demiurgen' und die «Géométrie: langage humain», um im Haus die Architektur an und für sich, in nuce entstehen zu lassen.²³⁷ Damit stand er, mit der grossen Reihe seiner in den 1920er Jahren in einer exemplarischen «recherche patiente» entworfenen Hausbauten, wie auch Tessenow in der Tradition Palladios und dessen Bemühungen, Schritt für Schritt eine «usanza nuova» einzuführen und durchzusetzen. Für Le Corbusier ging der – mühsame – Weg vom «plan normal libre» zum (eingefügten) «plan normal (urbain)» und er macht schliesslich das Ganze, im Zeichen von Zufall und Willkür, zu einer «art du compliqué». Auch Tessenow quittiert diesen schon bei Palladio thematisierten Prozess («ch'io habbia potuto praticare [...]») zugunsten des «Gedeihen[s] unseres grossen Ganzen» mit der praxiserprobten Einsicht: «Die *Werkstatt* ist wichtiger als das Atelier».²³⁸

Deshalb ist 'Hausbau' die richtige Umschreibung dieses elementaren architektonischen Tuns – auch bezogen auf das «Libro Secondo» Palladios. Umgekehrt erfasst Le Corbusier mit seinem Diktum des «éveiller le dieu qui est en nous» etwas von jener humanistischen Grundüberzeugung, der schon Leon Battista Alberti zu Beginn des vierten Buches von *De Re Aedificatoria* mit dem Satz Ausdruck gab: «Aedificia hominum causa constituta in promptu est.»²³⁹ Die Architektur stehe demzufolge nicht nur generell im Dienste der Menschen, sie bilde vielmehr den gesamten Reichtum seiner (kulturellen) Bedürfnisse ab («sed pro hominium varietate in primis fieri, ut habeamus opera varia et multiplica»). Der Gott, den Le Corbusier im Menschen entdeckte, ist derselbe, den Virgilio Polidoro in seinem *Libellus Proverbiorum* (1498) gleich im ersten Sprichwort, auf Plinius fussend, gefasst hatte: «Homini homo Deus».²⁴⁰ Das «servir» hatte das übliche «homo homini lupus» in diese 'nobilitierte' Form menschlicher Begegnung unter göttlichem Schutz und göttlicher Vorsehung verwandelt. «Magna saeculi laus est si homo mansuetus hominem adiuvet.»²⁴¹ Mit der Architektur entwickelt sich der Mensch – der Formulierung Herders folgend – «zu feinern Sinnen». Die Frage des Hausbaus bringt die Architektur auf diese gesellschaftliche Zielsetzung zurück. Und der gesteckte Rahmen ist stets jenes 'Ganze', das in Anbetracht einer so sehr auf den einzelnen Menschen, das Individuum zugeschnittenen Aufgabe scheinbar überrascht und umso mehr Beachtung verdient. Nimmt man jetzt – an die Vorstellung der Villa denkend, die sich bei Palladio nahtlos an die Betrachtung von Haus und Palast anfügt – die ökonomische Grundlage hinzu, begreift man noch deutlicher die umfassende Bedeutung des geschilderten Zugangs zu den grossen Fragen der Architektur.

Um nur ein zufälliges Beispiel aus dieser Tradition zu wählen, sei der Kupferzeller Pfarrer Johann Friedrich Mayer zitiert, Mitglied mehrerer Akademien und Oekonomischer Societäten. Er beruft sich in seiner Darstellung *Das Ganze der Landwirthschaft* (1788) auf den sophistischen Philosophen Aristides, um der Tatsache der für den Menschen wahrhaft göttlichen Angelegenheit, sich um seine Behausung zu kümmern, Ausdruck zu verleihen. Eigentum, Freiheit, Gerechtigkeit sind laut Mayer die Werte und Tugenden, die mit der modernen, den wirklichen Bedürfnissen und Obliegenheiten der Menschen dienenden Bautätigkeit verbunden sind. Der Text, der einem Zitat des Aristides nachgeformt ist, lautet so: «Hätte ich Tempel erbauet, so würde ich sie nach der Sitte der Alten der Gottheit allein heiligen; *ich habe aber für Menschen geschrieben und so weyhe und übergebe ich mein Buch, auf den Ausspruch des Weisen, den Besten unter denselben: meinen Mäcenen, und Freunden [...].*»²⁴² Das erinnert an Palladios anerkennende Worte für die «gentil'huomini», die ihm vertrauten und seinen «ragioni» folgten, wozu die 'Übersetzung' der Tempel in Paläste und Villen gehört. Die Geschichte brachte das Bauen mit den Ursprüngen menschlicher Gesellschaft und dem Sinn einer Gesellschaftsordnung zusammen. Es waren Ursprungslegenden, die insbesondere für eine Erklärung des Hauses und des Wohnens – von Vitruv bis Heidegger – herhalten mussten. Doch Palladio bemüht nicht die bei Vitruv zu Beginn des ersten Kapitels im zweiten Buch abgehandelte Fabel der Urhütte. Palladio baut auf einer entwickelten Tradition und dem «quel tanto de gli antichi edificij» («Proemio») auf, das er selbst erkundet und systematisch erforscht hat. Daniele Barbaro seinerseits liest jenen Passus Vitruvs nicht umsonst im Hinblick auf die 'Lebensalter' einer Kultur und den jeweiligen Entwicklungsstand: «che ogni arte habbia la sua pueritia, la sua adolescentia, il fior dell'età, & la maturità».²⁴³ Auf die Architektur bezogen heisst dies, dass ausgehend von einer im Banne der Urhütte stehenden, bloss 'utilitaristischen' Architektur nunmehr die Aufmerksamkeit auf die weitere Entwicklung gerichtet sein müsse. Barbaro erkennt in dieser Argumentationsweise Vitruvs zwar «un'ordine meraviglioso». Doch Vitruvs Darstellung der Entwicklung menschlicher Gesellschaft von einem tierhaften zu einem gesitteten Leben vorgreifend («e fera agrestique vita ad mansuetam perduxerunt humanitatem»), stellt Barbaro sein 'kulturhistorisches' Modell in eigenen Begriffen dar. Aus der Notwendigkeit habe sich vorerst das – erzwungene – Zusammengehen von Menschen ergeben. Danach hätten «la esperienza, & l'usanza» bestimmt, wie man sich «variamente, & secondo l'uso dei luoghi» einrichte. Und erst dann habe die «ars» das geregelt, was man zu Recht eine entwickelte Kunst nenne: «le regolate inventioni, & gli ornamenti, & la pompa del fabricare».[244]

Es ist klar, dass Palladio sich hier, in dieser reifen Phase der Kultur, bewegt, in der die «ars» zu ihrem verdienten Ansehen gekommen ist und wo letztlich die architektonische Lösung eines gegebenen Problems – und nicht bloss die Erfüllung eines Zweckes, als Reflex auf eine unentrinnbare Notwendigkeit – zur Debatte steht. «Tentarono ancho con istudio di arte, & ordinationi per via di dottrina à poco à poco»,[245] übersetzt Barbaro den entsprechenden Passus Vitruvs. (Um frühestmöglich zu erklären, hat er diesen Satz an den Beginn des Kommentars zum ersten Kapitel des zweiten Buches vorgezogen und der Erzählung zu den Phrygiern vorangestellt.) Barbaro kommentiert: «Et qui si vedrà come *la natura humana tutta fiata se stessa avanza di giorno in giorno, & dal necessario al commodo, & dal commodo al honorevole perviene*. Bella, & degna cosa è, à considerare come l'arte sopra la natura si fonda, non mutando quello, che è per natura, ma facendolo più perfetto, & adorno, come si vede nel presente capo, che Vit. per diversi essempi ci mostra non solamente la origine del fabricare, *ma i modi, & le maniere naturali, che sono prese dall'arte à perfettione delle cose*, come sono i tetti, i colmi, le volte, & altre parti, che sono *dalla natural necessità alla certezza dell'arte* per humana solertia trapportate.»[246] Barbaro hat hier seine Vorstellung und seine Fortschrittsidee von Kunst und Architektur eingefügt. Und es ist ganz klar, dass dies konkret auf die «modi» und «maniere» bezogen ist, die in der Kompetenz der Kunst angesiedelt und verankert sind und die Perfektion zum Ziel haben. Man kann die Formulierung der «certezza dell'arte» nur dann richtig einschätzen, wenn man sich daran erinnert, dass damals solche durchaus offenen und umstrittenen Fragen nach Zuständigkeit und Verlässlichkeit auch die Diskussion zur Bedeutung der Mathematik und des Philosophierens überhaupt bestimmten.

Was sich – auf dieser Basis grundsätzlicher Betrachtung künstlerischen Vermögens und künstlerischer Kompetenz – anbahnt, ist eine der wenigen radikalen Umdeutungen und Entscheidungen, die sich im Verlaufe der Architekturgeschichte eingestellt haben. Und was Palladio bezüglich des Hausbaus im Sinne einer «usanza nuova» und gemäss einer «arte a perfettione delle cose» (wobei unter «cose» die konkreten architektonischen Formen respektive Massnahmen zu verstehen sind) in den *Quattro Libri* in Vorschlag bringt und längst in der Praxis erhärtet hat, ist zweifelsohne epochemachend. Die Rede ist von der den Hausbauten – als «regolata inventione», als «ornamento» oder eben auch als «pompa del fabricare» – applizierten Tempelfassaden. Dabei ist hier der Umstand nicht entscheidend, dass solches längst vor Palladio, wie im berühmten Beispiel der Villa Medici von Giuliano da Sangallo in Poggio a Cajano, ausgeführt wurde. Entscheidend ist vielmehr, dass Palladio daraus eine prinzipielle Angelegenheit macht und entsprechend argumentiert. Bei ihm sind es in der Tat «regolate inventioni», systematisch erzielte und gleichermassen kalkulierte Erfindungen, die gemäss Barbaro durch die «ars» ermöglicht und in die Welt gesetzt worden sind. Barbaros Interpretation Vitruvs kommt einer Umdeutung gleich, die sich Palladio zunutze macht.

In mancher Hinsicht nimmt er vorweg, was ein anderer 'Denker der Architektur', Etienne-Louis Boullée in einer «opinion révoltante», in erklärter Umkehrung der Argumente Vitruvs, vorstellen wird: «Qu'est ce que l'architecture? La définirai-je avec Vitruve l'art de bâtir? Non. Il y a dans cette définition une erreur grossière. Vitruve prend l'effet pour la cause. *Il faut concevoir pour effectuer.* Nos premiers pères n'ont bâti leurs cabanes qu'après en avoir conçu l'image. C'est cette *production de l'esprit*, c'est cette *création* qui constitue l'architecture, que nous pouvons, en conséquence, définir l'art de produire et de *porter à la perfection* toute édifice quelconque.»[247] Auch Boullée bemüht für seine grundsätzlichen Betrachtungen zum kulturgeschichtlichen Status der Architektur die Urhüttenlegende. Er beginnt korrigierend und ganz analog zur Darstellung Barbaros mit dem Argument, dass es eben die Kunst sei, die bis zur «perfection» führe. «L'art proprement dit»: Das künstlerische Vermögen ist es, auf das Boullée setzt und dem er vertraut. In dieser Tradition wird auch Le Corbusier – Wissenschaft und Kunst wie Boullée klar unterscheidend – der Architektur die Aufgabe zuweisen, eine eigene Ordnung jenseits festgefügter Naturgesetzlichkeit zu schaffen: «L'architecte, par l'ordonnance des formes, réalise un ordre qui est une pure création de son esprit [...].»[248]

«Quanto ha potuto l'arte cerca le regolate inventioni» (Barbaro) – «il faut concevoir pour effectuer» (Boullée) – «un ordre qui est une pure création de son esprit» (Le Corbusier): Mit solchen Äusserungen wird übereinstimmend der Kunst und der Zuständigkeit des Architekten das Wort geredet. Es geht jetzt darum, zu sehen, was die Kunst – mit dem Ziel der Perfektion – zu erbringen imstande ist, welche Lösungen sie anvisiert und auch erreicht und wie sie all dies begründet.

QVESTA E VNA PARTE DELLA FACCIATA DELLA CASA PRIVATA.

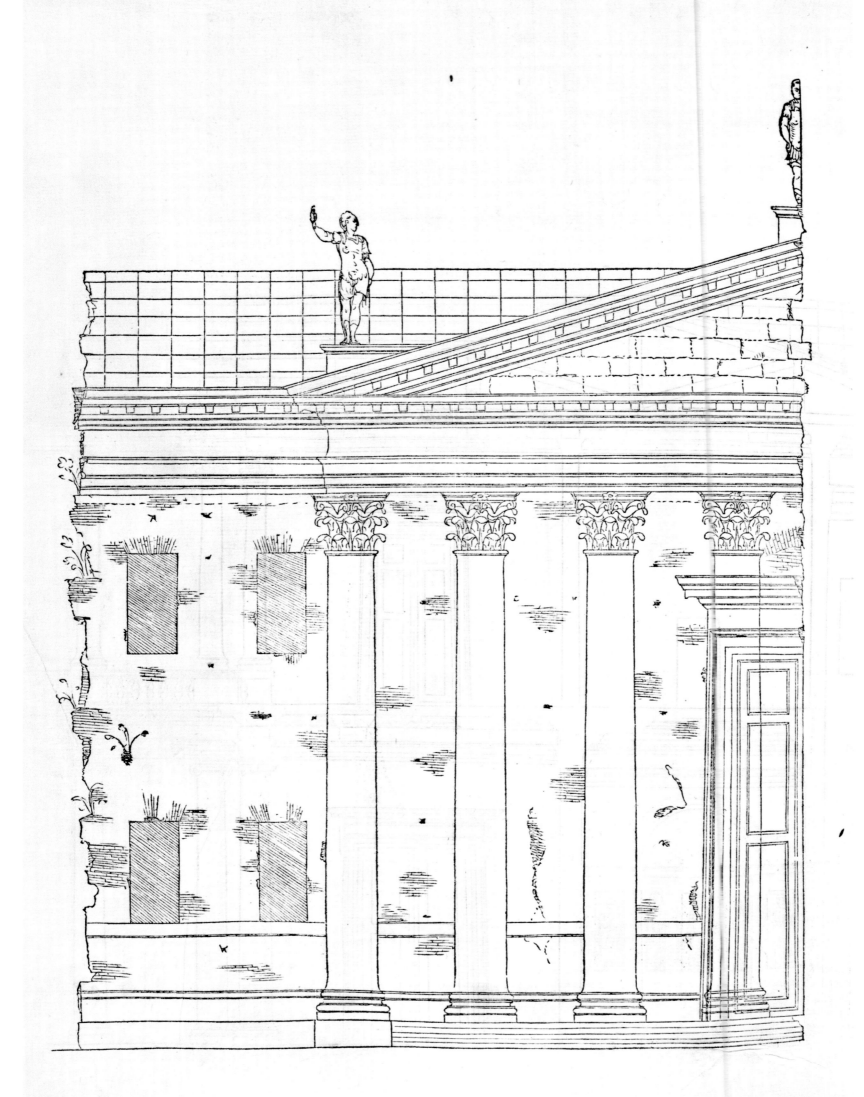

Das «Frontespicio nella facciata dinanti», Markenzeichen palladianischer Architektur, und die ihm zugeordnete Geschichtskonstruktion

«Io ho fatto in tutte le fabriche di Villa, & ancho in alcune delle Città il Frontespicio nella facciata dinanti […].»
Andrea Palladio, *I Quattro Libri Dell'Architettura*, Venedig 1570, 2. Buch, S. 69

«Avant lui [Palladio] l'Architecture était réservée pour les seul Monumens; il a fait voir qu'elle pouvait, sans déroger, servir à la décoration des Maisons particulières, qu'elle était propre à agrandir, en apparence, une petite superficie, qu'elle seule pouvait ennoblir l'étendue d'une façade, qui, sans elle, eût pu n'être que froide, languissante ou triviale.»
Jacques-Guillaume Legrand, *Essai sur l'Histoire Générale de l'Architecture […]*, Paris 1809, S. 261

Die Entscheidung, das *Tempelmotiv des Dreieckgiebels* für Haus und Palast einzusetzen, stellt Palladios grosse künstlerische Leistung dar. Es ist eine – in den Worten Barbaros – «regolata inventione», zudem ein «ornamento» und eine «pompa» für jene «gentil'huomini di cosi nobile, e generoso animo, & eccellente giudicio», die Palladios Argumenten folgten («c'habbiano creduto alle mie ragioni»).[249] Im Einverständnis zwischen Bauherren und Architekten entstand eine neue Form, die von Anfang an, weil sie begründet, geregelt und im Konsens festgelegt wurde, als verbindlich galt und demzufolge in mancher Hinsicht auch synonym mit Palladianismus zu lesen ist.

Es ist durchaus verständlich, dass die Ursprungslegenden der Architektur von Barbaro und seinen 'Nachfolgern' mit ins Visier genommen wurden. Der Werdegang der Architektur und deren weitere Entwicklung waren das Thema ihrer Erörterungen. Das Herleiten blieb Teil der Begründung. Und die Schöpfungsgeschichte mitsamt der «prisca philosophia», einer ersten Einsicht und Erkenntnis, bildete gleichsam den Orientierungspunkt, von dem aus mit handfesten Argumenten der Fortgang menschlicher Zivilisation und Kultur zu beschreiben war: entsprechend jener «natura humana», die – gemäss Barbaro – «di giorno in giorno» selbst vorantreibe.[250] Von solchen Prämissen – und Abhängigkei-

ten – ging der Tempelbau aus, aber eben auch und vielleicht noch mehr die Behausung des aus dem Paradies vertriebenen Menschen. Das mochten Kainsgeschichten wie die der mythischen Stadtgründung Enochia sein. Tatsache ist, dass bezogen auf die Autorität der Antike meist mit Vorliebe die Säulenordnungen von den antiken Tempeln abgelöst wurden, um als festgefügte (und entsprechend normativ wirkende) «regola» und eben nicht als dem künstlerischen Ermessen gegenüber offenere «regolate inventioni» einer neuen Architektur zugrunde gelegt zu werden.

Palladio geht den anderen Weg. Sein Vertrauen in die eigenen Möglichkeiten der Anverwandlung und Neugestaltung im Rahmen einer hinlänglich abgesicherten – und autorisierten – Auffassung von Kunst tritt deutlich hervor. Und Barbaros Deutung der «ars» wie des zugeordneten Potentials der «regolate inventioni» scheint präzis damit zu korrelieren und vermag Palladios Haltung dementsprechend auf verlässliche Weise zu dokumentieren. So findet und etabliert Palladio die Form für das, was er als architektonische Aufgabe und Herausforderung erkennt: die Behausung jener «gentil'huomini» auf der venezianischen Terraferma, die von den 'Nachfahren' im England der Whigs und den Plantagenbesitzern der amerikanischen Südstaaten fortgesetzt wird. Die «usanza nuova» meint, auf den knappsten Nenner gebracht, die Erfindung

Andrea Palladio, «Parte della facciata della casa privata», Illustration zum sechsten Buch von Vitruv, in: Daniele Barbaro, *I Dieci Libri Dell'Architettura Di M. Vitruvio Tradutti Et Commentati […]*, Venedig 1556, S. 170

Seite 104–105: Andrea Palladio, Längsschnitt des Privathauses, Illustration zum sechsten Buch von Vitruv, in: Daniele Barbaro, *I Dieci Libri Dell'Architettura Di M. Vitruvio Tradutti Et Commentati […]*, Venedig 1556, S. 168–169

168

QUESTA È UNA PARTE DELLA FACCIATA DELLA CASA PRIVATA.

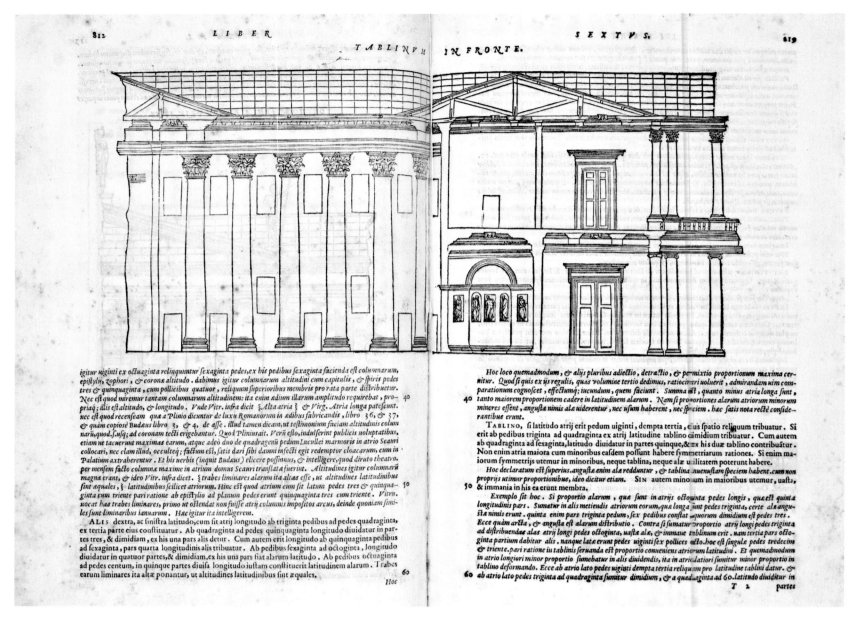

«Tablinum In Fronte», Illustration zum sechsten Buch von Vitruv, nach der Rekonstruktion Palladios in der Ausgabe von 1556, in: Daniele Barbaro, *M. Vitruvii Pollionis De Architectura Decem, Cum Commentariis Danielis Barbari [...]*, Venedig 1567, S. 218–219

und Kodifizierung der Haus- und Palastfassade nach Massgabe und Modell des antiken Tempels. Sie erweist sich als äusserst erfolgreich in der Architekturgeschichte, auch noch dann, als man von der Säule als bloss 'historischem Versatzstück' längst Abschied genommen hat. Palladios Fassaden leben auch in der Moderne, bei Mies van der Rohe wie bei Le Corbusier, weiter.

Palladios eigene Argumentation enthebt sich der bei Barbaro ausführlichst abgehandelten grundsätzlichen philosophischen Überlegungen. Seine Sprache ist architektonisch. Er benennt die konkreten Teile der «sotto poste fabriche». Und bevor er – soweit dies notwendig ist, somit in üblicher Kürze – sein eigenes geschichtsphilosophisches Argument ins Feld führt, stellt er im Kapitel zur «casa di villa degli antichi» (im zweiten Buch der *Quattro Libri*) fest, er habe das Motiv des Giebels in all seinen Villenbauten und auch in einigen Stadtpalästen verwendet.[251] Palladio hat längst (architektonische) Tatsachen geschaffen und lässt die entsprechende Feststellung – geschichtsphilosophisch in einer Art von «verum et factum convertuntur» – der Beweisführung vorangehen. Diese erfolgt im Rückbezug auf die antike Baukunst: «Io ho fatto in tutte le fabriche di Villa, & anche in alcune della Città il *Frontespicio nella facciata dinanti*; nella quale sono le porte principali: perciochè questi tali Frontespici accusano l'entrata della casa, & servono molto alla grandezza, e magnificenza dell'opera; facendosi in questo modo la parte dinanti più eminente dell'altre parti: oltra che riescono commodissimi per le Insegne, overo Armi de gli Edificatori, le quali si sogliono collocare nel mezo delle facciate. Gli usarono anche gli Antichi nelle loro fabriche, come si vede nelle reliquie de i Tempij, & di altri publichi Edificij; i quali per quello c'ho detto nel proemio del primo Libro, *è molto verisimile, che pigliassero la inventione, & le ragioni da gli edificij privati, cioè dalle case*. Vitruvio nel suo terzo libro al cap.ultimo, ci insegna come si devono fare.»[252]

Damit ist das «Frontespicio nella facciata dinanti» als Leitthema repräsentativer Fassadenkunst eingeführt und beschrieben. Es gibt sich als das äussere Zeichen des architektonischen Fortschritts auf dem von Barbaro erläuterten täglichen Weg zur

Perfektion aus. Wenn bei Alessandro Pompei 1735 – im Einvernehmen mit den englischen Palladianisten – der Rückfall der italienischen Architektur in die Barbarei («che ritornata fosse la rozzezza de'Secoli Longobardi») beklagt wird, heisst es postwendend: «Non più Frontespizj si veggono»!²⁵³ Längst ist der Dreiecksgiebel – und nicht etwa bloss die Säule – zum Markenzeichen einer klassischen Architektur geworden. Diese steht und fällt, so will es scheinen, mit dem von Palladio 'universalisierten' Motiv.

Um den Tempelgiebel in seiner auf alle Bauaufgaben ausgeweiteten Verwendung zu legitimieren, bedient sich Palladio einer 'historischen Konstruktion', einer 'Konjektur', von der er sagt, sie sei «verosimile». Seine Hypothese bezieht sich auf einen Vorgang innerhalb der Antike, sodass deren Autorität in keinem Fall verletzt wird und auch gar nicht erst angezweifelt werden kann. So, wie später Claude Perrault (1673/1684) seine «colonnes couplées», die doppelte Säulenstellung der Louvre-Ostkollonade, gegen den doktrinären Blondel dadurch verteidigt, dass er sich «par analogie» auf die Methode des Hermogenes, des Erfinders des Pseudodipteros, beruft und dessen erfinderischen Freiraum für sich selbst beansprucht («cela a esté fait à l'imitation d'Hermogène»), setzt schon Palladio die «varietas» und die Erfindung in den Ermessensspielraum antiker Architekten, deren Beispiel er insofern bloss folgt.²⁵⁴ Es ist für ihn demgemäss plausibel, wenn nicht gar logisch und konsequent, dass ein Motiv wie der Giebel gleichsam von der einen zur anderen Gebäudegattung wandert. Die wahrscheinliche («verosimile») historische Konstruktion zeigt zudem, dass nicht etwa eine Form des antiken Tempels auf den Profanbau – als mehr oder minder zufälliger Reflex – übertragen worden ist, sondern dass genau umgekehrt die gleichsam im Einklang mit der Weltalter-Theorie Vitruvs und Barbaros erhärtete Vorreiterrolle des Hausbaus aus vernünftigen Gründen angenommen werden muss. Die Weltgeschichte der Architektur beginnt mit der menschlichen Behausung und schwingt sich dann erst zum Kult der Götter auf! Das entspricht am ehesten der vitruvianischen Lehre und dem zivilisationsgeschichtlichen – und nicht dem funktionalen – Kern der Urhüttenlegende.

Schliesslich behandelt Palladio im zweiten Buch die Privatbauten und widmet erst das vierte Buch den Tempeln. Auf den zeitlichen Vorrang der Wohnhäuser, die Anordnung der Bücher rechtfertigend, ist er bereits im «Proemio» eingegangen. Dort schreibt er: «[...] ho pensato esser molto convenevole cominciare dalle case de'Particolari: si perche *si deve credere, che quelle à i publici edificij le ragioni somministrassero*, essendo molto *verosimile*, che innanzi, l'huomo da per se habitasse, & dopo vedendo haver mestieri dell'aiuto de gli altri huomini, à conseguir quelle cose, che lo possono render felice (se felicità alcuna si ritrova quà giù) la compagnia de gli altri huomini naturalmente desiderasse, & amasse; onde di molte case si facessero Borghi, e di molti Borghi poi le Città, & in quelle i luoghi, & gli edificij pubblici [...].»²⁵⁵ Im «Proemio» stellt also Palladio in aller Kürze seine Version der Entwicklung der Architektur im Gleichschritt mit dem gesellschaftlichen Fortgang dar. Dabei postuliert er die Glücksbringung im aristotelischen und christlichen Sinne als Zielsetzung der Architektur.

Man darf hier, in der Geschichte weiterdenkend, durchaus feststellen, dass damit schon Palladio dem Wohnen insgesamt den modernen Sinn von Komfort und Wohlbefinden verleiht. Francesco Patrizi nennt dafür die Bestimmungen des «vivere Morale, Politico, & Iconomico» und des «utile, & ornamento».²⁵⁶ Der Adressat ist der moderne «huomo da bene», den Francesco Bocchi 1600 mit dem gleichsetzt, der «degno di godere la felicità» sei.²⁵⁷ Die Akzente verschieben sich: Es ist nicht mehr nur pauschal die Menschheitsentwicklung «ex agresti, ferino, inhumanoque vivendi genere», die interessiert, wie das noch Carlo Saraceno 1569 im Vorwort zu seiner lateinischen Serlio-Ausgabe schreibt.²⁵⁸ Es macht sich stattdessen die Überzeugung breit, «che per saper ben governare la Città, conviene, & è necesssario *saper bene governare la propria Casa*». So formuliert es 1589 Nicolò Vito di Gozze in der Widmung seines *Governo della Famiglia* und er quittiert diese Feststellung ostentativ mit dem Ort seines Schreibens: «di Villa».²⁵⁹ Längst ist die Lebensform des «huomo da bene» in der Villa eine Tatsache. Sie präfiguriert unter anderem die deutsche Hausväterliteratur um 1700, die in mancher Hinsicht das moderne Architekturverständnis – durch die Zuständigkeit und den Blickwinkel des Bauherrn – vorwegnimmt.

Natürlich sind es die Zeichen der Zeit, die Palladio erkennt und aus denen er im Rahmen seiner architektonischen Kompetenz den richtigen Schluss zieht: das für die «gentil'huomini» als angemessen beurteilte «Frontespicio nella facciata dinanti». Es liess sich nicht vermeiden, dass irgendwann einmal auch dies kritisch beurteilt und als 'Fassadismus' abgetan würde. Bei Pietro Estense Selvatico richtete sich die Kritik 1847 pauschal gegen alle Fassaden, auch gegen die von San Francesco della Vigna in Venedig. Dort habe Palladio den Wunsch und die Empfehlung Francesco Giorgis missachtet («il frontale desiderio sii nullo modo quadro, ma corrispondente alla fabbrica dentro»): «Il Palladio non badò nè punto nè poco a questi precetti, ch'egli stesso avea proclamati.»²⁶⁰ Mit dem lodolianischen Rigorismus, dem das Äussere und das Innere kompromisslos zusammenbindenden 'Funktionalismus', ging der Sinn für die eigenständige Fassade – und ihre ursprüngliche Begründung – wieder verloren. Was durch Angemessenheit geregelt als «regolata inventione» aufgebaut und entwickelt wurde, fand bei Selvatico gerade noch die abschätzige Charakterisierung als «solito concepimento», als Formel und Routine.

Dies beschreibt ein häufig gegen alle 'Fassadenkunst' gerichtetes Argument, weshalb es umso wichtiger ist, dem Gedankengang Palladios und Barbaros zu folgen, durch den die neue Auffassung der Fassade im Privatbau erst eingeführt und begründet worden ist. Mit ganz 'modernen' Ansichten kommentiert Barbaro die Einleitung Vitruvs zu den Wohnhäusern. Barbaro folgt dabei eben nicht nur dem Gang des Benutzers entsprechend der von Vitruv vorgezeichneten Abfolge der Räume, er bezieht sich auch konkret auf die Wahrnehmung und die Aufmerksamkeit des Eintretenden. «Quello adunque, che prima ne viene allo aspetto è il piovere de i colmi, ò tetti [...]»,²⁶¹ hält er mit Bezug auf die «cavedi delle case» fest, was ihn dann die Form der Bedachung des Impluviums bedenken lässt, «si perche ella è la prima che ci viene innanzi». Kurz zuvor legt er allgemein dar, dass – bezogen auf die Dimensionierung von Teilen des Gebäudes – «l'occhio ha la parte sua, & regge la necessità con bella e sottile Ragione».²⁶² Es wird deutlich, dass hier längst nicht mehr bloss allgemeine Prinzipien (der Proportio-

Andrea Palladio, «Hypethros», Kombination von Aufriss («orthographia») und Schnitt («sciographia»), Illustration zum dritten Buch von Vitruv; in: Daniele Barbaro, *I Dieci Libri Dell'Architettura Di M. Vitruvio Tradutti Et Commentati [...]*, Venedig 1556, S. 80–81

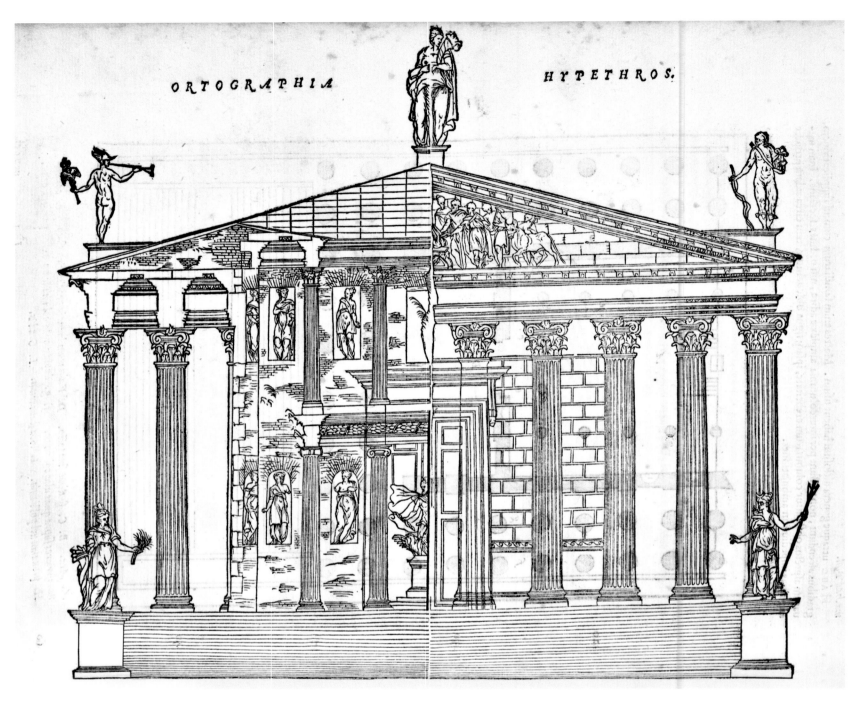

«Orthographia Hypethros», Illustration zum dritten Buch von Vitruv, nach der Ausgabe von 1556, in: Daniele Barbaro, *M. Vitruvii Pollionis De Architectura Libri Decem, Cum Commentariis Danielis Barbari [...]*, Venedig 1567, S. 102

nierung von Bauten) diskutiert werden, sondern dass die konkreten Bedingungen, die deren Wirkung bestimmen, die notwendige Aufmerksamkeit Barbaros finden. Palladios Begründung, «percioche questi tali Frontespici accusano l'entrata della casa», ist dieser Logik verpflichtet und bekennt – mit Blick auf «grandezza, e magnificenza dell'opera» –, dass die Vorderansicht eines Hauses («la parte dinanti») «più eminente» sei.[263] Ein Lob der Fassade!

Auch zur Frage, wie die Eingangsseite des Hauses die gewünschte Wirkung erreiche, passt die 'Umkehrung Vitruvs' gemäss dem Diktum von Boullée: «[...] il faut concevoir pour effectuer». Modern ausgedrückt ist das palladianische «Frontespicio» ein – notabene sehr erfolgreiches – Konzept, das der Möglichkeit der Architektur folgt, gleich beim ersten Anblick ein Lebensideal auszudrücken. Palladios Argumentation, dass in der Antike den Tempelfassaden die analogen Formen der Privatbaukunst vorausgegangen seien, hat das «Frontespicio» noch mit zusätzlicher Autorität ausgestattet.

Dem Freiraum der Beweisführung entspricht der systematisch (mit «ragione») erarbeitete und auf diese Weise hinzugewonnene *Freiraum architektonischer Erfindung!* Das ist wohl der wichtigste Aspekt des palladianischen Hausbaus: die 'geborgten' Tempelfassaden und die zugehörige Argumentationsstrategie. Einer, der dies früh beobachtet und durchaus positiv vermerkt hat, ist Alessandro Pompei. Er schickt sich an, Palladio gegen die Vorwürfe von Antoine Desgodets zu verteidigen, der ihm in *Les Edifices Antiques de Rome dessinées et mesurées tres exactement* (1682) ungenaue Beobachtungen und Angaben zur Last legt.[264] In diesem Werk, das Serlio, Labacco und Palladio die Autorität auf dem Gebiet der antiken Monumente Roms abspricht, hält Desgodets gleich zu Beginn fest, Palladio gebe die Masse der Säulen vom Portikus des Pantheons

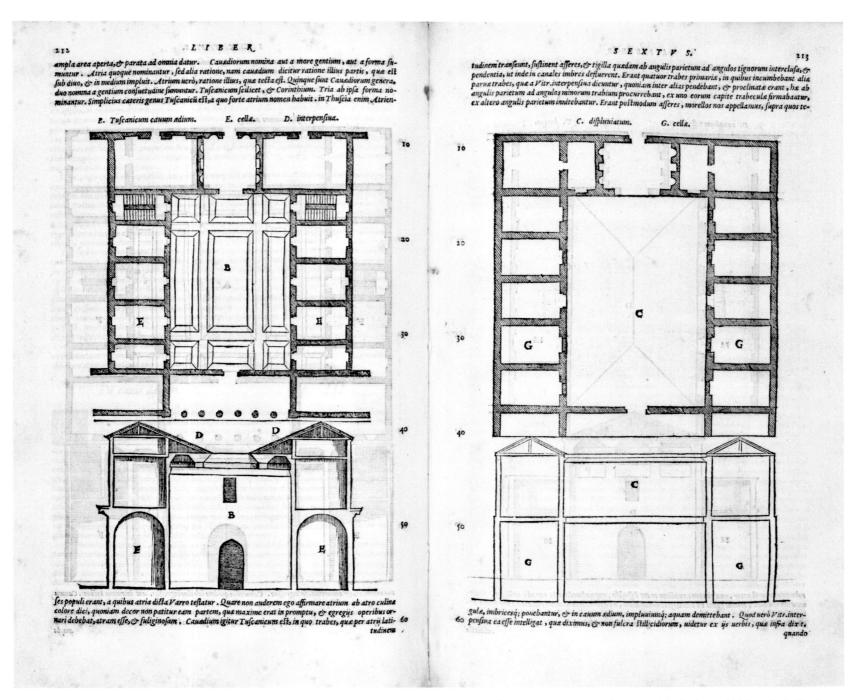

Andrea Palladio, Formen des römischen Atriums, Illustrationen zum sechsten Buch von Vitruv (III, «De cavis aedium»), in: Daniele Barbaro, *M. Vitruvio Pollionis De Architectura Libri Decem, Cum Commentariis Danielis Barbari […]*, Venedig 1567, S. 212–213

«que par conjecture» an.[265] Pompei hält diesen Vorwürfen entgegen: «il che di grandissimo biasmo renderebbe meritevole il Palladio, s'egli medesimo non avesse chiaramente manifestata la cosa qual'è, protestando, che alcune fite alle antiche ruine avea *supplito di proprio ingegno*, da ciò che vedea, quali essere doveano altre perdute parti *congetturando*.»[266] Die Konjektur erscheint so besehen als Teil des Talentes und der intellektuellen Befähigung Palladios, die antiken Bauten durch seine eigene Einsicht und Vorstellung zu ergänzen und daraus die mangelhaften Restmonumente erstehen zu lassen – als Ganzes, muss man positiv vermerken. Pompei fügt hinzu, Palladio hätte sich noch mehr Ruhm erworben, hätte er das, was er tatsächlich gesehen habe, besser dargestellt: «tralasciando tali difficili indovinamenti».[267] Trotzdem, der Respekt vor so viel Talent, «ingegno» und der Methode der Konjektur ist Palladio bei Pompei sicher. Desgodets sucht derweilen immer noch in den römischen Tempeln das – im wörtlichen Sinne – richtige Mass der Architektur zu finden, auch wenn im Paris seiner Zeit längst die Zivilarchitektur zur wichtigsten Aufgabe aufgestiegen ist.

Die Architektur und das sich langsam von der Praxis zugunsten einer reinen Theorie ablösende Antikenverständnis mitsamt der zugehörigen Analyse veränderten und verselbständigten sich also schon früh. Das bestätigt Carlo Fea in einer Fussnote seiner Ausgabe (1822) des zitierten Werkes von Desgodets, in der er auf Palladios Konjekturen des Pantheons Bezug nimmt und die folgende Einschätzung trifft: «Sono anche in maggior numero le variazioni del Palladio nella parte dietro, fatte, a quanto sembra, senza vedere le località. Esso, e il Serlio non hanno voluto altro, che *dare un insieme principale in disegno*: perciò nulla andavano curati sotto questo aspetto; tanto più, che il tempio allora era meno

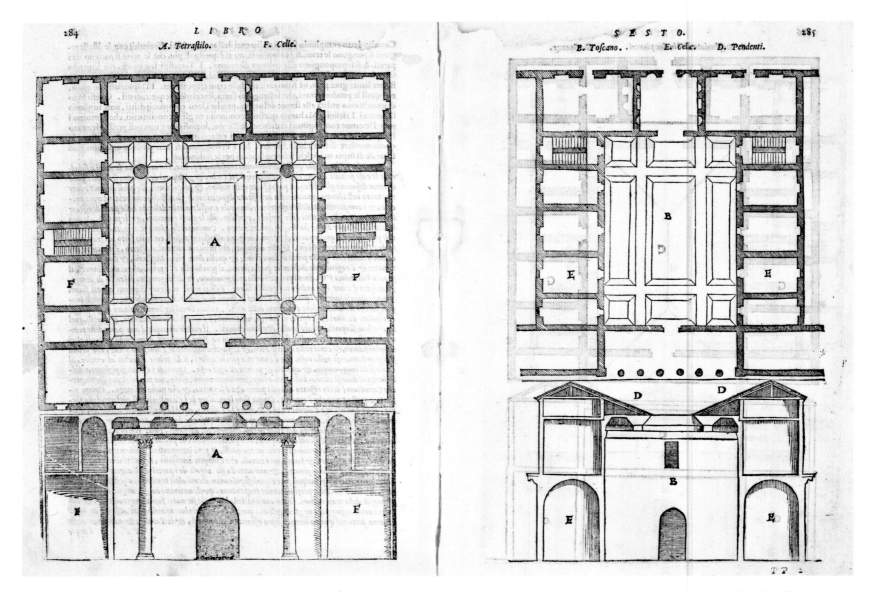

Andrea Palladio, Formen des Atriums («Tetrastilo», «Toscano»), Illustrationen zum sechsten Buch von Vitruv, in: Daniele Barbaro, *I Dieci Libri Dell'Architettura Di M. Vitruvio, Tradotti & commentati [...]*, Venedig 1567, S. 284–285

Gegenüber: Andrea Palladio, «Atrio Corinthio», in: Andrea Palladio, *I Quattro Libri Dell'Architettura*, Venedig 1570, II, S. 28

sgombro.»[268] Tatsache ist, dass bereits Desgodets anerkannt hat, dass zu Zeiten Palladios der Portikus des Pantheons noch nicht freigelegt war. Aber deshalb Palladios allgemeine 'Antiken-Phantasie' wie Pompei zu belobigen, lag ihm fern. Der oberste Aufseher der römischen Altertümer, Carlo Fea, schliesst nun aus den Annahmen Palladios gar auf dessen faktische Unkenntnis des Monuments! Der Fortschritt der Archäologie zu Beginn des 19. Jahrhunderts liess die vorausgegangenen Einsichten – und noch mehr die daraus gezogenen Schlüsse – in einem schlechten Licht erscheinen. Und bezogen auf die damaligen zeitgenössischen archäologischen Grabungsmethoden musste die Seriosität Palladios im Umgang mit den antiken Bauten als unseriös erscheinen. So blieb also auch die Anerkennung für das aus, was Pompei immerhin noch dem «proprio ingegno» Palladios zugutegehalten hatte.

Repräsentativ für die vorherrschende Meinung nannte 1830 Karl Otfried Müller in seinem berühmten *Handbuch der Archäologie der Kunst* jene frühe Phase «von 1450 bis 1600» der neueren Behandlung der alten Kunst «seit der wiedererwachten Liebe zum classischen Alterthum» die «künstlerische» und charakterisierte ihr Antikenverständnis – immerhin! – mit «Freude», «Liebe» und Sammeleifer: «Das Interesse am Kunstwerke als einem historischen Denkmal ist gering: man will geniessen»![269] Diese Aussage war zwar in erster Linie auf die bildenden Künste gemünzt. Umso weniger konnte sie jemandem wie Palladio und seinem tatsächlich sehr wohl historisch fundiertem Zugang zur Antike gerecht werden.

Hinter- und Beweggründe waren also schnell vergessen. Klassizistische Vorstellungen hatten sich längst durchgesetzt und die Notwendigkeit des archäologischen Beweises in Form von «Thatsachen», so das Stichwort von Eduard Gerhard (1832), eines der führenden Archäologen der damaliger Zeit, war gefordert.[270] In dieser Sichtweise und Entwicklung spiegelt sich umgekehrt auch die besondere Position Palladios und seines offenen, kreativen Antikenverständnisses. Das illustriert ein Vergleich damaliger archäologischer Argumentation mit der Begründung Palladios zur Priorität des Hausbaus. Als 1851 an der Londoner *Great Exhibition* der aus der Not geborene Crystal Palace von Joseph Paxton sich unversehens zur architektonischen Sensation entfaltete, waren guter Rat teuer und Argumente gefragt. Luigi Canina, der sich mit Thomas Leverton Donaldson verbunden wusste, die Ideale der klassischen Architektur zu verteidigen, holt zu einer Geschichts-

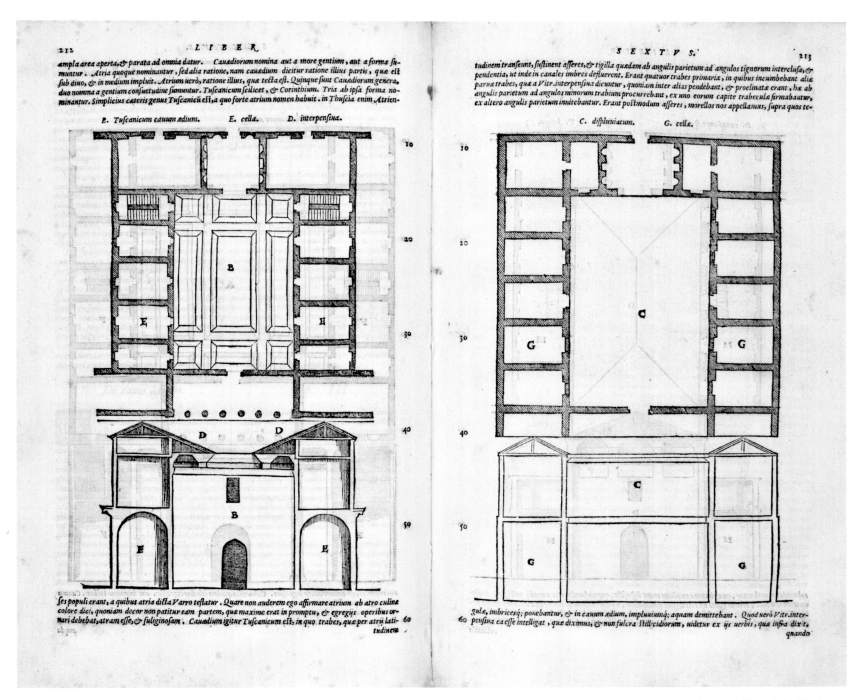

28

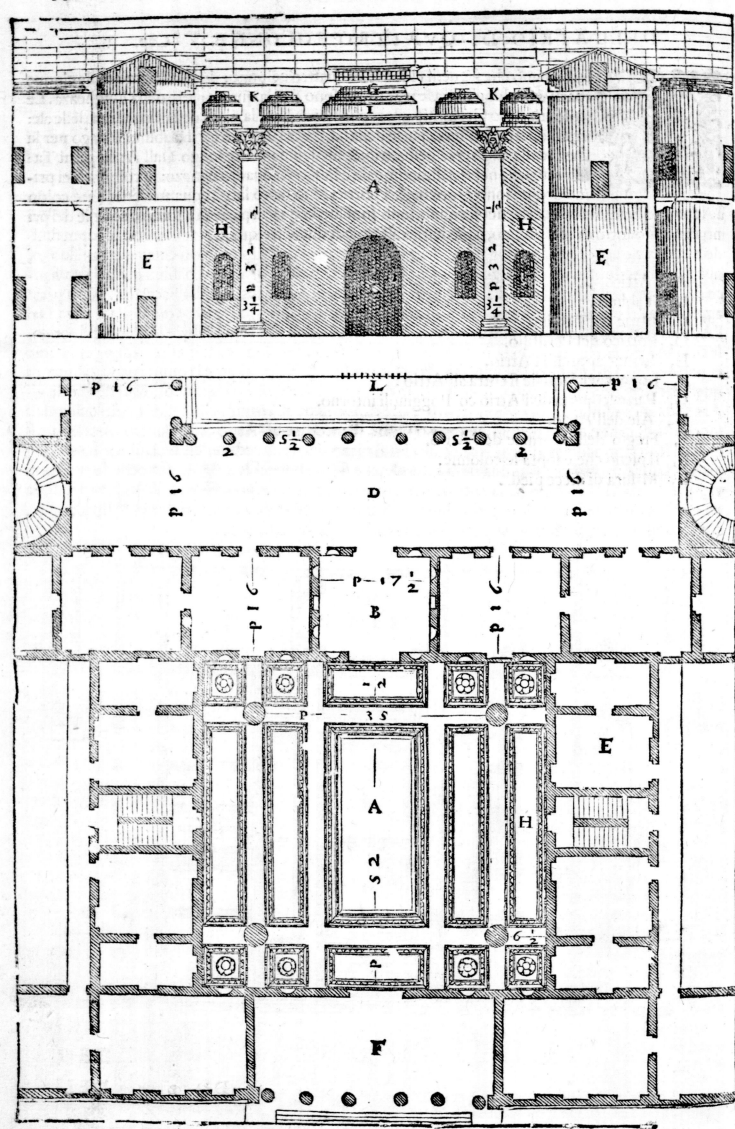

konstruktion aus, die in mancherlei Hinsicht Palladios Argumentation vergleichbar ist.²⁷¹ Canina verweist auf die pompejanische Malerei mit ihren filigranen Architekturornamenten und findet so einen antiken Präzedenzfall der gusseisernen, dünnen Säulen des Crystal Palace. Auf diesem Umweg streicht auch er die Bedeutung des Hausbaus in der Antike heraus. Sein – in sämtlichen alten Kulturen belegter – *Particolare Genere di Architettura proprio agli usi domestici* (1852) sollte gleichfalls in die Zukunft wirken und führte bei Canina in der Tat zu einer Vielzahl von geplanten Anwendungen bis hin zu einem basilikalen Bahnhofsbau und – natürlich – zu einer verbesserten, 'klassischeren' Version des Crystal Palace. Und trotzdem verhält sich die Zielsetzung der Argumentation Caninas diametral zu derjenigen Palladios. Unter den Titel seiner Untersuchung hat Canina das Vitruvzitat gestellt: «*Aliam* enim in Deorum Templis debent habere gravitatem, *aliam* in porticibus et ceteris operibus subtilitatem.»²⁷² Im Vorwort führt er aus, das Studium der wenigen immergleichen, besonders ausgezeichneten antiken Bauten habe zu einer «ripetuta monotonia» klassischer Architektur geführt und umgekehrt die «varietà di forme» in den Hintergrund gedrängt. Das sei der tiefere Grund, weshalb nun eine Rückkehr zur Baukunst der 'dekadenten' Zeiten, zu «Arabo, Bizantino e Gotico» modisch geworden sei. Canina will gleichsam «generi secondari» einer antiken Architektur zum Beweis für deren «varietà» einführen. Und so gerät jene architektonische Richtung ins Visier, die ausschliesslich den Säulenportikus mit Giebel undifferenziert («non fatta alcuna distinzione di carattere») für sämtliche Aufgaben zur Anwendung brachte: «a guisa di quanto solevasi praticare dagli antichi nell'adornare le fronte dei loro tempj, ed applicati comunemente alle fabbriche private quegli ornamenti che erano appropriati dagli antichi *solo agli edificj sacri*.»²⁷³ Canina argumentiert mit dem vitruvianischen Prinzip der Angemessenheit, um privat und öffentlich wieder zu trennen und um die Tempelfassade dort zu belassen, wo sie hingehöre, an den Tempel. Aber das Kriterium der Angemessenheit hatten auch Barbaro und Palladio in den Vordergrund gerückt, was nur unterstreicht, dass mit Palladios «Frontespicio nella facciata dinanti» eben ganz bewusst und in deutlich bekundeter Absicht die Architektur von Palast und Villa gehoben, nobilitiert sein wollte. Palladio regelte damit eben nicht nur eine formale Modalität, sondern gab einer umfassenden Bauaufgabe, dem Hausbau, eine neue Bestimmung und Grundlage und wies ihm zudem einen sehr viel gewichtigeren Status zu.

Was der Klassizist Canina kritisch vermerkte, hatte zuvor (1809) Jacques-Guillaume Legrand genau umgekehrt beurteilt, wenn er in seinem Begleitbuch zu Durands *Recueil et Parallèle* meint, «Avant lui [Palladio] l'Architecture était réservée pour les seul Monumens», während mit Palladio auch die «maisons particulières» ihre verdiente Aufmerksamkeit gefunden hätten.²⁷⁴ Legrand, Schüler Jacques-François Blondels und Clérisseaus und übrigens zeitweilig mit einer revidierten Ausgabe Desgodets' beschäftigt, bringt nicht nur die geläufigen Charakterisierungen Palladios wie «grâce» und «simplicité» in Anschlag, sondern richtet seinen Blick auf das tatsächliche architektonische Werk Palladios. Was immer dieser berührt habe, erweise ihn als Neuerer im Sinne des überwundenen «mauvais goût». Das heisst eben auch: «Sa main savante embellissait en quelque sorte tout ce qu'elle touchait, et *donnait l'aspect d'un Palais à la mince habitation.*»²⁷⁵ Das beschreibt präzis die durch Palladio erwirkte 'Adelung' des Hausbaus. Legrand betont die daraus folgende Zäsur in der Architekturgeschichte, auch im Hinblick auf die Entwicklung und Gestaltung von Grundriss wie Fassade: «Avant lui l'Architecture était réservée pour les seul Monumens; il a fait voir qu'elle pouvait, sans déroger, servir à la décoration des Maisons particulières, qu'elle était propre à *agrandir, en apparence, une petite superficie*, qu'elle seule pouvait *ennoblir l'étendue d'une façade*, qui, sans elle, eût pu n'être que froide, languissante ou triviale.»²⁷⁶ Vergrössern, verschönern, nobilitieren: Das sind gemäss Legrand die Folgerungen, die Palladio aus den antiken Monumenten zugunsten des Hausbaus gezogen hat. Und das ist weit mehr als die Anpassung des Systems der Säulenordnung an profane Zwecke und gusseiserne Materialien, wie sie Canina vorsah.

Man muss es mit Blick auf das historistische 19. Jahrhundert und dessen notorischen Schrei nach einem neuen Stil so sehen: Mit der Kritik an der Stilvielfalt verband Canina kompensatorisch die herbeigewünschte Bereicherung der klassischen Architektur um andere, archäologisch verifizierte und beglaubigte Spielarten. Bei Palladio war es gerade entgegengesetzt das Bestreben, alles aus der einen antiken Architektur und ihrer hohen Wertschätzung heraus als Ganzes herzuleiten, neu zu begründen und zu gestalten, was ihm auch gelang und regelmässig mit dem stets positiv gemeinten Prädikat von «simplicité» und Eleganz quittiert wurde. Der Unterschied ist kolossal! Caninas Argumentation blieb notgedrungen der Säule als dem A und O der Architektur verpflichtet. Und so wurde ausser der Legitimation der gusseisernen dünnen Säulchen und dem hehren Titel einer *architettura domestica* nur wenig gewonnen. Canina nahm auch kaum auf die nachfolgende Produktion klassischer Architekturglieder aus Gusseisen einen entscheidenden Einfluss, wogegen Palladios These der aus der (unbekannten) Vorgeschichte privater Bauten entwickelten Tempelfassade zu dem «Frontespicio nella facciata dinanti» führte und damit aus einer – bis dato vernachlässigten (so auch Caninas Urteil) – ganzen Baugattung einen äusserst erfolgreichen Zweig des Baugeschehens entwickelte und nachhaltig bestimmte. Solches hat Seltenheitswert in der Geschichte der Architektur. Palladio hat einer 'gewöhnlichen' Architektur ganz wörtlich ein 'Gesicht' verliehen, sodass sie jahrhundertelang erkennbar blieb. Das «Frontespicio» eigne sich auch besonders «per le Insegne, overo Armi de gli Edificatori», meint Palladio. In der Tat passte das architektonische Modell immer und liess sich gleichwohl stets dem individuellen Wunsch des Bauherrn anpassen. Ein seltener Fall universaler, allgemeingültiger Architektur! Die Differenz der Argumentationen Palladios und Caninas erweist, in wie engen Spuren die Entwicklung der dogmatisch verkürzten, in erster Linie oder gar ausschliesslich auf die Säulenordnung ausgerichteten klassischen Architektur zuweilen verlief. Wie flexibel und erfindungsreich gestaltete sich dagegen der von Palladio gewählte, radikal offene und umfassende Zugang zur Antike, der sich zwar präzis auf die architektonische Kompetenz konzentrierte (und umso ungehinderter zu entsprechenden konkreten Resultaten führte), aber sich der Einbettung in ein umfassendes, universales Netz menschlicher Talente, Befähigungen und Zielsetzungen vergewissert hatte.

«Speculatione», «certezze delle dimostrationi» und auch die «nobiltà del soggetto» seien es, die sich mit den «attioni de gli huomini» und auch mit dem Staat, den «Republiche» und den «Regni» verbänden.²⁷⁷ So stellt es Vincenzo Scamozzi einleitend zu dem umfassenden Vermächtnis humanistischer Architekturauffassung fest, dem er zurecht den Titel einer *Idea dell'Architettura Universale* (1615) verliehen hatte. Welches sind demnach die herausragenden Kennzeichnungen der Architektur? «[…] ella è sublime nella speculatione; indubitata nelle dimostrationi, nobilissima per il soggetto, che tratta, eccellentissima per il methodo, ch'ella tiene nel dimostrare; necessarissima al viver Politico, e civile, per la comodità, che apporta al genere humano, e riguardevole; perchè lei sola abbellisse il Mondo tutto.»

Diese emphatische Einschätzung und wahrhaft umfassende Definition lässt sich mühelos auf Palladios Werk übertragen und sie findet sich vor allem in der Aufgabe wieder, die hier – provokativ – mit der modernen Bezeichnung des Hausbaus, selbst Inbegriff einer universalen Bestimmung der Architektur, versehen wurde. Palladio bekannte die «commodità» als Zielsetzung und stellte die «nobiltà» von Palast und Villa heraus – auch bezüglich ihrer Einordnung in das Gemeinwesen des Staates. Und mit seiner Konjektur und seiner Befähigung, «par analogie» die ideale Welt antiker Monumente für neue Anforderungen verfügbar zu machen, gab er tatsächlich den besten Ausweis einer «speculatione sublime» und eines «methodo eccellentissimo». Was damit erreicht wurde, überstieg bei Weitem die üblichen, der Nachahmungstheorie einverleibten, aber auch durch diese eingeschränkten Möglichkeiten von Neuerung und Entfaltung. Und darin liegt mit ein Grund, weshalb der Wirkung Palladios durch den Abgesang auf die Säulenarchitektur (Le Corbusiers «[…] Et Vignole – enfin – est foutu! Merci! Victoire!») kein Abbruch getan wurde oder überhaupt werden konnte.²⁷⁸ Selten durfte eine konkrete neu geschaffene Form der Architektur wie eben Palladios «Frontespicio nella faccata dinanti» so viel universale Geltung beanspruchen. Und das verbindet sie – wider alle anti-historische Erwartung – umso mehr mit den Zielen der modernen Architektur: Palladio geht eine Wahlverwandtschaft mit Le Corbusier ebenso wie mit Mies van der Rohe ein. Er stellt sich in die Ahnenliste der *Age of the Masters* (Reyner Banham), des Zeitalters der Pioniere der Moderne.

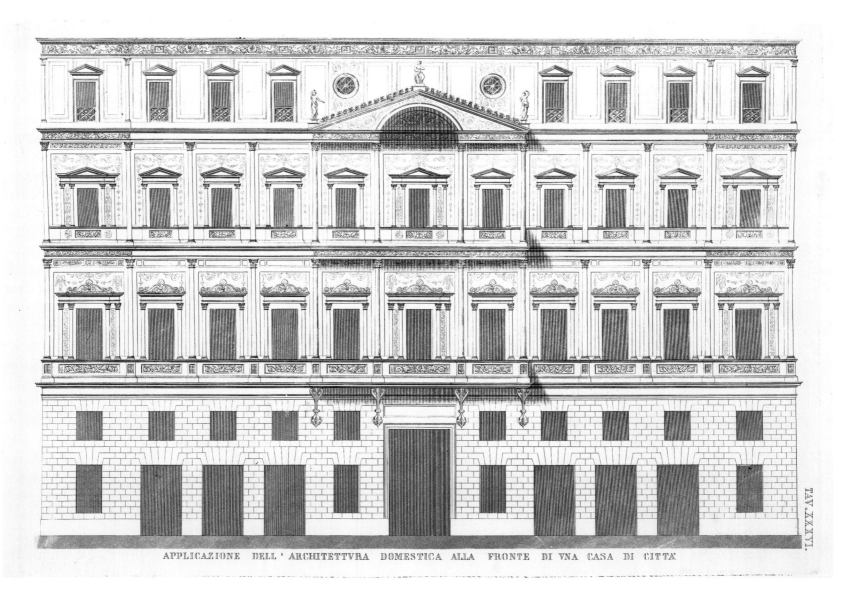

Luigi Canina, «Applicazione Dell'Architettura Domestica Alla Fronte Di Una Casa Di Città», in: Luigi Canina, *Particolare Genere Di Architettura Proprio degli Usi Domestici […]*, Rom 1852, Taf. XXXVI

Chapel, I.I.T., Chicago. 1952

«Architektur als Körpergestaltung» versus «Fassaden-Denken» und «Säulenunfug»

«Der Sieg der Säule im Profanbau ist aber an das Werk Andrea Palladios geknüpft. Bei vollendeter Durchführung klassischer Proportionalität aller Teile des Baues wurde die Säule in seiner Hand das entscheidende Formgut auch des Profanbaus.»

Otto Schubert, *Gesetz der Baukunst*, Leipzig 1954, S. 217

«[...] So bekommt die Säule ihre ursprüngliche Bedeutung als tragendes Element wieder. In der Zwischenzeit war sie zum Dekorations-Requisit herabgewürdigt worden. Die Säule erfordert als Gegenspieler die Wand. Ihre geschwisterlichen Beziehungen sind eindeutig.»

Carl August Bembé, *Von der Linie zum Raum. Gedanken zur heutigen Architektur*, München 1953, S. 39

Es gehört zu den scheinbaren Widersprüchen, dass mittels des spekulativen Vorgangs einer Konjektur und aus heutiger Sicht einer 'Überlistung der Geschichte' ein gültiges, erkennbar und deutlich auf der Autorität der Antike aufgebautes Resultat erreicht werden konnte: das «Frontespicio nella facciata dinanti». Man muss die Abbildungen, die Palladio im zweiten Buch seiner *Quattro Libri* gibt, mit denjenigen Darstellungen zusammenlesen, die sich als Illustrationen zu Vitruv in Barbaros Ausgaben von 1556 und 1567 finden und ebenfalls Palladio – zumindest in der ersten Version und bezogen auf die «figure importanti» – verdankt werden. Dazu soll hier der ganze Passus zitiert werden, den Barbaro am Ende des sechsten Kapitels des ersten Buches zur Mitarbeit Palladios an seiner Vitruvedition hinterlassen hat. Dort bekennt er sich dankbar zu den vielen Hilfestellungen («Io ho cercato imparare da ognuno [...]»), verzichtet jedoch auf jegliche Namensnennung mit der einen genauer begründeten Ausnahme: «[...] *Più volte ho desiderato di communicare le fatiche mie con altri, & in commune investigare la verità, acciocche quello, che non puo far uno solo fatto fusse da molti, ma questo per alcuna cagione, che io non so, non mi e venuto fatto eccetto, che ne i disegni delle figure importanti ho usato l'opera di M. Andrea Palladio* Vicentino Architetto, il quale ha con incredibile profitto tra quanti ho conosciuto, & di vista, & di fama & per giudicio de huomini eccellenti *acquistato la vera Architettura* non solo intendendo le belle, e sottili *ragioni* di essa, ma anco *ponendola in opera*, si ne i sottilissimi, e vaghi disegni delle piante, di gli alzati, & de i profili, come nelo esequire e far molti superbi Edificij ne la patria sua, & altrove, che *contendono con gli antichi, danno lume a moderni, e daran meraviglia a quelli che verranno.»*[279]

Barbaro verdankt nicht nur Palladio die Zeichnungen, er unterstreicht vielmehr, dass sie zu einem tieferen Verständnis Vitruvs beitrügen. Zudem gingen sie mit einer grundsätzlichen, überzeugenden und gültigen Vorstellung von Architektur einher, die gleicherweise mit den antiken Monumenten konkurrieren und der zeitgenössischen modernen Architektur Modell stehen könnte. Dies sei in Palladios Bauten Wirklichkeit geworden und enthalte auch noch eine klare Option für die Zukunft. Umfassender und treffender kann man die Leistung Palladios kaum beurteilen.

Der Hausbau Palladios ist so betrachtet nach den verlässlichen (wissenschaftlichen) Bedingungen der vitruvianischen Darstellungsformen von Grundriss, Aufriss und Schnitt entstanden. Die Zeichnungen sind aller Zufälligkeit enthoben und verbindlich: Sie zeigen das antike Haus, wie es nach dem Ermessen aller Einsichten und Kenntnisse in die Figur gebracht und wie es zugleich durch Palladio in gebaute Architektur überführt wurde. Durch die Disziplin der Darstellungsformen ist die ganze Argumentation (und

Ludwig Mies van der Rohe, IIT-Chapel, Chicago, 1952, in: Philip C. Johnson, *Mies van der Rohe*, 3. überarb. Ausgabe New York/Boston 1973, S. 176

'Spekulation') eingebunden in ein Ganzes, das als solches durch die «ratio» («ratiocinatio») begründet ist, die man ebenso (vitruvianisch) mit wissenschaftlicher Disziplin wie mit umfassender Einsicht und Verständnis, den «sottili ragioni» Palladios, übersetzen muss. Man erkennt im Vergleich der Risse im Vitruvkommentar wie in Palladios *Quattro Libri*, dass durch die Logik der Darstellung und Erfassung Haus und Tempel noch deutlicher zusammenrücken.

Die grossformatigen, ganzseitigen Holzschnitte Palladios der «Casa Privata», die dem sechsten Buch in Barbaros Vitruvausgabe beigegeben sind, entsprechen präzis jenen Darstellungen, mit denen im ersten Buch – anhand des Tempels – die «species dispositionis» Vitruvs, in der von Barbaro bereinigten Version von «ichnographia», «orthographia» und «sciographia», erklärt werden. Methode und Gegenstand sind hier eins. Und dass Privatbau wie Tempel, so, wie dies Palladio historisch begründet hat, im Grunde genommen nur unterschiedliche Momente derselben Form darstellen, wird demnach evident.

Im zweiten Buch der *Quattro Libri* kontaminiert Palladio die Darstellung seiner Bauten mit denen, die schon der Illustration von Barbaros Vitruvübersetzung zugedacht waren. Das betrifft nicht nur die idealen Darstellungen des Hauses der «Antichi Romani» und der Griechen, sondern noch deutlicher die verschiedenen Rekonstruktionen der «Cavedi», «Atri» und weiterer Raum-Typen. Die entsprechenden Figuren fehlten zwar in Barbaros Kommentar von 1556, fanden dann aber teilweise Eingang in die lateinische und italienische Ausgabe von 1567 und werden schliesslich – auf den ersten Blick überraschenderweise – in den *Quattro Libri* ausgebreitet.[280] Niemand würde gerade in den *Quattro Libri* nicht erkennen wollen, dass der Zusammenhang der vitruvianischen Rekonstruktionen mit den Villen- und Palastbauten Palladios gegeben und die Vermengung sinnvoll ist! So wird Barbaros oben zitiertes Urteil bestätigt, nach dem Palladios 'theoretischer' Beitrag (die «sottilissimi, e vaghi disegni» im Einklang mit den «sottili ragioni») mit seinem eigenen Werk in das Ganze einer «vera Architettura» hineinfliesst. Am Ende kommt hinter der Diskussion von Haus und Tempel ein – universales – Architektursystem zum Vorschein, dem sich vieles verdankt, was man mit Palladianismus verbinden mag. Es ist zudem verbindlich in der verallgemeinernden Form der «lineamenta» festgeschrieben.

Man kann das auch umgekehrt lesen und festhalten, dass sich aus der Vitruvexegese Barbaros und Palladios eine Architekturvorstellung entwickelt hat, die sich als gültig und in jeder Hinsicht robust erweist. Barbaro und Palladio unterlassen nichts, den inneren Zusammenhang von Privat- und Tempelbau gegen sämtliche möglichen Gegensätze oder sogar Widersprüche deutlich sichtbar zu machen. Auch da, wo – nochmals – bei Palast und Villa die Überwindung der Trennung von Öffentlichem und Privatem zugunsten einer gemeinsamen Architektursprache (wie in der erfolgten Darstellung der Risse) betont werden soll, argumentiert Barbaro architektonisch und vergleicht den säulenumstandenen «cortile» des Innenhofes eines Palastes mit dem Forum einer Stadt («come nella Città il Foro»).[281] Hier wurde ein berühmtes Diktum Albertis aufgenommen, das die Vorstellungen von Haus und Stadt als ineinander verschränkt darstellt. Das scheinbar so äusserliche Motiv des «Frontespicio nella facciata dinanti», das häufig genug auf ebenso äusserliche Weise Furore gemacht hat, stellt so besehen nichts anderes dar als die konsequent zur Realität geführte – und zudem konkret zur Ansicht gebrachte («lo fa in modo, che l'occhio ha la parte sua», sagte Barbaro) –, zuvor jedoch gründlich erarbeitete Architekturauffassung in dieser Sache, der Fassade, dar. Fassade «modo universale»! Welcher Architekt hat 'gültigere' Fassaden geschaffen als er, Palladio? Solche, die eben auch über die einmalige Verwendung in einer konkreten Situation hinaus als allgemeine *Lösung des Problems Fassade* Bestand haben? Das ist wohl der Grund dafür, dass, wo immer die Fassade im Guten wie im Schlechten in die Diskussion gerät, die Architektur und der Name Palladios kaum fehlen.

Zu dieser umfassenden Bestimmung von Architektur gehört eben auch, dass ihre Argumente die übliche Bindung an das System der Säulenordnung verliessen. Das war für die nachfolgende Auseinandersetzung mit Palladio oftmals entscheidend. Im Laufe der Zeit wurde das System der Säulenordnung häufig genug zum alleinigen Platzhalter für alle wissenschaftlichen Zielsetzungen der Baukunst erkoren.[282] Im Umfeld der französischen Architekturakademie – seit deren Gründung 1671 – wurde dies kanonisch verdeutlicht. Und es bedurfte langer Zeit, bis dieser Bann wieder gebrochen wurde und der Blondel lesende Le Corbusier an die Stelle einer als System der Säulenordnung eng verstandenen «ordonnance» die offene Formulierung der «fonction fondamentale d'ordonnancer» setzt: notabene in *Une Maison – un palais* (1928).[283] Schon das späte 18. Jahrhundert hatte die grundlegende Bedeutung des Massen-Gliederbaus, darüber hinaus den gereinigten «plan de masses» und sogar die «Edifices où l'on n'emploie aucun ordre d'Architecture» (Marc-Antoine Laugier) entdeckt.[284] Allein, das Anliegen einer auf eine sehr viel *universalere Grundlage* gestellten Architekturauffassung brach erst in modernen Zeiten wieder wirklich durch. Le Corbusier erläutert seine Ansicht einer «fonction fondamentale d'ordonnancer», der dieselbe Tendenz der Verbindung von Erkenntnis und Einsicht mit konkreter architektonischer Umsetzung gegeben ist, wie sie Barbaro für Palladio bezeugte, wie folgt: «Et je répète encore: dans ce produit de l'ordonnance, l'architecture est *en puissance*, *toute*, *totalement*, germe clair et vigoureux de ce qui, des siècles plus tard, formera les forums, les vestibules, les salles, les colonnes, les frontons les dômes.»[285] Wie Akt und Potenz in der aristotelischen Lehre, durch die das Ganze zusammengebunden wird! Man ist geneigt, das corbusiersche «produit de l'ordonnance» mit Barbaros «regolate inventioni» gleichzusetzen. Und die Auflistung jener Dinge, die da geformt werden, suggeriert, Le Corbusier hätte die *Quattro Libri* vor sich aufgeschlagen gehabt und darin geblättert: «forums», «vestibules», «salles», «colonnes», «frontons», «dômes»! Aus diesem Stoff – und nicht aus der gekonnten Anwendung der Säulenordnung – ist die Architektur gemacht! Le Corbusier fügt hinzu: «L'architecture est là. Et c'est là qu'elle est.»[286] Le Corbusiers wie Palladios Auffassung von Architektur beschränkt sich nicht auf ihre Glieder, sie orientiert sich am gesamten Baukörper, noch mehr an der Ganzheit eines Gebäudes und an dessen Erscheinungsform, dem, was Barbaro unter dem Gesichtspunkt des «aspetto» diskutiert hatte. All dies erklärt, dass Palladios Erfolg eben nicht mit dem Verschwinden des Systems der Säulenordnung aufhört oder einbricht, sondern auch dann anhält, als die Säulenarchitektur just in eine Krise gerät.

Die der Profanarchitektur zugewiesene Tempelfassade kehrt im 20. Jahrhundert vielerorts wieder, so auch in Peter Behrens' Turbinenhalle der AEG in Berlin (1909) und in Mies van der Rohes Chapel des Illinois Institute of Technology (IIT) in Chicago (1952) – unter demonstrativem Verzicht auf den Giebelaufsatz. Hier bewährt sich die Verbindung von (nacktem) Baukörper und Tempelfront-Motiv als ein äusserst flexibles, allgemein anwendbares Kompositionsrezept. Gültig blieb allemal die universale Basis und Bestimmung einer laut Barbaro aus «sottili ragioni» und dem «ponendola in opera» zusammengesetzten «vera Architettura». Sie lässt es zu, dass man im Zusammenhang mit Palladio selbst die extremsten und radikalsten Vorstellungen, so auch die von Piet Mondrian unter dem Titel *Néo-Plasticisme* (1920) versammelten Thesen, diskutieren kann. Das Gemeinsame liegt dabei evidenterweise in der – in humanistischer wie moderner Zeit – angestrebten universalen Grundlegung der Kunst. Mondrian fordert dies allein schon deshalb, weil die Kunst ihr Dasein ausserhalb individueller, subjektiver Empfindungen haben müsse. «L'universel ainsi compris est ce qui est et reste toujours.»[287] Palladio argumentierte gegen den «uso commune» und dessen Zufälligkeit und verlangte nach einer auf der verlässlichen Grundlage des Studiums der alten Monumente aufgebauten «usanza nuova». Mondrian setzt anstelle des unberechenbaren Spiels von «inconscient» versus «conscient», «immuable» versus «muable» den bewussten Umgang mit dem Gültigen: «L'immuable est au-dessus de toute la misère et de tout le bonheur: c'est *l'équilibre*.»[288] Mondrian führt das konsequent aus bis zur Grenze des Plastisch-Physischen, das er durch eine «Equivalence Plastique» zu ersetzen sucht. In Palladios Zeit und Umfeld erörterte Francesco Barozzi nicht nur die Frage der Gewissheit der Mathematik, er charakterisierte sie auch – in der *Quaestio de Medietate Mathematicarum* – durch ihre Mittel- und Mittlerstellung und widmete das Werk 1560 seinem Gönner Daniele Barbaro.[289] Und natürlich wollte man sich des Instruments der Mathematik jederzeit versichern, weil ja die Mathematik «in primo gradu certitudinis» sei.[290] Universale Geltung basiert für Palladio wie für Mondrian auf dem Umgang mit der Geometrie. Hier sei mit Mathieu H. J. Schoenmaekers, einem der Gewährsleute Mondrians, Pythagoras zitiert: «God werkt geometrisch»![291] Natürlich bezieht Mondrian die Forderung nach «équilibre» – konkret wie Palladio – auf Architektur und Skulptur, die seiner Meinung nach «par les moyens plastiques» einen Vorteil vor der Malerei und den anderen Künsten hätten. Und selbstverständlich verband Barbaro in seinem Lob Palladios die «sottili ragioni» damit, dass es diesem gelungen war, sie in gebaute Architektur umzusetzen. Auch Mondrian geht von der durchaus wesenhaften plastischen Wirklichkeit der Architektur aus. Er bedauert nur, dass dieser Charakter kaum mehr verstanden und gewährleistet sei: «Aujourd'hui, on voit l'Architecture s'épirer et se simplifier, mais peu *réalistent l'expresssion plastique de l'abstrait*.»[292] Und so, wie bei Palladio die Einfachheit nicht ein Stilmerkmal, kein «style simple» gemäss der Stil-Kasuistik eines Jacques-François Blondel, sondern ein aus Verhältnismässigkeit und Angemessenheit entwickeltes ökonomisches Prinzip war und der vitruvianischen «dispositio» zugeordnet blieb, begründet auch Mondrian den Minimalismus seiner plastischen Theorie durch Verhältnis und Komposition: «Si la Sculpture et l'Architecture anciennes fixent jusqu'en un certain point l'espace autrement vide et indéfini, la Sculpture nouvelle (l'Architecture nouvelle également) le fait beaucoup plus en réduisant le caprice du naturel par la compositon équilibrée et en portant toute son attention sur les rapports.»[293]

Natürlich führt Mondrian mit seiner Forderung nach der totalen Auflösung des Kunstwerks als Objekt weit über die Gemeinsamkeit mit der palladianischen Auffassung hinaus. Und trotzdem standen am Anfang die gleichen Besorgnisse und Bestrebungen, die Zufälligkeit durch eine universale Gültigkeit abzulösen und diese in der künstlerischen Umsetzung durch eine ausgewogene Komposition zu erreichen. Die Wahlverwandtschaft mit humanistischen Überzeugungen lässt sich bei Mondrian auch an anderer Stelle, so etwa in der Vorstellung des Schönen erkennen. Diese richtet sich nicht mehr nach den einseitigen jüngeren ästhetischen Theorien und sieht von der ausschliesslichen Bindung an den Sinneseindruck und das daran gekoppelte Wohlempfinden gemäss der überkommenen Geschmackskultur ab. Dagegen setzt sich bei Mondrian – modern – die Einsicht in einen universal und philosophisch gebildeten Begriff des Schönen durch. «Quand il pense, il sent, quand il sent, il pense.»[294] Das sei der Zugang des «homme nouveau». Und so wird das Schöne zur Bedingung menschlicher Kultur überhaupt erklärt: «L'émotion du beau vibre constamment dans tout son être: ainsi arrive-t-il à l'expression plastique abstraite de *tout son être*.»

Diesen universalen Geltungsanspruch äussert parallel Mies van der Rohe. In *G*, der Zeitschrift mit dem Untertitel *Material zur elementaren Gestaltung*, bekennt er mit den Herausgebern Hans Richter und Werner Gräff 1923: «Wir wenden uns auch nicht an Kunstliebhaber, sondern allgemein an *Menschen, die Grundsätzliches lieben*, in der Kunst, wie in allen Zusammenhängen des Lebens. Von solchen können wir erwarten verstanden zu werden in dem Willen, *das Problem der Kunst nicht vom ästhetisierenden, sondern vom allgemein kulturellen Standpunkt aus zu lösen*.»[295] Den – abgrenzenden – Verweis auf die (oberflächlichen) Kunstliebhaber kann man durchaus mit der «connoisseurship» zusammenbringen, die von Theoretikern wie Jonathan Richardson den Whigs, den Liebhabern palladianischer Architektur im frühen 18. Jahrhundert in England, als eine Art Grundausbildung anempfohlen wurde. Nach dem politischen Sieg über die alten aristokratischen Vorstellungen (und Machtverhältnisse) der Tories fanden die Whigs ohne allzu grossen geistigen Aufwand in der Bauherrenschaft ein Betätigungsfeld und eine Renommiermöglichkeit dazu. Umgekehrt ist das moderne Bekenntnis zum Grundsätzlichen auch vor dem Hintergrund der Charakterisierung moderner Baukunst als «Kulturproblem» (Fritz Höber) zu sehen.[296] Der losgelösten, «rein ästhetischen Einstellung» begegnet jedenfalls Mies van der Rohe aus der Sicht des «schöpferischen Baukünstlers» mit der Erklärung: «Das Feld überlassen wir neidlos den Kunsthistorikern.» Sie sind es, die die «connoisseurship» weitergeführt und oft genug an der Oberfläche verharrt haben, ohne nach den tieferen Beweggründen zu fragen. Mies van der Rohe erstrebt statt-

119

dessen – ausserhalb des «ästhetischen Spekulantentums» – das «Bauen», nicht mehr und nicht weniger!

Mit dem Hang zum Grundsätzlichen verbinden sich in der Tat konkrete architektonische Optionen. Peter Behrens versucht, sein Ideal einer «Architektur als Körpergestaltung» – trotz der Verwendung neuer Materialien und neuer Konstruktionsweisen – nicht gotisch, sondern klassisch, also nicht über Auflösung und Reduktion auf filigrane Stützen, sondern über Fläche und Körper zu begreifen. Und er argumentiert konkret: «Um nur ein Beispiel zu nennen, darf ich anführen, dass, um den Eindruck von körperbegrenzenden Flächenwänden zu bekommen, man Eisen und Glas prinzipiell in eine Ebene zusammenlegen und, um diese *bündigen Flächen* um so stärker flächig erscheinen zu lassen, die Bauglieder, die konstruktive Bedeutung haben, erheblich zu starken Schattenwirkungen hervortreten lassen kann.»[297] Auf diese Weise sucht Behrens die «Geschlossenheit der Form» in modernen zeitgenössischen Bedingungen zu erreichen. Das trifft sich mit der späteren Aufforderung Mies van der Rohes, die architektonischen Probleme «mit den Mitteln unserer Zeit» zu lösen.

Auf diese Weise – nicht über Einzelformen, sondern über die grundsätzliche Erörterung des Baukörpers und letztlich des Bauens selbst – entstand die moderne Analogie zum (palladianischen) Körper-Gliederbau, wobei eine wesentliche Korrektur oder Fortführung mit ins Kalkül genommen werden musste. Das moderne Äquivalent des «Frontespicio nella facciata dinanti», das im Zeichen der Erscheinungsform weiterhin über lange Strecken die Diskussion beherrschte, konnte – wie öfters bei Behrens – als Säule auftreten oder sich in «Schattenwirkung» auflösen oder aber schlicht als «Säulenunfug»[298] verneint und abgetan werden. Nach der Massgabe des anspruchsvollen und häufig genug moralisch unterlegten Postulats von Gestaltung statt Nachahmung boten sich solche Möglichkeiten an. Auf der Suche nach einer elementaren Ausdrucksform in der Architektur, die über den Weg des Begründens entsteht, gelangt man durchaus zur Feststellung einer Analogie von Mies van der Rohes Architektur mit derjenigen Palladios. So besehen sind die formalen Ähnlichkeiten der IIT-Chapel – die seitlichen «bündigen Flächen» und die im Eisen-Glas-Verband aufgezeigten Gliederungen in der Mitte – mit den entsprechenden Merkmalen palladianischer Bauten evident. Es sind architektonische Gemeinsamkeiten, die sich aus dem Bau- und Gestaltungsprozess ergeben haben und (in Barbaros Worten) zu «regolate inventioni» geworden sind.

Es konnte nicht ausbleiben, dass die Frage nach Sinn oder Unsinn der Säule, die sich überall dort einstellte, wo der Prozess hin zur «bündigen Fläche» nicht radikal genug verfolgt wurde, Palladio wieder ins Spiel brachte. Dabei musste das Argument, mit dem Palladio die «usanza nuova» des mit einer Tempelfassade ausgestatteten Privatgebäudes begründete, auf Widerspruch stossen. Werner Hegemann sah sich mit seinen theoretischen und architekturkritischen Beiträgen in der Tradition der französischen Diskussion des «embellissment», die im 18. Jahrhundert in Paris zu einer neuen – letztlich städtebaulichen – Betrachtung der unterschiedlichen Kennzeichnung von Architektur gemäss der Trennung in öffentliche und private Bauten geführt hatte. Sein 1929 erschienenes Werk *Reihenhaus-Fassaden* sollte «dem häufigen

Piet Mondrian, *Le Neo-Plasticisme*, Paris 1920 (= Editions de l'Effort Moderne, hg. von Léonce Rosenberg), Einband

Gegenüber: Ludwig Mies van der Rohe, Skizzen zu Landhäusern, ca. 1934, in: Philip C. Johnson, *Mies van der Rohe*, Ausst. Kat. New York 1947, S. 108

Begehren des Büchermarktes nach einem 'Fassaden-Werke'» nachkommen, wollte aber gleichzeitig ein einseitiges «Fassaden-Denken» geisseln.[299] Hegemanns moderate Auffassung der modernen Architektur optierte für eine Vereinfachung, wenn nicht gar für klare Einfachheit – und noch mehr für Einheitlichkeit – der Strassenfassade. Im historischen Blick zurück handelte er gleichermassen von «Fassaden-Spielerei» und «Fassaden-Wirksamkeit» und er verurteilte «barocke Fassaden-Verbrämung». Hegemanns Losung ist dagegen klassisch und so kann er jene letztlich «von Michelangelo stammenden» Fassaden mit Kolossalordnung und einer von dieser abweichenden Geschossteilung nur als «peinlich» empfinden.[300] Solches wirkt auf ihn «wie grosse, vieldurchlöcherte Käse, in denen sich Maden einnisteten». Beschämend erscheint ihm auch die Vorderansicht des Palazzo Chiericati, wobei er sich auf Goethe und dessen Hinweis auf die Schwierigkeit der Verbin-

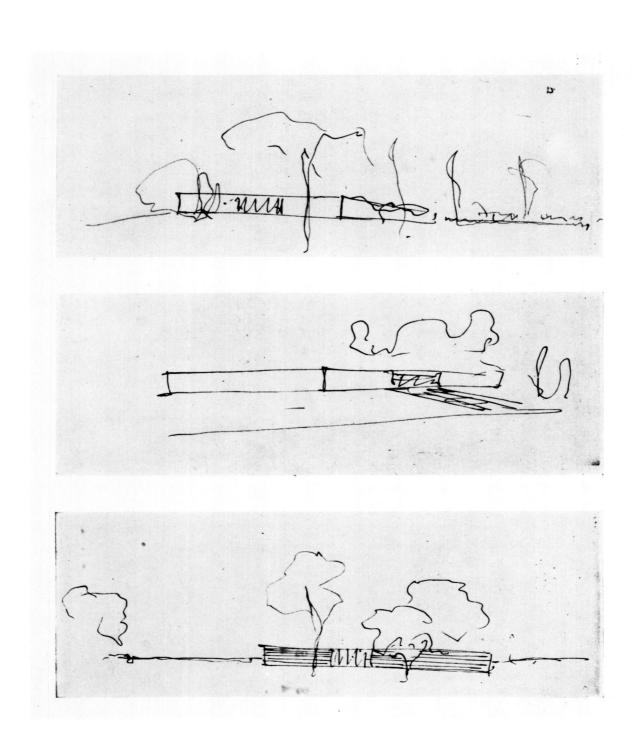

dung von Säule und Mauer verlässt. Die Seitenansicht lässt Hegemann «das Vorgeschusterte der 'Fassade'» erkennen. Andererseits richtet er die Kritik am «Säulenunfug» in erster Linie gegen die «hartgesottenen Nachahmer des (von seinem Bewunderer Goethe getadelten) Palladio und des barocken Michel Angelo».[301] Ohne sich auf Palladio explizit zu beziehen, fügt Hegemann hinzu: «Besonders schädlich ist der 'Säulenunfug', wo er sich an Privatbauten in dreisterm Wettbewerb gegen den massvollen Fassadenschmuck benachbarter öffentlicher Bauten breit macht.»[302] Die Errungenschaft Palladios scheint hier infrage gestellt oder aber ist, was auch zutrifft, bezogen auf die Polarität von Öffentlichem und Privatem, in veränderter Situation längst obsolet geworden.

Was Hegemann an vielen der historistischen Berliner Fassaden in erster Linie anprangert, ist die Verletzung des *decorum*, wobei er zu den Privatbauten Geschäftshäuser und Verwaltungsbauten rechnet, deren öffentliche Bedeutung eigentlich erwiesen ist. Es sind «aufgelegte Bildhauereien nach palladianischen Vorbildern», somit aufgesetzte Dekorationen, wie auch in einem nach dem Palazzo Thiene geformten und zusätzlich mit Säulenstellungen bereicherten Bankgebäude in Leningrad, die er verurteilt.[303] (Er hätte dies auch in Berlin beobachten können, in dem von Ludwig Hoffmann neugebauten Stadthaus – mit einem nach dem Muster des Palazzo Thiene gebildeten «Architektursystem».) All dies betrifft weniger Palladio als eben das, was in das Gefäss Palladianismus, insbesondere jener «hartgesottenen Nachahmer», gesteckt sein will. Hegemann stellt fest, es hätten in erster Linie «neben den palladianischen […] die französischen Fassaden grossen – guten und schlechten – Einfluss auf die Baukunst aller Länder gewonnen.» Im Kontrast zu den Versuchen, «zu einer modernen Baukunst auf dem festen Boden gesichteter Überlieferung zu kommen», sei in Russland die städtische Fassadenarchitektur «in einen überladenen Palladianismus» ausgeartet.[304]

Mittelbar demonstriert Hegemann, in wie viele Richtungen die Diskussion über die moderne Architektur verlief. Einer Architektur, die sich auf das Prinzip der «Körpergestaltung» berief und die «Geschlossenheit einer Form» anstrebte und gleichwohl – oder eben: gerade deshalb – die «bündige Fläche» zu schätzen wusste, stand die äussere Nachahmung historischer Formen entgegen. Davor liess sich Palladio nicht schützen. In moderner Zeit galt die Maxime: «Gestaltung, nicht Nachahmung». Das Erste und den «Kunstwillen unserer Gegenwart» vertrat Mies van der Rohe – gemäss Edwin Redlobs repräsentativem Urteil von 1928.[305] Ihm traute man zu, so Gustav Adolf Platz (1927), eine «Bauaufgabe von Grund auf logisch durchzudenken und ohne Formalismus zu erfüllen».[306] Da finden sich Barbaros Vorstellungen der «ragione» und der «regolate inventioni» wieder. Und in dieser Hinsicht begegnen sich in Mies van der Rohe die moderne Auffassung mit derjenigen Palladios. Ganz offensichtlich bot sich also die Möglichkeit, Palladio mitsamt seiner «usanza nuova» und dem «Frontespicio nella facciata dinanti» auch anders als durch äussere Nachahmung modern aufzufassen. Das mochte sich dann in einer «Glaswand» oder gar in einer «Luftwand» niederschlagen, so Kurt Breysig in *Eindruckskunst und Ausdruckskunst* (1927).[307] Selbst in den Köpfen der radikalsten Gegner einer Säulenarchitektur hatten Palladio und seine 'vorgehängten Tempelfassaden' Platz: weil dadurch die «Körpergestaltung» und auch die Einfachheit der Erscheinung gemäss damaligem Urteil in keiner Weise in Mitleidenschaft gezogen war. Der umtriebige Theo van Doesburg lässt in dem im Juli 1923 erscheinenden ersten Heft von *G* die aktuelle Mitteilung einrücken, Le Corbusier habe gerade eine «Renaissance Villa» gebaut, was nicht anders als mit Bezug auf Palladio gelesen werden kann.[308] Le Corbusier selbst bildet in *Esprit Nouveau* (20/1923) die Villa Rotonda im Beitrag zur Frage der «Pérennité» ab.[309] Sie erscheint unkommentiert, in ihrer ganzen Körperhaftigkeit mitsamt «Frontespicio» unversehrt, ohne Abstriche (von der Kuppel abgesehen) und Reduktionen, im Gegensatz zu all ihren Adaptationen und Wiederholungen ewig gültig, was nur den einen Schluss erlaubt: Der wahre Palladianismus findet sich bei Palladio selbst und nur dort. «Vera Architettura»!

Die Einführung der «usanza nuova», ihre Vorstellung als «Frontespicio nella facciata dinanti» und ihre Begründung durch eine Geschichtskonstruktion, die den Primat des Hauses als die universale Verkörperung von Architektur formulierte, kann man noch ganz anders beurteilen. Das lässt verstehen, weshalb – bei allen modernen Sublimierungen des architektonischen Körpers mittels abstrakter Proportionen – selbst der 'integrale' Körper der Villa Rotonda mitsamt seinem 'Bild' ganz offensichtlich Bestand hat. Als Heinrich Rickert sich anschickte, die *Grenzen der naturwissenschaftlichen Begriffsbildung* im Sinne einer *logischen Einleitung in die historischen Wissenschaften* (1902) zu erkunden, besann er sich auf das geschichtswissenschaftliche Denken und erinnerte mit Johann Gustav Droysen daran, dass dort die vier Methoden einer Heuristik, einer Kritik, einer Interpretation und einer Darstellung gefordert seien.[310] Was genügte besser diesem Anspruch als Palladios 'Haus'? Gemäss jener 'Denkspur' schuf Palladio nicht nur ein – beliebiges – Gebilde, sondern erarbeitete den Begriff des Hauses und vollzog somit insgesamt die «Begriffsbildung» des Hausbaus bis in die gebauten Tatsachen, bis in die Darstellung hinein. So konnte Barbaro tatsächlich mit gutem Grunde prophezeien: «[…] contendono con gli antichi, danno lume a moderni, e daran meraviglia a quelli che verranno.»[311] Daran musste sich messen – und messen lassen –, wer immer eine Fährte palladianischer Nachahmung beschreiben oder selbst den Hausbau neu erfinden wollte.

«Ce sera l'architecture qui est tout ce qui est *au-delà* du calcul», Abbildung der Villa Rotonda mit gekappter Kuppel am Ende des Beitrags *Pérennité* von Le Corbusier, in: *L'Esprit Nouveau*, Nr. 20, Paris [1923], o. S.

URBANISME

nieurs presque tous, travaillent pour elle. Ainsi sera constitué l'outillage de la ville. Ce sera l'essentiel pour ce qui est d'utilité et par conséquent de périssable.

Et il restera à la ville de demeurer, ce qui résultera d'autres choses que du calcul.

Ce sera l'architecture qui est tout ce qui est *au-delà* du calcul.

Villa Rotonda de Palladio à Vicence.   Photo Alinari.

Teil II

Renoviert d 12 Juny 1739 P. Baumgratz Ingl. Saubsky N.º 9

MENSU

NATURA ARS

VITRUVIUS LIB.

I. de Sandrart del.

C. Glotsch sc.

Auf dem Weg zu einer umfassenden «Civilbaukunst»
«Teutsch-Italiänisches» im 17. Jahrhundert

«Die Italiäner belieben in ihren Land-Wohnungen mitten einen runden Helm, in dessen Mitte ein Saal, vorzeiten Diaeta genant, gelegen ist. Gegen Süden machten sie einen Vorschopff, auch bisswiilen ein Vorhauss, hernach pflegt Palladius zur Lincken und zur Rechten drey Kammern nach einander einzutheilen [...] Man könnte auch nach dieser Erfindung der Italiäner ein Lust-Hauss bauen, da man ein feines Aussehen hätte; darein könte man mitten einen kleinen Helm angeben, gegen die vier Winde aber vier Vorschöpffe umher, derer ieder auf drey Seiten frey stünde, und forne stuffen hinauf hätte.»

  Nicolaus Goldmann, *Vollständige Anweisung zu der Civil Bau-Kunst [...]*, hg. von Leonhard Christoph Sturm, Wolfenbüttel 1696, S. 149

«Wegen drey Sprachen er, drey Hertzen musste haben.»

  B. W. P. L., Dem Hocherfahrnen und Sinnreichen
  Herrn Georg Andreas Böckler Ingenieur, in: Georg Andreas Böckler, *Compendium Architecturae Civilis [...]*, Frankfurt a. M. 1648

«Wohin sollte sich nun meine Pallas Architectonica, oder der sinnreiche Palladius, welcher auf meine Unkosten Teutsch reden gelernet besser als zu E. Hochadlichen Herzlichkeit [Gottlieb Volckamer] wenden [...].»

  Georg Andreas Endter, Zuschrifft,
  in: Georg Andreas Böckler, *Die Baumeisterin Pallas, Oder Der in Teutschland erstandene Palladius [...]*, Nürnberg 1698

*«Palladio, (Andreas) ein gelehrter baumeister von Vicenza in Italien, war ein schüler Johannis Georgii Trissini, so ein Patricius von dar, und in seiner kunst sehr erfahren war. Als er bey ihm etwas rechtes begriffen, gienge er nach Rom, untersuchte daselbst die alten monumenta, zeichnete die vornehmsten davon ab, commentirte darüber, und brachte die alte bau-kunst wieder empor, indem er die von den Gothen verderbte bau-regeln in ihre rechte ordnung stellte. Er gab 4 bücher von der bau-kunst an. 1570 herauss, unter welchen das letzte von den Römischen tempeln handelt, darinnen er all, so vor ihm hievon geschrieben, übertroffen hat. Rouland Friart hat dieses ins Französische übersetzet.
PALLADIUM, war ein hölzern bild der göttin Palladis, welches 3 ellen lang gewesen [...].»*

  Jacob Christoff Iselin, *Neu-vermehrtes Historisch- und Geographisches Allgemeines Lexicon [...]*, III, Basel 1726, S. 780

Das Bauen geht seinen eigenen Weg, folgt seiner eigenen Logik, oft ganz unabhängig von den geistigen Wortführern. Es wurde weitergebaut – auch an den Werken Palladios. Und schon unmittelbar nach Palladios Tod trat sein Name oft hinter der nackten Tatsache zurück, dass dies und jenes vollendet oder verändert, weitergeführt oder unterbrochen wurde. Wie genau Palladios Bauerfahrung schliesslich weitergegeben wurde, war bei Scamozzi noch evident, entzog sich aber, je länger, je mehr, einer präziseren Kontrolle und Kenntnis. Am Ende erschien Vicenza doch wie von Palladio gebaut; dafür sorgten seine Nachfolger, Adepten und Verehrer bis hin zur palladianischen Reinkarnation, Ottone Calderari. Der Ruhm Palladios war gesichert; die Wege der so erstaunlichen Wirkungsgeschichte aber waren häufig genug verwischt. Bautradition entstand auf verschiedenste Weise und über verschlungene Pfade. Mit zunehmender Distanz zu Palladio veränderten sich die baulichen Bedingungen, verflüchtigte sich Erfahrung und Wissen. Da,

Johann Jakob Sandrart (Zeichnung), Ludwig Christoph Glotsch (Stich), Allegorie der Architektur mit der Villa Rotonda,
in: Georg Andreas Böckler (Hg.), *Die Baumeisterin Pallas, Oder der in Teutschland erstandene Palladius*,
Nürnberg 1698, Frontispiz

wo unmittelbare Kenntnis fehlte, boten sich die *Quattro Libri* oft genug als die einzige verlässliche Grundlage an, auf der sich ein Bezug zu Palladios Architektur und seinen Bauten herstellen liess. Die Verbreitung der *Quattro Libri* war mehr als erfolgreich. Und das weitere Schrifttum, das auf ihnen respektive auf Teilen von ihnen wie der Lehre von der Säulenordnung aufbaut oder auch nur den Namen Palladios im Titel trägt, ist umfassend.

Unübersehbar ist andererseits, dass vieles, was sich Palladio direkt oder indirekt verdankt, als solches kaum erkannt und schon gar nicht gekennzeichnet ist. Es fällt schwer, von Palladianismus zu reden, wo der Name Palladios erst gar nicht auftaucht. Es ist nicht zu verkennen, dass beispielsweise die Villa Rotonda ihre Wirkung schon deshalb zeigt, weil ihre regelmässige Grundform mitsamt der kompakten Erscheinung und der ausserordentlichen Bildung von vier Portiken ganz offensichtlich höchst auffällig und einzigartig ist: ein nicht zu übersehendes Werk für den, der sich für architektonische Erfindung auch nur am Rande interessiert. Die Einzigartigkeit der Erscheinung spiegelt sich etwa darin, dass Nicolaus Goldmann bei seiner entsprechenden Überlegung – zur Villa Rotonda oder eben auch zur Villa Trissino in Meledo – auf Anhieb feststellt und ausdrücklich fordert, «dass dergleichen Bau allezeit auf der Höhe angeleget werden soll, damit man desto weiter herum ein liebliches Aussehen erlangen möge». Es liesse sich allein aufgrund der Villa Rotonda und ihrer Nachbildungen ein Bild der Nachwirkung Palladios aufzeigen, die bis nach Polen und Russland reicht und die Einmaligkeit des Bauwerks und seiner, modern ausgedrückt, Typologie zeigt.[312]

Der Bearbeiter der goldmannschen «Wissenschaft der Civilbaukunst», Leonhard Christoph Sturm, hielt in seiner späteren Auseinandersetzung mit dem «Italiänischen Lust-Haus», womit die Villa Rotonda gemeint war, gleich zu Beginn fest, es sei nicht nur ihm, «sondern auch dem Directori selbigen Werckes dem Seel. Herrn G. Bose, auch andern an dieser Invention» aufgefallen, es «schiene etwas besonders schönes zu seyn». Mit der Villa Rotonda verbindet sich die Vorstellung eines Faszinosums, die ihr einen besonderen Status verleiht.[313] Goldmanns zu Lebzeiten nicht erschienene, aber von Sturm während dessen Tätigkeit als Professor der Mathematik in Wolfenbüttel erstmals 1696 herausgegebene *Vollständige Anweisung zu der Civil Bau-Kunst* bildete – nach den lange vorausgegangenen Schriften Joseph Furttenbachs – so etwas wie das erste umfassende Corpus sämtlicher architektonischer Zuständigkeiten und Kenntnisse in deutscher Sprache.[314] Es stellte somit die Grundlage des weiteren, sich schnell entfaltenden enzyklopädisch breiten Schrifttums zur Architektur im deutschen Sprachraum dar. Die im engeren Sinn architektonischen Erörterungen sind gleichsam nach Bauaufgaben, nach den Interessen der Nutzer und der Bauherrschaft geordnet. Es ist bezeichnend, dass Sturm bemerkt, er habe entschieden, das bei Goldmann in seinem Buche zu den «Wohnungen auf dem Lande» abgehandelte «Italiänische Lusthaus» nunmehr «bey der Materie von Fürstlichen Pallästen mit einzubringen, dahin sie sich auffs beste schickkete», wobei es eigentlich «in der Abhandlung, Von den übrigen Bey-Zierden der Gärten insgesamt, hätte mit eingebracht werden sollen».[315] Sturm ist bei der Edition der Bücher ein Versehen unterlaufen; er hat das italienische Lusthaus schlicht vergessen und deshalb einen «Anhang, zu dem Tractat, Von Fürstlichen Pallästen» verfasst. Umso besser sind wir über die Unsicherheit in der Zuweisung dieses Themas informiert. Das «Italiänische Lust-Haus» passte nicht zu den damals üblichen Kategorien des Bauens. Für die ländliche Umgebung schien es dann doch zu reich und so wurde es den «Fürstlichen Pallästen» zugeordnet, genauer: gleichsam als Sonderfall in den Anhang gesetzt.

Bei Goldmann hatte es also – aus palladianischem Blickwinkel korrekt – seine Berücksichtigung in der Rubrik der «Wohnungen auf dem Lande» gefunden, die im vierten Buch im Anschluss an die «Herren-Höfe» oder «Palläste», an die «freystehenden Häuser» und an die «Wohnungs-Gebäude der Bürger in Städten» abgehandelt werden.[316] Die Entsprechung zu den Villen ist offensichtlich. Aber Goldmann bemerkt: «In Italien haben sie gantz andere Bräuche». Gleichwohl will er die *villa suburbana* vorstellen und «zuerst eine Römische Land-Wohnung, darnach eine nach heutigem Italiänischem Brauche angeordnet, beschreiben».[317] Bei der ersten, der Plinius-Villa, bezieht er sich auf Scamozzi; bei der zweiten folgt eine Diskussion der Villen-Architektur Palladios. In Scamozzis drittem Buch kommen gleich im Anschluss an das Laurentinum von Plinius seine eigenen Variationen der Villa Rotonda vor – die Rocca Pisana und die Villa Molin bei Padua – sowie die weiteren Darstellungen mit überkuppeltem Mittelsaal. Daher ist offensichtlich, dass sich Goldmanns Text in gleicher Weise auf Scamozzi wie Palladio bezieht. Es steht für Goldmann also nicht das einzelne Werk, sondern vielmehr die besondere Art des italienischen Landhauses im Mittelpunkt seines Interesses. Trotzdem wird Palladio als «Palladius» – in dieser mit Autorität verbrämten lateinischen Zitierweise und insofern identisch mit dem antiken Autor zur Landwirtschaft, Rutilius Taurus Aemilianus Palladius – ausdrücklich genannt, allerdings mit Bezug auf die Anordnung der Räume im Hinblick auf eine spezifische Grundrisstypologie der (palladianischen) Villa: «Die Italiäner belieben in ihren Land-

---

Gegenüber: Domenico Merlini, Palast Krolikarnia, Warschau, 1782–1786, eines der vielen Beispiele für die Gestaltung der idealen 'italienischen' Villa, gemäss dem Modell der Villa Rotonda und der Villa Trissino in Meledo von Palladio

Seite 130: Nicolaus Goldmann, Entwurf für eine Villa auf dem Land, nach italienischen und palladianischen Mustern mit überkuppeltem rundem Zentralsaal (ursprünglich für das Buch zu den *Wohnungen auf dem Lande*), in: Nicolaus Goldmann, *Vollständige Anweisung zu der Civil Bau-Kunst [...] auss den besten Überresten des Alterthums, auss den ausserlesensten Reguln Vitruvii, Vignolae, Scamozzi, Palladii [...]*, hg. von Leonhard Christoph Sturm, Wolfenbüttel 1696, Taf. 73

Seite 131: Leonhard Christoph Sturm, «Grundriss samt Aufriss zu einem Prächtigen Wohn Haus auff dem Land, nach Italiänisch Teutscher Art», Wiederaufnahme und Verwandlung von Goldmanns Villa nach italienischer Manier, in: Leonhard Christoph Sturm, *Ein sehr nöthiges Haupt-Stuck Der vollständigen Anweisung zu der Civil-Bau-Kunst, nach Nicolai Goldmanns Gründen, Von Land-Wohnungen und Meyereyen, sonderlich vor die von Adel [...]*, Augsburg 1721, Taf. III

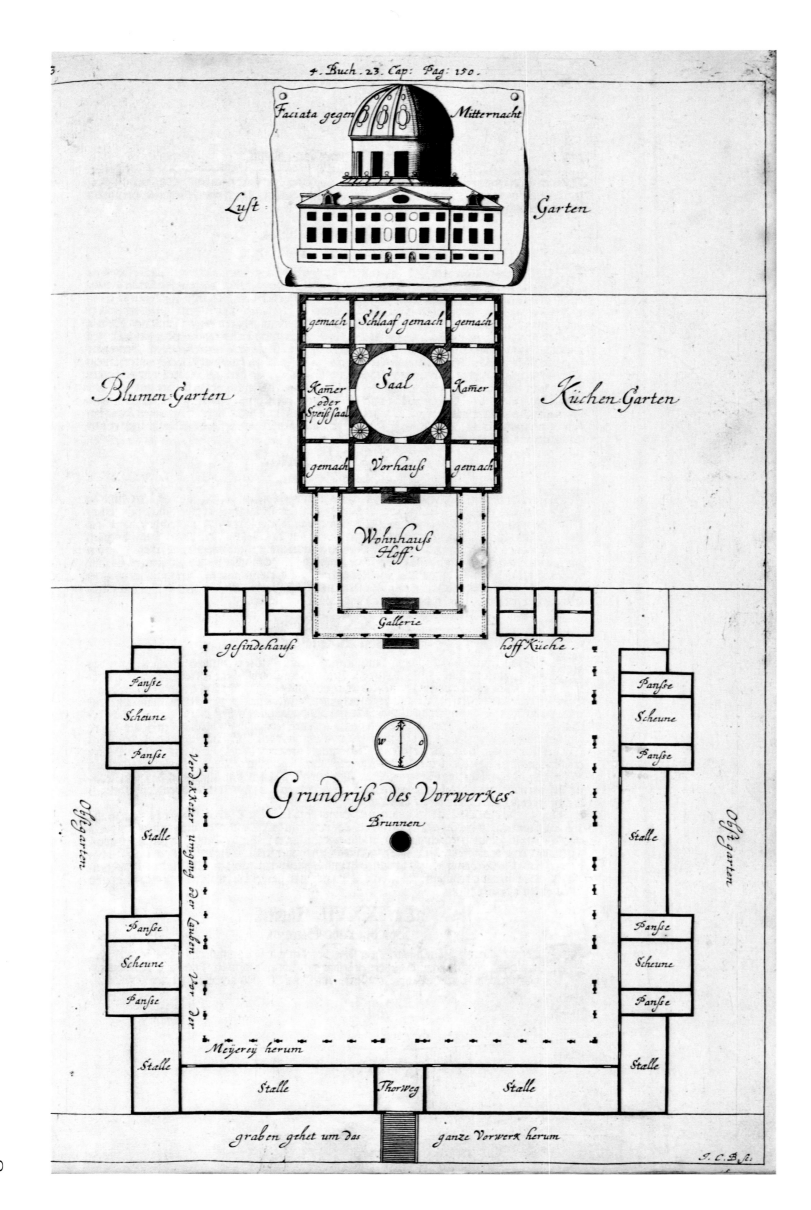

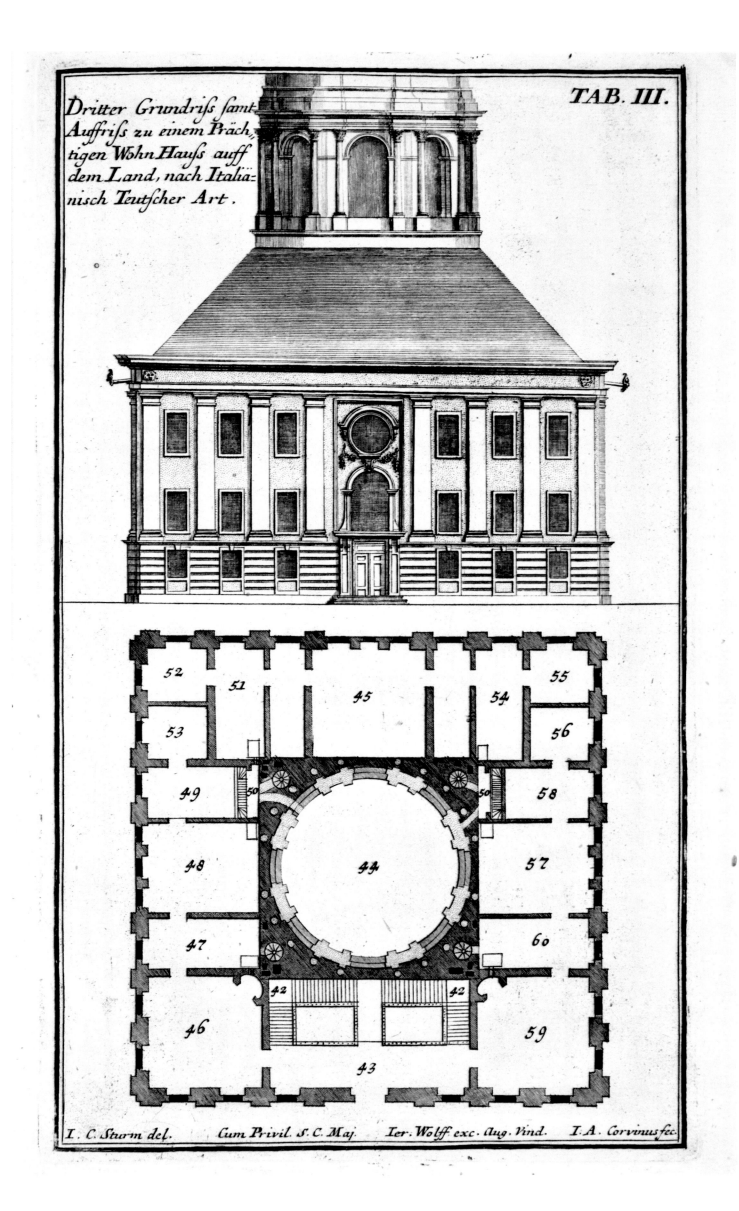

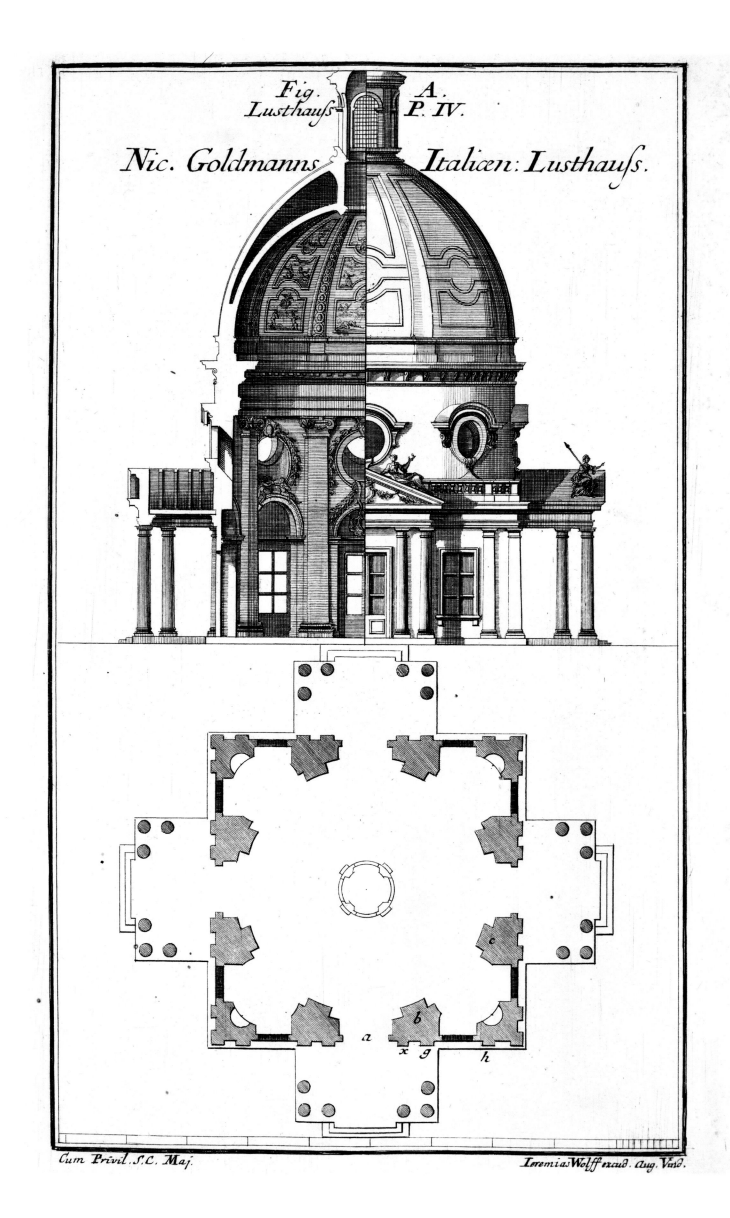

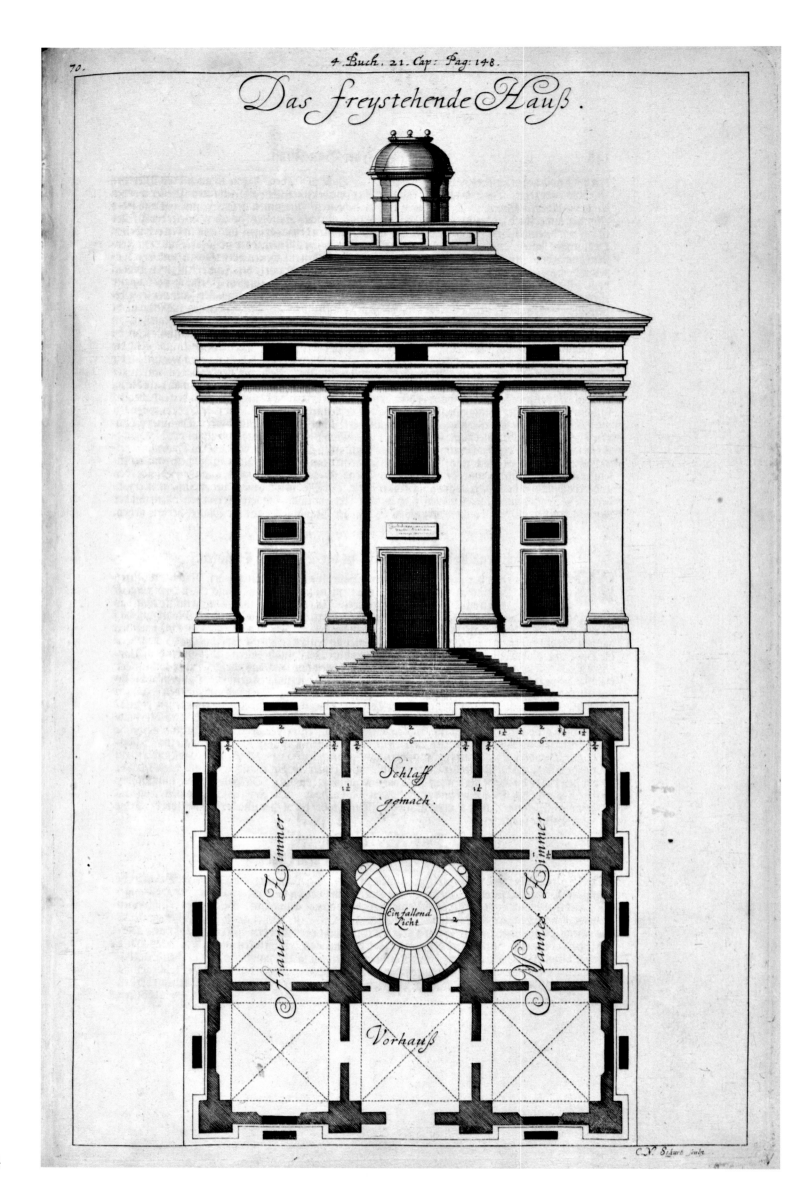

Oben: Leonhard Christoph Sturm, «Aufriss eines Italiaenischen Lusthausses», Verbindung von Goldmanns Modell nach italienischer Manier mit einem zeitgemässen, 'modernen' dekorativen Programm, in: Leonhard Christoph Sturm, *Goldmanns Beschreibung Eines Italiänischen Lust-Hauses [...]*, [Augsburg] o. J., Fig. B

Seite 132: Nicolaus Goldmann, «Italiaenische[s] Lust-Hauss» mit vier Portiken, von Palladio beeinflusst, in: Nicolaus Goldmann, *Vollständige Anweisung zu der Civil-Baukunst [...]*, hg. von Leonhard Christoph Sturm, Wolfenbüttel 1696, Taf. 74

Seite 133: Leonhard Christoph Sturm, Wiederaufnahme und Modifikation mit zeittypischem Dekor des «Italiaen. Lusthauss[es]» von Nicolaus Goldmann, in: Leonhard Christoph Sturm, *Goldmanns Beschreibung Eines Italiänischen Lust-Hauses, Zu einem Anhang zu dem Tractat Von Fürstliche Palläften [...]*, [Augsburg] o. J., Fig. A

Gegenüber: Nicolaus Goldmann, «Das freystehende Hauß», in: Nicolaus Goldmann, *Vollständige Anweisung zu der Civil-Baukunst [...]*, hg. von Leonhard Christoph Sturm, Wolfenbüttel 1696, Taf. 70

Wohnungen mitten einen runden Helm, in dessen Mitte ein Saal, vorzeiten *Diaeta* genant, gelegen ist. Gegen Süden machten sie einen Vorschopff, auch bisweilen ein Vorhauss, hernach pflegt *Palladius* zur Lincken und zur Rechten drey Kammern nach einander einzutheilen, derer die erste wie ein langer Schwatzsaal ist, die andere gemeiniglich schachtförmig, die dritte klein und nur ein Halbzimmer.»[318]

Palladio repräsentiert hier die verbindliche architektonische Beantwortung der Frage nach dem angemessenen räumlich-funktionalen Programm des Landhauses respektive der Villa. Umso erstaunlicher ist es, dass in Goldmanns Text die Villa Rotonda gleichsam neu entsteht – wohl in Kontamination mit den Modellen Scamozzis. Goldmann hat sich Variationsmöglichkeiten des Lusthauses ausgedacht: etwa mit einem weit vorkragenden Portikus («[...] an das Vorhauss kan ein Vorschopff gantz inden Hof hinaus gesetzt werden, dass er auf drey Seiten frey stehe [...]») und einem überkuppelten mittleren Saal auf kreisförmigem Grundriss («ein runder Saal mit einem Helm darüber»). Und dass ihm auch die Modelle der palladianischen Villen mit den «barchesse» gemäss den *Quattro Libri* oder eben konkret die Villa Trissino in Meledo vor Augen standen, an der Palladio selbst die erhöhte Lage betont hatte («Il sito è bellissimo: percioche è sopra un colle»), ergibt sich aus der weiteren Beschreibung: «An diese Land-Wohnungen pflegen sie [die Italiäner] andere Lauben anzulegen, darunter der Herr bedeckt zu den Ställen, Scheunen und zu dem Vorwercke gelangen kan.»[319] Goldmann will die italienische Villa also durchaus von ihren Funktionen her begreifen und ordnet sie dementsprechend in die Kategorie der «Wohnungen auf dem Lande» ein. Und dies scheint erst Sturm aufgrund der reichen architektonischen Ausstattung problematisch, weshalb er die Nähe zu den «Fürstlichen Pallästen» als «schicklicher», angemessener, taxiert.

Auch das hat Goldmann mit der weiterführenden Diskussion zum «Lust-Haus» im Prinzip bereits vorweggenommen. Goldmann formuliert: «Man könnte auch nach dieser Erfindung der Italiäner ein Lust-Hauss bauen, da man ein feines Aussehen hätte; darein könte man mitten einen kleinen Helm angeben, gegen die vier Winde aber vier Vorschöpffe umher, derer ieder auf drey Seiten frey stünde, und forne Stuffen hinauf hätte.»[320] So entsteht in Goldmanns Darstellung gleichsam eine neue Villa, genauer ein «Lust-Haus», dessen Aussehen auffällig an die Villa Rotonda erinnert. Es folgt der bei Sturm wiederholte Hinweis auf die zu empfehlende ausserordentliche Lage «auf der Höhe [...], damit man desto weiter herum ein liebliches Aussehen erlangen möge.» Und zuvor wird auch noch explizite das – palladianische – «Frontespicio» erwähnt: «Uber jedem Vorschopffe sollte ein Giebelgen seyn.» Was hier beschrieben wird, ist das Bild der Villa Rotonda! Goldmann entwickelt die Idee zwar innerhalb der Vorstellung (und Gattung) der «Italiänischen Land-Wohnungen», aber scheinbar selbstständig. Nachvollziehbar ergibt sich solches aus den gegebenen Prämissen; doch handelt es sich um eine Appropriation und natürlich nicht um eine sklavische Kopie.

Diesen Vorgang der Einverleibung in die eigene Systematik eines sämtliche Aufgaben der Architektur unter dem Titel einer umfassenden *Civil-Bau-Kunst* zusammenfassenden Handbuches setzt Sturm fort. Der Frage der – endgültigen – Zuordnung geht er aus dem Weg (er verweist auf einen «Anhang»). Dafür steht jetzt – zeitgemäss – der Titel des «Italiänischen Lust-Hauses». Zudem rühmt sich Sturm, die Ausführungen Goldmanns, in dessen Manuskript sich «ein undeutlich und eylig mit freyer Hand entworffener Grund-Riss an dem Rand entworffen» befand, mit Zeichnungen ergänzt zu haben.[321] Das Resultat findet sich in einer Tafel des von Sturm edierten Werkes Goldmanns in einer nüchternen, beinahe dekorationslosen ersten Fassung. Im «Anhang» hat Sturm eine mit zeitgenössischen Architektur- und Dekorationsformen bereicherte Variante hinzugefügt und die Darstellung mit den (üblichen) mathematischen Berechnungen und Rechtfertigungen der Masse von Säulen und Interkolumnien ergänzt. Er begibt sich dann in eigene – weiterführende – Erklärungen zu den Erfahrungen in der Umsetzung solcher italienischer Bautypen. Damit hat er sich vom palladianischen Urbild der Villa Rotonda oder der Villa Trissino in Meledo entfernt. Erhalten bleibt gerade noch der Luxus allseitiger Fassadenbildung. Sturms zeichnerische Darstellung des «Italiänischen Lusthauses» gibt sich als durchaus seiner Zeit verpflichteter Bau über quadratischem Grundriss, dem ohne die begleitenden Texte eine Ähnlichkeit zu den italienischen Vorbildern nicht oder kaum mehr anzusehen wäre.

In dem als *sehr nöthiges Haupt-Stuck Der vollständigen Anweisung zu der Civil-Bau-Kunst, nach Nicolai Goldmanns Gründen* von Sturm eingeführten Teil *Von den Land-Wohnungen und Meyereyen, sonderlich vor die Adel* (1715 und 1721) wird die Erläuterung des Abschnittes zu den «Wohnungen auf dem Lande» weitergeführt und, wie Sturm im Titel beteuert, *auf die heutige Teutsche Praxin appliciret*.[322] Das äussert sich in zusätzlichen Anmerkungen und Kommentaren. Zum italienischen Landhaus mit mittlerem überkuppeltem Saal auf kreisförmigen Grundriss meint Sturm mittlerweile, kritisch den Aufwand beachtend, «solche Sähle mitten inden Gebäuden fallen allezeit sehr kostbar» aus. Er begründet dies damit, dass eine Kuppel, um Licht spenden zu können, sehr hoch aufgeführt werden müsse, «weil sonst die Kuppel dem Gesicht versincken, und ein gar schlechtes Ansehen gewinnen würde». Sturm behandelt das Bauwerk gleichwohl, weil «der Author [Goldmann] ein solches Gebäude beschrieben» habe. Und, so Sturm ausweichend: «auch sich wohl reiche Herren finden möchten, die Lust bekämen dergleichen zu bauen». Es ist deutlich spürbar, Sturm hält nun ein überkuppeltes Landhaus für übertrieben, wenn nicht gar überholt und – Goldmann zuliebe – gerade noch einer (lehrreichen) Reminiszenz würdig. Das war der Zeitpunkt, zu dem selbst bei den Kirchenbauten, Ausnahmen vorbehalten, die Kuppeln zugunsten weiter Gewölbe allmählich verschwanden. Andererseits fand dieser Meinungswandel bei Sturm just in dem Moment statt, in dem in England die durch eine Kuppel bekrönte ländliche Villa wieder Mode wurde und die Neuerstehung der Villa Rotonda in Mereworth Castle und Chiswick unmittelbar bevorstand. Palladios Meisterstück musste nicht um seinen Ruhm bangen. Sturm hat sich – ganz im Sinn und Geist seiner pietistischen Umgebung – für vordringlich praktische und ökonomische Argumente entschieden. Auch die bei Goldmann mitdiskutierten «Vorwercke» eines «Meyer-Hoff» (die palladianischen «barchesse») betrachtet er nach allen Gesichtspunkten funktionaler und klimatischer Art. «Reguläre», das heisst symmetrische Formen verdienten zwar immer eine besondere Anerkennung. Aber dem Argument, der Hausherr könne über solche «Vorwercke» trockenen Fusses zu den Scheunen und Ställen gelangen, hält Sturm entgegen, dass sie wegen der «zu starcken Connexion der Gebäude» bei Brand zum besonderen Gefahrenherd werden könnten. So entfernt er sich in dem Masse von – dem nicht mehr zitierten – Palladio, wie er sich umgekehrt der Hausväterliteratur seiner Zeit zuwendet und Franz Philipp Florinus ins Spiel bringt, um auch ihn wieder zu kritisieren!

Das Beispiel des italienischen Lusthauses und der sich dahinter verbergenden Villa Rotonda ist nicht nur bezeichnend für den Umgang mit den palladianischen Vorbildern im deutschsprachigen Raum, sondern auch für deren Weiterentwicklung zur Bewältigung neuer architektonischer Aufgaben. Aus der *villa suburbana* ist nun eben – auf die nördlichen «Wohnungen auf dem Lande» aufgepfropft – das vorerst als «italiänisch» gekennzeichnete und danach in «nach Italiänisch Teutscher Art» korrigierte Lust- oder Wohnhaus entstanden. Wie sehr dieses um 1700 in der gesamten deutschen und nördlichen Baukunst zunehmend Beachtung fand und noch auf ganz anderen, etwa römischen Prämissen aufgebaut war, erweist sich in einer Fülle von Projekten, beispielsweise Johann Bernhard Fischer von Erlachs. Es spiegelt sich zugleich in der damaligen einschlägigen Literatur. Dass dabei der Verweis auf Palladio eher einer Ausnahme gleichkommt, ist kaum verwunderlich. Goldmann und Sturm zeigen, auf welche Weise solche Anregungen aufgenommen und umgesetzt und wie sie integriert werden. Ähnliches lässt sich in der französischen Architektur bemerken und zum Aufkommen und zur Beliebtheit der *maison de plaisance* feststellen, die bei allen denkbaren Abhängigkeiten stets in erster Linie eine den französischen Bedürfnissen, Vorstellungen und vor allem auch Ansprüchen angepasste Nachbildung war. Der direkte Rückgriff und die vollständige Übernahme gegebener Prototypen war einer Kultur vorbehalten, die dies auch ausdrücklich – «upon right models of perfection», gemäss dem Kulturverständnis der (neureichen) Whigs in England – wünschte und umsetzte. Es ist vor diesem Hintergrund schon sehr bemerkenswert, dass Goldmann so präzis auf die palladianische Grundrissbildung bei seinen Villen eingeht. Dass der Name «Palladius» fällt, verweist auf den Ruhm und den hohen Anspruch, die sich mit diesem Namen verbinden. Ihm allein schon hängen alle Indizien einer Aura des Aussergewöhnlichen an.

Der Ruhm Palladios im deutschsprachigen Raum wird augenscheinlich, wenn man die sandrartsche Edition der Villengrund- und -aufrisse (1694) nach den *Quattro Libri* zur Hand nimmt;[323] und noch mehr, wenn man die von Georg Andreas Böckler besorgte erste deutsche Palladio-Ausgabe konsultiert, die 1698, also zwei Jahre nach der Erstausgabe des Goldmann, mit einem von Sandrart gezeichneten Frontispiz in Nürnberg publiziert wird.[324] Auf diesem erscheint die Villa Rotonda in die Landschaft eingefügt und ihr Grundriss ist in dem von der «Königin im Reich der Edlen Künste», der Allegorie der Architektur, aufgerollten Plan zu sehen, wozu in der «Erklärung des Kupfer-Titels» steht: «Der Abriss linker Hand beschirmet die Gebäue, versichert, was die Stadt zu Nutz und Lust aufführt.»[325] Der Grundriss der Villa Rotonda soll hier also – im gesellschaftlichen Rahmen der Stadt – für Nutzen und Wohlergehen garantieren. In Böcklers Werk findet sich der auratische Namen PALLADIUS im Titel in grossen Lettern herausgestellt. Jene als Stadtgöttin gekleidete «Architectura» entpuppt sich als die «Baumeisterin Pallas». Auf dem gemeinsamen Wortstamm aufgebaut wird im Buchtitel Gleichsetzung inszeniert: *Die Baumeisterin Pallas, Oder Der in Teutschland erstandene PALLADIUS*. Es folgt, den – hauptsächlichen – Inhalt beschreibend, der Untertitel: *Das ist: Des vortrefflich-Italiänischen Baumeisters ANDREAE PALLADII Zwey Bücher Von der Bau-Kunst [...]*. In Sturms Edition von Goldmanns Werk war der Name Palladios in üblicher Gruppierung zusammen mit den anderen, die Geburt einer an den antiken Vorgaben gebildeten Architektur garantierenden Meistern erschienen. Der Titel der *vollständigen Anweisung zu der CivilBau-Kunst* war um die Formulierung ergänzt worden: *Alles auss den besten Überresten des Alterthums, auss den auserlesensten reguln Vitruvii, Vignolae, Scamozzi, Palladii und anderer zusammen gezogen [...]*.[326] Böckler hingegen hebt das Werk Palladios heraus und betont es seinem besonderen Wert entsprechend.

Auch Böckler versucht im Grunde genommen, ein umfassendes Lehrbuch der Architektur unter Hinzuziehung aller erdenklichen Quellen herzustellen. Die ersten beiden Bücher Palladios bilden zwar den Kern des Buches, sind aber, vor allem bezogen auf die praktischen Grundlegungen des Bauens, durch umfassende Textteile Böcklers ergänzt. Diese werden eigens gekennzeichnet («Bis hiher Palladius, Böcklers Zugabe.»), sodass der Charakter einer deutschen Palladio-Ausgabe durchaus unterstrichen erscheint. Schon der ausführliche Titel lässt das weiterreichende Konzept des Architekturtraktates erkennen, das zum einen alle baulichen und architektonischen Voraussetzungen abhandelt («Von denen Materialien» bis zu den Säulenordnungen der Proportionslehre und den «Zierrathen der Thüren und Fenster») und zum anderen den Aufgaben der «gemeinen Gebäue» wie den «Stadt-Gebäuen», einer auf private wie öffentliche Bauten ausgerichteten Zivilbaukunst, gewidmet ist. Damit erklärt sich zumindest ein Grund des besonderen Interesses an den *Quattro Libri*, nämlich deren Akzentsetzung bezüglich des Hausbaus. Böckler hat – ganz anders als Goldmann und Sturm – auf dem Modell von Palladios *Quattro Libri* aufgebaut, um eine umfassende «Civil-Baukunst» zu begründen, die auf die bürgerlichen und städtischen Bedürfnisse im deutschen Kulturraum und Umfeld ausgerichtet ist. (Böcklers «Teutsches Palladium» ist von seinem Verleger, Georg Andreas Endter, Gottlieb Volkamer als dem Repräsentanten der freien Reichsstadt Nürnberg gewidmet.)

Palladios erste zwei Bücher bilden so besehen den Rahmen, dem das weitere Wissen («ADDITIONIBUS und NOTIS, auch dazu gehörigen Figuren, erbaulich ausgerüstet») an- und hinzugefügt wird. Deshalb fällt Böcklers Blick auf die französische Tradition ganz besonders auf. Philibert de l'Orme und noch mehr Roland Fréart de Chambray, der seinerseits die erste französische Übersetzung Palladios besorgte (1650), werden hier ausführlichst vorgestellt. Im selben Atemzug, mit dem sich Böckler seiner «Freyheiten», eigener Meinungsbildung und «eigenem Gutdüncken» vergewissert, schliesst er sich den Auffassungen Fréart de Chambrays an und folgt diesem selbst in der Beschränkung auf die drei griechischen Säulenordnungen und die dabei geäusserten moralisierenden Gedanken zum Griechentum. Die «bäurische Art der Toscanischen» Ordnung sei aus den Städten zu verbannen und wird «auf das Land verwiesen» und die komposite Ordnung sei wegen der Stiftung von Unordnung gleichfalls zu vermeiden.[327] Fréart de Chambray ist Böcklers Gewährsmann. Von ihm übernimmt er wörtlich Formulierungen, wenn er sich anschickt, einen Überblick über die gesamte Architekturliteratur zu geben. An erster Stelle findet sich so das Zitat: «Der vornehmste unter allen ist der berühmte *Andreas Palladius*, welcher uns ein schönes Buch alter Plan und Profil, allerhand Arten der Gebäu, hinterlassen hat, welche dermassen künstlich gezeichnet, und so *exact* gemessen sind, dass darinnen nichts weiter zu wünschen [...].»[328] Roland Fréart de Chambray hob 1650 in dem «Avant-Propos» seiner *Parallèle* die Wertschätzung Palladios *und* Scamozzis hervor.[329] Dem ersten Teil zur *Dorica* gab er im sechsten Kapitel zudem ein «Iugement en general de tous les autheurs rapportez en ce recueil» hinzu, das erst in den 1860er Jahren in der zweiten Ausgabe der *Parallèle* dem einleitenden Text der «Preface» sinngemäss beigefügt wurde. In diesem Kapitel steht jene von Böckler übernommene (hier nach der originalen Version von 1650 zitierte) Charakterisierung der *Quattro Libri*: «Le premier de tous, sans contestation, est le celebre André Palladio, auquel nous avons l'obligation d'un tres-beau recueil de plans & profils antiques de toute sorte de bastiments, desseignez d'une maniere excellente, & mesurez avec une diligence si exacte, qu'il n'y reste rien à desirer [...].»[330] Durch das nachfolgende Urteil zu Scamozzi – «[...] mais beaucoup moindre ouvrier & moins delicat au faict du dessein» (in der Version von 1689: «[...] ne desseignoit pas avec tant de delicatesse [...]») – kann man ermessen, dass für Fréart de Chambray die spezifische Qualität der zeichnerischen Darstellungen der *Quattro Libri* im Vordergrund stand. Wie sehr gerade das auch Böckler ein Anliegen war, ist zudem seinen Ausführungen zu Giuseppe Viola Zanini zu entnehmen, dem er – er nennt ihn abschätzig den «guten Kerl» – über den Text Fréart de Chambrays hinausgehend vorwirft, «er habe niemals weder von Ziffern noch der Arithmetic reden hören».[331]

Es ist klar, dass es Böckler, wie Goldmann und Sturm, um die *mathematische Präzision und Verlässlichkeit der Architektur* ging. Und es fällt auf, dass in der deutschen Entwicklung einer Theorie der Architektur gerade das und nicht die Lehre von den Säulenordnungen die wichtigste Rolle spielte. Palladios *Quattro Libri* verfügen diesbezüglich – mit der spezifisch architektonischen Darstellungsmethode der «lineamenta» – über einen Vorteil. Die verlässliche Darstellung und die Orientierung an den primären Anliegen einer Zivilbaukunst öffentlicher Gebäude und des Hausbaus stärkten Palladios Ansehen in Deutschland.

Böckler folgert: «Wann dann aus obigen Ursachen, und dem Zeugnus dieses Mannes, genugsam dargethan und erwiesen worden, dass unter benannten Architecten dem Palladio der Vorzug und die obere Stelle von Rechts wegen gebühre; als haben wir, zur Nachfolge, des Palladii zwey erste Bücher von der Architectur aus dem Italiänischen ins Teutsche übergesetzet [...].»[332] Er kündigte bei dieser Gelegenheit eine deutsche Ausgabe des dritten und vierten Buches an. Er starb jedoch im Februar 1687 und der 'deutsche Palladio' erschien unvollendet aus dem Nachlass. Der Heraus-

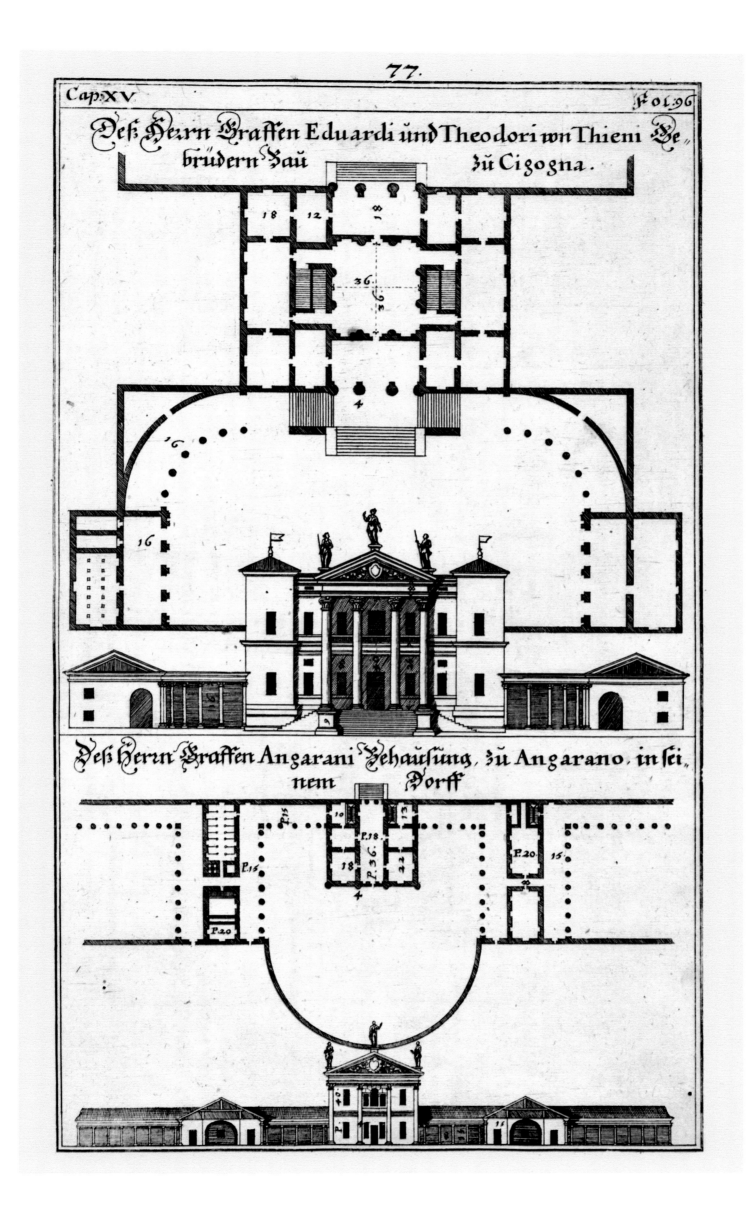

geber Georg Andreas Endter wollte offenbar in der Widmung an Gottlieb Volkamer als dem Repräsentanten der Freien Reichsstadt Nürnberg die Ausrichtung des Werks auf Palladio verstärken: «So nehmen dann E. Hochadel. Herrlichkeit gegenwärtige Pallas oder den Teutschen Palladium, der sich Deroselben höchstvernünftigen Unterweisung und Judicio als ein Schüler unterwirft, so geneigt auf, als wolmeinend er von Ihrem Diener übergeben wird.»[333] Man muss offenlassen, ob die besondere Herausstreichung von Pallas und Palladius – mitsamt dem bei Sandrart bestellten und von Ludwig Christoph Glotsch gestochenen Titelkupfer – in erster Linie dem Verleger zuzuschreiben ist.

Die editorischen und verlegerischen Zusammenhänge sind indes aufschlussreich. Glotsch, der den Titelkupfer des böcklerschen *Palladius* gestochen hat, lieferte später nach Zeichnungen Paul Deckers auch Stiche für die *Nürnbergischen Hesperiden* Volkamers, deren erster Teil 1708 wiederum bei Endter erschien.[334] Dieses berühmt gewordene Buch kommt einer Lobpreisung von Garten und Landwirtschaft in höchsten Tönen gleich. Ausgangspunkt war das in Rom 1646 publizierte Werk von Giovanni Battista Ferrari über die Hesperiden.[335] Doch das Lob der Zitrusfrüchte wird nach Nürnberg und in dessen Umgebung versetzt. Das «Schlösslein in Mögeldorf» und «Herr Wurzelbaurs Garten» bilden so mit Dutzenden weiterer ländlicher Bilder den Hintergrund. Genua und Nervi sind zwar Bezugspunkte; ansonsten ist es die deutsche Wirklichkeit mit Gutshof, mit Fachwerkbauten und gelegentlich einem vorgesetzten italienisch anmutenden Torbau. 1714 erschien ein zweiter Band, diesmal mit Ausblicken ins Veneto. Allein, die venezianischen Villen sind in erster Linie Staffage, wirken zufällig gewählt und lassen einen präziseren palladianischen Bezug vermissen, der der ländlichen Architektur Deutschlands – wenigstens in der Phantasie – eine neue architektonische Physiognomie hätte verpassen können. Schon in der Entwicklung der Interessen und Argumente von Goldmann bis Sturm liess sich der wachsende Zweifel an der Tauglichkeit italienischer Modelle der Villa erkennen, der Villa Rotonda insbesondere. Man muss nach England schauen, um bald den umgekehrten Gang der Dinge beobachten zu können. Und man weiss, dass viel später über England die palladianischen Einflüsse neu nach Deutschland gelangten. Die 1753 bis 1755 errichteten Potsdamer Repliken von Vicentiner Palästen wurden nach Giacomo Leonis englischer Palladio-Ausgabe geformt.[336] Als man in Wörlitz gegen Ende des 18. Jahrhunderts palladianische Architektur mitsamt einer grosszügigen Parkanlage gleichsam aus dem Nichts erschuf, war längst England – und nicht mehr Frankreich und Italien – das in Sachen zeitgemässen Geschmacks führende Land.[337]

International geprägt war aber auch schon die Zeit Böcklers. Seine Kenntnisse von Palladio reichen weit zurück. Die «Zierrathen der Thüren und Fenster», die er 1698 im Tafelteil den palladianischen Palästen und Villen voranstellte, stammten aus dem *Traicté Des Galleries, Entrées, Salles, Antichambres, Et chambres, Avec la maniere de trouver la hauteur de chacunes pieces, proportionnées selon leur grandeurs*, die Pierre Le Muet in ein Buch zusammengefasst mit dem *Traicté Des cinq Ordres d'Architecture desquels se sont servy les Anciens. Traduit Du Palladio* 1645 erstmals publiziert hatte.[338] Diese früheste französische Bearbeitung des ersten Buches Palladios (das kaum mehr als solches erkenntlich ist) bildete die Grundlage jenes *Compendium Architecturae*, das Böckler noch jung, anschliessend an seine Studien und an eine erste Publikation zur Fortifikationslehre, 1648 in Frankfurt am Main erscheinen liess.[339] Böckler übernahm von Le Muet auch das Frontispiz, das noch lange – zuletzt in der von Charles-Antoine Jombert 1764 neubearbeiteten *Architecture de Palladio* – all jene Adaptionen der Palladio-Edition Le Muets zieren würde.[340] In Böcklers *Compendium Architecturae* wird noch viel mehr als in seinem postumen *Palladius* deutlich, dass er ein umfassendes Traktat unter Einschluss der vitruvianischen Grundlagen mitsamt den Ausführungen zum Verhältnis von Theorie und Praxis und in Berücksichtigung anderer Gewährsleute beabsichtigte. Auf diese Weise entstand 1648 – noch vor der häufig publizierten und von John Evelyn ins Englische übertragenen *Parallèle* von Roland Fréart de Chambray (1650) – ein erster systematischer Vergleich der Säulenordnungen gemäss den Vorstellungen von Vignola, Serlio, Palladio und Scamozzi. Es wird offensichtlich, dass der Weg von einer alleinigen Ausrichtung auf Palladio über die Säulenordnung hin zu einer 'Komparatistik' unter Einschluss sämtlicher Autoritäten, insbesondere auch Vignolas, führen musste. In einem mit «B. W. P. L.» signierten Lobgedicht auf Böckler liest man 1648: «Wegen drey Sprachen er, drey Hertzen musste haben». Und am Ende steht dort der Vers: «Multiscius varias Böcklerus tractat acute, Artes, quid coelum terra sciatque docet.»[341] Böckler, der sich auch Ingenieur nannte, war breit gebildet und fand sich zwischen den französischen, holländischen und deutschen Einflüssen zurecht. Man kann ihn – übrigens genauso wenig wie Nicolaus Goldmann – der einen oder anderen Nation zuweisen. Die Herausbildung von Kulturnationen zusammen mit dem «goût par nation» kündigte sich damals erst an.[342] Das Erstaunliche dabei ist, dass sich im Zuge einer solchen Herauskristallisierung, nämlich der britischen Eigenart, erstmals auch ein Palladianismus einstellte, der dies zum Programm erhob.

Architektur bleibt, umso mehr als sie theoretische Fundierung anstrebt, wissenschaftsnah. Und demgemäss ist sie auch *ante litteram* international. Oder, um noch ein modernes Charakteristikum zu bemühen, das damalige wissenschaftliche Interesse an der Architektur war vernetzt. Dies schlägt sich deutlich im Schrifttum und noch mehr in den verlegerischen Reaktionen und Bewegun-

Seite 138: Nach Andrea Palladio (*Quattro Libri*, II, 15), Palazzo Thiene, Vicenza, Teil des Innenhofs, in: Georg Andreas Böckler, *Die Baumeisterin Pallas, Oder Der in Teutschland erstandene Palladius*, Nürnberg 1698, Taf. 48
Seite 139: Nach Andrea Palladio (*Quattro Libri*, II, 62–63), Villa Thiene, Cicogna, und Villa Angarano, in: Georg Andreas Böckler, *Die Baumeisterin Pallas, Oder Der in Teutschland erstandene Palladius* [...], Nürnberg 1698, Taf. 77

Gegenüber: Georg Andreas Böckler, *Compendium Architecturae Civilis. Erster Theyl. Das ist Kurtze und gründtliche Verfassung oder Bericht von der Baukunst [...] neben den Fünff Ordinibus [...] wie dieselbige von Vitruvio, Iac. Baroz. von Vignola, Palladio, Seb. Serlio, und Vinc. Scamozzi, inventirt [...]*, Frankfurt a. M. 1648, Frontispiz nach der Palladio-Ausgabe von Le Muet (1645)

Palladianische Gebäude – Fassaden! – in Potsdam (1753–1755).
Unter dem Einfluss von Francesco Algarotti errichteten die Architekten
von Friedrich II., Carl Ludwig Hildebrant und Andreas Krüger,
innerhalb weniger Jahre in Potsdam Paläste vor allem nach palladianischen
Modellen. Sie bezogen sich dabei auf die in den damals aktuellen Büchern
greifbaren Stichvorlagen.

Gegenüber: Andreas Krüger, Haus am Blücherplatz, Potsdam, 1755.
Algarottis Interesse galt in besonderer Weise dem von Lord Burlington
errichteten Haus von General Wade. Darauf bezieht sich in dieser Fassade
das zentrale Motiv des von den römischen Thermen inspirierten
grossen Fensters.

Oben: Carl Ludwig Hildebrant, Haus an der Schlossstrasse, Potsdam, 1754,
Übernahme der Fassade von Palladios Palazzo Valmarana

gen nieder. Man findet Böcklers *Compendium Architecturae* von 1648 passend angebunden an Daniel Schwenters verbreitetes Handbuch der *Geometriae practicae Novae et Auctae* in der Nürnberger Ausgabe des Jeremias Dümler von 1641.³⁴³ 1667 lassen die Erben Endter, dieselben Verleger, die später, 1698, den *Palladius* veröffentlichen, durch Böckler eine «vermehrte» Ausgabe von Schwenters Handbuch herausgeben.³⁴⁴ Andererseits findet der *Palladio* von Le Muet 1682 in Amsterdam in Henry Wetstein einen Verleger, der diese Ausgabe seinem Kompatrioten Jean Louis de Waldkirch, «Marchand à Genève», widmet, womit genau jenes übergreifende kulturelle Klima beschrieben ist, in dem die Architektur als Teil einer «connoissance universelle» erscheint.³⁴⁵ Hier werden die *Quattro Libri*, «Traduit du Palladio, par le Sr. Le Muet» weltmännisch gekennzeichnet, der 'gebildeten Seele' zugeführt: «[...] de Vôtre ame genereuse, civile, honête & liberale», so die Widmung Wetsteins. Schliesslich noch eine Verbindung: Böcklers meistbewundertes Werk, die der «Bau- und Wasserkunst» – in der Tradition der Pneumatik eines Ctesibius und Heron – gewidmete *Architecturae Curiosae Novae* wird von Johann Christoph Sturm, dem Vater Leonhard Christophs Sturms und dessen Vorgänger in Sachen Architektur-Wissenschaft, ins Lateinische übertragen und bei Paul Fürst in Nürnberg 1664 ediert.³⁴⁶ Der dritte Teil dieses Werkes vermerkt im Titel, dass es um die *per Italiam, Galliam, Brittaniam ac Germaniam* verbreitete Brunnen- und Wasserkunst gehe. Längst war die Weitergabe all dieser Kenntnisse quer durch Europa zur Tatsache und Architektur auf wissenschaftlichem Niveau zur Bildungssache geworden. Das architektonische Schrifttum und mit ihm die Kenntnis – oder auch nur die Lobpreisung – Palladios folgte diesen Pfaden und passte sich den entsprechenden Bedürfnissen an.

Zu Seite 145–157: Die Gartenanlage in Wörlitz mit ihren Bauten ist Ergebnis der *Grand Tour*, die Leopold III. Friedrich Franz von Anhalt-Dessau zusammen mit dem Architekten Friedrich Wilhelm Freiherr von Erdmannsdorff von Oktober 1765 bis April 1767 durch Italien (bis nach Pompeji und Paestum), Frankreich und England führte, sowie weiterer Reisen, die nach der Einweihung der Anlage 1773 folgten.

Gegenüber: Friedrich Wilhelm von Erdmannsdorff, Venustempel, Wörlitz, 1794. Er folgte auf den analogen Monopteros, den Erdmannsdorff um 1780 für den Georgengarten in Dessau entworfen und errichtet hatte.

Seite 146–147: Friedrich Wilhelm von Erdmannsdorff, Schloss zu Wörlitz, 1769–1773. Das Gebäude wurde während der *Grand Tour* entworfen und nahm mit der Zeit einen immer mehr vom englischen Neopalladianismus beeinflussten Charakter an.

Seite 148–149: Friedrich Wilhelm von Erdmannsdorff, Floratempel, Wörlitz, 1796–1798. Das Gebäude ist von William Chambers' Kasino im Garten von Wilton inspiriert, das wiederum auf dem in Palladios *Quattro Libri* vorgestellten Clitunno-Tempel bei Spoleto basiert.

Seite 150–151: Friedrich Wilhelm von Erdmannsdorff, Pantheon, Wörlitz, 1794–1797. Es sollte als Museum mit Bezügen zur griechischen, römischen und ägyptischen Kultur dienen.

Seite 152–153: Friedrich Wilhelm von Erdmannsdorff, Luisium, Wörlitz, 1774. Der Dachaufbau weist palladianische Einzelformen auf.

Seite 154–155 und 156–157: Georg Wenzeslaus von Knobelsdorff, Königliches Opernhaus, Berlin, 1740–1743. Nach dem Brand von 1843 wurde es durch Carl Ferdinand Langhans d. J. unter Hinzufügung seitlicher Erweiterungen renoviert. Die auf die Strasse Unter den Linden ausgerichtete Hauptfassade ist mit der programmatischen Inschrift «FRIDERICUS REX APOLLINI ET MUSIS» versehen, ein erstes Zeichen der klassisch-palladianischen Richtung der architektonischen Unternehmungen Friedrichs II.

Das Regelwerk der französischen Akademie und der Rückbezug auf Palladios Architektur Frankreich vom 17. bis zum 19. Jahrhundert

« Je diray donc seulement tout en un mot, avec le consentement universel des intelligens, qu'il est le premier entre ceux de sa profession, & qu'on peut tenir ce Livre comme un Palladium de la vraye Architecture. »

Roland Fréart de Chambray, Les Quatre Livres de l'Architecture d'André Palladio, Mis en François, Paris 1650, «A mes tres-chers Frères»

« Le premier de tous, sans contestation, est le celebre André Palladio, auquel nous avons l'obligatin d'un tres-beau recueil de plans & profils antiques de toute sorte de bastimens, desseignez d'une maniere excellente, & mesurez avec une diligence si exacte, qu'il n'y reste rien à desirer. »

Roland Fréart de Chambray, Parallèle de l'Architecture Antique et de la Moderne, Paris 1650, S. 20

« Dans cette louable prevention j'ay cherché ce qui pourroit avoir fait, que ces Autheurs si celebres ont negligé la precision & l'exactitude qui manque aux description & aux desseins qu'ils ont donné au public [...] Palladio met vingt-quatre cannaux à la colonne, au lieu de vingt qui y sont. »

Antoine Desgodetz, Les Edifices Antiques de Rome dessinés et mesurés tres exactement, Paris 1682, «Préface»; S. 100 (Tempel der Fortuna Virilis)

« Ie n'ay rien changé dans l'ordre que Vignole a tenu pour ses mesures particulieres, mais pour celles de Palladio & de Scamozzi qui prennent le diametre entier du bas de la Colonne pour leur module, c'est à dire pour la mesure commune des parties de leur Ordonnance, j'ay crû qu'il seroit mieux de me servir, pour module commun dans tous les ordres & dans toutes les manières, du demy diametre seulement de la Colonne, à l'imitation de Vignole & de Vitruve dans l'Ordre Dorique, afin que la mesure fust toujours la même dans tous les Ordres de ce Livre. »

François Blondel, Cours d'Architecture enseigné dans l'Académie Royale d'Architecture, Première Partie, Paris 1675, «Préface»

Vieles in der Wirkungsgeschichte Palladios ging von der frühesten Übersetzung des ersten Buches Palladios durch Pierre Le Muet aus. Das Format wurde von Verlegern in Amsterdam wie London übernommen und hielt sich bis 1764. Thomas Jefferson benutzte eine der vielen von Godfrey Richards besorgten Ausgaben (von 1700) des nach dem Muster von Le Muet auf die Säulenordnungen reduzierten Palladios.[347] In der massiv gekürzten Form glich der Palladio ähnlich zubereiteten Fassungen des Scamozzi und insbesondere des «Abbicci degli architetti», der *Regola* Vignolas, die die Liste knapp gehaltener Architekturlehren mit Abstand stets anführte.[348] Bald wurde dieser Katalog von *essentials* der Architektur ergänzt um jene 'Parallelen', deren Ausgangspunkt Roland Fréart de Chambray war. Die *Deux exemples des Cinq Ordres de l'architecture Antique, et des quatre plus Excelens Autheurs qui en ont traitté, Sçavoir, Palladio, Scamozzi, Serlio, et Vignole* von Jean Le Blond (1683) – später auch unter dem Titel *Parallèle des Cinq Ordres d'Architecture* neu aufgelegt – ergänzten die Reihe kleinformatiger Säulenbücher, die stets in variierenden Auflagen auf dem Markt erhältlich blieben.[349] Diesen 'Taschenbüchern' ist es gemeinsam, dass sie – im Rahmen verlegerischer, auf Aktualität

J.-L.-G. Palaiseau, Barrière de Picpus von Claude-Nicolas Ledoux, in: J.-L.-G. Palaiseau, *La Ceinture de Paris, ou Recueil des Barrières qui entourent cette capitale,* [Paris 1819], Taf. 4

und Verkaufsargumente ausgerichteter Willkür – Zutaten jeder Art aufnahmen und damit den Inhalt erweiterten und verwässerten. Godfrey Richards' *The first Book of Architecture by Andrea Palladio* stellte so – nebst den französischen Teilen nach Le Muet – einen Stich von Saint Paul's Cathedral in London an den Anfang.[350] Es wurde alles unternommen, um in erster Linie und glaubhaft ein umfassendes, kurzgefasstes Kompendium (wie in Böcklers Titel von 1648) zu günstigem Preis anbieten zu können. Irgendwann blieb dann nur noch der Name Palladios auf dem Titelblatt stehen, während der Inhalt, wie in William Salmons *Palladio Londinensis*, mit Bezug auf die lokalen Bedingungen ganz ohne das italienische Idol auskam. Insofern war – trotz der ausdrücklichen Erwähnung von Palladio – kaum noch Platz für eine tatsächlich auf ihn und sein Werk Bezug nehmende palladianische Architektur. Und dies lässt sich mit Blick auf die weitere Entwicklung der Auseinandersetzung mit Palladio in Frankreich verallgemeinern. Ging es um das Bauen – und insbesondere um Hausbau – so standen analog zur deutschen Situation französische Baugewohnheiten und Traditionen im Vordergrund. Das ist umso deutlicher festzustellen, als es wiederum Le Muet war, der diesen Zweig des architektonischen Wissens pflegte und die entscheidenden Akzente in seiner Zeit setzte. 1623 erschien in Paris die erste Ausgabe der *Maniere de Bastir. Pout touttes sortes de personnes*.[351] Auch wenn die allegorische Figur der Architektur auf dem Frontispiz einen Tempelgrundriss in der linken Hand hält, ist dieses Werk ausschliesslich dem Hausbau gewidmet. Es findet sich nicht das geringste Echo jener epochemachenden Innovation Palladios, das «Frontespicio» vom Tempel auf die Behausung zu übertragen. Keine Fassaden, die mehr als eine symmetrische Anordnung und ein geschmücktes Portal aufwiesen! Der Hausbau wurde unter diesen Bedingungen – mit der Zielsetzung vermehrten Komforts und Ausstattungsluxus' – über ein ganzes Jahrhundert weitergeführt und kam erst mit Charles-Etienne Briseux und dem neuerwachten Interesse an Proportionen wieder auf Palladio zurück. Man war selbstgenügsam – und selbstbewusst! Schliesslich formulierte Le Muet schon 1623 in seinem Vorwort «Au Lecteur»: «Les Grecs les premiers s'y sont rendus excellens; les Italiens par apres ont fait des ouvrages merveilleux; & les François maintenant peuvent prattiquer tout ce que les uns & les autres en ont sceu.»[352] Bezüglich der «maisons des particuliers», der Privat-Baukunst, galten ohnehin 'nur' die Kriterien von «bienséance & commodité». Darin würden französische Architekten Meisterschaft erreichen und der entsprechende Mangel würde umgekehrt – bis hin zu Algarottis Diktum vom Wohnen im französischen Haus gegenüber einer palladianischen Fassade – Palladio zum Vorwurf gereichen.

Und so, wie als Ausnahme von der Regel die Villa Rotonda bei Nicolaus Goldmann ihre Aufwartung machte, geschah dies in Frankreich mit französischen Vorzeichen bei Antoine Lepautre. Auch hier würde man den Zusammenhang kaum erraten, wenn nicht der begleitende Text darauf verwiese. In den erstmals 1652 (Datum des «privilège») erschienenen *Oeuvres d'Architecture d'Anthoine le Pautre* findet sich der Entwurf einer «Maison de Plaisance», die nach allen vier Seiten Portiken aufweist, allerdings ungleiche und mit Hermen anstelle von Säulen bestückt.[353] Dies

Jean Le Blond, *Parallèle Des Cinq Ordres d'Architecture Tiré des exemples Antiques les plus excelens; et des quatre principaux auteurs modernes qui en ont écrit Scavoir Paladio, Scamozzi, Serlio et Vignole [...]*, Paris 1710, Frontispiz mit Titel

und der überkuppelte Mittelsaal erinnern vage an die Villa Rotonda. Allein, weder ist die doppelte Symmetrie konsequent angewandt noch sind Fassaden mit Giebeln ausgebildet. Der später hinzugefügte Text verweist ins Veneto, was zudem ausdrücklich im Hinblick auf die Form geschieht: «[...] aussi la forme approche de plusieurs qui sont en ce pays, particulierement dans l'Estat de Venise sur la Brente dans le Padouan & le Vicentin, & dans le Veronois & le Bresçan, où plusieurs Gentilshommes Venitiens ont fait construire de petits Palais, qui n'estans si magnifiques ny si solides que celui-cy, ne laissent pas d'estre tres-agreables, reservant à faire les grandes dépenses dans la Ville. Palladio & Scamozzi en rapportent quelques-uns qu'ils ont construits.»[354] Die Verbindung ist hergestellt und die Besonderheit, genauer, der Ausnahmecharakter der venezianischen Villa unter expliziter Erwähnung von Palladio und Scamozzi beschrieben.

Louis XIV. hatte mittlerweile seine Kunstagenten nicht nur nach Rom geschickt, auch das Veneto war ganz offensichtlich in

Die Erfolgsgeschichte des von Le Muet herausgegebenen 'kleinen Palladio': *Architecture de Palladio, contenant Les cinq Ordres d'Architecture, suivant cet Auteur [...]*, Paris 1764 (= Bibliothèque portative d'Architecture, hg. von Jombert), Frontispiz nach der Palladio-Ausgabe von Le Muet (1645)

[Godfrey Richards], *The First Book of Architecture: by Andrea Palladio. Translated out of Italian, With an Apendix touching Doors and Windows, By Pr.Le Muet Architect to the French King. Translated into English by Godfrey Richards [...]*, London 1716, Frontispiz (erste englische Le Muet-Ausgabe)

die Interessensphäre der französischen Kulturpolitik geraten. Noch 1752 würde Charles-Etienne Briseux bezogen auf die Fassadenrisse nach Palladio, die er in seine Analyse der Proportionierung von Gebäuden einbezieht, berichten: «Ces mesures ont été prise par ordre de Louis XIV.».[355] Das deutlichste Zeichen dieses Transfers ist aber schon bei Roland Fréart de Chambray festzustellen, der sich die gesamten Druckstöcke der *Quattro Libri* aus Vicenza besorgte, wo 1642 der letzte Nachdruck der Originalausgabe von 1570 durch Marc'Antonio Brogiollo erfolgt war.[356] Dieser hatte das Buch dank der «animi, o potere» der Gebrüder Vidmani, denen die Ausgabe gewidmet ist, wiederaufgelegt und dabei halb bedauernd und halb moralisierend auf die «prudenza» hingewiesen, «che *altronde non seppe trovare* il maggior Poeta del mondo nel fabricar un Heroe». Nun also war es Roland Fréart de Chambray, Sieur de Chantelou, der, beauftragt von Monseigneur Sublet de Noyers, dem als Bauherr des Louvre Praxis und Theorie der Architektur gleichermassen zugeneigten «Surintendant», jene Aufgabe übernahm und die *Quattro Libri* ins Französische übersetzte, schliesslich seinen Brüdern widmete und 1650 als «Palladium de la vraye Architecture» emphatisch überreichte.[357] Die originalen Druckstöcke verliehen dem Projekt eines französischen Palladio erst das richtige Gewicht und halfen andererseits, die Schwierigkeiten des an die neugegründete Imprimerie Royale gebundenen Projektes zu überwinden. Der Widmungstext erhellt, dass Fréart de Chambray, der sich schwieriger Zeiten bewusst ist, diesen Gang der Dinge und damit auch das ganze Vorhaben eher dem Zufall zuschreibt: «La fortune de cette version de Palladio est si bizzarre, que ie ne sçay quel succés ie puis attendre (en un temps contraire aux Arts comme celui-cy) de l'occasion qu'elle me donne presentement de la mettre au iour, par une rencontre inesperée des planches originales de cét Autheur».[358] Fréart nimmt seine Aufgabe ernst. Er findet unter den Tafeln drei in der Originalausgabe der *Quattro Libri* nicht publizierte und holt deren Veröffentlichung nach.[359] So erscheint der dorische Tempel «nach Labacco»

Portrait von Antoine Le Pautre mit seiner *Maison de Plaisance* und dem zweiten Titel, in: *Desseins de plusieurs Palais Plans & Elevations en Perspective Geometrique, Ensemble les Profiles Elevez sur les Plans, le tout dessine et Inventez par Anthoine le Pautre [...]*, Paris o. J., Taf. 3

und Fréart de Chambray bemerkt sofort die basislose Variante der *Dorica*, was er für seine Argumentation in der gleichzeitig erscheinenden *Parallèle* nutzt, die die erste vergleichende, kritische Ausgabe zur Säulenlehre darstellt: «Pour moi j'ay esté bien aise d'avoir un exemple si exprés, afin d'appuyer encore ce que i'ay dit en mon *Parallele de l'Architecture antique avec la moderne*, touchant l'abus de nos architectes qui font une base à la colonne dorique».³⁶⁰

Man spürt, welches das Hauptinteresse Fréart de Chambrays ist. Er will die Lehre der Säulenordnungen bereinigen und propagiert dabei den Vorrang der drei griechischen Ordnungen. Schon er verweist auf die Missbräuche, die «abus», und sucht dagegen mit Argument und Beweis vorzugehen, um die allein gültigen «règles» zu bestimmen, so, wie das programmatisch François Blondel im Rahmen der Tätigkeit der 1671 gegründeten Académie Royale de l'Architecture tun wird. Der Aufbau einer auf der berichtigten Lehre der Säulenordnungen basierenden *orthodoxen Doktrin* nimmt ihren Anfang! Umso bemerkenswerter ist der Umstand, dass Fréart de Chambray, der 1635 erstmals in Rom und wie seine ganze Familie auf die Stadt und Poussin fixiert war, gleichzeitig mit seiner *Parallèle* die französische Ausgabe der *Quattro Libri* besorgte. Die beiden Bücher bilden ein einziges wissenschaftliches und verlegerisches Unternehmen. Sie erscheinen 1650 bei dem gleichen Verleger, Edme Martin; die Widmungen an Rolands Brüder tragen das Datum vom 22. Mai (*Parallèle*) und vom 1. Juni (*Palladio*). Es überrascht kaum, dass Roland Fréart de Chambray, wie er seinen Brüdern mitteilt, nichts über Palladios Person und Leben zu berichten weiss: «J'avois dessein, mes chers freres, de dire icy quelque chose de la vie & des qualitez de cet Autheur, mais aucun de ceux qui ont fait mention de luy, n'a particularisé ny sa naissance, ny la condition de ses parens, ny où, ny quand il est mort: & ils se sont amusez qu'à faire un dénombrement des beaux ouvrages, dont il a orné la ville & le territoire de Vicence sa patrie, & des edifices qu'il a bastis à Venise, & en d'autres lieux, *qui sont des remarques tres-inutiles*, puisque tout cela se void icy dans le second & dans le troisieme livre, où il en rapporte les desseins.»³⁶¹ Der Passus ist aussagekräftig, auch im Hinblick auf die spätere

Antoine Le Pautre, *Maison de Plaisance*, in: Anthoine Le Pautre, *Les Oeuvres d'Architecture [...]*, Paris o. J., später Taf. 13

Auseinandersetzung mit Palladio an der französischen Architekturakademie: Man ist ausschliesslich auf die *Quattro Libri* angewiesen und stösst dann schnell, gegen besseres Wissen, auf die Widersprüche und Mängel des Buches, kann und will aber Palladio selbst und seinem gebauten Werk nicht begegnen! So bleibt auch Fréart de Chambray auf Distanz und lässt es, der deutschen Palladio-Ausgabe Böcklers vergleichbar, bei dem Faszinosum bewenden, das sich aus dem Namen Palladios ergibt: «Je diray donc seulement tout en un mot, avec le consentement universel des intelligens, qu'il est le premier entre ceux de sa profession, & qu'on peut tenir ce Livre comme *un Palladium de la vraye Architecture*.»[362]

An der Wertschätzung Palladios fehlte es also nicht. Und das entsprach dem allgemeinen Urteil jener Zeit. Auch André Félibien beschreibt Palladio in seinen *Principes de l'Architecture, de la Sculpture, de la Peinture, et des autres arts qui en dependent* (1676) als den Architekten, «qui tient le premier rang entre les Modernes», auch wenn er an dessen Angaben zum Dianatempel in Nîmes (er sei im Languedoc und nicht in der Provence!) etwas zu bemängeln hat und daher Palladios Antikenkenntnissen ganz allgemein mit Skepsis begegnet.[363] Selbst François Blondel fällt das Urteil: «Cet Architecte [Palladio] peut passer pour le premier entre les modernes». Er schreibt dies in den bibliografischen Anhang zur gleich zweimal, 1673 und 1685, neuaufgelegten *Architecture Françoise* von Louis Savot.[364] Dort fasst Blondel, voll des Lobes, die ganze Editionsgeschichte der *Quattro Libri* in französischer Sprache zusammen: «Le Livre de Palladio est *admirable en toutes ses parties, & principalement pour les desseins exacts* qu'il nous a donez de la pluspart des bastimens antiques, & pour ses ordres d'Architecture qui sont d'un goust exquis. Il a esté parfaitemente bien traduit par Mr de Chambray, qui a mesme eu le soin de faire rechercher en Italie les planches originales de l'Autheur, desquelles il s'est servy dans sa version. Mr Le Muet en a fait un petit Abregé qui n'est pas inutile aux Ouvriers.»[365] Blondel äussert sich hier geradezu überschwenglich zu Palladio. Das erstmals 1624 erschienene Büchlein von Savot wandte sich an ein breiteres architektur-

Du Temple de la Pieté.

VOICY les deux planches que i'ay promises sur la fin du second liure, où i'en ay desia adiousté vne, ainsi que ie fais presentement celles-cy, les redonnant toutes trois à leur propre autheur, qui les auoit à mon auis égarées parmy l'embaras d'vne impression difficile, comme a esté la premiere de ce liure : peut-estre aussi qu'il les dessigna depuis, les destinant à vne seconde edition, qu'il eust sans doute augmentée de beaucoup d'autres estudes semblables ; ce qu'il témoigne au chapitre 25. cy-dessus, où il promet de mettre bien-tost au iour les desseins des amphitheatres, outre qu'il auoit desia fait esperer au dix-neusiéme chapitre du premier liure, d'en faire autant des arcs de triomphe : mais ces ouurages n'ayant point paru, ie m'imagine qu'il ne vécut pas long-temps aprés.

 Ce temple est d'ordre Dorique, & quoy qu'assez simple en apparence, neantmoins il a semblé digne à Ant. Labacco d'estre mis au rang de ceux qu'il a recueillis de l'antiquité : Palladio aussi en fait mention au chapitre quinziéme du premier liure, où il le nomme le temple de la Pieté. Il me semble mesme que Vitruue l'a remarqué, & pris à tasche de l'examiner en son quatriéme liure, chapitre troisiéme, parlant de l'inconuenient des triglyphes angulaires, qui se trouue icy. Pour moy i'ay esté bien aise d'auoir vn exemple si exprés, asin d'appuyer encore ce que i'ay dit en mon Parallele de l'Architecture antique auec la moderne, touchant l'abus de nos Architectes qui font vne base à la colonne Dorique, puis que les antiques n'y en mettoient point, & que c'est vne proprieté specifique & essentielle à cét ordre.

 L'antiquité de cét edifice, & le suiet pour lequel il fut basty, contribuent encore à sa recommendation. On tient qu'il est dans la place mesme des prisons d'App. Claudius, où se passa cette memorable action, d'vne ieune femme qui voyant son pere condamné par la Iustice à mourir de faim dans la prison, luy alloit donner secretement la mammelle tous les iours. Cette histoire est fort commune : Pline, & Valere Maxime la rapportent, & disent qu'elle arriua, L. Quinctius, & M. Acilius estans Consuls, l'an 603. de la fondation de Rome, qui est enuiron 148. années auant la naissance de nostre Seigneur.

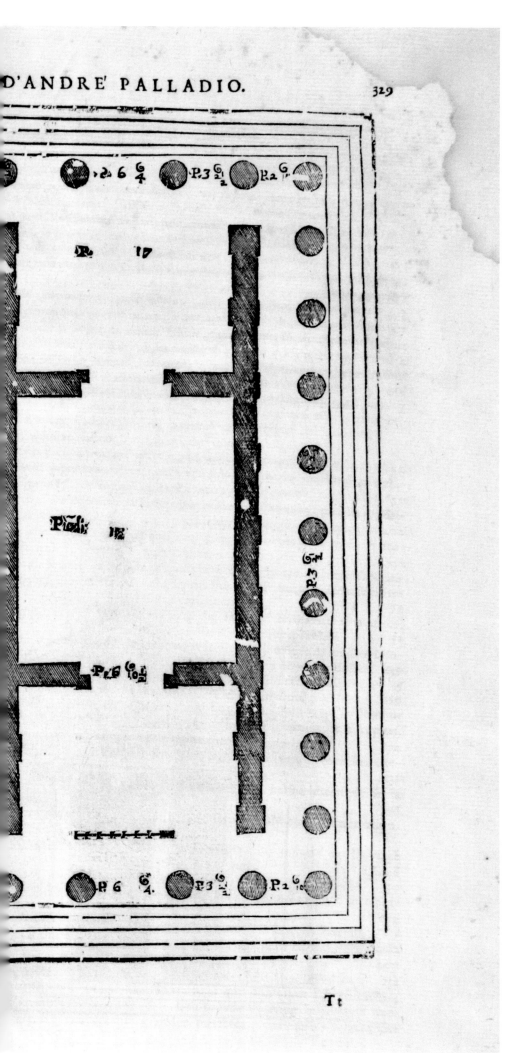

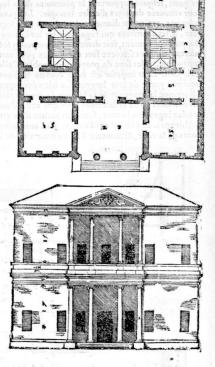

Seite 164: *L'Architettura di Andrea Palladio Divisa in quattro libri [...] A Gl' Illustrissimi Signori Vidmani*, Venedig 1642, Frontispiz
Seite 165: [Roland Fréart de Chambray], *Les Quatre Livres de l'Architecture d'André Palladio. Mis en François [...]*, Paris 1650, Frontispiz

Der französischen Ausgabe der *Quattro Libri* hinzugefügte Textteile und Illustrationen.
Links: «Temple de la Piété» am Ende des vierten Buchs
Oben: Villa/Palast mit doppelter Loggia am Ende des zweiten Buchs
in: [Roland Fréart de Chambray], *Les Quatre Livres de l'Architecture d'André Palladio. Mis en François [...]*, Paris 1650, S. 328–329; S. 148

Seite 168: Roland Fréart de Chambray, *Parallèle de l'Architecture Antique et de la Moderne: Avec un Recueil des dix principaux Autheurs qui ont écrit des cinq Ordres; Sçavoir Palladio et Scamozzi [...]*, Paris 1650, Frontispiz mit Portrait des Autors
Seite 169: Vergleich der ionischen Ordnung von Palladio und Scamozzi, in: Roland Fréart de Chambray, *Parallèle de l'Architecture Antique et de la Moderne: Avec un Recueil des dix principaux Autheurs qui ont écrit des cinq Ordres; Sçavoir Palladio et Scamozzi [...]*, Paris 1650, S. 43

Zu Seite 170–171: François Blondels Bearbeitung und Analyse der Ordnungen Palladios
«Ionique de Palladio», in: François Blondel, *Cours d'Architecture enseigné dans l'Académie Royale d'Architecture. Première Partie [...]*, Paris 1675, Taf. XV (S. 97)
«Corinthien de Palladio», in: François Blondel, *Cours d'Architecture enseigné dans l'Académie Royale d'Architecture. Première Partie [...]*, Paris 1675, Taf. XIX (S. 123)

ANTIQVE AVEC LA MODERNE.

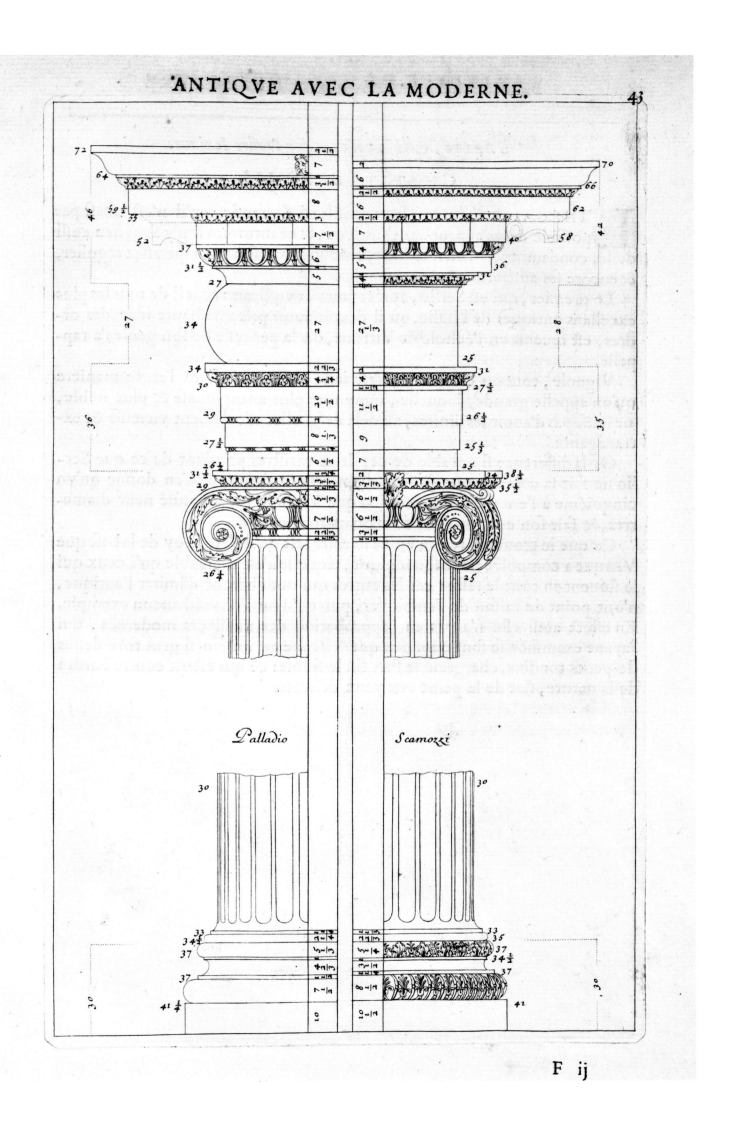

Palladio — Scamozzi

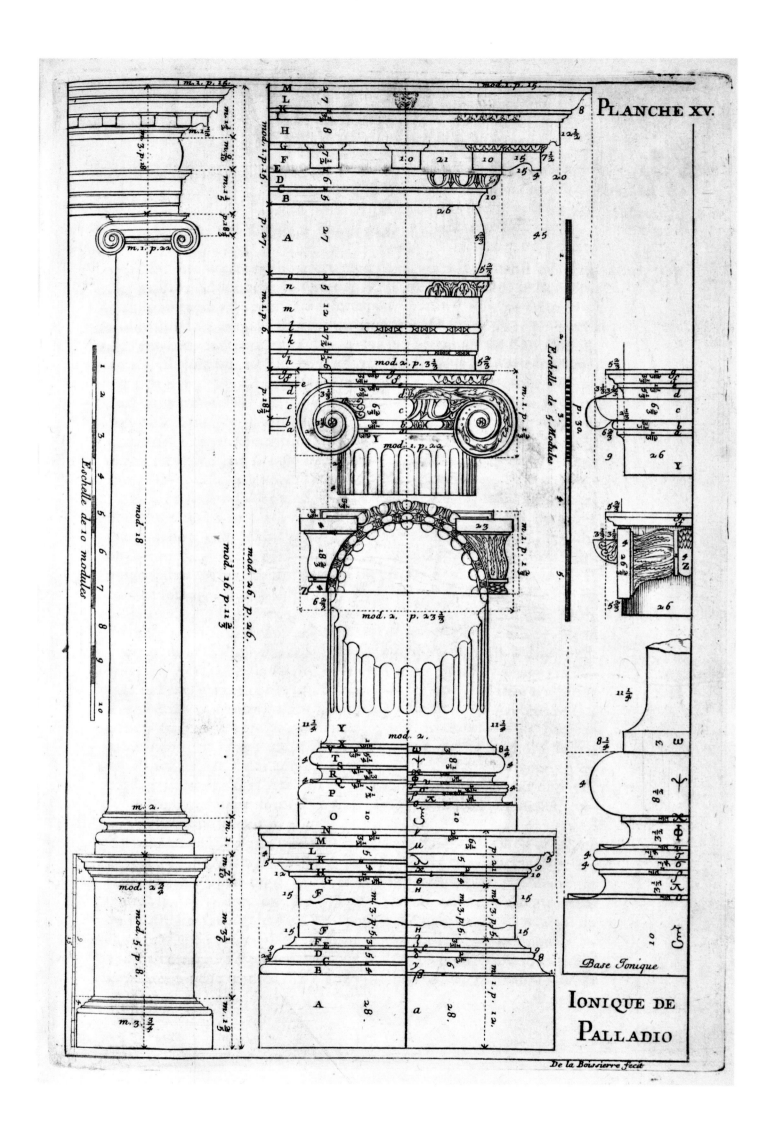

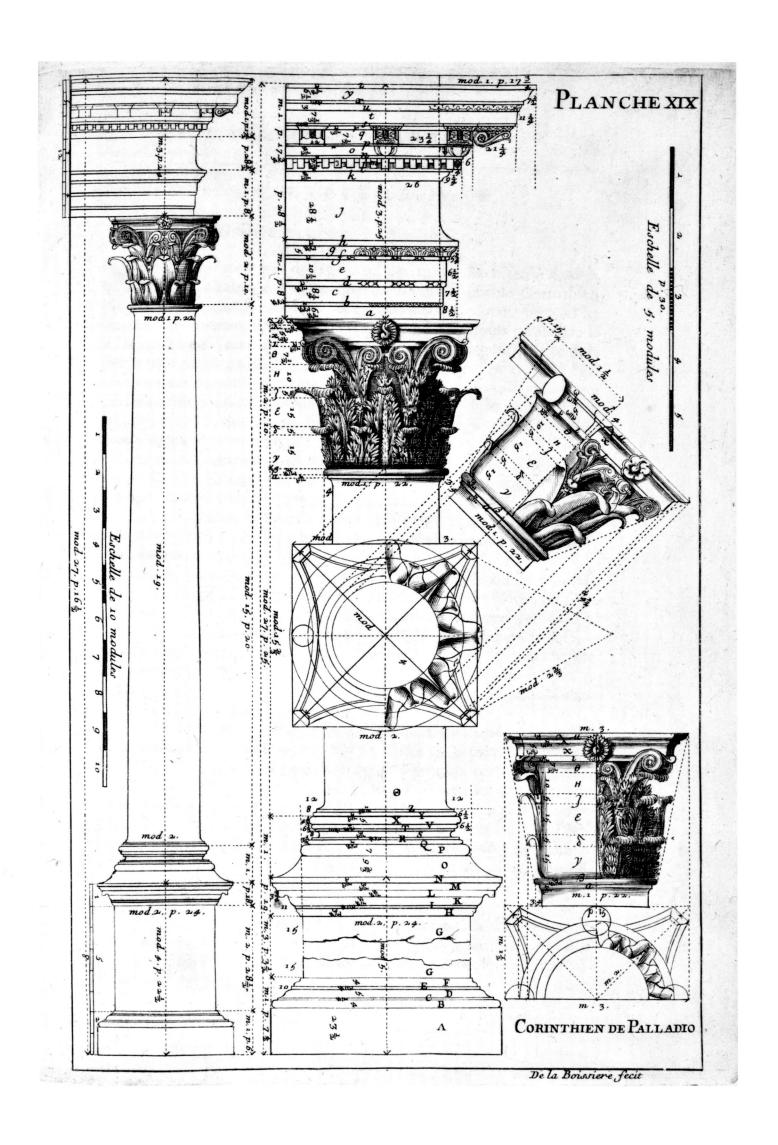

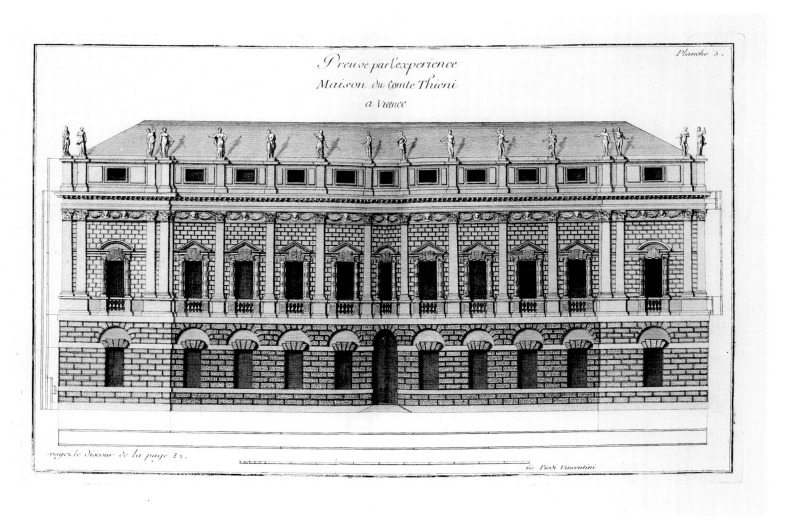

Charles-Etienne Briseux, Analyse der Proportionen in den Bauten Palladios:
«Preuve par l'expérience. Maison du Comte Thiene a Vicence», in: Charles-Etienne Briseux, *Traité du Beau Essentiel dans les Arts, Appliqué particulièrement à l'Architecture, et démontré Phisiquement et par l'Expérience. Avec Un traité des Proportions Harmoniques [...]*, Paris 1752, Taf. 5

interessiertes Publikum. Es gab sich deutlich praxisorientiert und bestätigt andererseits, wie wenig Verlässliches man wirklich von der Architektur Palladios oder auch Scamozzis wusste. Auf der Suche nach möglichst korrekten Angaben zitierte Savot Scamozzi gerade dann, wenn dieser mehr oder minder zufällig etwas Konkretes über Heizmethoden in England zu berichten hatte.[366] Daher blieben auch die *Quattro Libri* Theorie, und die Interessen in Praxis und Theorie divergierten weiter.

So mag man sich wundern, in Erinnerung des verbreiteten Lobs der «desseins exacts qu'il nous a donnez», wenn jemand wie Abraham Bosse aus den *Quattro Libri* eine besondere Qualität der Darstellungstechnik herauszulesen imstande ist. Der in grafischen Sachen hoch anspruchsvolle Bosse benutzt die Abbildung der Villa Trissino in Meledo aus Palladios zweitem Buch, die ganz offensichtlich – wie bei Goldmann – die besondere Aufmerksamkeit auf sich zu ziehen weiss, um die ideale bildliche Wiedergabe eines Gebäudes zu demonstrieren. Bosse verwendet das Beispiel zum Abschluss all jener didaktischen Figuren einer in erster Linie perspektivischen Darstellung von Gegenständen, die er unter dem Titel der *Pratiques par Figures* im Rahmen seiner «Leçons Données dans l'Académie Royale de la Peinture et sculpture» (1665) vereinigt.[367] Das Buch ist gegen die Willkür derjenigen Maler gerichtet, die sich allein auf ihr Auge verlassen wollen, und soll umso mehr die wissenschaftliche Erfassung und Darstellungsweise der Dinge demonstrieren. Palladio liefert dazu das architektonische Beispiel einer «Assiette ou Plan, Profil et Eslevation Geometrale, d'une Maison Djtalie, tirée du Second livre de A Paladio [sic!] Architecte Italien», wie Bosse sich ausdrückt. Abraham Bosse gibt dem Beispiel Palladios, einer (systematischen) Erfassung des architektonischen Gegenstandes, die Fluchtlinien hinzu, die Grund- und Aufriss in ihrer Beziehung sichtbar machen.

Palladio und seine Bauten, die «exempla», waren also erst durch die *Quattro Libri* in Frankreich bekannt. Die Ansprüche an die Kenntnis Palladios wurden durch die Architekturakademie, in die «les plus capables» berufen worden waren, in die Höhe getrieben. Der Rahmen war bestimmt, der Vorrang der französischen Kultur Auftrag und Programm. Vom König erging verbindlich über Colbert an die Akademiker die Verpflichtung, im Wettstreit der Nationen zu siegen, wobei galt, dass eigentlich nur die alten Griechen zum direkten Vergleich taugten. François Blondel, der Direktor der Akademie, bestätigt dies, wenn er Vitruvs Lehre mit den Worten kommentiert, «que la doctrine de Vitruve» – «comme on sçait» – «est purement celle des Architectes grecs».[368] Schon die Römer hätten sich vom Ideal entfernt, das es jetzt neu zu bestim-

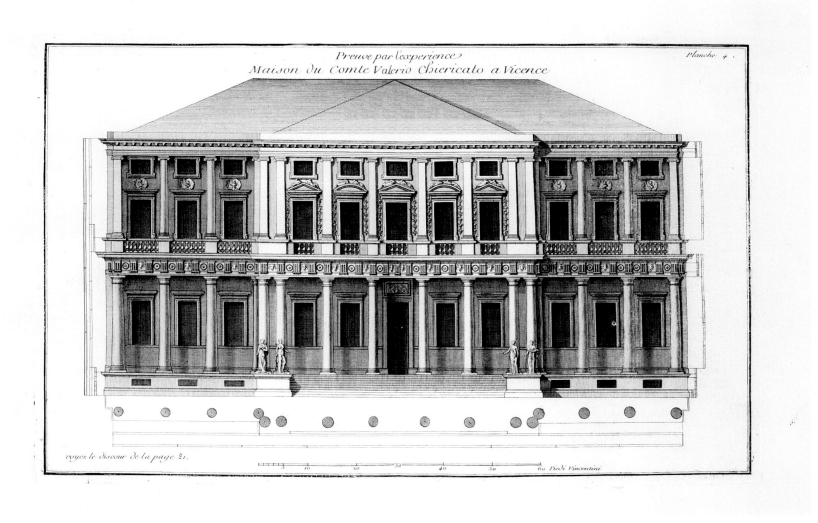

«Preuve par l'experience. Maison du Comte Valerio Chiericato a Vicence», in: Charles-Etienne Briseux, *Traité du Beau Essentiel dans les Arts,
Appliqué particulièrement à l'Architecture, et démontré Phisiquement et par l'Expérience. Avec Un traité des Proportions Harmoniques [...]*, Paris 1752, Taf. 4

men gebe. Die 'Versuchsanordnung' der Akademie sieht vor, den Läuterungsprozess der (griechischen) Lehre Vitruvs durch den Vergleich mit den drei grössten Autoritäten der neuzeitlichen Architektur zu stützen: «[...] j'ay donc choisi entre les Modernes les trois Architectes qui nous ont laissé les preceptes les plus conformes à la beauté de ces Edifices & qui ont l'approbation la plus universelle sçavoir Vignole, Palladio & Scamozzi».³⁶⁹ Hier ist eine Rangordnung entstanden, die nun nicht mehr Palladio, sondern Vignola an die erste Stelle setzt. «Ie n'ay rien changé dans l'ordre que Vignole a tenu pour ses mesures particulieres, mais pour celles de Palladio & de Scamozzi qui prennent le diametre entier du bas de la Colonne pour leur module, c'est à dire pour la mesure commune des parties de leur Ordonnance, j'ay crû qu'il seroit mieux de me servir, pour module commun dans tous les ordres & dans toutes les manieres, du demy diametre seulement de la Colonne, à l'imitation de Vignole & de Vitruve dans l'Ordre Dorique, afin que la mesure fust toujours la même dans tous les Ordres de ce Livre.»³⁷⁰ Aus dieser frühesten Beurteilung der Autoritäten in der «Préface» zum ersten Band von Blondels *Cours d'Architecture* (1675) geht deutlich hervor, worum es sich wirklich handelt, nämlich um ein unzweifelhaft theoretisches Problem. Es zählt die grösstmögliche Kohärenz im System architektonischer Regeln. Und es ist auch klar, worauf sie und das Regelwerk insgesamt sich beziehen und in welcher Begrenzung ein solcher Zusammenhang erreicht werden kann: ausschliesslich im Rahmen der Säulenordnungen, die unter dem Begriff der «ordonnance» zusammengefasst und zu diesem Zweck vereinheitlicht werden sollen.

Trotzdem, diese rigide Handhabung eines Regelwerkes sollte nicht darüber hinwegtäuschen, dass es Blondel erklärtermassen gar nicht in erster Linie um die Bildung einer abgehobenen Theorie geht. Er beschwört gerade umgekehrt, dass alles ausschliesslich der Praxis zugedacht ist: «Elle regarde purement la pratique»!³⁷¹ Gemeint ist die «conduite particuliere», der Bildungsgang, der im Rahmen der Tätigkeit der Akademie und ihres von Colbert überwachten Auftrages gewährleistet werden soll. Insofern gehe es eben nicht allein um die «connoissance des preceptes», sondern um deren – davon abgeleitete – Anwendung. Wie diese Praxisorientiertheit gedacht ist, führt Blondel im Sinne einer Inhaltsangabe seines *Cours d'Architecture* selbst aus: «[...] je m'applique entierement à bien faire entendre quelles sont les pratiques les plus correctes dont on se peut servir pour l'employ des cinq Ordres d'Architecture».³⁷² Die Praxis dient der perfekten Anwendung der – bereinigten, vereinheitlichten – Ordnungen. Sie beruht auf der möglichst systematischen Umsetzung der «ordonnance», woraus

EXPLICATION
Des proportions, que Palladio a observées pour régler les principales parties de cet Edifice.

La largeur de la façade est à sa hauteur entiére comme 3. a 2, ce qui en Musique est le rapport de la Quinte. Toute cette hauteur étant divisée en six parties le piédestal compris, son Socle, et l'Attique en ont chacun une. Les quatre autres sont pour le grand pilastre et son entablement; de sorte que ce piédestal, ainsi que l'Attique, sont au reste de l'Ordonance comme 1. a 4, ce qui est le rapport de la double Octave.

L'étage du rez-de chaussée a la moitié de la hauteur de tout l'Edifice. Le piédestal avec son Socle est au petit Ordre, qui est sur lui, comme 1. a 2, ce qui fait le rapport de l'Octave. l'Entablement et la partie du premier étage au dessous, sont en même raison de 1 a 2.

La hauteur du rez-de chaussée, celle de l'Edifice et sa largeur, sont en cette proportion Arithmetique 1.2.3., ce qui produit l'Octave et sa Quinte.

La hauteur entiére de l'Edifice, celle du rez-de chaussée au dessus du piédestal, la hauteur de celui-ci et celle du petit Ordre, la hauteur du premier étage et celle de l'Attique, sont deux à deux proportionnelles comme 1. a 2. qui est le raport de l'octave.

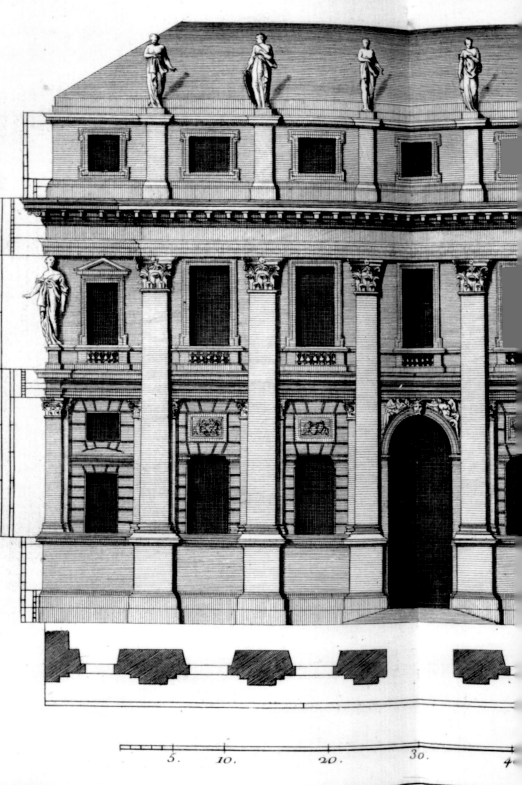

Preuve par l'experience
Bâtiment du Comte Valman

«Preuves par l'experience. Bâtiment du Comte Valmanara à Vicenze. Explication des proportions, que Palladio a observées pour régler les principales parties de cet Edifice», in: Charles-Etienne Briseux, *Traité du Beau Essentiel dans les Arts, Appliqué particulièrement à l'Architecture, et démontré Phisiquement et par l'Expérience. Avec Un traité des Proportions Harmoniques [...]*, Paris 1752, Taf. 6

Zu Seite 176–181: Das klassische französische Ideal und die palladianische Inspiration: Jacques-Ange Gabriel, Petit Trianon, Versailles, 1760
Seite 176–177: Gartenfassade
Seite 178–179: Eingangsfassade
Gegenüber: Treppenhaus
Oben: Vestibül

J.-L.-G. Palaiseau, Barrière des Vertus von Claude-Nicolas Ledoux, in: J.-L.-G. Palaiseau, *La Ceinture de Paris, ou Recueil des Barrières qui entourent cette capitale*, [Paris 1819], Taf. 19

sich der ganze Rest ergeben soll. Insofern muss man diese vermeintliche 'Theorie der Praxis' als eine vergleichsweise enge Doktrin einer erneuerten vitruvianischen Lehre begreifen. Und zudem: Gültigkeit und Dauerhaftigkeit des Lehrgebäudes sollten sich an der Massgabe der beanspruchten Kohärenz messen lassen. Die Theorie bestimmt die Praxis. Sie legt ein verbindliches System vor. Das gab ab und zu Anlass, sich über die allzu rigide Einrichtung von «règles absolues» zu beklagen. Doch, was dagegen als «arbitraire» daherkam, riskierte umgehend als Abweichung kritisiert und abgelehnt zu werden. Und diese Abweichungen wurden bald in immer grösserer Zahl gesammelt und unter der Rubrik der «licences» als Menetekel einer korrekten Architektur geführt. Noch im 19. Jahrhundert wird gelegentlich auf diese Weise der Kurs einer klassischen – klassizistischen – Architektur bestimmt.373

Praxis! Ausgerechnet Palladio hatte im zwanzigsten Kapitel des ersten Buches seiner *Quattro Libri* die Kategorie «De Gli Abusi» eingeführt. Aber zwischen Palladios flexibler Betrachtungsweise, seinem Bezug auf einige wenige gültige «regole universali» und der von der Akademie in jedem einzelnen Falle massgetreu festgeschriebenen Richtigkeit der einzelnen Teilform eines Gebälks tun sich Welten auf. «Onde si vede che ancho gli Antichi variarono: nè però si partirono mai da alcune regole universali, & necessarie dell'Arte, come si vederà ne'miei libri dell'Antichità».374 Palladio war von der Verschiedenheit, der «varietà» ausgegangen, um sich allgemeinen Regeln zu unterwerfen. Und er belegte das mit Blick auf die – ebenso autoritätsstiftende wie vielfältige – antike Architektur: wie dies Claude Perrault, der Widersacher Blondels, seinerseits tut, um die 'unantiken' Doppelsäulen seiner Louvre-Kolonnade zu rechtfertigen.375 Ganz anders Blondel, der eben das verbindliche Regelwerk neu, mathematisch berechnet und insofern ohne Rücksicht auf die wandelbare Geschichte aus der Taufe hebt. So besehen verlässt die Autorität der Antike ihre eigenen (ohnehin missverständlichen, weil in sich oft genug widersprüchlichen) Monumente – ganz entgegen Palladios Vorgehen, der auf der Antike basierend seine Kenntnisse in Abgleich mit Vitruv aufgebaut hatte. Auch für Palladio bildeten die Säulenordnungen zwar die Grundlage, aber noch längst nicht die Erfüllung architektonischer Zielsetzung schlechthin.

Das kümmert Blondel kaum. In seinem *Cours d'Architecture* figuriert Palladio bald nur noch als Zahlen- und Masswerk, etwa bei der Beschreibung des ionischen Gesimses: «La hauteur de la corniche est de mod. 1 1/2 ou de p. 45. Ses moulures sont le demicreux *B* p. 5., la regle *K* p. 1., l'ove *D* p. 6, la bande *E F* p. 8 1/2, (dans laquelle sont les modillons *G* p. 3., la goutiere *H* p. 8., le talon ou cymaise de la goutiere *I* p. 3 1/2, le filet de la cymaise *K* p. 1., la doucine *L* p. 7., et enfin la regle *M* p. 2.»[376] Nun sind diese Daten durchaus von Palladio gewonnen. Auch in den *Quattro Libri* wurden die Darstellungen mit den Massen gekennzeichnet. Palladio hatte im Text lapidar – und doch sprachlich bildhaft – beispielsweise hinzugefügt: «Le Volute vanno tanto grosse nel mezo, quanto è lo sporto dell'Ovolo: il quale avanza oltra l'Abaco tanto, quanto è l'occhio della Voluta.»[377] Palladio war wie Blondel an einer präzisen Beschreibung und Handhabung der einzelnen Form interessiert. Doch Methode und Verbindlichkeit bei der Festlegung der Einzelform sind unterschiedlich. Darin liegt die entscheidende Differenz. Palladio hat das Mathematische stets architektonisch gedacht; die Zahlen haben die architektonische Form dokumentiert und nicht umgekehrt. Bei Blondel ist die «forma mentis» dagegen in erster Linie mathematisch geprägt. Was Palladio (noch) dem Ermessen und auch der Variation überlassen hat, soll bei Blondel durch und durch zu Ende definiert werden. Dabei ist in dessen *Cours d'Archirecture* das Wichtigste, was eine auf die Praxis allein bezogene Lehre zu leisten habe, noch gar nicht angesprochen geschweige denn erreicht, nämlich eine 'Gebäudelehre', wie sie Palladio auf so überzeugende und innovatorische Weise mit seinem zweiten Buch in die Welt gesetzt hat.

Die «exempla», mit denen Palladio die Architektur nachhaltig reformierte, blieben in der Lehre Blondels ausgespart – und weitgehend in der gesamten französischen Architekturtheorie. Wohngewohnheiten waren in Paris ohnehin andere, palladianische Paläste und Villen keineswegs gefragt. Darin zeigt sich eine England diametral entgegengesetzte Voraussetzung zur Aufnahme palladianischer Vorbilder, wo vom gebauten Resultat und den zugehörigen Lebens- und Repräsentationsformen ausgehend die ideale Bauform als Ganzes aufgenommen und neu kultiviert wurde, nach dem Motto von Lord Shaftesbury «upon right models of perfection».

Allein, so präzis verliefen selbst in Frankreich die Grenzen nie. Scheinbar durch eine Hintertür dieser rigiden – durch den behaupteten Praxisbezug noch verstärkten – Theoriebildung wurden die «exempla» der Architektur Palladios wegen ihrer wohlproportionierten Erscheinung doch wieder in die Diskussion gebracht, und das bei Blondel selbst. Gegen Ende des zweiten Bandes seines *Cours d'Archirecture* (1683) kommt er endlich auf die Frage der Proportionierung von Bauten zu sprechen. («Nous voicy enfin arrivez à la derniere des raisons qui changent ordinairement les mesures des batimens».)[378] Ihm ist das nicht viel mehr als der Beweis dafür, dass sich die «admirable diversité» der Gebäude den unterschiedlichen Säulenordnungen verdanke. Er geht von den Ansichten Vitruvs und Albertis aus, bezieht sich unter anderem auf die Kommentare Daniele Barbaros zu Beginn des sechsten Buches Vitruvs und gelangt dann zur Beschreibung von Gebäuden, derjenigen Palladios an erster Stelle, allen antiken Beispielen voran («Cinquième Partie, Chap. VI: Exemples des proportions dans quelques Batimens de Palladio»). So kommt beispielsweise die Fassade des Palazzo Chiericati («à Venise») ins Spiel, deren 'Doppelsäulen' als Inbegriff des Regelverstosses galten. Der sonst so sehr der Zahl und der Beweisführung verpflichtete Blondel begeistert sich plötzlich für die 'Allerweltsformel' des Pythagoras, «qui dit que la Nature est toujours la même en toutes choses».[379] Und zur Theorie der musikalischen Proportionen in der Architektur von René Ouvrard meint er anerkennend, sie sei «plutost le retablissement d'une ancienne doctrine que l'invention d'une nouvelle». Kurzum, in den Proportionen entdeckt Blondel ewige Werte und Palladio wird ihm diesbezüglich zum Zeugen.

An dieser Stelle setzt Charles-Etienne Briseux mit seinem 1752 erschienenen Traktat an, das der veränderten Zeit entsprechend die Zeichen der ästhetischen Betrachtungsweise aufweist: *Traité du Beau essentiel dans les Arts [...] Appliqué particulierement à l'Architecture, et démontré Phisiquemet et par Expérience. Avec Un traité des Proportions Harmoniques [...].*[380] Das zweibändige Werk richtet sich gegen die – an den Namen Perrault geknüpften – inzwischen eingetretenen Auflösungserscheinungen der französischen Architekturakademie und ihrer Doktrin. Mittelbar ist es eine Verteidigungsschrift Blondels und der Versuch der Überwindung der Architekturkrise durch eine Neufundierung der Architekturlehre «sur les principes des proportions». Briseux folgt präzis den Ausführungen Blondels zu den Proportionen in einigen ausgewählten Bauten Palladios und führt diese in Stichen vor, denen als Titel «Preuve par l'expérience» einbeschrieben ist.[381] Der Proportionslehre wurde mittlerweile das Erkenntnisinteresse der Ästhetik zugeordnet, das Angenehm-ins-Auge-Fallen, was die Beachtung der Gesamterscheinung eines Bauwerkes zwingend voraussetzt. «Tous ceux qui ont *vû* les bâtimens de Palladio, convient qu'ils ravissent *au premier coup d'oeil*.»[382] Endlich sind es wieder die Bauten selbst, deren Effekt und Wirkung zählt. Und die Kenntnis Palladios wird abermals auf sein gebautes Werk zurückgeführt. «C'est sans doute des justes rapports des objets principaux, que naît cette agreable et subite sensation. Palladio les a toujours déterminez dans ses edifices par les régles de l'harmonie, c'est donc sur ces régles, qu'est établie incontestablement la principale beauté des ouvrages de ce fameux Architecte.»[383] Briseux bekennt sich zu Palladios «regole *universali*». Man möchte die Kunst auf einfache Prinzipien und möglichst – so gleichzeitig Batteux – auf ein einziges Prinzip zurückführen. Und so wendet man sich der

Zu Seite 184–191: Palladianismus in der französischen Architektur um 1800, Synopse zeitgenössischer Bauten und Projekte in einem Studienalbum eines jungen deutschen Architekten, um 1825 (Stiftung Bibliothek Werner Oechslin, Einsiedeln)

Seite 184–185: Studien von «Belvedères et Pavillons», nach Jean-Nicolas-Louis Durand, *Précis des Leçons [...],* Paris An XI [1802], 2. Teil, Taf. 8, in: Studienalbum, um 1825 (Stiftung Bibliothek Werner Oechslin, Einsiedeln)

Seite 186: Aus der Serie «Land- und Garten-Haeuser nach den Grundrissen des De Neufforge. gezeichnet Nov. 1822», in: Studienalbum, um 1825 (Stiftung Bibliothek Werner Oechslin, Einsiedeln)

Seite 187: Entwurf für eine Pinakothek, nach Charles Normand, *Recueil Varié De Plans et de Façades. Motifs pour des Maisons de Ville et de campagne [...],* Paris 1823, Taf. XXXVII, in: Studienalbum, um 1825 (Stiftung Bibliothek Werner Oechslin, Einsiedeln)

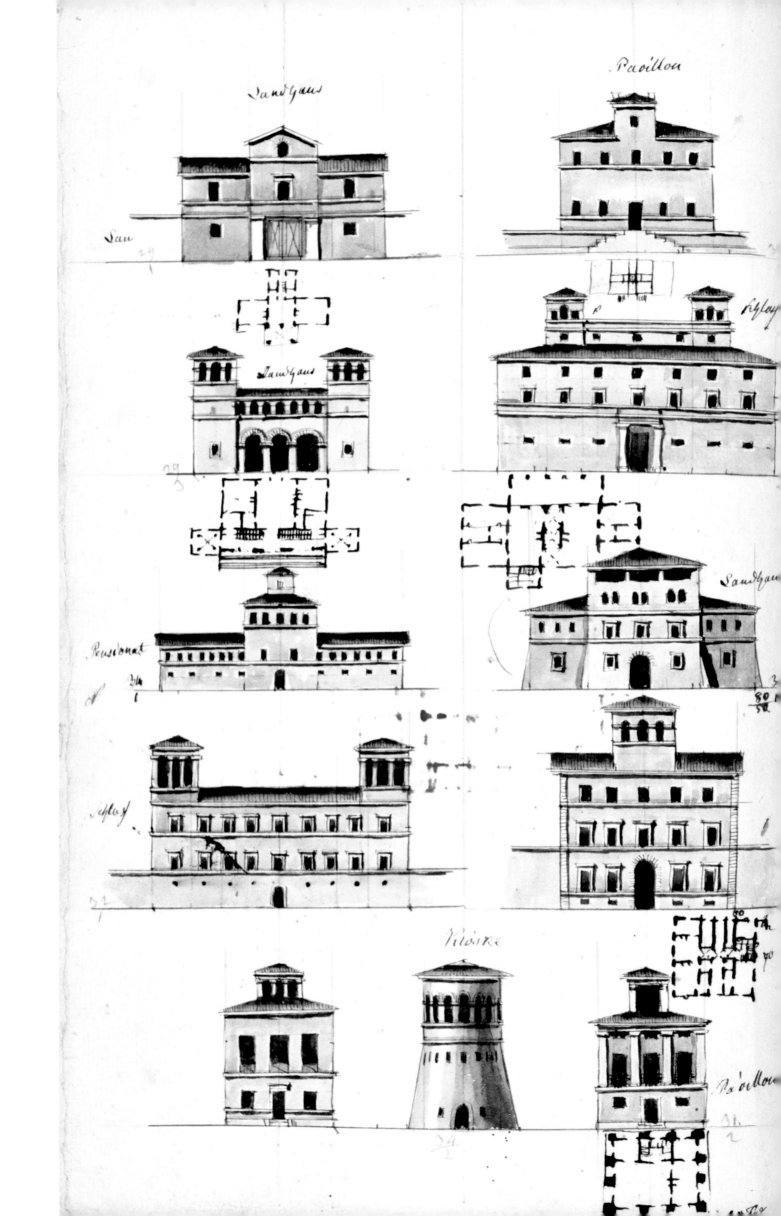

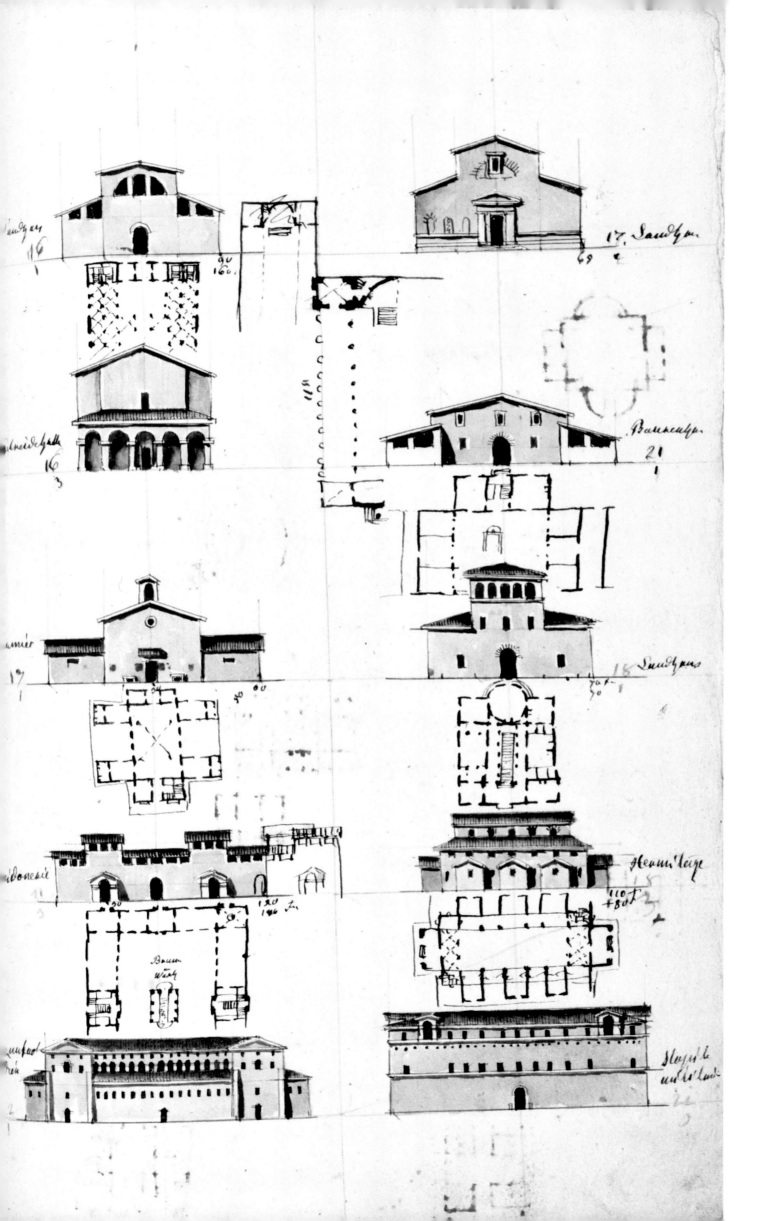

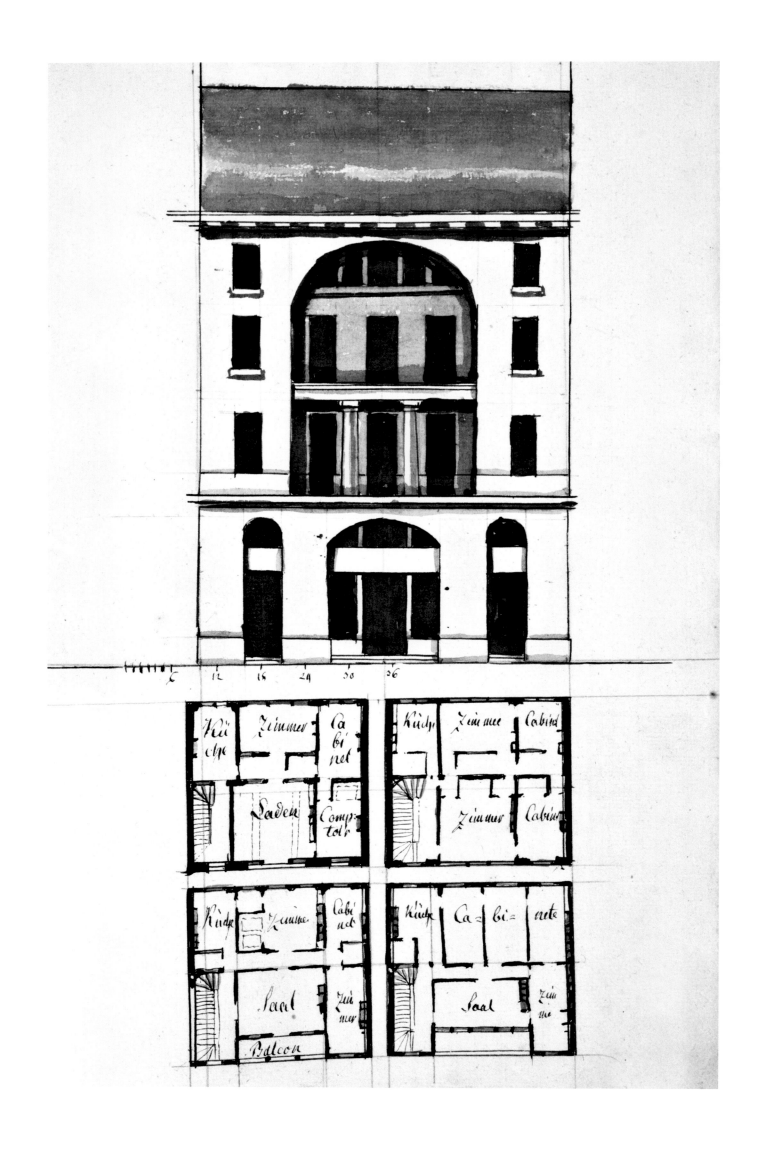

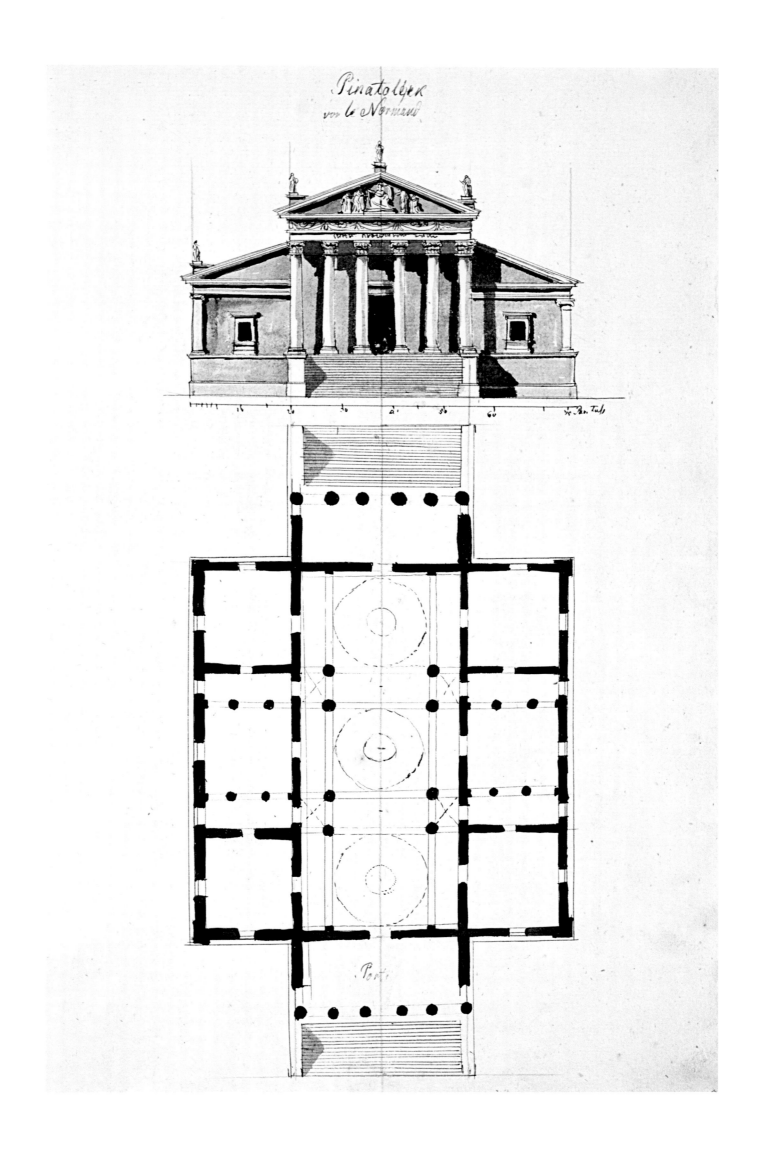

187

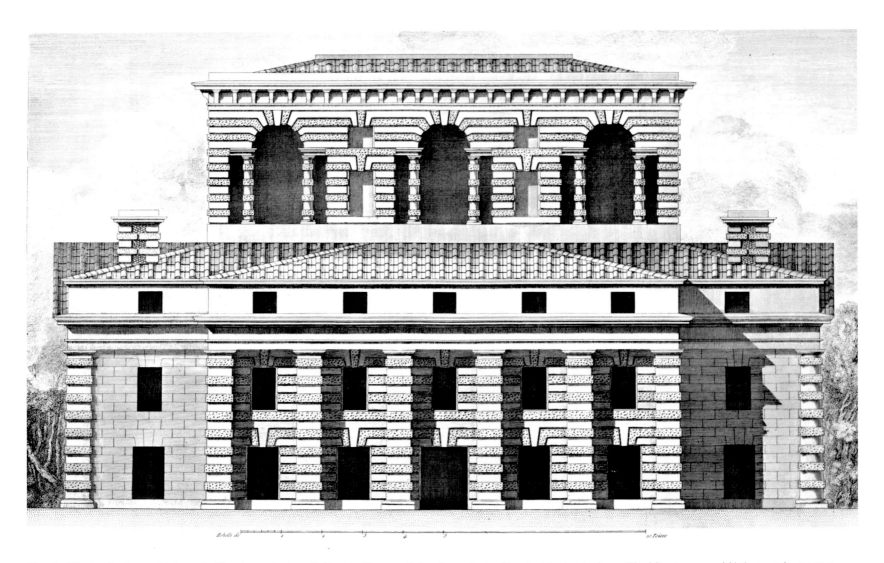

Claude-Nicolas Ledoux, «Maison du Directeur» in der «Saline de Chaux», Seitenfassade, in: Claude-Nicolas Ledoux, *L'Architecture considérée sous le rapport de l'art, des moeurs et de la législation [...]*, Paris 1804, Taf. 62

Aufgabe zu, einen Architekten wie Palladio und sein Werk als ein Ganzes zu sehen. Allen Versuchen Palladio in anderweitige Systeme hineinzunötigen widerstehend, wird Quatremère de Quincy am Ende mit der Formel «C'est du Palladio» aufwarten. 'Palladio' lässt sich nicht von seinem Werk ablösen.

Die Theorie bestimmt selbst ihre Ansprüche, wodurch sie sich umgekehrt allzu gern wiederum rechtfertigt. Milizia wird dagegen die absolute Geltung von Regeln einfordern und so weit gehen, Palladio vorzuwerfen, er habe nicht den Mut gehabt, die Fehler der antiken Bauten zu sehen. Das Spektrum der im Verlaufe des späteren 18. Jahrhunderts rasch zunehmenden Stimmen im Konzerte der Architekturkritiker war weit. Die Rigoristen forderten die Erfüllung ihrer Regelsysteme ein, die sich einer fiktiven Idealität des Klassischen annäherten. Palladios Architektur entzog sich dem insofern, als ihr ihre eigene geschichtliche Physiognomie und Wirklichkeit gegeben und nicht zu nehmen war. Der unterschiedlichen Sichtweise – bis hin zu den ersten kunstgeschichtlichen Betrachtungen und Urteilen – entsprach die Einordnung Palladios auf der Skala der Orthodoxie respektive der relativen Abweichung.

So ist gerade in Frankreich kaum zu erkennen, ob und wo Palladio einen möglichen Einfluss ausübte.[384] Die Bauten, in denen eine Verbindung in evidenter Weise zutage tritt, waren die Ausnahme. Zwar war Palladio längst – durch die neuerliche Betonung der Proportionsgesetze als Inbegriff willkommener ästhetischer Wirkung – zum Vorbild guter Architektur avanciert. Aber das implizierte in keiner Weise eine Anlehnung an konkrete Bauten oder an spezifische Formen. Das ab 1760 von Jacques-Ange Gabriel erbaute Petit Trianon in Versailles demonstriert diese Distanz trotz der so klaren und gekonnten, geradezu palladianischen Kombination von Baukörper und Tetrastylos nicht nur an der Gartenfront, sondern auch an den Seitenfassaden des auf quadratischem Grundriss errichteten Gebäudes. Denn die formale Ausführung ist natürlich in bester französischer Tradition verwurzelt. Es ist andererseits zumindest auffällig, wie schwer sich die französische Kritik – bis heute – tut, dieses herausragende Bauwerk angemessen zu deuten. Das reicht dann von der «perfection hellénique» bis zur Bewunderung der «lignes d'un temple grec» und endet bei der Charakterisierung Gabriels als eines «architecte nationale» oder auch nur eines «architecte aristocratique», dem «le bon chic et le bon genre» nachgesagt werden könne.[385] Es trifft auf alle Fälle zu, dass hier das Ideal der klaren Herausbildung des Baukörpers in Kombination mit einer ebenso klar, mit den Mitteln der Säulenordnung applizierten Gliederung in einer Weise erreicht worden ist, wie das Palladio – rund zweihundert Jahre zuvor – als «usanza nuova» eingeführt und deklariert hatte. Längst war dies in Gab-

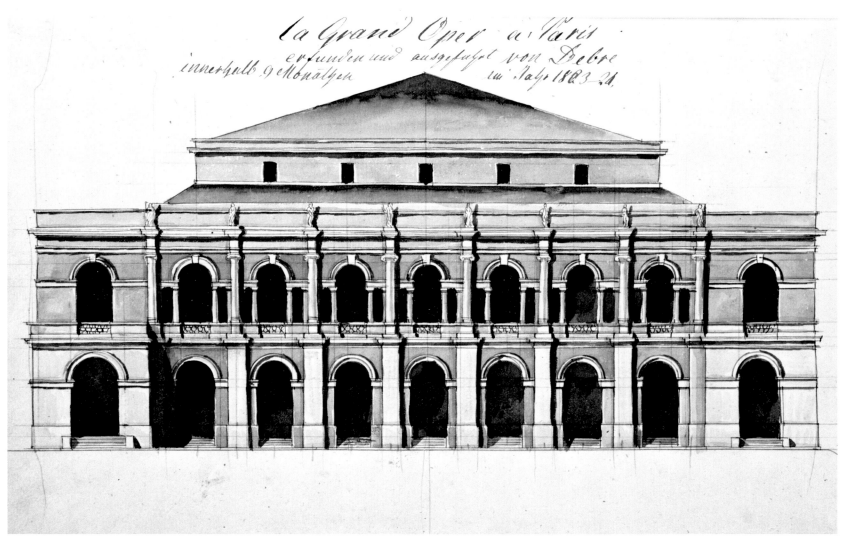

François Debret, Oper an der rue Peletier, Paris, «La Grand Oper à Paris erfunden und ausgeführt von Debre innerhalb 9 Monathen im Jahr 1823–24», in: Studienalbum, um 1825 (Stiftung Bibliothek Werner Oechslin, Einsiedeln)

riels Zeit in die architektonische Praxis eingeflossen, die die klassische Ausrichtung ganz allgemein anstrebte – von konkreten historischen Positionen oder Anleihen unabhängig. Dass man sich in Frankreich bald auch vom Diktat der Säulenordnung zugunsten einer umso deutlicher ausgeprägten systematischen Baukörperlehre entfernen würde, war nur eine Frage der Zeit. Es ist bezeichnend – wie hundert Jahre später an der Schwelle zur modernen Architektur –, dass Palladios Ansehen in keinerlei Weise darunter litt. Genau umgekehrt: Er blieb auf ganzer Linie der 'Gewinner'!

Das System der Säulenordnungen oder «les systèmes des cinq modes», wie es Jean Antoine Coussin in seinem *Du Génie de l'Architecture* (1822) nennt, übt zwar noch lange seinen Einfluss aus.[386] Aber, so Coussin, das reicht nicht aus, um das Verlangen nach überragenden künstlerischen Phänomenen zu stillen, die eine ganze Epoche zu charakterisieren vermögen. Wichtiger ist aus solcher Sicht zweierlei: «l'emploi absolu des Types» und «une physionomie générale dans tous les édifices». Modern kündigt sich das Primat der Erscheinungsformen an – oder aber auch das der herausragenden Werke (also jener «élevés par les Palladios, les Vignole, les Scamozzi, les Sansovino, etc.»).

Beides, die Absolutsetzung des Typs (im Sinne der in jüngerer Zeit wiederentdeckten Definition Quatremère de Quincys, der von einem «principe élémentaire» wie auch bildhaft von «une sorte de *noyau*» spricht) und die deutlich herausgearbeitete Gesamtphysiognomie einer Vielfalt von Entwürfen, wird am überzeugendsten von Claude-Nicolas Ledoux demonstriert. Keiner unter den damaligen Architekten hat sich, diesem doppelten Zugang entsprechend, derart präzis auf Palladio eingestimmt. Häufig genug bemerkt man erst bei genauerem Hinsehen die zahlreichen konkreten Anleihen: ganz offensichtlich, weil es Ledoux gerade nicht um diese geht und weil bei ihm – wie bei Palladio – die grundsätzliche Überlegung nicht als Theorie abgetrennt, sondern in die Architektur selbst integriert erscheint. Das passt zur Forderung und zum Ruf nach einer «philosophie de l'art», die gemäss Coussin «la pensée, l'art, la science» vereinigen und die Architektur insgesamt befruchten müsse.[387] Bei Ledoux ist das konkret, auf das einzelne architektonische Glied bezogen beschrieben: «Entrons dans quelques détails. Qu'est ce qu'un pilastre? C'est un pied-droit en tout sens, qui fait une fonction avouée par la nécessité. Il ne faut pas de raisonnement pour prouver qu'une forme s'accorde avec les règles de l'art, quand elle est entière; il en faut encore moins pour démontrer qu'elle est solide, et qu'elle convient aux édifices exposés aux intempéries dévoratrices.»[388] Bei all seinen philosophischen Ekstasen, die voller Allusionen an Geschichte und an die antike Welt sind, ist sich Ledoux der Bedeutung seiner eigenen Absicht und Tat stets bewusst. Deshalb wendet er sich sowohl gegen die modi-

«Maison Batave, rue St. Denis par Happe erbaut 1802» (von Célestin Joseph Happe und Jean Nicolas Sobre), in: Studienalbum, um 1825 (Stiftung Bibliothek Werner Oechslin, Einsiedeln)

Gegenüber: «Douane nahe der Barrière Patin von Le Doux», in: Studienalbum, um 1825 (Stiftung Bibliothek Werner Oechslin, Einsiedeln)

sche Tabula-rasa-Sucht und das Änderungsstreben als auch gegen die blinde Abhängigkeit von Präzedenzfällen jeder Art: «Telle et la nature de l'homme, il renverse, bouleverse l'ordre des conventions respectives; il croit, quelle erreur! qu'en changeant tout de place, celle qu'il occupe est la plus solide et la meilleure. Enfin l'Architecte, s'avançant dans l'avenir, ouvrira le grand livre des éléments qui font mouvoir les ames tièdes et échauffent celles qui sont susceptibles d'élans; *il donne lui-même l'exemple.*»[389]

Ledoux hat auf jener verallgemeinerten Basis eines «emploi absolu des Types» und im Sinne einer «physionomie générale» ebenso radikal die architektonischen Vorstellungen verändert, wie dies Palladio tat. Es ist andererseits bezeichnend, dass die palladianischen Momente in der Architektur zu Ledoux' Zeit umso deutlicher sichtbar werden, wenn nur noch die einzelnen Modelle vorgeführt werden – entgegen dem Anspruch eines Ledoux aus dem Zusammenhang einer «philosophie» herausgerissen. Ein Sammelband aus dem dritten Jahrzehnt des 19. Jahrhunderts, in dem alles Erreichbare aus der damaligen französischen Buchproduktion zusammengeführt ist, zeigt mittelbar, wie zahlreich plötzlich die palladianischen Anleihen waren – nicht nur wegen Ledoux, sondern auch dank Durand, Charles-Pierre-Joseph Normand und vieler anderer mehr.[390] Zitate! Derweil stellte J.-L.-G. Palaiseau die Barrière de Picpus, die Ledoux im Rahmen des als Propyläen von Paris gedachten Befestigungsgürtels entworfen hatte, im Nachhinein (1819) so dar, als ob hier eine Villa Rotonda in schöner erhöhter Lage in der Umgebung von Paris gebaut worden wäre.[391] Ledoux – und er allein – war der neue Palladio!

Es war eher selten, dass ein konkreter Bezug zu Palladio offengelegt wurde. Aléxandre Sobro tat dies in seinem *Traité des Cinq ordres d'Architecture d'André Palladio Mise en Parallèle avec ceux de Vignole.*[392] Er folgte dabei gleichermassen dem Muster der *Parallèle* von Fréart de Chambray, wie er den Inhalt in der Tradition des ersten französischen *Palladio* von Le Muet im Sinne hinzugefügter «exempla» erweiterte. Es sind Stiche nach Zeichnungen und Entwürfen Palladios, die das Ganze abrunden: der Tempel in Assisi, die Maison Carrée in Nîmes und die «Maison de Plaisance» des Paolo Almerico, die Villa Rotonda in Vicenza. Dieses Bild war also auch im damaligen Paris allgegenwärtig.

Douane nahe der Barrière Patin von Le Doux.

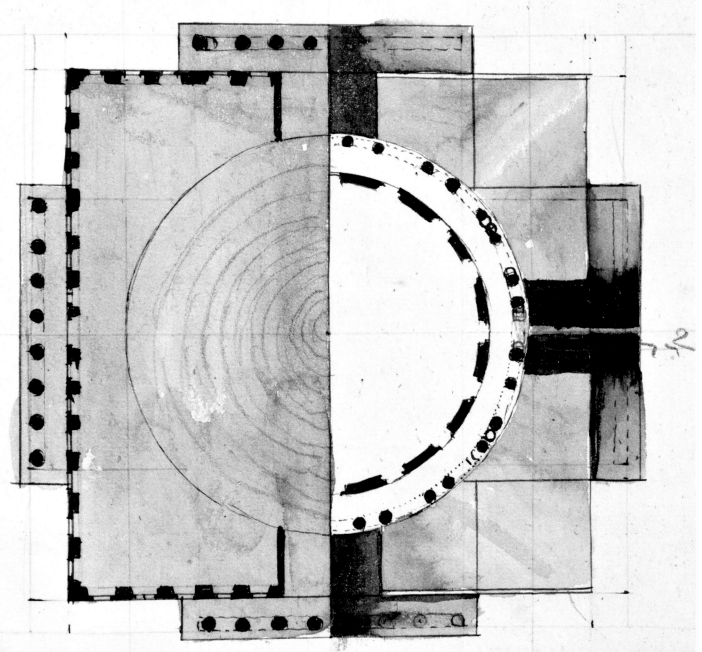

193

Palladios Ansehen blieb intakt. J. C. Huet stellt 1809 in seiner *Parallèle* und im Nachgang zur Beantwortung der Preisfrage «Quels ont été les progrès de l'Architecture depuis son origine jusqu'à nos jours?» von 1805 mit Bezug auf die italienischen Meister fest: «Palladio, le plus ingénieux de tous, ne veut ressembler ni aux grecs ni aux Romains; *il veut être Palladio*: il se crée un genre, mais un genre léger, agréable et original tout ensemble. Il excelle dans l'art de tracer les profils, de dessiner un chapiteau, de rapetisser un entablement. Il est plein d'imagination, de verve, d'esprit, et ses plans, ses élévations et ses coupes sont marqués au coin du génie.»[393]

Endlich ist Palladio wieder er selbst: «[…] il veut être Palladio»! Und er zwingt seine Kritiker, ihn und seine Werke ins Visier zu nehmen, statt ihre Analyse voreilig einer anderweitigen Doktrin oder Systematik zu unterwerfen und einzuverleiben. Quatremère de Quincy versucht alles, Palladios Architektur in den gängigen Vorstellungen und Begriffen zu fassen und dabei das Gleichgewicht zu halten. Etwa nach dem Muster: «[…] c'étoit moins le calcul de leurs mesures, que le sentiment et la raison de leurs proportions», womit Palladios Verhältnis zu den antiken Monumenten gemeint ist und wodurch indirekt Blondels (reduktiver) Umgang mit Palladio kritisiert wird. So sei es «une sorte de moyen terme» zwischen der «sévérité rigoriste» und der «anarchie licencieuse», was seine Architektur charakterisiere.[394] Und die Epitheta lauten dann: «une raison toujours claire», «une marche simple», «un accord sensible entre le besoin et le plaisir», kurzum «harmonie». Deshalb böten Palladios Werke letztlich «à tous les pays un modèle d'une imitation facile» und er sei «le maître le plus universellement suivi dans toute l'Europe, et en quelque sorte le chef d'école des modernes dans les bâtimens civils». Der «goût sage», die Eleganz, die «exécution pure» und das Angenehme in der Erscheinung bewirkten insgesamt das, was schon Briseux als das durch den einen Blick Erfahrbare («d'un coup d'oeil») definiert hatte und was nun Quatremère de Quincy sinngemäss mit einer Redewendung, dem «C'est du Palladio») – belegt. Es beschreibt gemeinhin die Qualität eines Palastes oder einer Villa, «quand on veut […] louer, pour son style ou pour sa composition, l'ouvrage d'un architecte moderne.»[395] Palladio ist synonym geworden für alles, was in diesem Bereich der Zivilarchitektur einen hohen Rang besitzt. Seine Anerkennung und sein Ruhm haben sich aus den Fesseln einer Doktrin und der alleinigen Disziplinierung durch die «ordonnance» befreit und finden sich auf sein Werk und auf ihn selbst bezogen. Insofern, weil sich Palladio mit seinem Werk zu einer Idee höchster architektonischer Zielsetzung und Qualität zusammengefügt und sich im Sinne Coussins eine «physionomie générale» ergeben hat, erscheint der Begriff Palladianismus durchaus passend. Er steht sowohl für den Betrachterstandpunkt («C'est du Palladio») als auch für Palladio selbst («il veut être Palladio»).

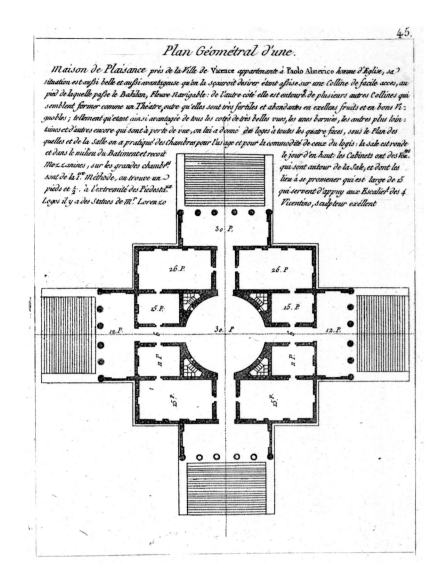

Seite 192–193: Claude-Nicolas Ledoux, Rotonde de la Villette, Paris, 1786/87, ehemaliges Zollwachhaus

Oben: Villa Rotonda von Palladio, Grundriss, in: Aléxandre Sobro, *Traité des cinq Ordres d'Architecture d'André Palladio. Mise en Parallèle avec ceux de Vignole*, [Paris] o. J., Taf. 45
Gegenüber: Villa Rotonda von Palladio, Aufriss und Schnitt, in: Aléxandre Sobro, *Traité des cinq Ordres d'Architecture d'André Palladio. Mise en Parallèle avec ceux de Vignole*, [Paris] o. J., Taf. 46

46.

Elévation de Face d'une Maison de Plaisance près de Vicence.

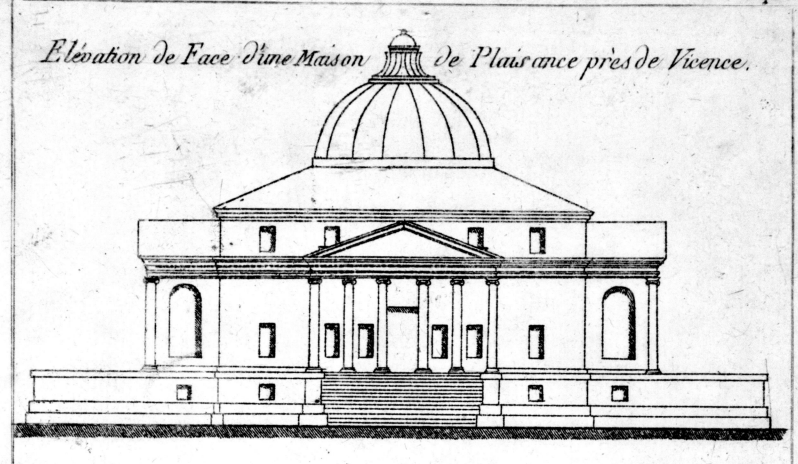

Coupe Géométrale d'une Maison de Plaisance près de Vicence.

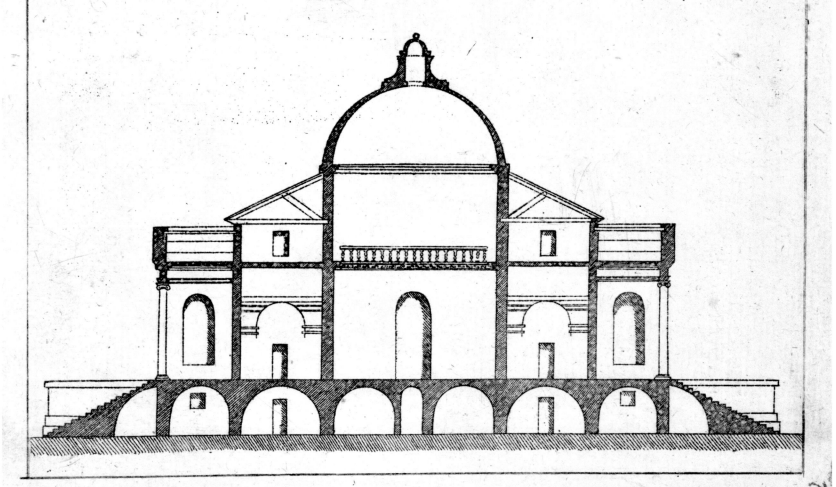

«Holländereien» im 17. Jahrhundert
Palladianismus versus Klassizismus

«Beminde Liefhebbers der Bouw-Konst, ik hebbe hier eenige schetsen gemaekt van de vyf Colommen die door Vincent Scammozzi, Architect van Venecien op syn heerlickst geordineert zyn, dewelke ik op een ander maniere van getal gestelt hebbe. [...] of het my soude believen die Vyf Orders der Architectura van Vincent Scammozzi, tegenwoording in dese Landen veel gebruykt, en nochtans swaa te cerstaan ist, op wat lichter maniere sou willen brengen.»

    Simon Bosboom, *Kort Onderwys Van De Vyf Colommen [...] uyt den Scherpsinnige Vincent Schamossi getrokke en in Minuten gesteld [...]*, Amsterdam [1657], «Tot den Discreeten Leeser»

«Dit is wel de eenighste oorsaak, waarom de Raadt-huysen ten voorschijn gekomen sijn, in welkemen, ten rechten, al den zeegen, en van Landt en Stadt, by een geslooten houdt: ja, ick durf seggen, datse zijn als 't hert van een Stadt, dewijlse al de leden der Inwoonderen te gelijk voeden. Venetien sal ons hier een voorbeeldt van zijn, welck in t'midden der baaren van alle onstuymigheden, der vreeselicjke Mahumetaansche Oorlooghen als onbeweeghlijk en vast, gelijk een Steen-rotz in Zee, daer alle de golven en baaren op aan stuyten, staan blijft.»

    Jacob van Campen, *Afbeelding van 't Stadt Huys van Amsterdam [...]*, Amsterdam 1661, S. 1

In der Debatte zur modernen Architektur fiel in den 1920er Jahren der polemische Begriff der «Holländereien». Damit sollten die aus der «Schreckenskammer» Holland stammenden formalen Exzesse und, damit gleichbedeutend, die radikale Position innerhalb der modernen Bewegung gegeisselt werden.[396] Mittelbar wurde unterstellt, dass den Holländern eine besondere Ausrichtung und Eigenart im Umgang mit künstlerischen Phänomenen eigen sei. Wie verträgt sich eine solche Haltung mit Palladio? Ist hier auf Scamozzi zu verweisen? Man kommt nicht umhin, daran zu erinnern, dass angefangen bei Jan Hessel de Groot über Hendrik Petrus Berlage bis zu Piet Mondrian (und seinem Mentor Mathieu H. J. Schoenmaekers) ein Hang zur reinen Geometrie und deren Universalisierung zu beobachten ist, der letztlich zu den ewigen Gesetzen in der Baukunst führen sollte.[397] Daraus schloss man gerne auf eine Unverträglichkeit der holländischen Baukunst mit (starrem) Klassizismus und auf ihre Affinität zu einem «Laboratorium» (so J. P. Mieras 1926), während aus heutiger Sicht kaum bezweifelt wird, dass die formale Ausrichtung der klassisch-modernen Architektur gerade von Holland aus – schmucklos und objektiv – entwickelt wurde.

Dem scheint vorerst die Tatsache zu widersprechen, dass Berlage im Inneren seiner Amsterdamer Börse Anregungen von Palladios Basilica aufnahm, von der Berlage sagte, es sei das beste Werk des Meisters.[398] Wie später bei Jacobus Johannes Pieter Oud führte die Praxis notwendigerweise von einer zu rigid-abstrakten Theorie weg. (Granpré Molière definierte: «Een architectuur*product* is *stoffelijk*», was eben das ausgeführte Werk als «menschelijk kunst*product*» meinte.)[399] Anderseits bekennt sich Berlage – so in seinem berühmten Zürcher Vortrag von 1908 *(Grundlagen und Entwicklung der Architektur)* – in dezidierter Weise zu den aus der Bauhüttentradition hergeleiteten geometrischen Gesetzmässigkeiten.[400] Ganz anders dehnt de Groot in seiner *Vormharmonie* (1912) die entsprechenden Grundlagen umfassender auch auf die Renaissance, auf Dürer, auf Säulen und Vasen als die üblichen Gegenstände der Formdiskussion aus. Serlios Proportionsfigur vom Ende seines «Primo Libro de Geometria», die er über ein Portal

Pieter Vinckboons, Palastfassade aus einer Serie von sechs Fassaden, in: «La ij.Parte dell'Architetura dell Vignola e altri famossi Architetti.
Het tweede deel van de Architectura van Vignola als van andre beroemde meesters geteeckent.», in: [Vignola], *Regola de'Cinque Ordini d'Architectura [...]
Regel vande vijf Ordens der Architecture [...]*, Amsterdam 1642, Taf. 6

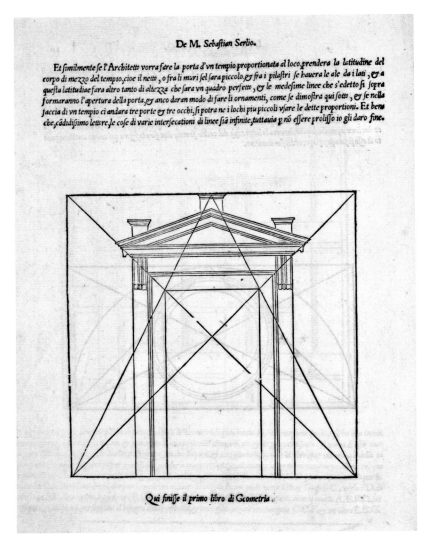

Sebastiano Serlio, Proportionsschema («porta d'un tempio proportionata al loco»), in: Sebastiano Serlio, *Il Primo Libro d'Architettura*, Venedig [1551], fol. 16v

legte und die gleicherweise der Bestimmung von Einzelformen der «ornamenti» wie der Anlage einer ganzen «faccia di un tempio» dienen sollte, erhält dabei eine prominente Position.[401] Sie lässt sich allgemein auf architektonische Körper beziehen, die de Groot – wegen des Zusammenhangs von Wahrnehmung und optischer Gesetzmässigkeit – auch gerne auf den Gegensatz von «pleines» und «vides» beziehen.[402] Das ist mehr als bloss abstrakte Baumassenästhetik. Es geht um die Vorstellungen, die konkret, ja sogar «tastbar» sind, wie Schoenmaekers in seinem *Het nieuwe Wereldbeeld* (1915) ausführt. Danach gilt: «[…] een zuiver geconstrueerde, regelmatige figuur is ook door-en-door 'concreet'», weil sie in der Wirklichkeit verhaftet ist; noch mehr: «als ze dus in de werkelijkheid innerlijk medewerkt».[403] Das folgt einer alten – in dieser Deutlichkeit an Roger Bacon gemahnenden[404] – Auffassung und trifft sich gut mit den aristotelischen Ansichten der Zeit Palladios. Dessen Name fällt natürlich weder bei de Groot noch bei Schoenmaekers. Ihren Thesen liegt aber umso deutlicher die Einsicht in den alten Hylemorphismus zugrunde, den notwendigen Zusammenhang von Materie und Form. Allerdings erweist sich gerade hier, in der unterschiedlichen Akzentsetzung, die Differenz der beiden. Jene von Schoenmaekers beschworene Konkretheit bezieht sich auf die Figur und die Geometrie und nicht erst auf die stofflich gewordene Architektur. Diesbezüglich führte die weitere Entwicklung, etwa bei d'Ozenfant und Le Corbusier schnell zu den zunehmend körperlich aufgefassten «*sensations* plastiques» und zeigte sich bald gegenüber allen Kompromissen offen: ganz im Sinne von Léonce Rosenbergs «J'aime le sentiment qui humanise la règle.» So oder so blieb das Risiko des (modernen) Formalismus bestehen, vor dem beispielsweise Mies van der Rohe vergebens warnte.[405] Vergessen wurde allemal der philosophische universalistische Hintergrund, der jener geometrischen Abstraktheit Sinn eingehaucht hatte und auf den sich Mies van der Rohe noch berufen konnte.

Dagegen versucht Karl Scheffler 1930 – von der Trennung Belgiens und Hollands (und dem Gegensatz 'Rubens versus Rembrandt') ausgehend –, den Charakter 'des Holländers' zu fassen. Von aussen kommend und stark verallgemeinernd, beschreibt er im Grunde genommen das typisch holländische künstlerische Phänomen. «Das Entscheidende in allem ist, dass die Holländer nie das Bedürfnis gefühlt und darum nicht die Fähigkeit ausgebildet haben – nicht im Religiösen, nicht im Geistigen und auch nicht im Künstlerischen –, das Symbol zu bilden und Ideen zu gestalten. *Sie haben keinen Sinn für die rein darstellende Form.* Nicht aus Unbegabtheit, sondern weil ihnen das tägliche Leben, das stündliche Ringen mit der Natur schon hinreichend Symbol war, weil sie eine Idee in aller Vernunft und Unschuld lebten.»[406] Man mag vor aller Übertreibung kultur-typologischer Festlegungen zurückschrecken und wird doch die Nützlichkeit solcher Annäherung an eine nicht leicht fassbare Erscheinung begrüssen. Wie sieht diese nach Scheffler aus? Eine Kultur ohne «poetische Selbstverherrlichung», durchweg pragmatisch und direkt, gekennzeichnet durch die «Kultivierung des an sich Unscheinbaren», und eine Baukunst, die «ein Stilsystem zweckfrei abwandelt». Gerade damit verbindet Scheffler, ein sensibler Beobachter des Kulturellen, den Hang zu «geistiger Abstraktion» gepaart mit dem «Sinn für geistige Grundkräfte». Bezogen auf die – klassischen – Formen der Architektur ergibt dies die folgende Einsicht: «Die Säule ist ein Formsymbol von ewiger Bedeutung, das Gesims ist eine essentielle Kunstform, frei von aller naturalistischen Zweckmässigkeit, hinaufgehoben in eine Sphäre reiner Erkenntnis und denkender Anschauung.»[407] Das trifft sich am Ende erstaunlich präzis mit Schoenmaekers philosophischen Ansichten.

Wie verhält sich das, wenn man weiter spekulieren darf, zur Nachwirkung von Palladio in Holland, zum Kontrast 'Palladio versus Scamozzi'? Man muss diese Frage zusätzlich mit der Tatsache der protestantischen Achsen komplizieren, die die europäische Kunst- und Kulturlandschaft durchziehen. Niemand zweifelt grundsätzlich an der Existenz und Bedeutung solcher kultureller Wahlverwandtschaften – etwa des Venetos mit Holland –, aber er wird gleichwohl zögern, wenn er dies konkret erklären und belegen sollte. Man müsste entlang dieser kultur-typologischen Festlegungen konsequenterweise einerseits Barock und Römisch-Katholisch, wie vielfach geschehen, und andererseits – überraschender – Gegenreformation zumindest in manchen Ausrichtungen mit Protestantisch zusammensehen.[408] Es trifft zu, dass solche Verbindungen ausgerechnet dort suggeriert werden, wo erstmals Palladianismus als Programm vorgestellt wurde: in England von

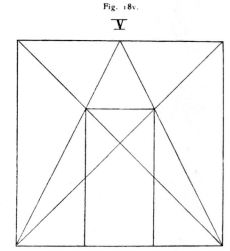

Jan Hessel de Groot, Proportionsschemen, in: Jan Hessel de Groot, *Vormharmonie*, Amsterdam [1912], S. 114–115

Colen Campbell (1715). Alessandro Pompei (1735) verband in Reaktion auf die englische Entwicklung den unkontrollierten (später barock taxierten) Ungeschmack mit Rom, spielte die päpstlichen gegen die fortschrittlichen Regionen Italiens aus. Das Feindbild hiess Barbarei, «*cieca* pratica» (unreflektierte Praxis). Für sich nahm er whigsche Optionen (nach dem Modell Lord Burlingtons), Intellektualität und Rationalität in Anspruch.

Man stellt schnell fest, dass sich hier unterschiedliche, teils widersprüchliche Pauschalisierungen überlappen. Aber genauso verhält es sich bei der Festlegung des Charakters von Kulturnationen und deren Angleichung an Konfession (oder gar Religion). Es geht dabei im weitesten Sinn um einen Habitus, der sich in aller Vereinfachung und Plausibilität zu ergeben scheint.[409]

Die holländische Kultur war demnach protestantisch! Aber wichtiger ist, dass damit verbunden entsprechende gesellschaftliche und bürgerliche Vorstellungen Realität wurden und dass Holland ausserhalb der grossen Machtsphären Europas ein Refugium für Hugenotten, aber auch für ungeliebte Katholiken war, die dort ihre Konfession änderten oder auch nicht. Dass dies in der Zeit gelebt wurde und dass die Architektur darauf Bezug nahm, belegt kein Geringerer als der «Architectus Incomparabilis» und Erbauer des Amsterdamer Rathauses, Jacob van Campen, der 1661 anlässlich der Publikation der *Afbeelding van 't Stadt Huys* schreibt, dass Venedig in Sachen Selbstbewusstsein und bezüglich des zur Glücksfindung im Staat ganz im aristotelischen Sinne erbauten Rathauses Vorbild für Amsterdam sei: «Venetien sal ons hier een voorbeeldt van zijn, welck in t'midden der baaren van alle onstuymigheden, der vreeselicjke Mahumetaansche Oorlooghen als onbeweeghlijk en vast, gelijk een Steen-rotz in Zee, daer alle de golven en baaren op aan stuyten, staan blijft.»[410] Ähnlich ist hier wie dort die Lage und der Behauptungswille eines durch den Handel über die Meere zu Ansehen und Reichtum gelangten Staatswesens. Ähnlich ist beiderseits auch die Weltoffenheit, die sich – ob katholisch oder protestantisch – um religiöse oder konfessionelle Differenzen foutiert.

Philip Vingboons, einer der in Holland prägendsten Architekten des 17. Jahrhunderts, und seine Brüder entstammten einer wohl baptistischen Familie (Vinckeboons) aus dem südlichen Teil der Niederlande.[411] In Amsterdam war jedoch sein soziales Netz spätestens seit seiner Heirat 1645 katholisch bestimmt. Sein Bruder Justus wiederum arbeitete zeitweilig im protestantischen Schweden. So sah zuweilen die Realität im protestantischen Holland aus. Was zählte, waren die natürlichen internationalen Verbindungen, die sich aus den politischen und gesellschaftlichen Bedingungen und

Links: Jacob van Campen, «Stadthuys», Amsterdam, Ostfassade, in: Jacob van Campen, *Afbeelding van't Stadt Huys van Amsterdam*, Amsterdam 1661, Fig. E

Oben: «Iacobus A Campen, Dominus In Randebroek, &c. Architectus Incomparabilis», Portrait von Jacob van Campen, in: Jacob van Campen, *Afbeelding van't Stadt Huys van Amsterdam*, Amsterdam 1661

Gegenüber: Architektonische Dekorationselemente, in: Simon Bosboom, *Architectura, Vervattende in zig t'Kort en bondig Onderwys van de 5 Colommen [...]*, Amsterdam o. J.

Oben links: Simon Bosboom, *Kort Onderwys Van De Vyf Colommen [...]* Amsterdam o. J., Frontispiz mit Titel und Portrait des Autors
Oben rechts: Simon Bosboom, *Architectura, Vervattende in zig 't Kort en bondig Onderwys van de 5 Colommen [...]*, Amsterdam o. J., Titel

aus der wirtschaftlichen Realität beinahe zwangsläufig ergaben: zu Grossbritannien und – auf den Spuren der Hanse – in den 'protestantischen' Norden, zu Norddeutschland, Skandinavien und in den baltischen Raum. Das sind die Achsen, auf denen gleicherweise und in bester Verquickung von Handel und Kultur architektonische Einflüsse erfolgen konnten: von Holland nach London zu John Webb und Robert Hooke, nach Stockholm, wo Justus Vingboons 1653 bis 1656 die Projektierung und den Bau des Riddarhuset weiterführte oder nach Potsdam, wo Jan Boumann im Holländischen Viertel Bürgerbauten und mit dem Alten Rathaus (1753–1755) einen palladianischen Palazzo nach dem Projekt für den Palazzo Angarano erstellte.[412]

Bei der Frage nach der Verbreitung palladianischer Muster beziehungsweise holländischer, pragmatisch-klassischer Architektur ist der Blick auf solche Handelswege oder Achsen aufschlussreich. Und das Beispiel der Gebrüder Vingboons lässt zudem erkennen, wie durchlässig die Gesellschaft damals in den Niederlanden trotz der konfessionellen Trennung war. Kulturell besehen blieb ohnehin alles in das grössere Ganze des in Bewegung geratenen europäischen Staatensystems einbezogen und eingefügt.

Insofern waren die Versuche, das 'Holländische' genauer bestimmen zu wollen, auch aus späterer Sicht durchaus nützlich. Damit gerät eine mögliche Erklärung für die in Holland evidente Präferenz Scamozzis gegenüber Palladio in Griffweite, sofern man dies mehr als einem blossen Zufall zuschreiben will. Der Hang zur *Abstraktion*, zum *Universalismus* und zu einem auf die einzelne architektonische Form bezogenen *Essentialismus* trifft sich jedenfalls mit der Entwicklung, die sich bei Scamozzi in seiner *Idea della Architettura Universale* (1615) fassen lässt. Im Kontrast zu Palladio und dessen *Quattro Libri* ist dort die Konkretheit des einzelnen Projektes längst zugunsten der grundsätzlichen Lösung verlassen. Und dies wiederum entspricht den Erwartungen, die

Face de devant de la Ma

Jacob van Campen und Pieter Post, «Face de devant de la Maison du Prince Maurice», Entwurf für das Mauritshuis, Den Haag, in: Pierre Post, *Les Ouvrages d'Architecture Ordonnez par Pierre Post Architecte de Leurs Altessses les Princes d'Orange [...]*, Leiden 1715, Taf. 3

Zu Seite 206–209: Jacob van Campen und Pieter Post, Mauritshuis, Den Haag, 1633–1637

Seite 206–207: Hauptfassade
Rechts: Rückfassade

sich nicht nur im Bezug auf eine philosophisch angezeigte oder erwünschte Universalisierung, sondern auch im Einvernehmen mit den (heilsgeschichtlichen) Grundlegungen gegenreformatorischer Zielsetzung ergeben haben.⁴¹³ Architektur wird bei Scamozzi allgemein und in das gesamte Spektrum menschlicher Tätigkeiten und Obliegenheiten eingefügt – zur höheren Ehre Gottes, im Lichte göttlicher Wahrheit und im Rahmen einer durchaus unterschiedlich bewerteten Prädestinationslehre. Also könne Vitruv nicht die erste oder gar alleinige Autorität sein und es seien die von ihm abgehandelten und in Zusätzen, Kommentaren erarbeiteten Erkenntnisse aus ihrer Enge zu befreien und in den grösseren Kontext menschlicher Möglichkeiten und Kompetenz insgesamt hineinzustellen: «[…] non omnino ex Vitruvio, sed ex ratione, et attenta observatione, optimoque veterum modo», lautet die entsprechende Empfehlung in der massgeblichen *Bibliotheca Selecta* (1593 und 1607) von Antonio Possevino.⁴¹⁴ Die dort gegebene knapp gefasste Definition von Theorie und Praxis hat in erster Linie mit deren grundsätzlicher Unterscheidung und nicht damit zu tun, dass auch Vitruv und seine Interpreten diesem Begriffspaar grösste Beachtung gezollt haben: «Architectura igitur est duplex. Altera quae ponitur in praeceptis operumque ratione; Altera, quae ad ipsorum aedificiorum actionem & fabricam pertinet.»

Der Übergang von einer noch deutlich durch die Autorität Vitruvs und die in Griffweite befindlichen antiken Monumente geprägten Bemühung um eine theoretische Grundlegung der Architektur zu einer universaleren Vorstellung lässt sich in einem Vergleich von Barbaro und Palladio mit Scamozzi beschreiben. Bei Ersteren blieb die «ars» noch wesentlich am «operare» orientiert, während sie bei Scamozzi als «arte [che] ha *cognitione universale*» verdeutlicht und intellektualisiert erscheint.⁴¹⁵ Das aristotelische «ars est universalium cognitio» ist hier nicht nur Teil beiläufiger Erörterung und Begründung, auf die man verweist, sondern ein handlungsbestimmendes *Prinzip* von grundsätzlichem Anspruch. Scamozzis intellektuelle Anstrengung führt ihn weg von der Unmittelbarkeit, mit der Palladio seine Werke beschrieb. Die Bauten erscheinen bei Scamozzi deutlicher in den Rahmen einer Argumentationsreihe, wenn nicht gar eines Systems hineingesetzt. Dort stehen sie stellvertretend und modellhaft für diese oder jene Problemlösung. Dementsprechend wollte niemand die Aussage, mit der Huet das Wesen der Architektur Palladios – nämlich einzig

Philip Vingboons, Wohnhaus für Nicolaas Bambeeck, Amsterdam (1650), in: Philip Vingboons, *De Gronden Afbeeldingen en Beschryvingen der Aldervoornaamste en Aldernieuwste Gebouwen […]*, Leiden 1715, Taf. 2

Philip Vingboons, Wohnhaus für Pieter de Mayer, Amsterdam (1655), in: Philip Vingboons, *De Gronden Afbeeldingen en Beschryvingen der Aldervoornaamste en Aldernieuwste Gebouwen […]*, Leiden 1715, Taf. 6

und allein mit Bezug auf seine Person – erklärte, auf Scamozzi übertragen; ein *il veut être Scamozzi* verböte sich von selbst. Insofern leuchtet es ein, dass man gerne sogar dann von Palladianismus spricht, wenn es, wie in Holland, unzweifelhaft in erster Linie um Scamozzis Nachwirkung ging. Schon die Wortbildung *Scamozzianesimo* – als Zungenbrecher – und auch der Übervater Palladio unterbänden eine solche Konsequenz![416]

Über Scamozzi gelangt man zu einer universalen Architektur, einer Architektur an und für sich, in seinem Sinne einer «Scienza Speculativa».[417] Damit rückt man näher an die klassische Vorstellung systematischen Vorgehens im Zeichen von Regel und Regelwerk heran, die sich mit dem Vorbild Scamozzis verbindet. Der Tatsache des Universalismus widerspricht eben nicht, dass sie in der konkreten Anlehnung an diese oder jene Vorschrift von Mass und Form eines einzelnen Architekturgliedes erreicht wird, so, wie man dies auch in Jacob van Campens Mauritshuis in Den Haag (1633) beobachten kann, dem Gründungsbau des holländischen Palladianismus (oder Klassizismus!).

Jenem Universalismus war zudem ein ethisch-moralischer Grundton eigen, der die gegenreformatorischen Vorstellungen eng an die protestantischen Ideale band. Er fand sich später in England im Umfeld der Whigs wieder, wo die Fragen von Moral, Charakter und Kunst noch mehr ineinanderflossen und ein neues Bildungsideal formten, das schon Orazio Lombardelli in *Della Eccellenza Libri Due* (1578) beschrieben hatte.[418] Der «eccellenza» Lombardellis und Scamozzis entsprach das Ideal der «perfection» bei Lord Shaftesbury, das sich wiederum bei den venezianischen Reformern von Alessandro Pompei bis Antonio Visentini im Motto der «perfezione» abbildete.

Possevino bezieht all diese Fragen auf die noch grössere nach Sinnstiftung, nämlich nach dem Umgang des Menschen mit den «doni che negl'Ingegni dell'huomo ha posto Iddio»; das ist das Thema seiner der *Bibliotheca Selecta* entnommenen und 1598 erstmals italienisch in Vicenza publizierten *Coltura de gl'Ingegni*.[419] Er spricht von einem «*nuovo Mondo uscito in questo secolo* (può dirsi) dell'Oceano» und sieht darin eine Art Klärung nach der Krise einer sich auflösenden und zunehmend fragmentarischen Welt, gekennzeichnet vom «numero dell'Heresie, hormai quasi innumerabile». Dagegen ersteht das Bild einer «Scuola del Mondo, dove l'huomo impara», wo jedem seine Aufgabe zugewiesen sei, in

Philip Vingboons, Vier Wohnhäuser für Jacob Kromhout, Herengracht, Amsterdam (1660), in: Philip Vingboons, *De Gronden Afbeeldingen en Beschryvingen der Aldervoornaamste en Alderniewste Gebouwen [...]*, Leiden 1715, Taf. 50 und 49

deren Erfüllung er sich zu bewähren habe: «Dalla volontà nostra dunque, & dal libero arbitrio procedono l'attioni».[420] Dieser Aktionsradius freier menschlicher Entscheidung und Handlung richte sich nach den Bedingungen der göttlichen Vorsehung: «Grandissimo giovamento per coltivare i nostr'ingegni si riceve dal proporsi il nostro fine, & dalla considerazione *di chi ci da l'esssere l'intelletto.*» Und dies wird schliesslich – in Allusion auf Seneca – mit Selbstbescheidung verknüpft: «Il volere sapere piu di quel che basta è specie d'intemperanza.»[421] Wohlkalibriert und in jedem Falle abgestimmt sollen gemäss dieser ethischen Grundüberzeugung auch die Früchte des Tuns sein. Für Possevino ist «licenza» – anderswo als Inbegriff von Exzess und Regelverstoss (auch in der Architektur) interpretiert – der Gegensatz zu einer christlichen Lebensauffassung, für die das Ideal der «sodezza» oder, auf das Religiöse bezogen, die «soda pietà» steht.

Man wird mühelos in den Bauten Jacob van Campens «sodezza» feststellen können. Der ebenso sparsame wie gezielte Umgang mit den Mitteln von Formen und Gliedern – und nicht nur die Befolgung einzelner Vorschriften und Regeln – ist es, was diese Bauten mit Scamozzi verbindet. Beschränkung und Kontrolle gehen damit einher, weisen den richtigen Weg und verhindern jeglichen, das Mass und das «decorum» verletzenden virtuosen Höhenflug. In diesem Rahmen sollen die Werte von «ordinatio», «dispositio», «eurythmia», «decor», «distributio» und «symmetria» ihr Recht haben. Die ökonomische Grundlage entscheidet über die Handhabung von Architektur und ihren Formen.

So fügt sich alles in das Weltbild, das wir heute 'protestantisch' lesen und das gleichfalls zu Scamozzi und seinem gegenreformatorischen, universalistischen Hintergrund passt. Gezielt werden die Glieder und Formen der Architektur nach dessen Vorbild und verbindlicher Art eingesetzt, jeden Zufall ausscheidend. So hinterlässt die holländische Architektur zuweilen einen merkwürdig spröden, unsinnlichen Eindruck. Zurückhaltung ist das mindeste, was man feststellen muss! Arent van s'Gravesande stattet in Leiden auf diese Weise die bescheidenen Bürgerhäuser aus. In Simon Bosbooms verschiedentlich aufgelegtem *Kort Onderwys Van De Vyf*

Philip Vingboons, Wohnhaus van Gerards, Herrengracht, Amsterdam, 1663, mit übereinandergestellter Säulenordnung und Dreiecksgiebel

Gegenüber: Philip Vingboons, Vier Wohnhäuser des Jacob Kromhout, Herrengracht, Amsterdam, 1660

HET AEN SIEN OFTE FACIAT DER HUYSINGE V.
HEEREN LOUYS ENDE HENDRICK TRIP STAEND
DE WEST ZY VAN D'OUDE SINGEL OFTE CLOVEN
BURCHWAL BY St ANTHONIS MARCT TOT AMSTE

Justus Vingboons Inventor.

Met Octroy van Ed. Gro: Mo: Heeren Staten voor 15 Jaere

Johannes Vingboons, «Trippenhuis» (Palast für Louys und Hendrick Trip), Amsterdam (1660–1662), Fassade,
in: Johannes Vingboons, *Het Huys van L. en H. Trip*, [Amsterdam] o. J., Taf. 1

Colommen findet man, nebst der präzisen Darlegung der wesentlichen Formen der Säulenordnung, Fenster und Türen, in lediglich zwei Tafeln zusammengefasst sämtliche architektonischen Zierrate wie Girlanden, Ranken, Vasen und Trophäen.[422] Mehr bedarf es nicht! Der vielfach beschriebenen «Sprödigkeit der Profilgebung» und der «Spärlichkeit der ornamentalen Details» (Georg Galland, 1890) widerspricht nicht, dass Bosboom am Amsterdamer Rathaus einmal durchaus reich gestaltete Kapitelle anfertigt.[423]

Für das Doppelhaus der Gebrüder Louys und Hendrick Trip (1660–1662) in Amsterdam schafft Justus Vingboons die dort wohl aufwändigste Hausfassade der damaligen Zeit überhaupt.[424] Die klar dominierende architektonische Gliederung weist einen übergiebelten Mittelteil und eine korinthische Kolossalordnung mit kannelierten Pilastern auf sowie ebenso klar unterschiedene, in die richtigen Kompartimente hineingesetzte Dekorationen. Dies folgt der Tradition des palladianischen «Frontespicio», mit dem Repräsentation bewirkt und die dahinterliegende Struktur (eines Doppelhauses mittels blinder zentraler Fensterachse) kaschiert wird. Der Grundriss bleibt – pragmatisch – der holländischen Usance mit «voorhuys», «comptoir» und «groete sael» nach vorn und den 'Kammern' für den privaten Gebrauch nach hinten verpflichtet. Und die nackte Rückfassade löst vollends die Forderung nach der Angemessenheit bürgerlicher Architektur ein. Auf andere Weise ist hier die palladianische Kombination des nackten Baukörpers mit dem aufgesetzten «Frontespicio» umgesetzt, nämlich im Wechsel von schlichter Rückfassade zu reicher Vorderfront. Das von Justus und Johannes Vingboons seit 1648 aufgelegte und 1674 um einen zweiten Teil erweiterte Musterbuch Amsterdamer Häuser, in dem das tripsche Haus zwar später als Paradestück vorgeführt wird, weist aber ganz deutlich eine zurückhaltende Art der Fassadenbildung und einen nackten Baukörper als Normalfall aus.[425] Dort ist im Grunde genommen auch die Aufgabenteilung der «Bouw-Kunst» in Grundauftrag und Ausstattung mittels «Facciaten» und «Colommen» festgeschrieben (in der Widmung «Aan den Leser» einer späteren Ausgabe).

Dieser Brauch findet eine Begründung in dem – auch für Vingboons – einflussreichen Werk der *Palazzi di Genova* von Peter Paul Rubens (1622).[426] Rubens' Absicht gemäss dem Vorwort «Al Benigno Lettore» ist es, nicht nur die 'barbarische' Architektur in den «Provincie Oltramontane» zu überwinden, sondern sie eben auch auf die tatsächlichen Bedürfnisse abzustimmen. Es sollten keine übertriebenen Paläste wie in Caprarola oder im Palazzo Pitti suggeriert werden, denn die Architektur müsse in erster Linie dem Gemeinwohl dienen: «Ma io vorrei servire al uso commune, e piu tosto giovare a molti ch'a pochi».[427] Wie gut sich Rubens' und Vingboons' Architekturmodelle vertragen, kann man der neuaufgelegten fünfsprachigen Vignola-Edition entnehmen, die 1642 in Amsterdam mitsamt Anhängen publiziert wird. Man findet dort unter anderem Fassaden aus den *Palazzi di Genova* und Bürgerhäuser von Pieter Vinckenboons, dem ältesten der Vingboons-Brüder, vereinigt.[428]

So schliesst sich der Kreis und es bleibt das häufig geäusserte Bekenntnis nachzutragen, das Scamozzis Bedeutung in diesem Zusammenhang in den Mittelpunkt rückt: «[…] ik hebbe hier eenige schetsen gemaekt van de vyf Colommen die door *Vincent Scammozi*, Architect van Venecien op syn heerlickst geordineert zyn», schreibt Bosboom «Tot den Discreten Leeser» seiner *Kort Onderwys Van De Vyf Colommen*.[429] Und der Leidener Verleger Peter van der Aa rühmt sich in seiner Edition der Werke und Zeichnungen von Pieter Post (1715) an erster Stelle, die Werke Scamozzis herausgegeben zu haben.[430]

Johannes Vingboons, «Trippenhuis», Amsterdam (1660–1662), Grundriss (oben), Rückfassade (unten), in: Johannes Vingboons, *Het Huys van L. en H. Trip*, [Amsterdam] o. J., Taf. 3, 5

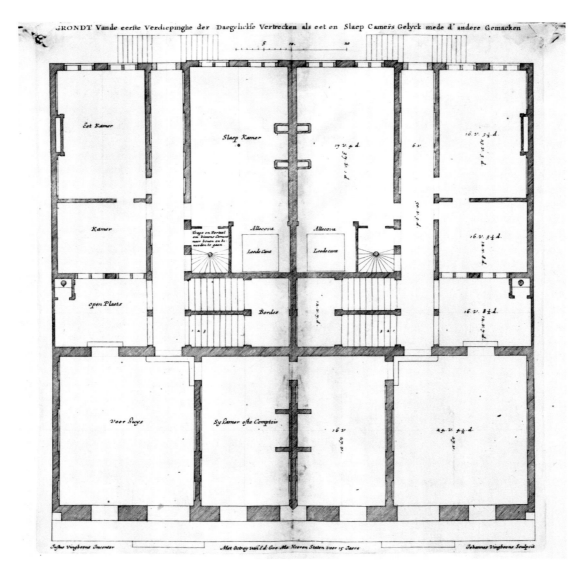

XV

Gravé sous la conduite de B. Picart en 1715.

«Palladianism» oder «Englishness»
England von 1600 bis 1800

«[…] wherefore the maine & primitive division of Morall knowledge seemeth to be into the EXEMPLAR or PLATFORME of GOOD, and the REGIMENT of CULTURE OF THE MIND; […] And as Aristotle saith, That a young men may bee happy, but not otherwise, but by Hope: So we must all acknowledge our Minority, and embrace the felicity, which is by hope of the future world.»

Francis Bacon, *The Twoo Bookes […] Of the proficience and advancement of Learning, divine and humane*, London 1605, S. 69

«That day should have been more joyful unto me then the day of my birth and nativity, wherein I might have seen a Letter from any of my friends, with assurance of my pardon to call me home. […] In my travel I have heard many things which I knew not when I came out of England, and no more then I would, and yet much more then I can be well able to answer, when I come home […].»

Henry Wotton, *The State of Christendom: Giving A Perfect and Exact Discovery of many Political Interregues and Secret Mysteries of State practised in most of the courts of Europe […]*, London 1667 (second edition), S. 1 f.

«It is then with the *Renowned Palladio* we enter the Lists […].»[431] Colen Campbells in drei Bänden von 1715 bis 1725 erschienener *Vitruvius Britannicus* weist in seinen Tafeln alle Zeichen einer wegweisenden neuen Architektur auf und gibt sich trotz des grossen Buchformates – und wohl in erster Linie wegen der wenigen programmatischen Aussagen in der «Introduction» zum ersten Band – als Manifest des Palladianismus zu verstehen. So wurde diese verlegerische Tat allzu häufig beschrieben. Wenn es überhaupt eine palladianische Bewegung im engeren Sinn einer mit Absicht, im Namen Palladios ausgelösten Entwicklung und Tendenz gegeben haben sollte, der man zu Recht den Begriff Palladianismus als Programm und Zielsetzung zuweisen könnte, so wollte man sie am ehesten mit dem 'Gründungsjahr' 1715 im *Vitruvius Britannicus* vermuten und festmachen. Bevor man sich den Projekten und Bauten zuwendet, die in der Zeit der Regierungen der hannoverschen Könige George I. und George II. tonangebend waren, muss die Aufmerksamkeit dem *Vitruvius Britannicus*, Colen Campbells editorischer Glanzleistung, gelten. Ein britischer Vitruv sollte es sein. Der zweisprachig, englisch und französisch verfasste Untertitel präzisiert: *or The British Architect […] of the Regular Buildings both Publick and Private. In Great Britain.* Das passte zu der sich auf Palladio berufenden Tradition der Zivilbaukunst. Von Grossbritannien aus ging der Blick nach Italien, Frankreich, das gegenüberliegende Festland Deutschlands und der Niederlande sowie auf die sich dort abspielende wechselvolle Geschichte, um jene Erfahrungen auf die eigenen Zustände und Probleme zu projizieren. Das entsprach dem in Sachen Kultur ohnehin ständig gepflegten Austausch, noch lange, bevor die *Grand Tour* zur Routine würde.

Der *Vitruvius Britannicus* war also präzis auf die politische und kulturgeografische Lage Grossbritanniens abgestimmt. Der erste Satz charakterisiert die besondere Situation und deutet sie im Hinblick auf das Bauen: «The general Esteem that Travellers have for Things that are Foreign, is in nothing more cospicuous than with Regard to Building. We travel, for the most part, at an Age more apt to be imposed upon by the Ignorance or Partiality of others, than to judge truly of the Merit of Things by the Strength of Reason. It's owing to this Mistake in Education, that so many of the British Quality leave so mean an Opinion of what is performed in our Country; tho', perhaps, in most we equal, and in some

Bernard Picart (Stich, 1715), Villa Rotonda von Palladio, in: Giacomo Leoni, *The Architecture of A. Palladio; in four books*, Bd. II, London 1715, Taf. XV

Things we surpass, our Neighbours.»⁴³² Im Grunde genommen geisselt Campbell die – blinde – Verehrung fremder Leistungen und hält dem eine selbstbewusste Haltung entgegen. Er verlangt «a fair Comparison with the best of the Modern» und belässt nur die Autorität der Alten («[…] they are out of the Question»). Darauf wird die Entfaltung der Kulturnation Grossbritannien aufgebaut sein. Und es ähnelt tatsächlich einem Programm, in dem Palladianismus Mittel zum Zweck ist und dessen zentraler Gedanke die ersehnte eigenständige Kulturentwicklung darstellt. Später, 1763, widmet Francesco Algarotti im Hinblick auf die sich seit Langem entwickelnde französisch-britische Konkurrenz seinen Bericht über die französische Akademie in Rom, durchaus in polemischer Absicht, dem Engländer Thomas Hollis und rückt die britischen Qualitäten in das richtige Licht: «Quanto differente sia, nel fatto della Pittura, dell'Architettura e della Statuaria, la maniera del pensare di buona parte de'Francesci da quella degl'Inglesi, si potrà anche comprendere […] Credono i Francesi, che sotto il felice loro cielo sia nata e cresciuta ogni cosa bella, e quasi che stimino perduta opera e vana il cercare più là. Gl'Inglesi al contrario, per accrescere il comune patrimonio delle arti, e delle scienze, cercano ogni più remoto angolo del Globo: E non contenti di aver visitato gli ultimi confini dell'Europa, per raccogliere le preziose reliquie dell'antichità, l'Asia minore, e l'Egitto, hanno penetrato il più adentro che è stato possibile nell'impero della Cina affine di recarne nuove ricchezze anche nell'arte dello edificare le case, e del piantare i giardini.»⁴³³

Als Algarotti dieses schreibt, hat er die Gründung der Londoner Royal Academy of Arts (1768) im Auge, an die er die Aussicht knüpft: «In cotal guisa esse diviene l'emporio, e *il centro del Mondo.*» Im Vorfeld dieser Entwicklung hat 1749 John Gwynn seinen *Essay on Design* mitsamt den *Proposals for erecting a Public Academy* und dem erklärten Ziel *For Educating the British Youth in Drawing, And the several Arts depending thereon* publiziert. Das Buch schmückt ein Frontispiz mit der Widmung an George II., in dem Britannia die Symbole des Krieges mit den Füssen niederhält und ein Zeichen an Hermes und Athene gibt, auf dass durch wirtschaftlichen Aufschwung die Wissenschaft und Kunst erblühe. Darunter steht: «_____ad ultimos Orbis BRITANNOS_____».⁴³⁴ Krieg mit anderen Mitteln! Der 'Kulturstreit' soll über die Vormachtstellung Grossbritanniens entscheiden. So wird ein *paragone* besonderer Art betrieben: *British versus French.* «We had our Inigo Jones before France had her Mansart»!⁴³⁵ Versailles wird gegen Whitehall ausgespielt und dabei wegen der erfolgten Zerstörungen Whitehalls auf die Publikation William Kents verwiesen. («See the designs of Inigo Jones, published by Mr. Kent».) Und schliesslich habe Frankreich auch keinen Palladio vorzuweisen: «But even in the Arts of Design, for which the Encouragement of Lewis XIV. made the French most famous, I do not find in France a Raphael, a Michael Angelo, or a Palladio, among the native French. Their fine Pieces of Architecture were very few, and they too perhaps might suffer by a critical Examination.»⁴³⁶

Colen Campbell hatte 1715 längst die eigene Bildung gegen die Abhängigkeit vom Ausland («this Mistake in Education»!) ins Feld geführt und mit einer Geschichtsinterpretation sui generis aufgewartet. Mit der Antike sei auch jener Neuerer – von Bramante bis Scamozzi – zu gedenken, die im 15. und 16. Jahrhundert als «Restorers of Architecture» aufgetreten seien. Hier wird der entscheidende Akzent gesetzt: «But above all, the great Palladio, who has exceeded all that were gone before him, and surpass'd his Contemporaries, whose ingenious Labours will eclipse many, and rival most of the Ancients. And indeed, this excellent Architect seems to have arrived to a Ne plus ultra of his Art.»⁴³⁷ Was folgt, ist das Urteil, dass mit Palladio «great Manner», «exquisite Taste of Building» und auch «the Antique Simplicity» verschwunden seien und selbst Italien nicht mehr seinem Vorbild folgen könne. Palladio ist also der deklarierte Ausgangspunkt einer neu zu erfindenden hohen Baukunst. Gegen die zeitgenössische italienische Architektur geht Campbell – wie später Alessandro Pompei gegen Rom gerichtet – mit den Argumenten von «capricious Ornament» und «Gothic» an. Er benennt Berninis und Borrominis Werke als Fehlentwicklung und setzt nicht nur Palladio, sondern auch Inigo Jones dagegen: «Let the Banqueting-house, those excellent Pieces at Greenwich […] be carefully examined.»⁴³⁸

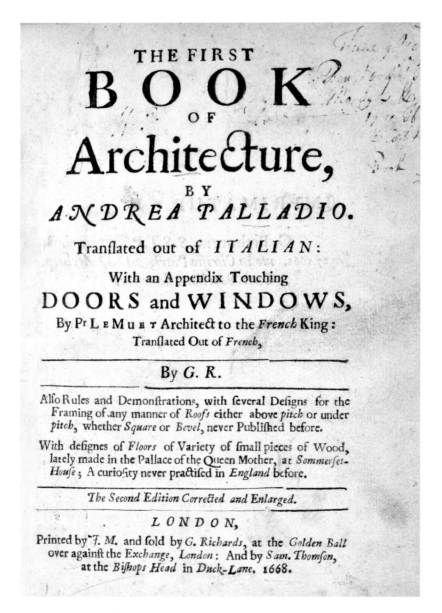

[Godfrey Richards], *The first Book of Architecture, by Andrea Palladio. Translated out of Italian: With an Appendix Touching Doors and Windows, By Pr. Le Muet […] By G. R.*, London 1668, Titel

Es ist überdeutlich: Der *Vitruvius Britannicus* beruft sich zwar auf Palladio, weil er für jenes Ideal von «great Manner», «exquisite Taste» und «Antique Simplicity» steht; aber eigentlich stellt Campbell die britischen Leistungen in den Mittelpunkt. So beginnt er mit Saint Paul's Cathedral in London – im (unvermeidlichen) Vergleich mit Sankt Peter in Rom. Dem setzt er unbescheiden ein eigenes Kirchenbauprojekt an die Seite, das selbstbewusst (wie viele der nachfolgenden Stiche!) mit «of my Invention» gekennzeichnet ist und als auf Einfachheit ausgerichtet, «reduced to a Square and Circle in the Middle», vorgestellt wird, «which, in my weak Opinion, are the most perfect Figures».[439] Campbell zieht jedoch keineswegs einen Trennstrich zur britischen Geschichte vor dem Machtwechsel von Queen Anne und den Tories zu King George I. und den Whigs. Im Vordergrund steht ganz allgemein das britische Argument: «And here I cannot but reflect on the Happiness of the British Nation.»[440] Und so werden auch Christopher Wren, John Vanbrugh, Nicholas Hawksmoor, Thomas Archer, William Talman und selbst John James in die Liste der Vorbilder gesetzt.

So ist das Werk «To his most Sacred Majesty King George» gewidmet. Mit ihm, den man von Hannover und Herrenhausen am 4. August 1714 nach London bat, sollte – allmählich – Ruhe in die englische Politik einkehren. Einem Abgeordneten der Tories war die diplomatische Mission aufgetragen. Aber schon auf dem Weg nach London, in Den Haag, wurde klar, dass George I. die politischen Geschäfte den Whigs übertragen würde, und zwar vollständig. Mit der Ernennung des ursprünglich aus einer Tory-Familie stammenden, aber jetzt zu den Whigs gewechselten Charles Viscount Townshend zum Secretary of State war diese Wende besiegelt und damit die befreundete und verschwägerte Familie Walpole, Sir Robert Walpole an vorderster Front, mit an die Macht gebracht. In einer postum, 1762 erschienenen Replik auf Henry St. John Bolingbrokes Darstellung erinnert Horatio Walpole, der jüngere Bruder von Robert Walpole, an die dem Regierungsumschwung vorangegangenen Ereignisse.[441] Er betont die «steadiness of England and Holland» – in erster Linie gegen Frankreich, dessen Intrige das zeitweilige Auseinanderdriften Englands und Hollands verursacht habe – und erkennt in dieser Beständigkeit die Ursache für die weitere gute Entwicklung, die das bis nach Spanien ausufernde Kriegsgeschehen endlich beenden sollte. Die Whigs sahen sich zu guten Teilen als Wegbereiter dieser neuen Lage. Und mit Sicherheit waren sie die ersten Nutzniesser der mit dem Frieden von Utrecht (1713) zum Ziel gekommenen Bemühungen. So betonten sie «the great Cares which We took upon Us *in restoring the Publick Tranquility*» in dem von Queen Anne zum Friedensvertrag beigesteuerten Dokument vom 3. Mai 1713.[442] Folgt man der Darstellung von Emanuel de Size, der zeitweilig im militärischen Dienste Englands stand, war mit der Wahl von George I. zumindest die unendliche Geschichte interner britischer Auseinandersetzungen und Machenschaften beendet. De Size hat in seiner *Histoire du Whigisme et du Torisme* (1717) für beide Parteien eigentlich nur kritische Worte übrig. Für die Tories seien die Whigs «un amas de gens sans foy, sans Religion, sans Principes», kurzum «monstres de la société Humaine», selbstsüchtig und geizig: «Ils n'ont d'autres loix que leurs intérêts, ny d'autre Dieu que leur ambition».[443] Umgekehrt seien die Tories für die Whigs «flatteurs du Prince, & les ennemis des sujets». Vergleicht man dies mit späteren Ansichten, die beispielsweise John Moore von seiner vierjährigen *Grand Tour* – unter anderem durch Frankreich – nach Hause bringen wird, so gewinnt man jedenfalls den Eindruck, die Whigs hätten ihre Vorstellungen von Staat und Gesellschaft erfolgreich durchgesetzt. Die britische Situation stand im Kontrast zur französischen Wirklichkeit: «It must be acknowledged, that monarchy (for the French do not love to hear it called despotism, and it is needless to quarrel with them about a word) is raised in this country so very high, that it quite loses sight of the bulk of the nation, and pays attention only to a few; who, being in exalted stations, come within the Court's sphere of vision.»[444] Die Charakterisierung der Mängel am anderen Ende des gesellschaftlichen Spektrums ist noch aufschlussreicher: «*Le peuple*, in France, is a term of reproach. – *Un homme du peuple*, implies a want of both education and manners. *Un homme comme il faut*, on the other hand, does not imply a man of sense or principle, but simply a man of birth or fashion; for a man may be *homme comme il faut*, and yet be devoid of every quality which adorns human nature. There is no question that government leaves the middle and inferior ranks of life in some degree unprotected, and exposed to the injustice and insolence of the great; who are considered in this country, as somwhat above the Law, though greatly below the Monarch.»[445] In England sind, so muss man schliessen, längst nicht nur *bon sens*, sondern auch Common Sense, bürgerliche Tugenden und mit ihnen Erziehung, Moral und «Taste», eingekehrt. Die Whigs waren also nicht bloss jene anti-französische, anti-papistische und pro-holländische Gruppierung, die durch geschickte Politik an die Macht kam, sie vertraten auch deutlich und unverkennbar ein Bildungs- und Erziehungsideal und darüber hinaus politische Überzeugungen, die de Size 1717 auf die Maxime der Whigs zurückführt: «Tous les hommes sont nez libres, egaux, & independants les uns des autres.»[446]

Diese Eigenschaften der Whigs und auch das Moment des Emporkömmlings ausserhalb des Hofes, die Zielstrebigkeit dessen, der zwar nur über bescheidene Mittel verfügt, diese aber umso bewusster für seinen Zweck einsetzt, entsprachen Palladios Vorstellungen der «gentil'uomini». Ihnen hatte Palladio die erfolgreiche Umsetzung seiner «usanza nuova» verdankt. Dafür stehen zweifelsohne auch die Bauten, die Colen Campbell aus der englischen Baugeschichte herausdestilliert und in eine Reihe bringt, um ihr seine eigenen Werke im Sinne einer beabsichtigten Kontinuität hinzuzufügen. Im übrigen schien auch die protestantische Achse für den palladianischen Einfluss in Grossbritannien wirksam zu sein, wenn man an die bestärkten Kontakte und traditionellen Beziehungen Englands zu Holland wie zum Veneto erinnert. Als sich die Whigs mit einer liberalen Aufnahmepolitik für nicht britische Protestanten in England (1709) gegen die Tories und deren

Seite 222–223: «The Elevation of the QUEENS House to the Park of GREENWICH Invented by Inigo Jones 1639», in: Colen Campbell, *Vitruvius Britannicus, or The British Architect, Containing The Plans, Elevations, and Sections of the Regular Buildings, both Publick and Private in Great Britain [...]*, Bd. I, London 1715, S. 15

Ca Campbell Delin.

The Elevation of the QUEENS House to the
is most humbly Inscribed to the Hon.ble GEORGE CL

Elevation D'une Maison appartenante a La REINE. Du Costé Du

at GREENWICH Invented by Inigo Jones 1639.
E. Esqr One of the Lords of the Admiralty. &c.
a GREENWICH tres humblement Dedié a Monsieur Mr. CLERC. &c.

Ca: Campbell delin:

La Grande Chambre D'audience

The BANQUETTING Ho

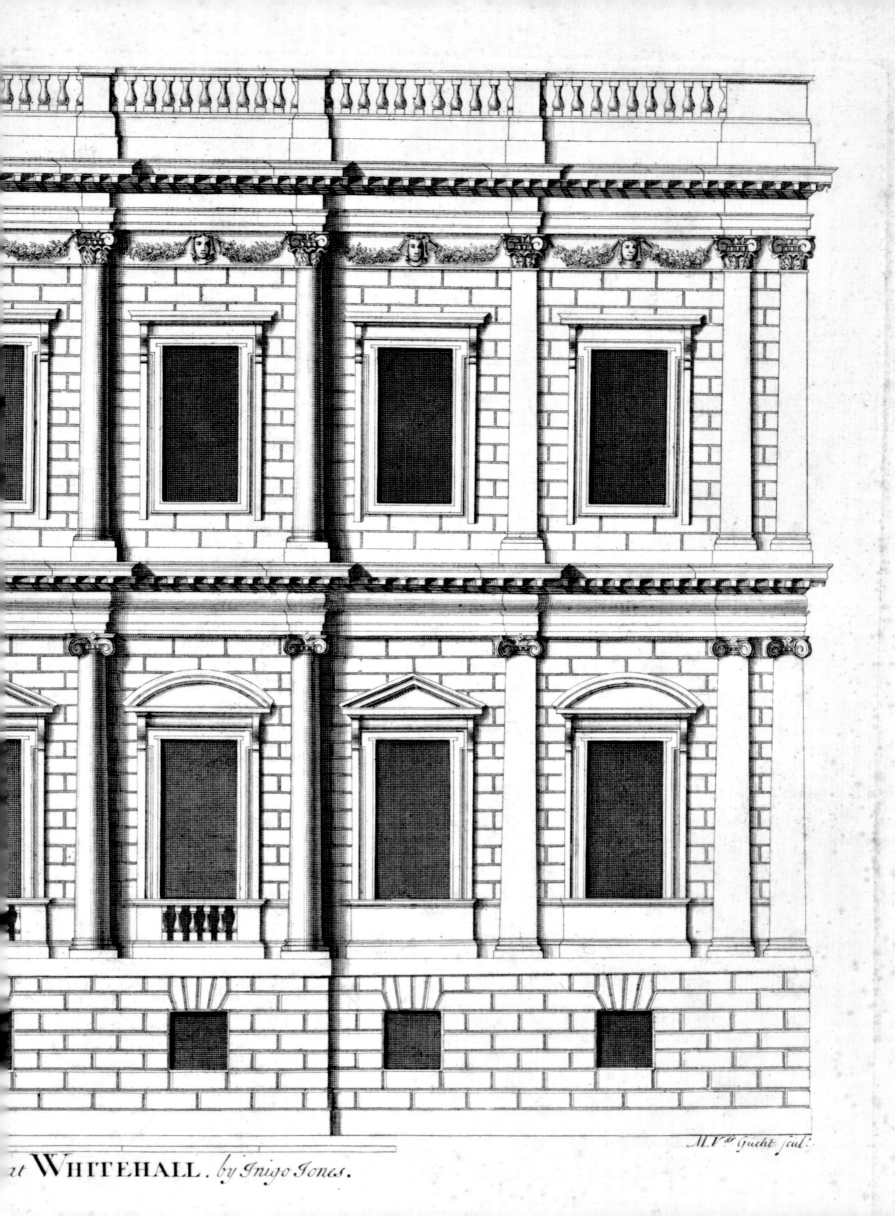

at WHITEHALL, by Inigo Jones.

Seite 224–225: Inigo Jones, The Queen's House, Greenwich, 1616–1635, Südfassade

Seite 226–227: Inigo Jones, The Queen's House, Greenwich, 1616–1635, Nordfassade

Seite 228–229: «The BANQUETTING House of WHITEHALL by Inigo Jones», in: Colen Campbell, *Vitruvius Britannicus [...]*, Bd. I, London 1715, S. [13]

Gegenüber: Inigo Jones, The Banqueting House, Whitehall, London, 1619–1622, Salon

Oben: Inigo Jones, The Banqueting House, Whitehall, London, 1619–1622, Fassade

Anspruch «extra Ecclesiam anglicanam nulla Salus» durchsetzten, bewirkte das mancherlei Öffnung für Intellektuelle wie Künstler.[447] Schliesslich hatte ja schon Henry Wotton 1667 in seinem *State of Christendom* die Enge eines bloss konfessionellen Blickes auf Europa als obsolet abgelegt und 'Promiskuität' in Sachen Religion festgestellt:[448] Es gehe stattdessen um die Unabhängigkeit von absoluter Autorität und Regel, ganz im Sinne der Whigs und ihrer Überzeugung von «hommes [...] libres, egaux, & independants». «With extraordinary prudence», liest man in den von William Coxe edierten *Memoirs of the Life and Administration of Sir Robert Walpole* (1798), sei dieser Prozess in Gang gesetzt worden, der einen radikalen Wechsel in der Geschichte Englands bewirkte, insbesondere im Hinblick auf die Kunst und ihre Einbeziehung in die Gesellschaft.[449] Mit George I. an der Spitze – und trotz der nicht fehlenden Irritationen (etwa im Zuge eines Misstrauens gegen Robert Walpole, der sich dem Prince of Wales, dem späteren George II., zu sehr angenähert haben soll) – ging diese Entwicklung zügig voran: hin zu einer ernst zu nehmenden Kulturnation, deren Aussichten und Erfolge Francesco Algarotti den Franzosen bald genüsslich unter die Nase rieb.

Es war tatsächlich so, dass die Exponenten dieser Politik das neue künstlerische Angebot annahmen. Für Robert und Horatio Walpole trat zwar Thomas Ripley als ausführender Baumeister in Houghton und Woolterton auf, aber an Houghton hatten auch Campbell und später als Verantwortlicher für die Dekoration vor allem William Kent Anteil, sodass die Entourage von Lord Burlington mit involviert war. (Alexander Pope dichtete gegen Ripley: «Should Ripley venture, all the world would smile.»)[450] In Houghton kam ein Grundriss zur Anwendung, dem man seine palladianische Herkunft bestens ansieht: Das Hauptgebäude wird durch viertelkreisförmige Portiken mit den Nebenbauten verbunden. Andererseits ist es nur durch einen nicht gerade überzeugend proportionierten Tetrastylos ausgezeichnet, und über den vier Eckrisaliten erheben sich anstelle der von Campbell (in der Art von Inigo Jones' Lösung für Wilton House) geplanten Türme mit Giebelaufsätzen Kuppeln. William Kents Innenausstattungen haben schliesslich mit Palladio so wenig zu tun wie die meisten der damaligen Interieurs. Trotzdem, das 1722 begonnene Werk der prominenten Bauherrschaft setzte Akzente. Isaac Ware publizierte die Pläne 1735.[451] Dem ansonsten textlosen Buch ist eine umso emphatischere lateinische Widmung mitsamt der zur Grundsteinlegung verfassten Inschrift beigegeben: «Nihil opus est mihi, Lector, ambitiose hic multis describere Domum WALPOLIANAM, quae est Houghtoniae. Praesertim cum jam pateat omnibus visenda, in his Tabellis, cum Elevationibus suis & Sectionibus, accurate delineata. Nisi forte id scire gestiat harum rerum curiosior, quantum Temporis spatium Perficiendo Operi sit impensum. Annus nunc agi incipit Aerae Christianae MDCCXXXV. quo tempore nullum facile partem reperias, sive exterius Structuram spectes, sive interius Ornatum, ubi ultimam Artificis manum desideres.»

Die Baugeschichte bleibt trotzdem nicht frei von Irritationen. Gemäss einem Zeitzeugen, Edward Harley, sollen die Kuppeln auf das Konto des – schottischen Torys! – James Gibbs gehen. Als Schüler Carlo Fontanas und mit Kenntnissen der römischen wie pariserischen Architektur ausgestattet, stand Gibbs mittelbar auf der schwarzen Liste, die Colen Campbell der Einleitung zum *Vitruvius Britannicus* beigab. Die klassizistische Ausrichtung von Gibbs' Architektur behagte dem jüngsten Sohn von Robert Walpole, Horace, keineswegs. In den *Anecdotes of Painting in England* liest man 1771, Gibbs habe «without deviating from established rules» bewiesen, «what has been seen in other arts, *that meer mechanic knowledge may avoid faults, without furnishing beauties; that grace does not depend on rules; and that taste is not to be learnt.*»[452] Horace Walpole ist in seinen auf den Aufzeichnungen von George Vertue basierenden Äusserungen nicht gerade zimperlich. So versieht er Campbells Mereworth, den ersten in England intendierten und realisierten Bau nach dem Muster der Villa Rotonda, mit dem Epitheton «avowedly copied from Palladio».[453] Campbell sei «a countryman of Gibbs», der «fewer faults, but nor more imagination» habe. Liest man in den *Aedes Walpolianae* von Horace Walpole, dem mehrfach aufgelegten Buch, das erklärtermassen der Beschreibung der in Houghton versammelten Kunstwerke diente, so gewinnt man den Eindruck, dass der Inhalt, die Sammlungen, weit mehr als der Bau selbst zählte.[454] Da ist zwar in der «Dedication» vom 24. August 1743 die Rede von «the grandeur of the whole Building», aber mit Blick auf den Vorgängerbau und in Rücksicht auf die Ahnen meint Horace an Robert Walpole gerichtet: «How would they [your Father and Grandfather] be satisfy'd to find only the Mansion-house, not the Morals of the Family altered!»[455]

Der Fall Houghton zeigt nicht nur, wie komplex im Einzelnen die Sachlage aussah, mit wie vielen unterschiedlichen Einflüssen und Zuständigkeiten zu rechnen war und schliesslich, wie schnell die Vorstellung einer von den Whigs getragenen einheitlichen palladianischen Bewegung im Anblick der Wirklichkeit zerrann. Schliesslich wurden schon früh Hohn und Spott über die Palladianer ausgegossen, wie William Hogarths Burlington Gate[456] zeigt. Insofern war Horace Walpoles Urteil durchaus verlässlich. Erst mit den «Architects in the Reign of George II.» (1727–1760) sah er die architektonische Blüte Englands entstehen. «It was in this reign that architecture resumed all her rights. Noble publications of Palladio, Jones, and the antique, recalled her to true principles and correct taste; she found men of genius to execute her rules, and patrons to countenance their labours.»[457] Den Publikationen wird die gebührende Bedeutung zugewiesen und das palladianische Erfolgsrezept eines guten Zusammengehens von Architekt und (verständnisvollem) Bauherrn wird de facto aufgegriffen. Konsequenterweise sind es die «Patrons», deren Verdienste ausführlich dargestellt und in den Vordergrund gerückt werden: Henry Herbert Earl of Pembroke, der in Wilton House bei Salisbury das arundelsche Erbe, die Sammlungen, pflegt und eine palladianische Brücke in einem grosszügigen Wurf («[...] and threw Palladio's theatric bridge over his river») in den Garten setzt. Richard Boyle Earl of Burlington führt Horace Walpole wie folgt ein: «Never was protection and great wealth more generously and more judiciously diffused than by this great person, who had every quality of a genius and artist, except envy.» Burlingtons Haus in Chiswick gilt als «model of taste». Und wenn die Rede auf William Kent kommt, schreibt Walpole, die Reihenfolge beachtend: «Under the auspices of Lord Burlington and Lord Pembroke, architecture, as I have said, recovered its genuine lustre. The former, the Apollo of arts, found a proper priest in the person of Mr. Kent.»⁴⁵⁸

Nun kam auch wieder Rom mit ins Spiel. «The Augustan age» hatte zwar die Gemüter schon genügend erhitzt und manches war vergessen oder beiseitegeschoben worden. «But it was at Rome that his better star brought him acquainted with lord Burlington.»⁴⁵⁹ Diese Äusserung Walpoles bezieht sich auf die Berufung William Kents, der zeitweilig gar als zweiter Raphael besungen wurde. Die autochtonen Thesen Colen Campbells waren doch zu eng gefasst. Es bedurfte fremder Vorbilder. Daraus wurden die Ansichten zur britischen Kunst entwickelt. Die neuen Umgangsformen richteten sich auf «Taste» und wurden in der *Science of a Connoisseur* beschrieben, die Jonathan Richardson 1719 inaugurierte.⁴⁶⁰ Mit dem neuen Zauberwort bediente er den Dilettanten, dem die ganze Palette eines umfassenden Kunstverstandes angeboten werden sollte. Die von Jonathan Richardson teilweise zusammen mit seinem Sohn verfassten Schriften waren das direkte Resultat einer umfassenden Reisetätigkeit. Die Anregungen kamen also von aussen. Und Anthony Ashley Cooper, 3. Earl of Shaftesbury,

der um die moralphilosophische Grundlage besorgt war, lebte in Neapel und starb dort 1713. Sein Grossvater, in ständigem Konflikt mit den Mächtigen im Vaterlande, hatte John Locke protegiert und war 1683 im Ausland gestorben, in Amsterdam. Hier zeichnet sich das Ideal des unabhängigen Intellektuellen umso deutlicher ab, das die Whigs gerne aufnahmen und das im *Letter concerning Enthusiasm* von Shaftesbury beschrieben ist: «For where Jealousy of state, or the ill Lives of the Great People, or any other Cause is powerful enough to restrain the Freedom of Censure in any part, it in effect destroys the Benefit of it in the whole. There can be not impartial and free Censure or National Opinion is set apart, and not only exempted from criticism, but even flatter'd with the highest Art. 'Tis only in a free Nation, such as ours, that Imposture has no Privilege; and that neither the Credit if a Court, the Power of a Nobility, nor the Awefulness of a Church can give her Protection, or hinder her from being arraign'd in every Shape and Appearance.»⁴⁶¹ Im *Advice to an Author* findet Shaftesbury für die – absolut notwendige – Kritik eine architektonische Metapher: «I assert, […] that they [the CRITICKS] are the Props and Pillars of this Building; and that without the Encouragement and Propagation of

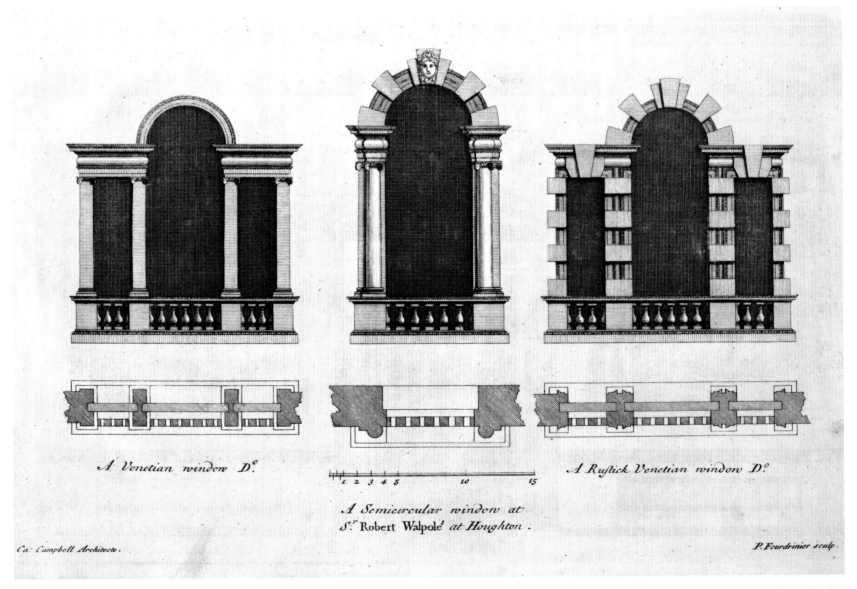

Colen Campbell, «A Venetian window», «A Semicircular window», «A Rustick Venetian window», Vorschläge für die Ausführung von Fenstern für Houghton Castle, angebunden an: Colen Campbell, *Andrea Palladio's Five Orders of Architecture [...]*, London 1728/29

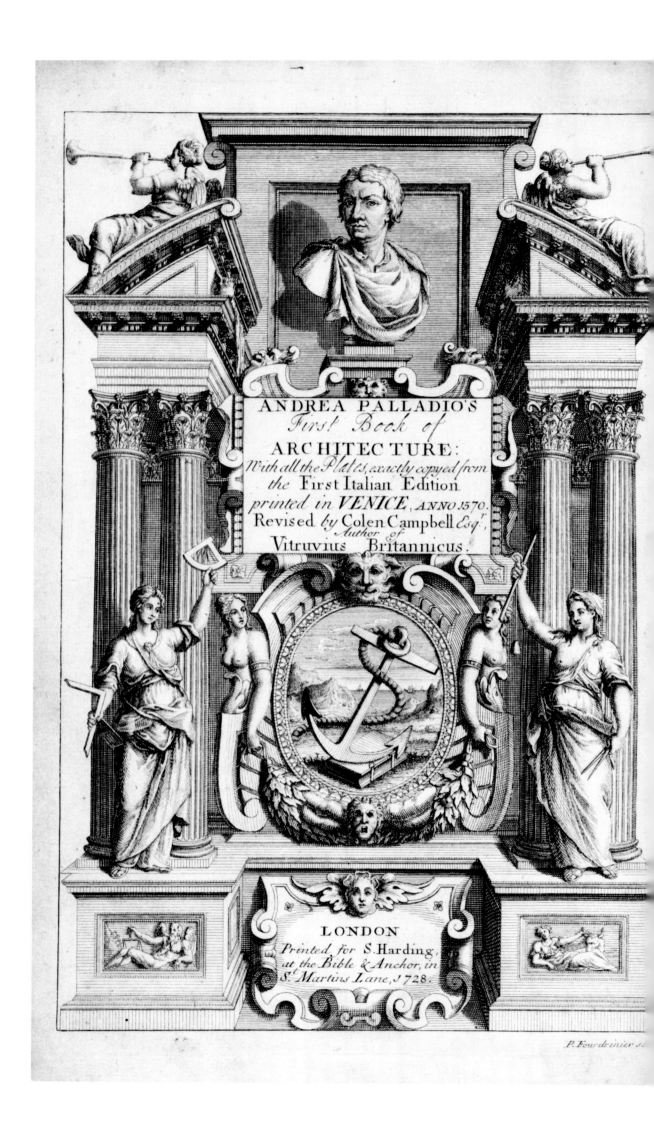

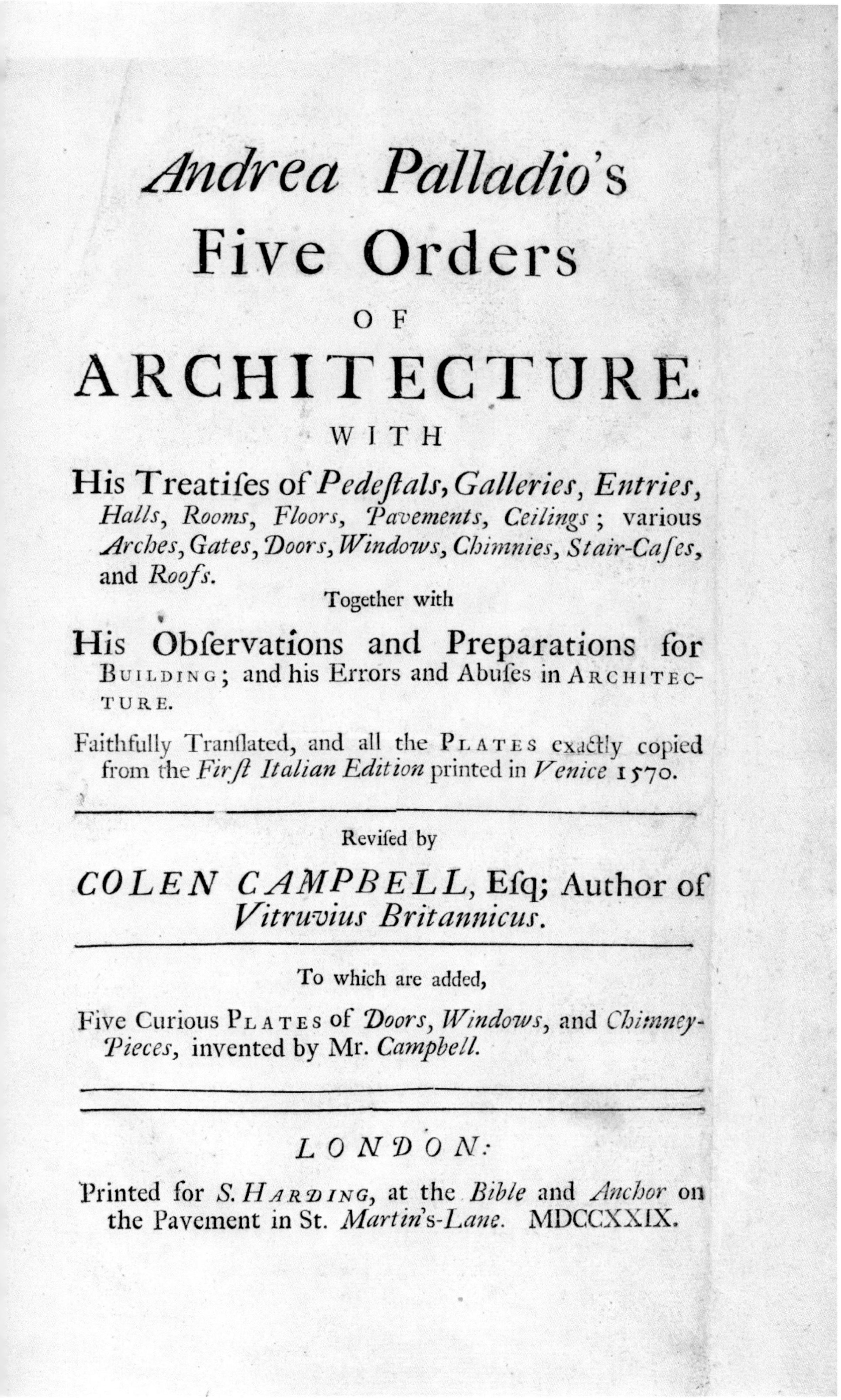

Andrea Palladio's Five Orders OF ARCHITECTURE.

WITH

His Treatises of *Pedestals, Galleries, Entries, Halls, Rooms, Floors, Pavements, Ceilings*; various *Arches, Gates, Doors, Windows, Chimnies, Stair-Cases,* and *Roofs*.

Together with

His Observations and Preparations for BUILDING; and his Errors and Abuses in ARCHITECTURE.

Faithfully Translated, and all the PLATES exactly copied from the *First Italian Edition* printed in *Venice* 1570.

Revised by

COLEN CAMPBELL, Esq; Author of *Vitruvius Britannicus*.

To which are added,

Five Curious PLATES of *Doors, Windows,* and *Chimney-Pieces,* invented by Mr. *Campbell*.

LONDON:

Printed for S. HARDING, at the *Bible* and *Anchor* on the Pavement in St. *Martin's-Lane*. MDCCXXIX.

Colen Campbell, *Andrea Palladio's Five Orders of Architecture [...]*, London 1728/29, Frontispiz und Titel

Seite 236–237: Isaac Ware, *The Four Books of Andrea Palladio's Architecture [...]*, London 1738, Frontispiz und Widmung an Lord Burlington

To the Right Honourable

RICHARD
Earl of Burlington, &c.

My Lord,

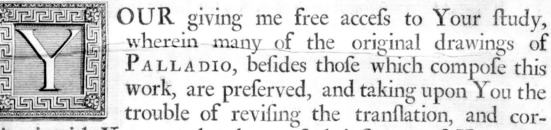OUR giving me free access to Your study, wherein many of the original drawings of Palladio, besides those which compose this work, are preserved, and taking upon You the trouble of revising the translation, and correcting it with Your own hands, are such instances of Your love to arts, and of Your friendship to me, that I cannot too publickly return Your Lordship thanks for favours that surpass all acknowledgment.

Your Lordship need not be informed of what importance it is to such who make architecture their study, to have the works of our excellent author put into their hands truly genuine. Nor can I doubt but this performance will be acceptable to the publick, since it has had the good fortune to meet with Your Lordship's approbation: To obtain which, will always be the chief ambition of

Your Lordship's

Most Obedient Humble Servant,

Isaac Ware.

Links: Bernard Picart (Stich, 1715), Palazzo Barbarano von Palladio, Vicenza, Fassadenhälfte, in: Giacomo Leoni, *The Architecture of A. Palladio; in Four Books [...]*, Bd. II, London o. J., Taf. XVIII
Rechts: Bernard Picart (Stich, 1718), Schnitt durch eine antike Basilika, in: Giacomo Leoni, *The Architecture of A. Palladio; Book the Third*, London o. J., Taf. XIX

Gegenüber: Bernard Picart (Stich, 1716) nach Sebastiano Ricci, Apotheose Palladios, in: Giacomo Leoni, *The Architecture of A. Palladio; In Four Books*, London 1715 (und folgende Jahre), Frontispiz

such a Race, we shou'd remain as GOTHICK Architects as ever.» Das freie, fundierte Urteil und die damit verbundene Kennerschaft bilden das Korrelativ zum Dilettanten, der sich – in kompetenter Weise – in die Angelegenheit von Kunst einmischt. Shaftesbury weiss, wie schwierig sich sein Thema gestaltet. Für den Künstler sei Perfektion schwer erreichbar, er müsse aber wenigstens die «Idea of Perfection» besitzen und ihr folgen. Und zu den Grenzen des fleissigen Erlernens meint Shaftesbury: «I am persuaded that to be a Virtuoso (so far as befits a Gentleman) is a higher step towards becoming a *Man of Virtue and good sense*, than the being what in this Age we call a Scholar.»[462]

«Moral Truth», «beauty», «taste» sind insgesamt anspruchsvolle Vorstellungen. Und so ist man nicht überrascht, dass Shaftesbury sich nicht nur mit der «Idea of Perfection» tröstet, sondern auch noch präzisiert, man bilde sein Urteil «upon right Models of Perfection».[463] Es scheint, als ob hier die alte Vorstellung der Autorität wieder bemüht würde. Ob William Kent nicht gar sehr voreilig als zweiter Raphael besungen wurde? Wer wollte wirklich in die Fussstapfen Palladios treten? Ihm drohten Hohn und Spott, von Pope und Hogarth! Richardson folgte den Spuren Shaftesburys: «To judge of the Degrees of Goodness of a Picture or Drawing 'tis necessary that the Connoisseur should be throughly acquainted, & perpetually conversant with the Best.»[464] Wenn auf diese Weise mit der Perfektion und den besten Werken der Kunst als den unvermeidlichen Orientierungspunkten eines kompetenten Urteils Ernst gemacht werden sollte, so konnte der radikale Schluss nicht ausbleiben. Jene Werke allein halten den höchsten Anforderungen stand. Im Vergleich von Original und Kopie stellt Richardson in aller Konsequenz fest: «A Coppy of a very Good Picture is preferrable to an Indifferent Original.»[465]

Mit einem Schlage wird deutlich, wo die Grenzen palladianischer Architektur als einem Rezept zur Heilung nationaler Mängel der Kunst lagen. Campbell wurde zwar nicht müde, «of my

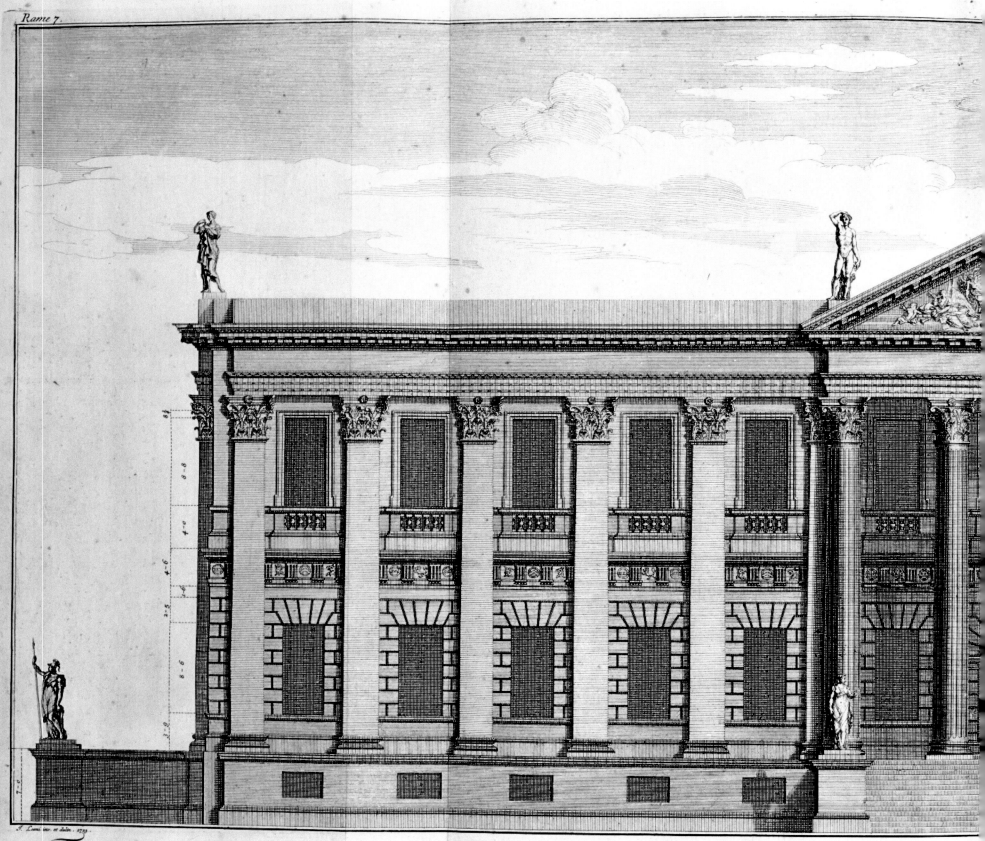

Facciata verso Levante della Casa di Campagna del Sig.r TOMMASO SCAWEN, a Carshalton nella Contea di Surry. Dedicata all Ill.ma sua Sig.ria dal suo umil.mo e Devotis.mo Servo Giacomo Leoni, Inventore e Direttore di detta.

The Elevation of the East Front of Carshalton House in the County of Surry, The Country Seat of **THOMAS SCAWEN** Esqr To whom this Plate with the utmost Respect is Humbly Inscribed by James Leoni the Inv.^r and Direc.^r of it.

Seite 240–241: Bernard Picart (Stich, 1728) nach Giacomo Leoni (Entwurf und Zeichnung, 1723), «Facciata verso Levante della Casa di Campagna del Sig.ʳ Tommaso Scawen, a Carshalton nella Contea di Surry», in: Giacomo Leoni, *Alcuni Disegni di Edificj Pubblici e Privati; Some Design for Buildings both Publick and Private*, London 1726 [sic!], Taf. 7 (im Anhang zu den von Leoni herausgegebenen Schriften von Leon Battista Alberti)

Seite 242–243: Lord Burlington, Chiswick House, 1725, Eingangsfassade

Gegenüber: Lord Burlington, Chiswick House, 1725, Gartenfassade
Unten: Lord Burlington, Chiswick House, 1725, Galerie

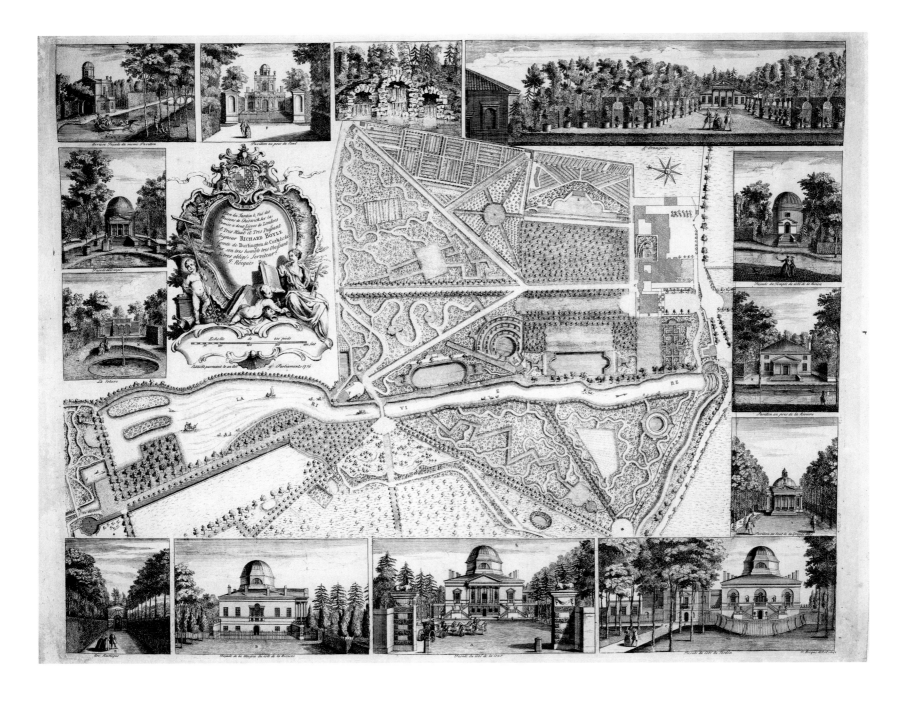

Invention» unter seine Kompositionen zu schreiben; aber es blieben Variationen, Spielarten, Kombinationen mit sattsam bekannten Elementen, um eben nicht zu sagen Kopien. Ebenfalls mit «of my Invention» ist ein im *Vitruvius Britannicus* abgebildetes Projekt signiert, das Campbell für James Stanhope, «principal Secretary of State», verfasst hat. Es kopiert Palladios Palazzo Valmarana, wie Campbell selbst nicht ohne Stolz bekennt: «[...] at the two Angles are 2 small 3/4 Columns which support a *Mars* and *Pallas*, as *Palladio* has done in the Palace of Vilmarana at Vicensa, whose Example I think a sufficient Authority».[466] Die Autorität steht einmal mehr im Vordergrund. Dass die massiven korinthischen Säulen die feingliedrige Fassade zu erdrücken drohen, hat Campbell nicht bemerkt. In dem Projekt für Methuen fügt er dem «of my Invention» noch «in the Theatrical Style» hinzu.[467] Damit sind wohl der Variationsreichtum der einfachen oder doppelten Gliederungen, der Fensterformen im Wechsel von Dreieck- und Segmentgiebel, die Nischen und das «Rustick Basement» gemeint.[468] Vergleicht man diese Fassade mit der für Tobias Jenkyns ebenfalls «in the Theatrical Style» gezeichneten, so wird das Variationsprinzip deutlich.[469] Hier ist in der Mitte des Erdgeschosses das bei Serlio abgebildete Belvedere-System Bramantes zur Anwendung gebracht. Es hat Campbell nicht gestört, dass die im Erd- und ersten Obergeschoss unterschiedlich gross gehaltenen Öffnungen den ungleichen Abstand der doppelten Pilaster unangenehm betonen und dass die Fenster im Piano Nobile in der Mitte zu weit und an den seitlichen Flügeln zu eng gestellt sind. Man erkennt die Kopie und das Stückwerk! Nicht grundsätzlich anders verhält es sich bei der von Campbell für William Windham entworfenen Fassade, die mit einem Hexastylos versehen ist, «which makes a beautiful Portico».[470] Er drücke die «Magnificence of the generous Patron» aus, was sich in der Tat im äusseren archi-

John Rocque, *Plan der Gartenanlage von Chiswick mit seitlichen Veduten*, 1736 (Chatsworth Settlement)

Gegenüber oben: Jacques Rigaud, *Ansicht von Chiswick House*, um 1734, Aquarell (Chatsworth Settlement)
Unten: Lord Burlington, Chiswick House, 1725, Ansicht vom Garten

247

Colen Campbell, «new Design of my Invention for a Church in Lincolns in Fields», polemisches, 'antibarockes' Projekt, orientiert am Modell von Sankt Peter in Rom, in: Colen Campbell, *Vitruvius Britannicus [...]*, Bd. I, London 1715, S. 9

Gegenüber: Colen Campbell, «new Design of my Invention», inspiriert von Palladios Palazzo Valmarana, mit Widmung an James Stanhope, in: Colen Campbell, *Vitruvius Britannicus*, Bd. II, London 1717, S. 86

tektonischen Aufwand erkennen lässt. An anderer Stelle fügt Campbell die Bezeichnung «in the style of Inigo Jones» hinzu.[471] Nikolaus Pevsner hätte dies alles unter die Rubrik «the return of historicism» nehmen müssen, mit der er die Abhängigkeit der zweiten Moderne von den 'Bildern' der Pioniere beschrieb! Mehr oder minder virtuos wird also mit den *Versatzstücken* der Architektur Palladios oder auch anderer Quellen umgegangen: Kopien nach sehr guten Vorlagen und insofern besser als Originale, möchte man im Sinne der Äusserung Richardsons formulieren. Von den Bauten eines Hawksmoor und Vanbrugh, deren Entwürfen am ehesten jenes Attribut des «Theatrical Style» abgelesen worden ist, unterscheiden sich die vorgestellten Projekte Campbells gerade dadurch, dass sie – korrekt – Zitate verwenden und in ein Ganzes gezwängt haben, das dann doch Konglomerat bleibt.

Der Viertelkreis-Portikus, mit dem man vorteilhaft Haupt- und Nebenbauten verbindet, ist sicherlich ein markantes Kennzeichen der Grundrissbildung palladianischer Villen. Andererseits: Wanstead House, von Campbell seit 1713 geplant und nachweis-lich ein einflussreiches Modell für nachfolgende Palladianer, durchlief mehrere Varianten von Entwürfen in der Kombination eines Hexastylos mit einem relativ schmucklosen Baukörper. Darin ist das verbindende Motiv der Projekte zu erkennen.[472] Daraus lassen sich dann wieder Original und Kopie bilden. Der tatsächliche Ausgangspunkt der Wirkungsgeschichte von Wanstead, so sagte es John Harris treffend, «was a design on paper». Zwar beginnt die Beschreibung im *Vitruvius Britannicus* – ganz in der Art Palladios – im Sinne des den Bau betretenden Benutzers: «You ascend from the Court by double Staires of each side, which land in the Portico; and from thence into the great Hall, 51 foot long, and 36 wide, and in the Height the same: This leads into the Salon, being an exact Cube of 30 Foot, attended with two noble Apartements of state, all fronting the Gardens [...].»[473] Aber es bleibt bei den Bildern, die aus sich selbst heraus entwickelt sind – und nicht aus einer auf ein zu erstellendes Bauwerk gerichteten Vorstellung.

Bei aller Kritik am scheinbaren Zerfall palladianischer Modelle in ihre Einzelteile darf man nicht übersehen, wie gross das Potenzial dieses vereinfachten Zugangs zur Architektur war. Zwar wurde schon hier – wie zunehmend im Verlauf des 18. Jahrhunderts – das Ziel von «variety» respektive «variété» propagiert. Aber der Siegeszug der «simplicity» war nicht aufzuhalten, und der allgemeinen klassizistischen Tendenz arbeitete man durch die neopalladianischen Muster vor. Zurückgeführt auf ihre jeweils einfachsten Formen, wie es Robert Morris' erklärter Absicht in *Select Architecture: Being Regular Designs [...]* (1757) entsprach, boten sich die Architekturen allen erdenklichen Zwecken und Nutzungen an.[474] Nun begann eine nicht mehr überblickbare Entwicklung in der Verwendung klassischer Elemente, der oft genug noch der palladianische Ursprung anzusehen war. In dem zitierten Vorlagenwerk Morris' fehlt der Name Palladios, dafür kommt Vitruv zum Zuge. Und da, wo Robert Morris die konkreten architektonischen Zielsetzungen anspricht, ist die Rede von «Town-Houses» als der täglichen Aufgabe und von «Variety and Novelty» als dem ebenso täglichen Bedürfnis. Dahin hat also der «Taste» geführt! Offensichtlich sind die palladianischen Bauten, die sich einmal angenehm von den – noch aufwändigeren – Werken eines Hawksmoor oder Vanbrugh abgehoben haben, jetzt zu reich. Man habe «nothing but Palaces, glaring in Decoration and Dress» gebaut, während «the Cottage, or plain little Villa» zu ihrem Recht gegen «Gaiety, Magnificecs, the rude Gothic, or the Chinese unmeaning Stile» kommen müsste. Aus der späteren Sicht liessen sich diese unterschiedlichen und oft genug in ein und demselben Park vereinigten Tendenzen (und geschmacklichen Verirrungen) kaum mehr auseinanderdividieren. Für viele mochten die *Regular Designs* eines Robert Morris palladianischer und sicherlich moderner wirken als die gestelzten und gesuchten Projekte und Zeichnungen Colen Campbells.

Nicht weniges, was sich mit dem Phänomen des englischen Palladianismus verbindet, war dem Papier, dem Buch verpflichtet. So lässt sich – getreu dem Diktum der besseren Kopie – die Linie, die von Palladio und seinen *Quattro Libri* ausging, umso besser erkennen. Zugleich mit Colen Campbells *Vitruvius Britannicus* erschien 1715 Giacomo Leonis *The Architecture of A. Palladio; in Four Books*.[475] Die Vorgeschichte dieser erstaunlichen verlegeri-

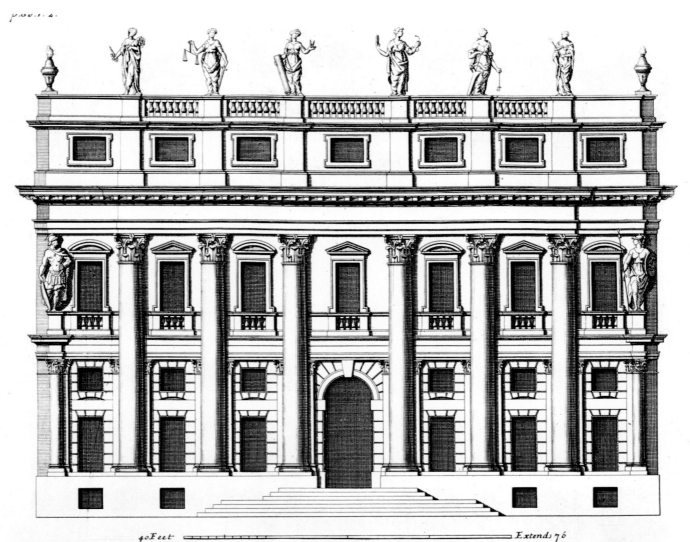

This new Design of my Invention is most humbly Inscrib'd to the R.t Hon.ble James Stanhope Esq.r principal Secretary of State &c:
Elevation D'un Nouveau Dessein de mon Invention.

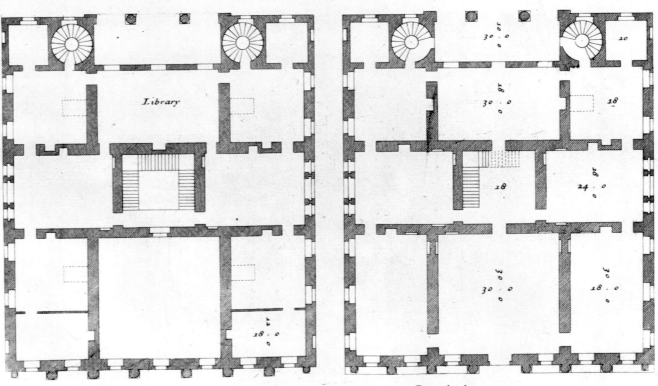

Plan of the Second Story.
Plan du Second Etage.

Plan of the first Story.
Plan du Premier Etage.

Ca. Campbell Inv.r et Delin: H. Hulsbergh Sc.

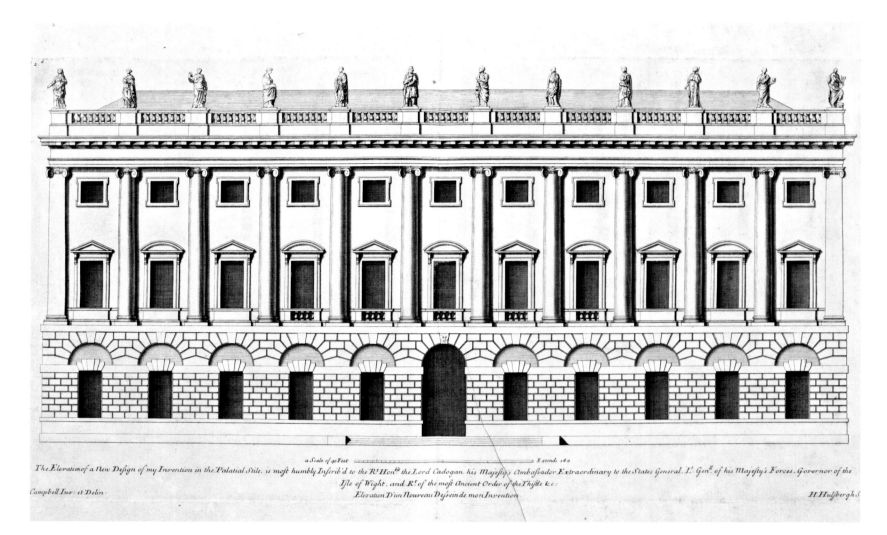

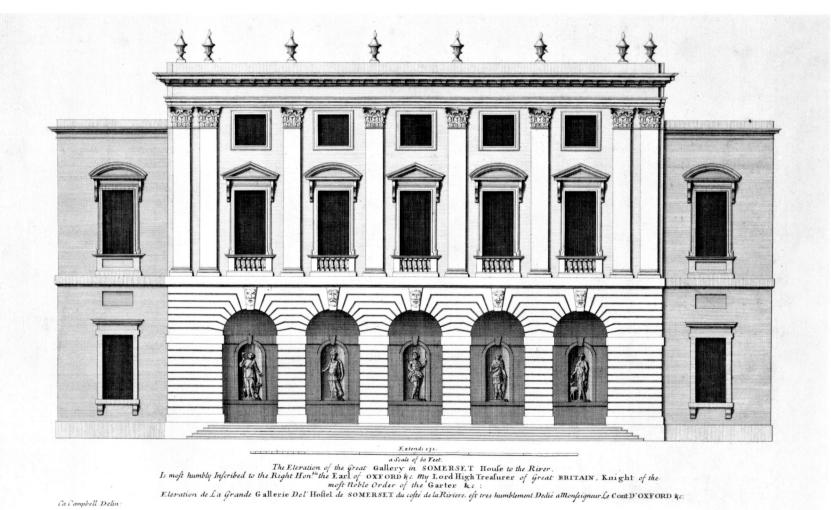

schen Unternehmung – zwischen den politischen Fronten und den Sprachen – führt zurück nach Düsseldorf, zu Jan Wellem und nach Flandern, in die Zeit der kriegerischen Unternehmungen des Duke of Marlborough, dem sich Nicholas Du Bois als Ingenieur angedient hatte. In «The Translator's Preface» feiert Du Bois Leonis Palladio-Ausgabe als mediales Ereignis. Er wundert sich, dass Palladio, «doubtless the most eminent» Architekt und ein «Learned Man», in Anbetracht der schlechten Holzschnitte der *Quattro Libri* so viel Anerkennung gefunden habe.[476] Der grosse Aufwand zur Vorbereitung der «*Designs*, from which the following *Cuts* have been engrav'd» wird deshalb gebührend hervorgehoben und der entwickelten Reproduktionstechnik ist Rechnung getragen: «No body was certainly better qualified than he [Leoni], to bestow upon the *Designs* of *Palladio* that gracefullness and strenght, which can only be imitated by the *Graver*, with a perfection unknown to the Artists of the XVIth Century.»[477] Man muss dieses Lob der Zeichnung und des Stiches mit der nachfolgenden Äusserung kontrastieren, gemäss der damals die meisten Bauwilligen nicht einmal einen Architekten zu Hilfe nahmen! Leonis Werk kam Pioniercharakter zu. Man erinnert sich der ungelenken englischen Adaptationen des *Palladio* in der Version Le Muets durch John Brown und Godfrey Richards. Und man staunt, wie schleppend und mühsam nach Leoni das Ringen um eine verbesserte, moderne Palladio-Ausgabe vor sich ging. 1728 erschien von Colen Campbell nur das erste Buch, «revised», in englischer Übersetzung und mit Stichen nach Einzelformen Campbells ergänzt. Es ging dabei kaum etwas ohne die Hilfe Lord Burlingtons. Ihm widmete 1735 ungefragt Benjamin Cole seine skandalumwitterte Palladio-Ausgabe, der – von Burlington finanziell gestützt – ab 1738 endlich Isaac Wares offizielle Version der englischen *Quattro Libri* folgte.[478] Überstrahlt wurde der mühselige Prozess durch Burlingtons eigenes publizistisches Unternehmen, die Herausgabe von Palladios *Fabbriche Antiche* (1730), auf die in auffälliger Weise in Padua von Giovanni Montenari in der Zweitausgabe seines *Teatro Olimpico* (1749) lobend hingewiesen wurde («[...] ed ha già cominciato a pubblicarne alcuni [disegni], con magnificenza degna di Lui»).[479]

Es waren die *Zeichnungen Palladios*, die den inneren Kern der englischen Palladiobegeisterung bildeten. Über das Sammeln von Zeichnungen und Büchern sowie die direkten Kenntnisse von Palladios Bauten und die Kontakte nach Italien entwickelte sich das, was man im weitesten Sinne als englischen Palladianismus zusammenfassen möchte. Das Manifest des *Vitruvius Britannicus* nahm sichtbar, ja überdeutlich nicht nur Inigo Jones, sondern die gesamte nachfolgende Tradition der englischen Architektur mit in sein Kalkül. Das gestaltete sich aus einer späteren Sicht eng gefasster «Englishness» schwierig, weil die Biografie und Bildung eines Inigo Jones wie auch eines Henry Wotton europäisch, auf das Festland bezogen, gekennzeichnet waren. In jener Frühzeit um 1600 richtete sich der Kunstsinn nach wie vor in erster Linie nach Italien. Dazu kam das offene Wechselspiel mit den Niederlanden und Teilen Deutschlands, dem Palatinat beispielsweise, aber auch ganz allgemein mit Mitteleuropa mitsamt Prag. Henry Wotton reichte etwa ein Exemplar des *Novum Organum* seines Freundes Francis Bacon an Johannes Kepler weiter.[480] Es waren solche Verbindungen und Kulturachsen, über die architektonisches Wissen weitergegeben werden konnte. Und so, wie Wotton nicht nur – direkt – zwischen dem Veneto und England vermittelte, war auch Jones sehr viel breiter vernetzt und stand für einen umfassenden Kulturtransfer vom europäischen Festland auf die britischen Inseln. Schon 1605 als «great traveller» beschrieben, hielt sich Inigo Jones zwischen 1598 und 1603 hauptsächlich in Italien auf. Aber man fand ihn zudem in Frankreich und in Kopenhagen. Er teilte die mit allen Attributen der Kuriosität, des Lernen und Sammelns geschmückte Weltläufigkeit mit Thomas Howard, Earl of Arundel, der wohl bei Scamozzi Zeichnungen und Pläne von diesem und Palladio erwarb. Gerade der Earl of Arundel war Zeuge dafür, welche Gebäude Palladios man in Vicenza nicht oder nur schlecht sehen konnte. Dies erklärt den Versuch, möglichst vieles an Erinnerungen mitzunehmen. Seine *Remembrances* waren in diesem Sinne als Reiseanleitung für John Evelyn gedacht, der sich 1645/46 im Veneto aufhielt.[481] Zum Aufenthalt in Vicenza liest man etwa: «Of private palaces many are *excellently begun, but few or none finished [...]*», aber auch: «The pallace called the rotonda a mile out of the towne being finished, & belonging to the Conte Martio Capra, wch. is best worth ye seeing.»[482] Es gab also immer Gründe, den gewonnenen Vorstellungen anderweitig Ausdruck verleihen oder gar deren Realisierung erreichen zu wollen. Und nicht nur Henry Wotton, auch Lord Arundel und Evelyn dachten während ihrer teilweise erzwungenen Auslandsaufenthalte an ihre Heimat.

Mit dem 1616 begonnenen Queen's House in Greenwich setzte Inigo Jones – schon aus der retrospektiven Sicht des 18. Jahrhunderts – den Gründungsbau des englischen Palladianismus in die Welt. Das Gleiche lässt sich von dem kurz danach in Angriff genommenen und 1622 vollendeten Banqueting House in London sagen, obwohl es nur als Fragment der umfassenden Planung für Whitehall über die Zeit hinaus gerettet wurde. Beide Bauten sind Inkunabeln des englischen Palladianismus. Ihre Fassaden empfinden unübersehbar Kompositionsweisen und Modelle Palladios nach. Und gleichwohl divergieren beide im Inneren, aber auch in ihrer gesamten Körperform deutlich von ihren Vorbildern. Anders gesagt: Schon in seinen ersten Bauten orientiert sich der englische Palladianismus an einem 'Fassadismus' – mehr, als das in Palladios Bekenntnis zum «Frontespicio» angelegt worden wäre. Immerhin handelte es sich bei Jones nicht bloss um Fassaden, die aus Elementen der Säulenordnungen nach Palladio oder Scamozzi neu zusammengesetzt waren; es ging um eine Neubildung im Sinne einer unverkennbaren, palladianischen 'Architekturphysiognomie'. Mittelbar wurde die konkrete Kenntnis der venezianischen Modelle, der «exempla», deutlich sichtbar. Das würde zu den späteren Zielsetzungen und künstlerischen Grundüberzeugungen im Sinne des «upon right models of perfection» passen und

Oben: Colen Campbell, «The Elevation of a New Design of my Invention in the Palatial Stile», in: Colen Campbell, *Vitruvius Britannicus*, Bd. II, London 1717, S. 99–100
Unten: Inigo Jones, «Great Gallery in Somerset Gardens», in: Colen Campbell, *Vitruvius Britannicus*, Bd. I, London 1715, S. 16

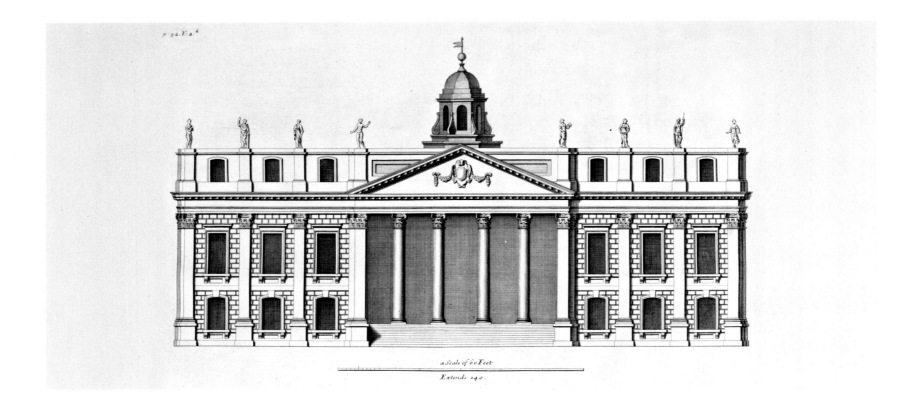

dem, was Jonathan Richardson gleichsam der Strategie – aber eigentlich viel tiefer, der Moral und dem Geschmack – des «Connoisseur» zurechnen würde. So war die englische Baukunst schon seit Inigo Jones' Zeiten an die Kenntnis und an den Besitz von Zeichnungen und Büchern geknüpft.

Als William Kent 1727 *The Designs of Inigo Jones [...] for Publick and Private Buildings* herausgibt, verwendet er die Formel, «that as great a Rival as that Restorer of Architecture [Palladio] was to the Antients, his Disciple [Inigo Jones] was in no respect inferior to him».[483] Kent hebt deutlich hervor, dass diese Ruhmesgeschichte mit den gebauten Monumenten selbst (und nicht mit einer Doktrin oder einem Regelwerk) verbunden sei: «[...] his own Works are his Monument and best Panegyrick; which together with those of Palladio remain equal Proofs of the Superiority of those two great Masters to all others».[484] Die *gebauten Werke* stehen also im Mittelpunkt, aber sie bedürfen der Vermittlung. Und so bezieht sich Kent auf die Zeichnungen, die jene Projekte dokumentieren. Sie befanden sich damals im Besitz von Lord Burlington, bei dem ohnehin die allermeisten Informationen zusammenflossen, sodass hier, nicht in einer Akademie, auch nicht bei einem Architekten, sondern bei dem Dilettanten oder «Connoisseur» der Ort von Inspiration und Kunstpflege entstand. Die Zeichnungen als konkreter Beleg des einzelnen Werks bildeten die neuen Wissensgrundlagen. Lord Burlington war bei all diesen Vermittlungen die entscheidende Figur und Chiswick der symbolhafte Ort, an dem sich festmachen lässt, was der englischen Tradition eines Palladianismus die Grundlage und Berechtigung gab. Zur Autorität Palladios gesellt sich Burlington, der Apoll, wie ihn Horace Walpole zu Recht nennt. Die vielzitierte *Epistle to the Right Honourable Richard Earl of Burlington* von Alexander Pope setzte dem, mitsamt den kritischen Untertönen, den richtigen Rahmen. Ursprünglich als einleitender Text zu den *Fabbriche Antiche* Burlingtons geplant, erschien das Poem erstmals 1731.[485] Es beginnt mit dem Lob des – eher als aufdringlich geschilderten – Sammlers: «[…] Not for himself he sees, or hers, or eats; / Artists must chuse his Pictures, Music, Meats: / He buys for *Topham* Drawings and Designs, / For *Fountain* Statues, and for *Curio* Coins, / Rare Monkish Manuscripts for *Hearne* alone, And Books for *Mead*, and rarities for *Sloan*.» Und es wird weiter ausgeführt, was in Abhängigkeit von «Taste» und im blinden Kopieren der Zeichnungen droht, zu den «Imitating Fools» zu führen:

«In you, my Lord, Taste sanctifies Expence,
For Splendor borrows all her Rays from Sense.
You show us, *Rome* was glorious, not profuse,
And pompous Buildings once were things of use.
Just as they are, yet shall your noble Rules
Fill half the Land with Imitating Fools,
Who random Drawings from your sheets shall take,
And of one Beauty many Blunders make;
Load some vain Church with old Theatric State;
Turn Arcs of Triumph to a Garden-gate;
Reverse your Ornaments, and hang them all
On some patch'd Doghole ek'd with Ends of Wall,

Colen Campbell, Entwurf für den Wohnsitz von William Wyndham, Wittham (Somersetshire), Fassade, in: Colen Campbell, *Vitruvius Britannicus*, Bd. II, London 1717, S. 92

Gegenüber oben: Colen Campbell, Wanstead House (Essex), zweite Projektversion, in: Colen Campbell, *Vitruvius Britannicus*, Bd. I, London 1715, S. 24–25. Das Gebäude wurde ohne Kuppel realisiert (heute zerstört).
Unten: Inigo Jones (Entwurf), John Webb (Ausführung), Gunnersbury House, in: Colen Campbell, *Vitruvius Britannicus*, Bd. I, London 1715, S. 18

The West Front of Wansted in Essex the Seat of Sr Richard Child Baronet Hereditary Warden of Waltham Forest &c. To whom this Plate is most humbly Inscrib'd. — Elevation de L'Entrée du Chateau de WANSTED dans la Comté D'ESSEX appartenant à Mr CHILD Chevalier.

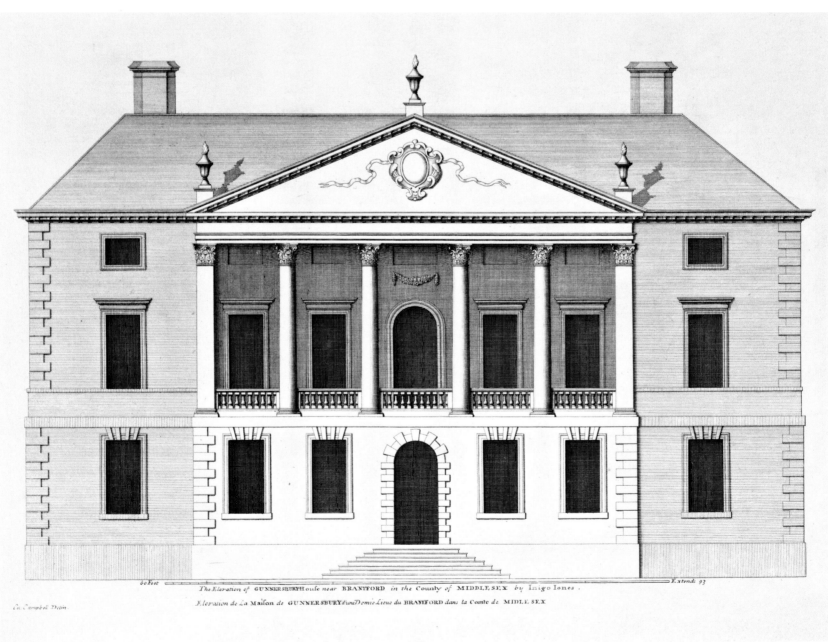

The Elevation of GUNNERSBURY House near BRANTFORD in the County of MIDDLESEX by Inigo Iones. Elevation de La Maison de GUNNERSBURY à une Demie Lieue du BRANTFORD dans la Comté de MIDLESEX.

Ca: Campbell Inv: et Delin:

a Scale
The Elevation of a New Design of my own I[nvention?]
Is most humbly Inscribed to his Grace the Duke of A[rgyll?]
Elevation D'un nouveau Dessein De mon Invention tres [humblement?]

Feet. Extends 112.
...ion in the Style of Inigo Iones.
...LE &c Knight of the most Noble Order of the Garter.
...lement Dedié a Monseigneur Le Duc D'ARGILE.

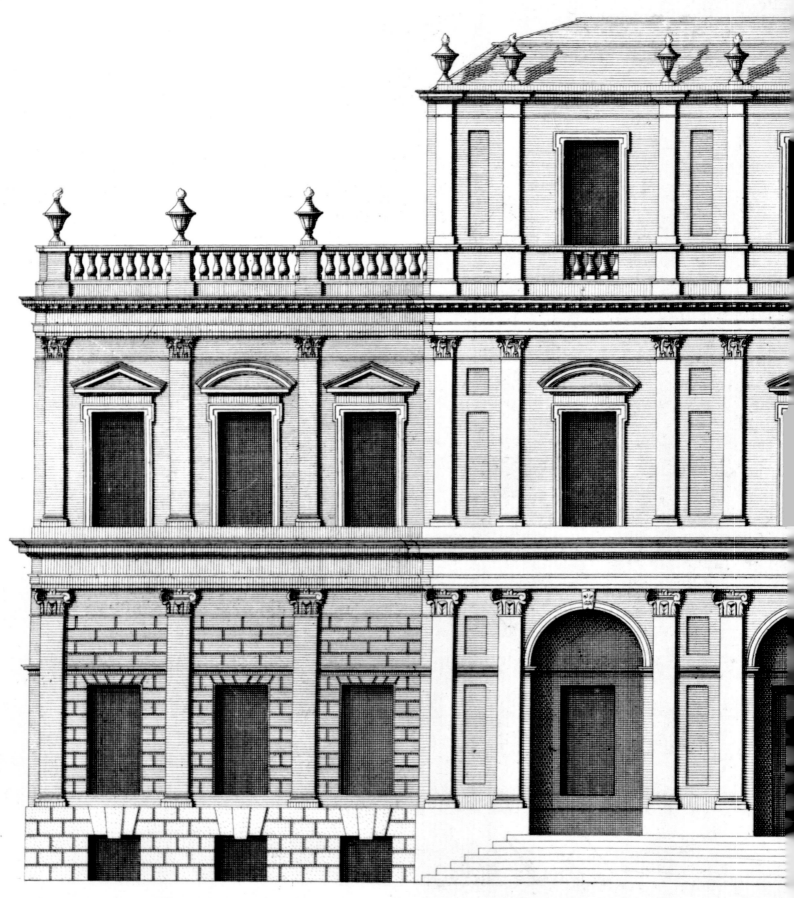

p: 42. N: 2.

60 Feet

This New Design of my Inv[ention]
Is most humbly Inscrib'd
Elevation d'un Nouveau Dessein de

Ca: Campbell Inv: Del:

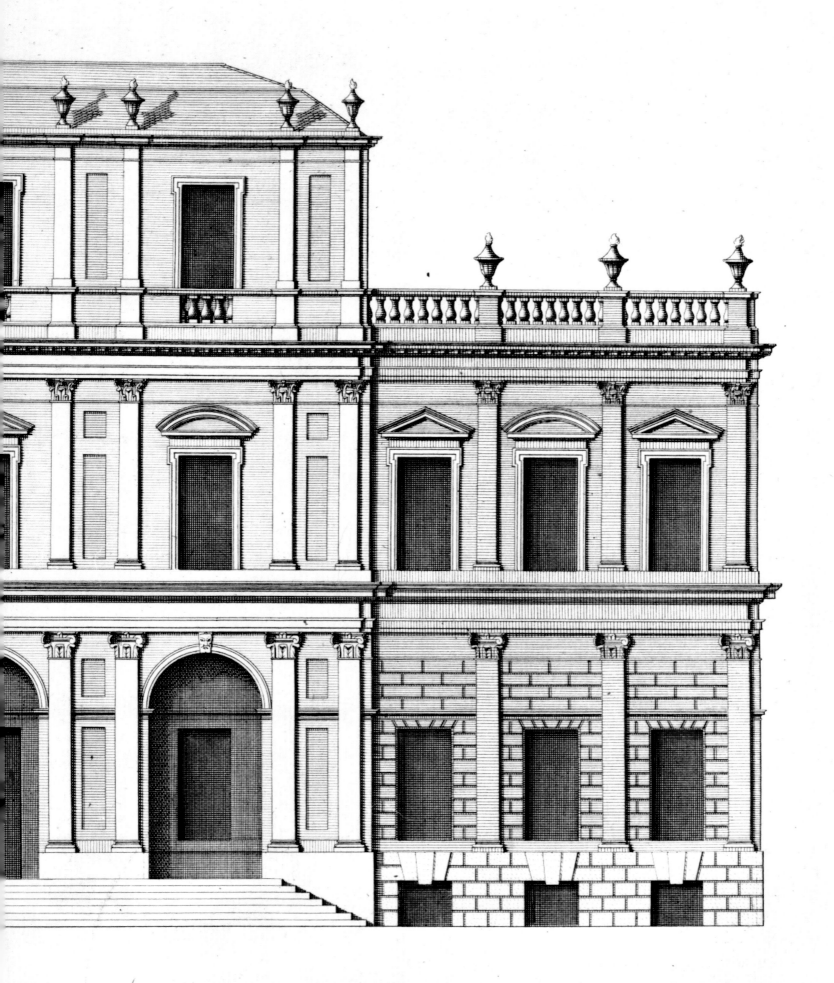

Extends 120

in the Theatrical Stile

biah Jenkyns Esq

nvention, a la maniere Theatricale.

H. Hulsbergh Sc.

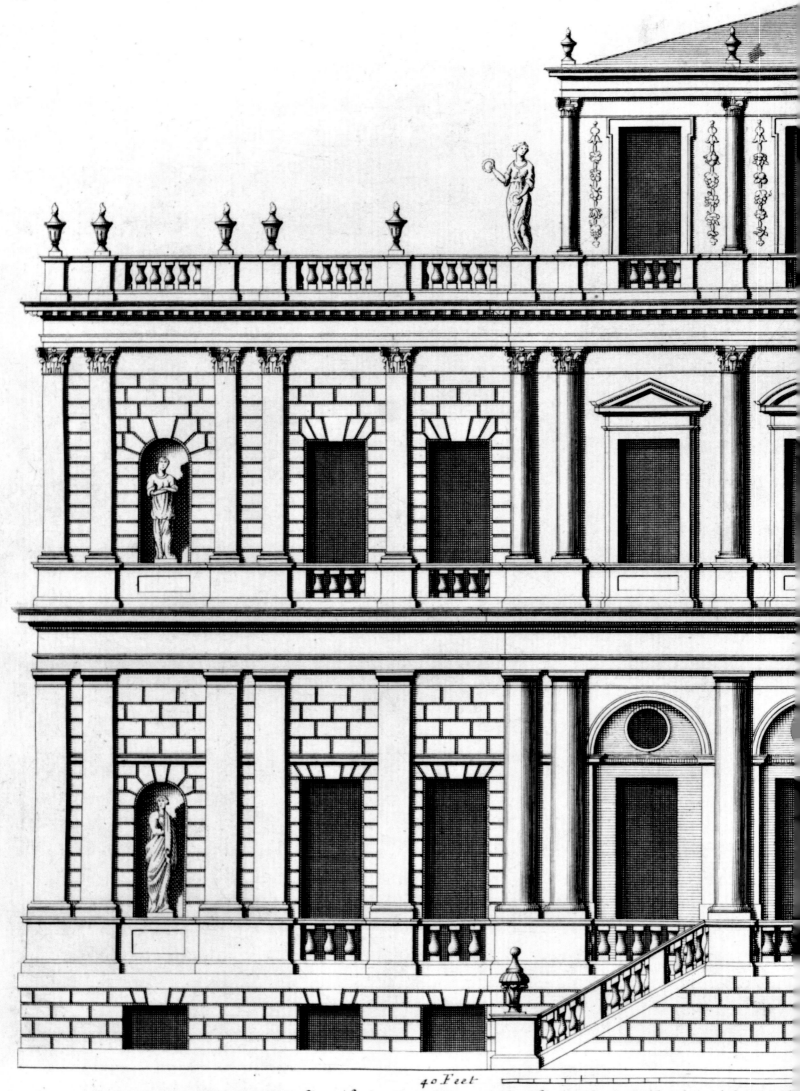

p: 90. N: 2.

Ca: Campbell Inv: et Delin:

40 Feet

This New Design of my Invention in the Theatrical Style, is most humb
Elevation d'un Nouveau D

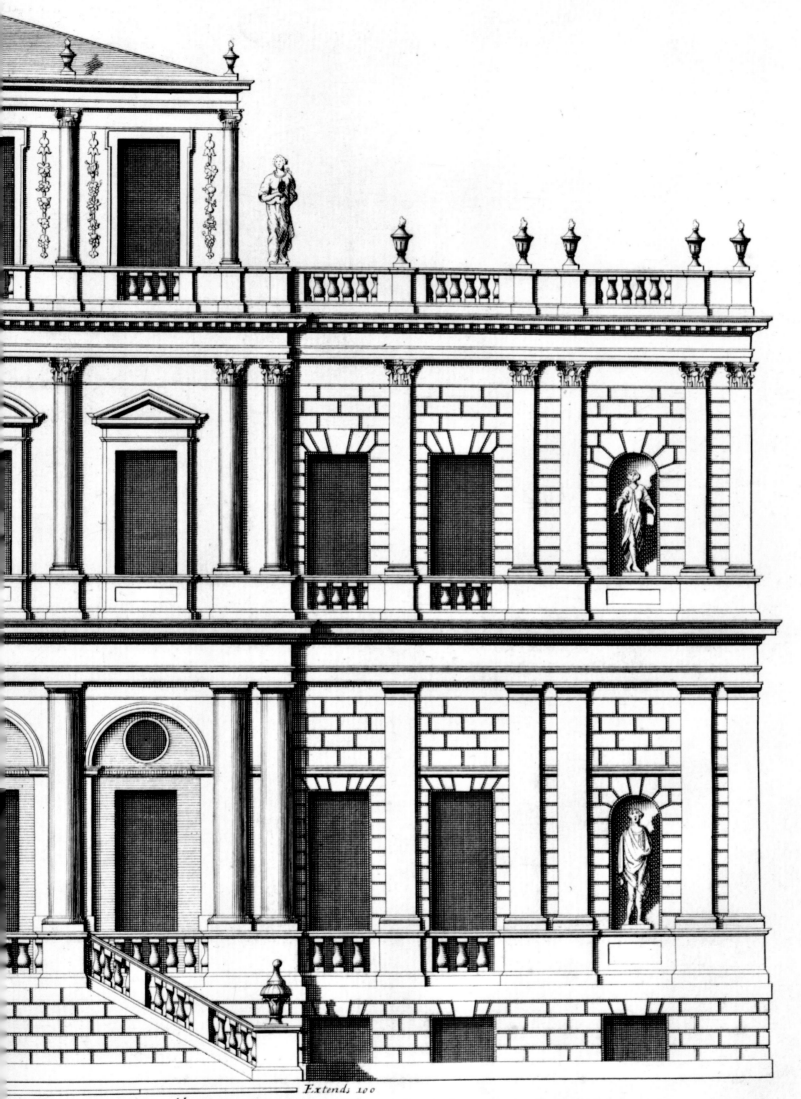

crib'd to the Rt Honble Paul Methven Esqr principal Secretary of State &c:
de mon Invention.   H: Hulsbergh Sc:

Then clap foour flices of Pilaster on't,
And lac'd with bits of Rustic, 'tis a Front:
Shall call th Winds thro'long Arcades to roar,
Proud to catch cold at a *Venetian* door;
Conscious they act true *Palladian* pat,
And if they starve, they starve by Rules of Art.
Yet thou proceed; be fallen Arts thy care,
Erect new Wonders, and the Old repair,
Jones and *Palladio* to themselves restore,
And be what'er Vitruvius was before [...].»

Noch in ebendiesem Jahr, 1731, so zumindest das gedruckte Datum, wird die *Epistle* bei demselben Verleger L. Gilliver «at Homer's Head in Fleetstreet» mit dem Zusatztitel *Of False Taste* als ‹Third Edition› neu gedruckt.[486] Pope fügt einen klärenden Brief hinzu, der so beginnt: «MY LORD, The Clamour rais'd about this Epistle could not give me so much pain, as I receiv'd pleasure in seeing the general Zeal of the World in the cause of a Great Man who is Beneficent, and the particular Warmth of your Lordship in that of a private Man who is innocent.»

Auf Popes *Epistle* reagiert William Hogarth mit einer erneuten Version des erstmals 1723 gestochenen Burlington Gate, auf

Henry Flitcroft, Wentworth Woodhouse (Yorkshire), 1733

Gegenüber: Henry Flitcroft, Wentworth Woodhouse (Yorkshire), 1733, Salon

Seite 254–255: Colen Campbell, Entwurf eines Hauses (1714), «of my own Invention in the style of Inigo Jones», mit Widmung an den Duke of Argyle, in: Colen Campbell, *Vitruvius Britannicus*, Bd. I, London 1715, S. 20

Seite 256–257: Colen Campbell, Entwurf eines Hauses, «of my Invention in the Theatrical Stile», mit Widmung an Tobias Jenkyns, in: Colen Campbell, *Vitruvius Britannicus*, Bd. II, London 1717, S. 42

Seite 258–259: Colen Campbell, Entwurf eines Hauses, «of my own Invention in the Theatrical Style», mit Widmung an Paul Methuen, in: Colen Campbell, *Vitruvius Britannicus*, Bd. II, London 1717, S. 90

Oben: Isaac Ware, *The Plans, Elevations and Sections; Chimney-Pieces, and Cielings of Houghton in Norfolk; The Seat of the R.t Honourable S.R Robert Walpole [...]*, o. O. 1735, Titel
Rechts: Thomas Ripley (Architekt), Isaac Ware (Zeichnung), P. Foudrinier (Stich), «West Front of Houghton in Norfolk», perspektivische Ansicht mit perspektivischem Grundriss, in: Isaac Ware, *The Plans, Elevations and Sections; Chimney-Pieces, and Cielings of Houghton in Norfolk; The Seat of the R.t Honourable S.R Robert Walpole [...]*, o. O. 1735, Taf. 2

Seite 264–265: Thomas Ripley, Grundriss von Houghton-Hall, in: [Horace Walpole], *Aedes Walpolianae: or, a Description of the Collection of Pictures at Houghton-Hall in Norfolk [...]*, London 1752, Taf. [2]

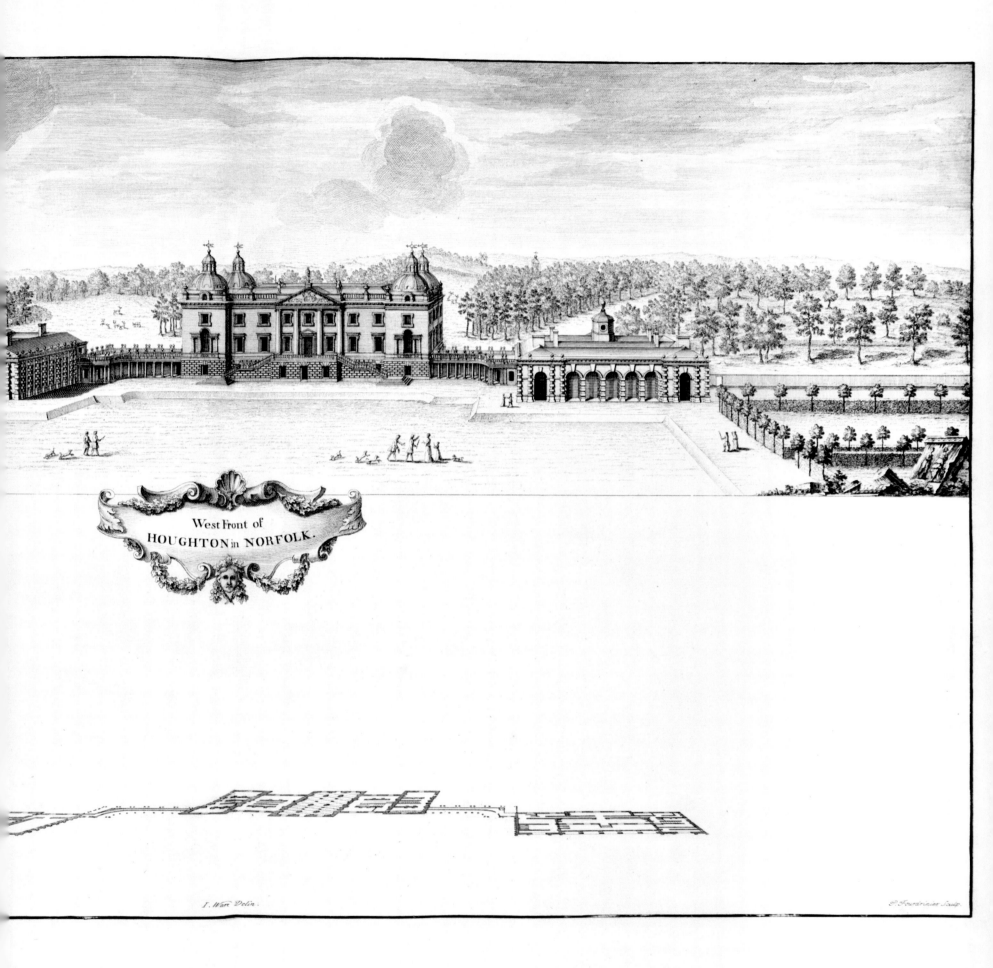

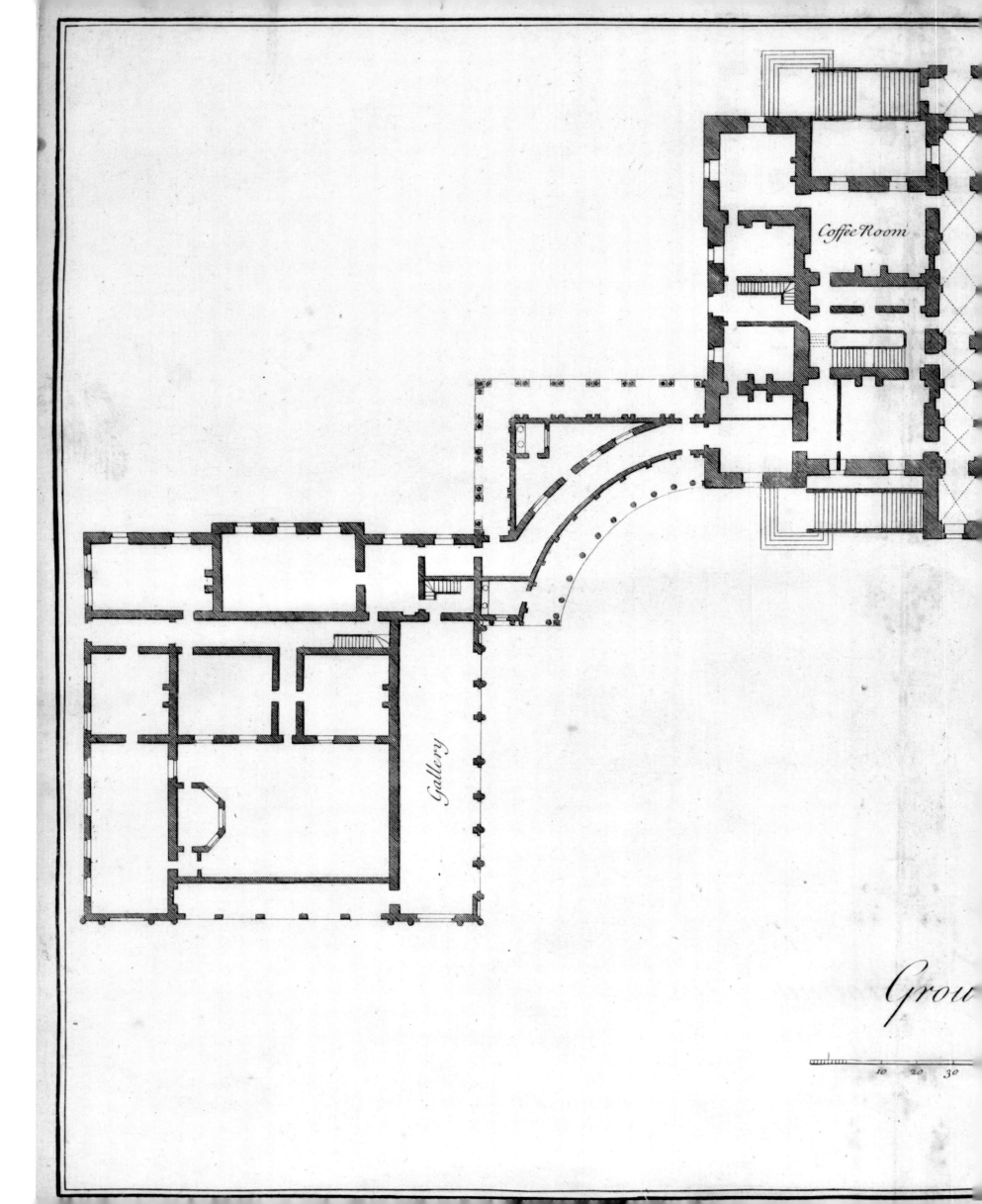

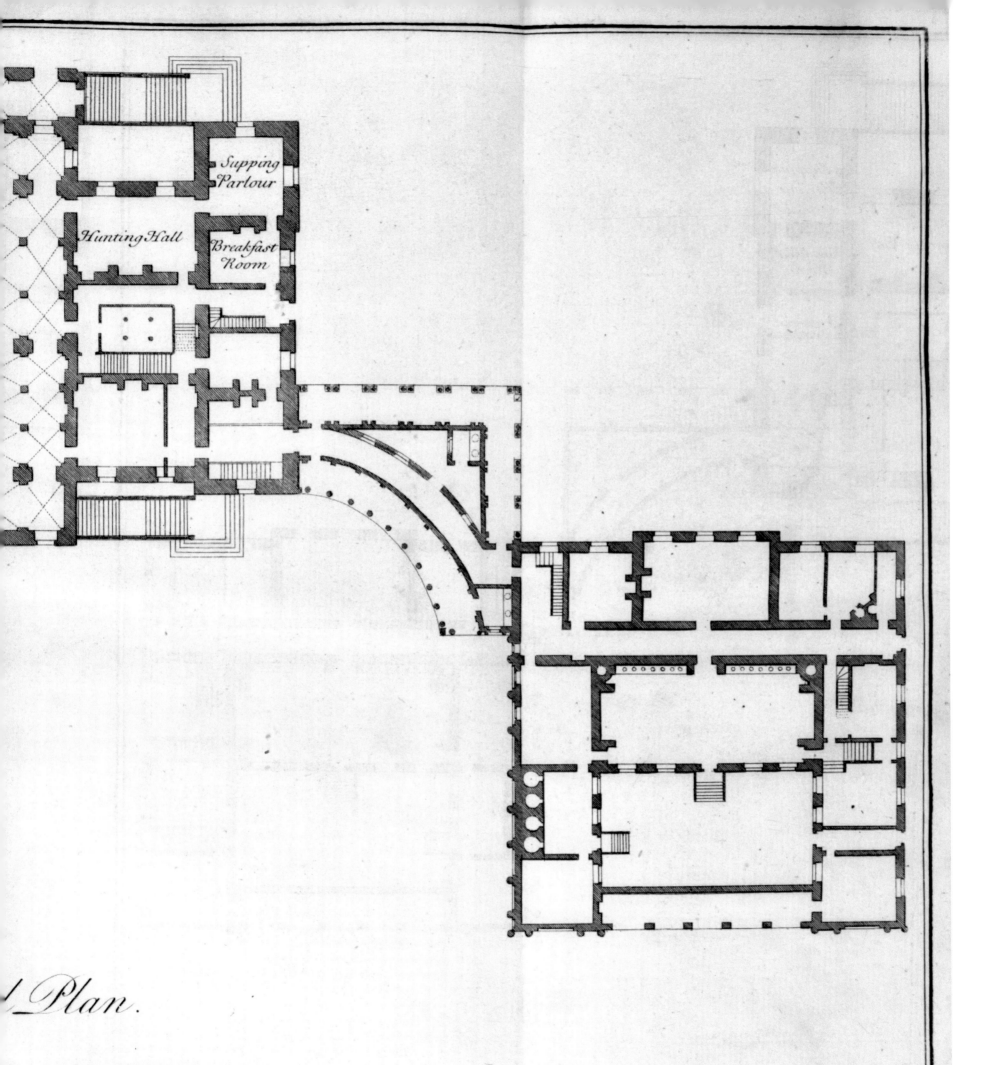

 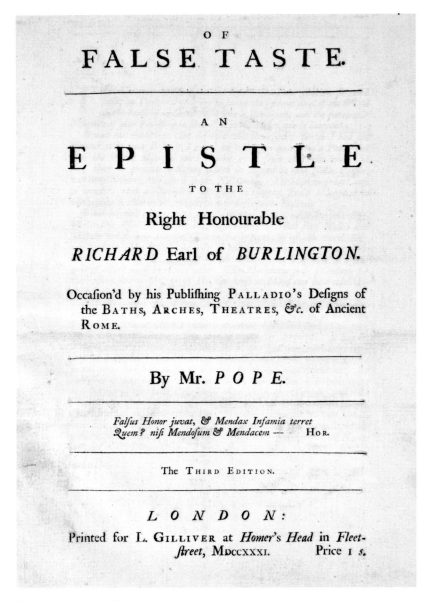

Links: Alexander Pope, *An Epistle to the Right Honourable Richard Earl of Burlington [...]*, London 1731, Titel
Rechts: Alexander Pope, *Of False Taste. An Epistle to the Right Honourable Richard Earl of Burlington [...] The Third Edition*, London 1731, Titel

Gegenüber: William Hogarth, *The Man of Taste,* gegen Alexander Pope gerichtete Parodie, der vergeblich versucht, das Portal von Burlington House anzustreichen. Auf dem Giebel William Kent zwischen Raphael und Michelangelo, in: *The Works of William Hogarth,* II, London/New York o. J.

dem Kent über Raphael und Michelangelo thront. Nun (nach 1731) kann man in grossen Lettern «TASTE» im Giebel des Tores lesen.[487] Auf einem Gerüst steht Pope, der sich anschickt, die Inschrift zu übertünchen. Doch die Farbe bespritzt eine mit dem Duke of Chandos vorbeifahrende Kutsche, der seinen von Gibbs gebauten Landsitz durch James Thornhill, Laguerre und Bellucci ausmalen liess: alles Konkurrenten William Kents, dessen Ruhm als zweiter Raphael auf diese Weise ins Lächerliche gezogen wird.

Das sind englische Umgangsformen in eigener Sache! Von aussen wurde das um Lord Burlington herum gebildete Phänomen durchaus ernsthaft betrachtet und dem allgemeinen Architekturverständnis zugeführt. Wieder einmal fällt der Kommentator von Durand, Jacques-Guillame Legrand, durch ein klares und sachliches Urteil auf: «Les Anglais ont adopté Palladio, comme nous avons suivi les ordres de Vignole, avec cette différence, qu'ils ont copié les mêmes masses, et tout l'ensemble de ses projets dans leur élégante simplicité, au lieu que nous avons appliqué les ordres de Vignole sur les formes les plus tourmentées, et que nous les avons long-temps surchargés des ornemens les plus bizarres et du plus mauvais goût.»[488] Da schwingt, zeitgemäss, ein besonderes ästhetisches Urteil mit, das *Lob der Einfachheit*! Es wird mit einer – damals bei Ledoux spürbaren – Architekturauffassung verknüpft, gemäss der den Baumassen, somit in erster Linie einem Körperideal Beachtung geschenkt werden soll. Körperlichkeit und konkretes Vorbild im Sinn des (einmaligen) «exemplums» passen zusammen. Palladianismus und die moderne klassische Ausrichtung der Zeit um 1800 konvergieren. Das zeigt sich auch in England, wo sich das summarische «C'est du Palladio» so mühelos mit der neuen Auffassung einer klassischen Architektur vereinigt. Legrand liefert gleichsam die Erklärung, wenn er die bei Durand auf einer einzigen Tafel zusammengeführten Häuser und Villen Palladios kommentiert. Er sieht in ihnen vorerst die Kombination («une agréable variété») der immergleichen Motive, Portiken von Tempeln und Theatern, die Palladio auf die Privatbauten übertragen

THE MAN OF TASTE.

Engraved by Jas. Moore from the Original by Wm. Hogarth.

[John Gwynn], *An Essay on Design: Including Proposals for Erecting a Public Academy[...] For Educating the British Youth in Drawing [...]*, London 1749, Frontispiz und Titel

Gegenüber: Robert Morris, *Select Architecture: Being Regular Designs [...], The second Edition*, London 1757, Titel mit Vignette eines Gebäudes im Proportionsschema

habe («appliquée avec goût à das habitations particulières»). Dann folgt in aller Konsequenz die gesamthafte ästhetische Beurteilung: «On sent que les mêmes études ont dirigé la composition des plans, dont *la simplicité fait le charme*. La plupart de ces Bâtimens ont été fidèlement reproduits en Angleterre, où ils brillent d'un nouvel éclat, au milieu de ces jardins vastes et soigneusement entretenus qui leur forment un agréable cadre.» «[...] simplicité», «charme», «agréable»: Das sind nicht mehr spezifisch oder gar ausschliesslich architektonische Bezeichnungen; sie richteten sich vielmehr nach dem Betrachter und nach dem Benutzer, der die Geschmackskultur letztlich bestimmte. Auch das beschreibt eine nicht zu unterschätzende Entwicklung, an der England einen besonderen Anteil hatte und die – stets an Palladios Vorbild orientiert – einen Schritt weiter weg vom 'Monument' hin zur 'normalen' Wohn- und Gebrauchsarchitektur führte, ohne dass dabei die Zeichen antiker (und palladianischer) Tradition aufgegeben worden wären.

Als sich Thomas Jefferson in Monticello seinen Traum erfüllte und sein Haus erstellte (1769–1809), gemäss dem palladianischen Ideal in erhöhter Lage, war für ihn das Wohnen und nicht irgendeine Form der Repräsentation das Ziel.[489] Mehr noch, was in den englischen Gärten verlorengegangen war und der überhandnehmenden Geschmackskultur geopfert schien, kehrte nun plötzlich zurück: die Villa als landwirtschaftlicher Betrieb, als ökonomisches Labor. Als ob sich Jefferson des ursprünglichen Zweckes der venezianischen Villa entsinnen wollte! Zufällig war er auch mit Legrand in Kontakt. Aber dies und die vielen anderen Bezüge, etwa Jeffersons Bibliothek, müssen vor der Einmaligkeit des Bauwerks und seines Autors zurücktreten. Der Kontrast zwischen jenen äusseren, englisch-palladianischen Zeichen des 'Whigismus', der für Freiheit und Unabhängigkeit antrat und doch alle Formen (aristokratischer) Privilegien zuliess, und dem, was Jefferson in Virginia in eigener Regie und Verantwortung in die Welt setzte,

James SELECT *Peacock 1765.*

ARCHITECTURE:
BEING
REGULAR DESIGNS
OF
PLANS and ELEVATIONS

Well suited to both Town and Country;

IN WHICH

The Magnificence and Beauty, the Purity and Simplicity of Designing,
For every Species of that noble Art,
Is accurately treated, and with great Variety exemplified,
From the Plain TOWN-HOUSE to the Stately HOTEL;
And in the Country from the genteel and convenient Farm-House
to the Parochial Church.

With Suitable Embellishments.

ALSO

Bridges, Baths, Summer-Houses, &c. with Estimates to each Design by the
Great Square, and such Remarks, Explanations and Scales are annexed,
that the Comprehension is rendered easy, and Subject most agreeable.

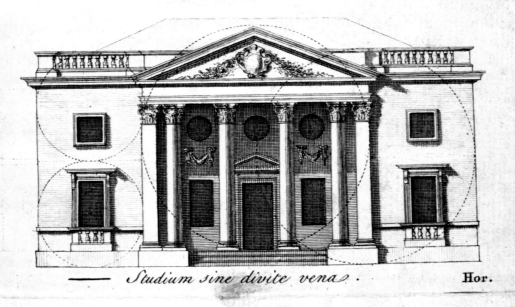

—— *Studium sine divite vena.*   Hor.

Illustrated with FIFTY COPPER PLATES, *Quarto.*
By *ROBERT MORRIS*, Surveyor.
The SECOND EDITION.

LONDON:
Sold by Robert Sayer, opposite Fetter-Lane, in Fleet-Street. MDCCLVII.
Price bound

nur von seiner Überzeugung gelenkt, mit Blick auf die vor ihm stehenden grossen Aufgaben und gleichwohl mit Experimentierfreude und dem sichtbaren Interesse an jedem einzelnen zu lösenden Problem, lässt sich grösser kaum vorstellen.

In seinen *Essays on the Characteristics* (1751) diskutiert John Brown die berühmten Thesen Shaftesburys. Er wendet sich gegen die Parallelsetzung eines «Taste for Virtue» und eines «Taste for Arts» und malt sich aus, wie es wohl wäre, wenn man seine moralischen Überzeugungen analog zu einem (allgemeinen) Kunstgeschmack gewinnen und erhalten könnte. «But the Man of *Virtue* hath a different and more difficult Task to perform; He hath often a numerous Train of Passions, and these perhaps the most violent to oppose: He must labour through the surrounding Demands and Allurements of selfish Appetite: Must subdue the Sollicitations of every the most natural Affection, when it oposes the Dietates of a pure Benevolence. Hence even supposing the most refined *Taste for Virtue* common to all, it must ever be retarded in its Progress, often baffled ad overthrown admidst the *Struggle* of contending *Passions.*»[490]

Thomas Jefferson, Entwurfsstudie für das Haus in Monticello, 1771, nach den Regeln Palladios, in: Fiske Kimball, *Thomas Jefferson Architect, Original Designs in the Coolidge Collection of the Massachusetts Historical Society* (Boston 1916), New York 1968, Taf. 23

Gegenüber: Thomas Jefferson und Robert Mills, Entwurfsstudie für ein Haus in Shadwell, 1803, inspiriert durch die Villa Rotonda, in: Fiske Kimball, *Thomas Jefferson Architect [...]* (Boston 1916), New York 1968, Taf. 181

Seite 272–277: Thomas Jefferson, Monticello, Charlottesville (Virginia), 1769–1809, Ansicht (Seite 272–273), Detail des Gebälks (Seite 274–275), Ansicht vom Park (Seite 276–277)

Seite 278–281: Peter Harrison, Redwood Library, Newport (Rhode Island), 1748–1750, Ansicht (Seite 278–279), Innenraum (Seite 280–281)

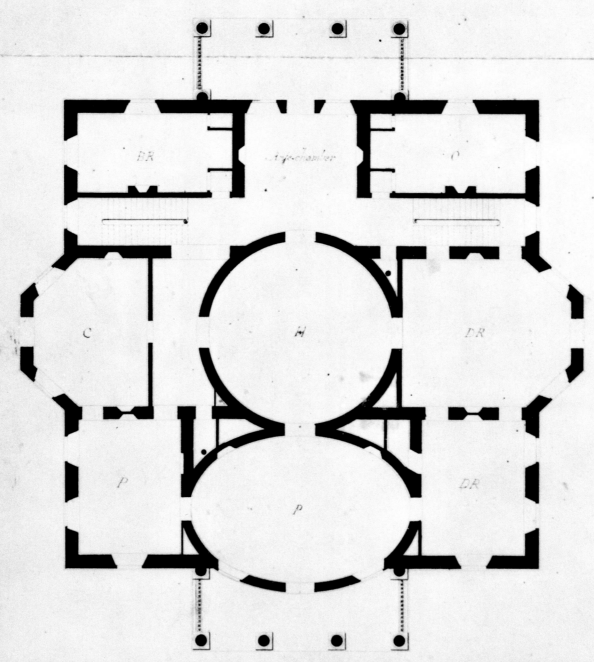

Anke Zalivako

A Critique of the Preservation of Moscow's Planetarium

Photograph courtesy of A. V. Shtschus-

The tenuous situation of European economies and societies after World War I, and in the young Soviet Union following years of civil war, forced a rational approach to construction: the construction industry demanded more efficient results through standardization and typization. In Europe, this would cause a revolution in building traditions, as architects and engineers combined new aesthetics with the technical requirements of quick, easy, and cheap production processes. From today's point of view, this revolution was the basis of contemporary construction technology, with its huge variety of methods and materials. It is also a reason the avant-garde or Modern Movement of the 1920s has become critical to our culture memory and is an integral aspect of the listing of the Bauhaus sites in Dessau and Weimar as UNESCO World Heritage Sites in 1996.

In Russia, prejudice against the supposed poor construction technologies of 1920s constructivist architecture is crucial to today's negative attitude toward the preservation of the heritage of the avant-garde and for leaving unrestored even registered monuments of the Russian avant garde, the so-called Lost Vanguard. The latest research on construction technologies of the 1920s uncovers strong analogies between the German and Russian avant-gardes. This article will focus on construction technologies in Germany and Russia in the early twentieth century and illustrate the tight connection between the two countries and their common heritage through an analysis of Mikhail Barshch and Mikhail Siniavsky's planetarium in Moscow, completed in 1930.

But before the construction of the Moscow Planetarium there was the planetarium in Jena, Germany. Erected in 1925, the Jena Planetarium featured a twenty-five-meter, spanned cupola. The 1920s innovation of stressed-skin constructions was an important development in the history of cupola construction.[1] The leading engineer in this field was Friedrich Dischinger (1887–1953). As the chief engineer at Dyckerhoff & Widmann Construction Company, Dischinger developed, in conjunction with Walter Bauersfeld (1879–1959), the leading scientist at the Carl Zeiss company in Jena, the Zeiss-Dywidag stressed-skin construction for housing Zeiss projectors. The idea to build such a structure in Moscow occurred in 1926.[2] The architects Mikhail Barshch, Mikhail Sinyavsky, and

Das Grosse und Einfache und das Moderne Palladianismus vom 18. bis zum 21. Jahrhundert

«Palladio hat sie».

    Heinrich Wölfflin, *Italien und das deutsche Formgefühl*, München 1931, S. 158, zu dem Goethe-Zitat:
    «Nur aus dem Natürlichen kann Grösse entwickelt werden».

Es gab im 19. Jahrhundert kaum ein wichtiges Thema der Architektur und ihrer Weiterentwicklung, für das nicht auch Palladios Position von Bedeutung gewesen wäre. Allein, häufig genug verschwand der so herausragende Namen in der Flut historischer Kenntnisse, die sich insgesamt neuen Systemen anpassten oder aber anderweitig ausgetauscht wurden. Traditionen setzten sich gleichwohl fort. Und man unterschätzt gemeinhin, wie viel dabei – offen oder versteckt – weiterwirkte. Das ging Hand in Hand mit den veränderten Sichtweisen auf Palladio, die besonders aufschlussreich sind. So wurde die Vielfalt von Lösungen, die Palladio seiner «usanza nuova» von Fall zu Fall angedeihen liess, in der Typologie diszipliniert und ganz wörtlich auf einen Nenner, nämlich auf eine normierte Darstellungsweise, gebracht.

Früh wurde daraus Routine. Es ist unerheblich, ob die im verbreiteten *Traité élementaire de Construction* (1840) von M. J.-A. Borgnis zahlreich abgebildeten palladianischen Bauten auf ihren Autor zurückgeführt werden oder nicht.[491] Im Vordergrund steht das Exemplarische dieser Bauten. Es handelt sich konkret um «Exemples de Distribution», um eine Anleitung zur Einteilung der Bauten, die «passende Zusammenstellung der Dinge» aufgrund historischer Beispiele («puisés dans les plus célèbres Monuments antiques et modernes»). Darin zeigt sich das Vermächtnis Durands und seines ganz besonderen Umgangs mit Geschichte nach der historischen Zäsur von 1789. Er kündigte seinen *Recueil et Parallèle* als eine Zusammenfassung jener nicht mehr oder nur schwer erreichbaren älteren Architekturwerke an, deren Abbildungen in die Disziplin gleicher grafischer Darstellung und Massstäblichkeit gebracht werden sollten. Die alte «similitudo» als Kern nachahmender künstlerischer Tätigkeit wurde zu einer – dank der Vereinheitlichung darstellerischer Mittel – überprüfbaren Vergleichbarkeit entwickelt. Borgnis entlehnt seine Modelle Durand; dieser identifizierte noch im Kleingedruckten die abgebildeten Grund- und Aufrisse. Nun sind auch die Bildlegenden weggefallen; es interessiert ausschliesslich das Modellhafte, das Typologische des jeweiligen Vorwurfes.

Durand hält schon 1802 im ersten Band seines *Précis des Leçons d'Architecture données à l'Ecole Polytechnique* fest, dass es nicht mehr um Formen und Proportionen «sous le rapport du plaisir» und nicht einmal um den Gesichtspunkt der «utilitas», der Nützlichkeit, gehe.[492] Was jetzt zähle, sei einzig und allein das alles durchdringende Prinzip der Ökonomie, das letztlich die «disposition» der Gebäude favorisiere, in der die «source de l'agréable sensation» zu finden sei: «La disposition sera donc la seule chose qui […] doive nous occuper; quand même, nous le répétons, l'architecture ferait du soin de plaire, son but principal.»[493]

Das sind moderne Töne. Die verlässlichen zeichnerischen Darstellungsformen, der Grundriss insbesondere, entscheiden – auf halber Wegstrecke zu einer funktionalistischen Betrachtungsweise der Architektur, der aus der vitruvianischen Tradition in erster Linie «disposition» und «convenance» bleiben, die Organisation der gewünschten Funktionen und deren angemessene Ausstattung.[494] Nun machen sich Stimmen gegen das bemerkbar, was Palladio weit darüber hinausgehend in Vorschlag brachte. In Legrands Kommentar zu Durand vernimmt man nach allen Lob-

Friedrich Ostendorf, das Paradigma des modernen Hauses in direkter Nachfolge der Villa Rotonda, in: Friedrich Ostendorf, *Sechs Bücher vom Bauen*, Bd. 1, 2. Aufl. Berlin 1914, Abb. 29

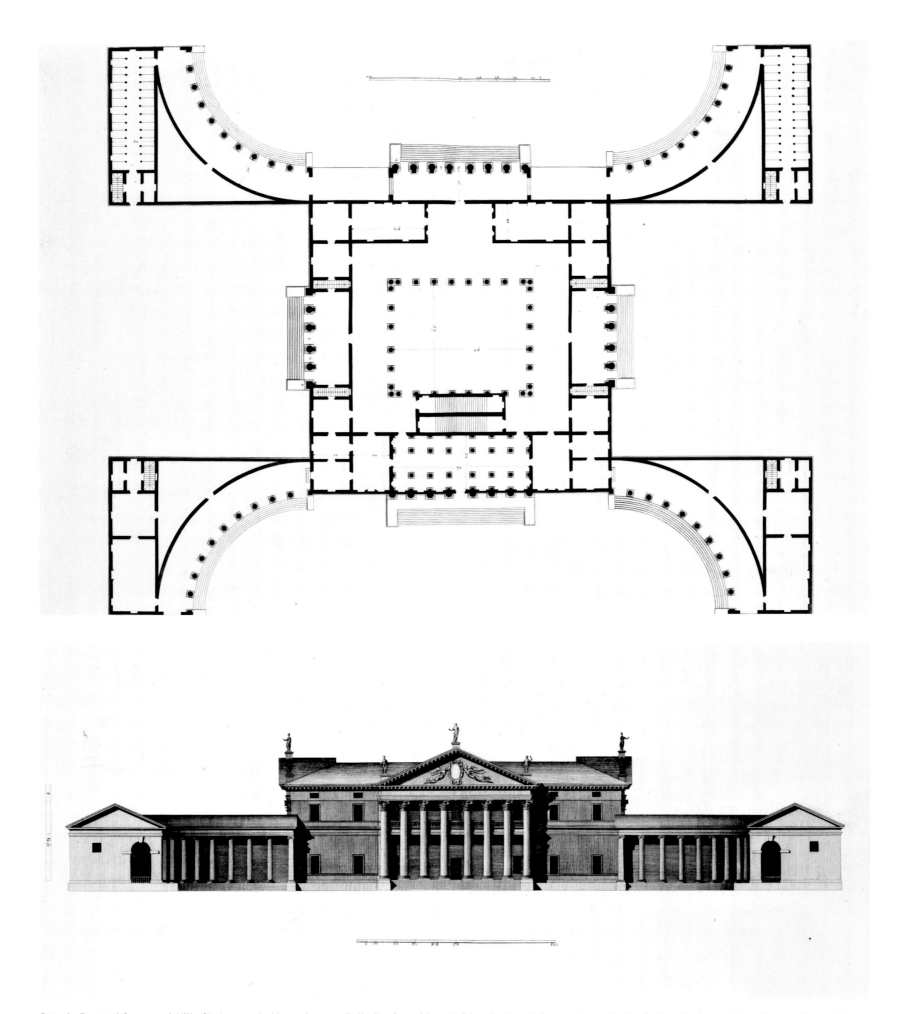

Ottavio Bertotti Scamozzi, Villa für Leonardo Mocenigo von Palladio, Grundriss, Aufriss, Rationalisierung der palladianischen Vorlagen in 'modernem' Layout, in: Ottavia Bertotti Scamozzi, *Les Bâtimens et les Desseins de André Palladio [...], seconde edition*, Vicenza 1786, IV, Taf. XLVII–XLVIII

liedern auf Palladio, der in der Architektur wie kein Zweiter «la science, le génie et le goût» verkörpere, auch kritische Töne.[495] Palladio sei für jenen «goût d'un faste excessif» verantwortlich, der einige seiner Bauherren in den Ruin getrieben habe.[496] Legrand lässt es offen, ob solche Meinungen von Palladios Neidern stammten. Auf jeden Fall bestärkt er, dass Palladio andernorts gerade für seine «simplicité» berühmt sei. Und das ist mit ein Grund, der das Fortbestehen der palladianischen Modelle in den Lehrbüchern garantierte.

Trotzdem, die Säulen sind es, die früh ein Dorn im Auge derjenigen Architekten bilden, die sich einer «republikanischen Einfachheit im Bauwesen» zuwenden. Carl Ferdinand von Ehrenberg, der sich 1839 diesem Ideal verschreibt, versteht darunter eine «edle Einfachheit, deren Schönheit in den Verhältnissen liegt».[497] Das erstmals von ihm herausgegebene *Baulexikon* zitiert Palladio als den Architekten, der – «nebst Vincenzo Scamozzi» – «die Säule zum wesentlichsten Theile der Gebäude, überhaupt der Architektur» gemacht habe, «wodurch dieselbe allerdings zur Nachahmung herabgewürdigt wurde, und so manche Ungereimtheit in der Verbindung der Antike mit der neuen Baukunst entstand».[498] Der Blick zurück auf die Bauten selbst und weg von ihren nachgereichten grammatikalischen Einbindungen und Vereinfachungen irritierte so besehen immer wieder. Die Geschmacksfrage tauchte erneut auf und mit ihr die Begründung unterschiedlicher Sichtweisen auf der Basis der seit dem 18. Jahrhundert mehr denn je bemühten Klimatheorie. Dagegen hält Francesco Milizia, es seien bei allen verständlichen Anpassungen an klimatische Unterschiede die Regeln der Ordnungen, der Formen und Proportionierungen der Baukörper über solche lokalen Bedingungen erhaben: «L'Architettura deve esser bella in ogni clima.»[499] Der klassizistische Standpunkt – und darin ist Palladio bei aller Kritik Milizias an mangelnder Gesetzmässigkeit einbezogen – stellt sich über die nationalen Ausprägungen der Architektur, deren Hochzeit erst im Entstehen ist. Gerade deshalb lässt Milizia Jacques-François Blondels Vorwurf der Monotonie gegen die italienischen Bauten nicht gelten. Er stellt hingegen Palladio als Meister im Umgang mit dem klassischen Formenrepertoire dar. Joseph Forsyth, der Italien 1802 und 1803 bereist, attestiert Palladio ausdrücklich, seine in England so häufig adaptierte Architektur widerstehe «both our climate and our reasoning taste».[500]

Auf diese Weise hielt sich die universale Gültigkeit der Säulenarchitektur noch lange – und feierte immer wieder ihre Neugeburt. Selbst Berlage, der ansonsten durchaus differenzierende Worte zu Palladio fand, erkannte diesbezüglich seine Autorität an. Längst im Einklang mit Hermann Muthesius' harscher Kritik an der von Kunstprofessoren und dessen Belehrungen bestimmten Kunst des 19. Jahrhunderts, vermag er doch sehr wohl zwischen einem «alten Portikus im Renaissancestil» (an Palladios Villa Rotonda) und einem flachen und oberflächlichen «Gegenbeispiel» eines modernen Portikus zu unterscheiden. Er zitiert einen Kollegen: «Als man bemerkt hatte, dass früher Dinge gemacht wurden, die schöner und konstruktiver waren als die gegenwärtigen, hat man damit angefangen, jene Werke anzuschauen und das äusserlich Schöne daran zu studieren; jedoch ohne zu begreifen, dass es sein Entstehen der Liebe zu verdanken hat, einer Liebe, die jetzt fehlt; deshalb

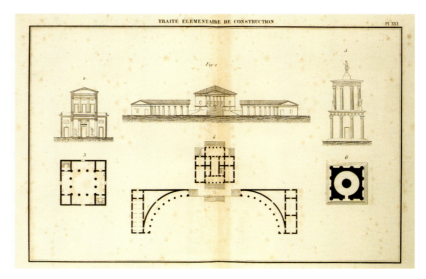

Palladianischer Grund- und Aufriss als typologisches Muster, in: M. J.-A. Borgnis, *Traité élémentaire de Construction, Atlas*, Brüssel 1840, Taf. XXI

sagte man sich: Wenn ich jetzt etwas mache, was jenem Gegenstand ähnlich sieht, wird es ebenfalls schön sein.»[501] Das also war – 1908 – das Problem, das sich in besonderer Weise aufdrängte. Es gab allerdings auch in moderner Zeit genügend Enthusiasmus, um Palladios Architektur mitsamt ihren Säulen und Giebeln erneut zum Erfolg zu verhelfen.

Berlages Kritik richtet sich im Übrigen auch gegen die «systematisierende» Art jener von Muthesius apostrophierten «ästhetischen Kunstprofessoren». Nun ist es aber gerade die Disziplinierung der zeichnerischen Grundlagen, die, wie von Durand gewünscht, von der Geschmacksfrage wegführt und auf die eigentliche Aufgabe des Architekten in der «disposition» seiner Bauten verweist. Durands «marche à suivre», ein Vorgehen, das kaum etwas dem Zufall überlässt, nimmt das moderne Verständnis des architektonischen Entwurfs vorweg. Es geht einher mit der schrittweisen Entbindung vom geschichtlichen Kontext, beschränkt sich nicht nur auf die «simplicité» als einem architektonischen Charaktermerkmal, sondern sucht diese konkret in der typologischen und linearen Reduktion der Form. Insofern gilt dann, dass gemäss August Schmarsow die «Einbildungskraft» dort neu etwas kreieren muss, «wo nur Striche sind». Vereinfachung charakterisiert die Methode von Durand genauso wie die moderne Propaganda, die sich schnell – schon in Gropius' *Internationaler Architektur* von 1925 – der Vorteile der Reduktion, diesmal auf das Bild, bewusst wird.

Man muss also auf dem Gang in die Moderne dem Medialen besondere Aufmerksamkeit schenken. Das 'Zeitalter der Reproduzierbarkeit' begann bezogen auf Palladianismus mit den *Quattro Libri* von 1570. In ihnen waren die systematische Anordnung der Motive und die Disziplinierung des Rasters angelegt. Und mittelbar kann man darin Palladios faszinierenden Prozess der Auseinandersetzung mit Geschichte und ihrer Überwindung in gültigen Mustern und Modellen erkennen. Tatsache ist, dass sich ein enger an den *Quattro Libri* als an seinen Bauten orientierter Blickwinkel immer wieder Palladios bemächtigte. Ob es sich bei der von Palladio mit Nachdruck eingeführten «usanza nuova» mehr um ein In-die-Tradition-Einfügen als um eine deutlich hervortretende Andersartigkeit handelte, richtete sich allein nach dem Erkenntnisinteresse des Lesers. Bei Palladio selbst liessen sich die beiden Aspekte nicht voneinander lösen; die Moderne trennte hingegen ihrer tendenziösen Programmatik und ihrem Neuerungswillen zufolge, was zusammengehörte, ganz nach dem Idealmuster einer scheinbar rückwärtsgewandten Kunstgeschichte und einer ebenso scheinbar vorwärtsstrebenden Architektur. Quatremère de Quincy gehört so besehen zu den Letzten, die ohne Rücksicht auf dieses Szylla und Charybdis den Blick allein auf Palladio selbst warfen, um bei allen passenden Zu- und Einordnungen die Einzigartigkeit und Unverwechselbarkeit seiner Werke festzustellen.

Die grafischen Darstellungen mussten diese Einsicht unterlaufen. Als die Druckstöcke der *Quattro Libri* längst nach Frankreich und der Grossteil der ihnen zugrunde liegenden Zeichnungen nach England verkauft worden waren, konnte die Wiederherstellung jenes berühmten Buches nicht anders als im Sinne einer Verbesserung und Vervollständigung im Blick auf das keineswegs umfassend dokumentierte architektonische Werk Palladios erfolgen. Dem Liebhaber, dem Console Smith, war das – nur in der besseren Reproduktionstechnik vom Original abweichende – Faksimile der *Quattro Libri* gerade recht.[502] Die Palladio-Bearbeitungen von Francesco Muttoni und Ottavio Bertotti Scamozzi gehören andererseits zu den aufwändigsten editorischen Bemühungen, die dem architektonischen Gegenstand je zugedacht wurden. Für sie gilt, dass das Buch und nicht die Monumente selbst als Grundlage des Verständnisses Palladios unvermeidbar in den Vordergrund tritt. Das Bedürfnis der Korrektur der *Quattro Libri* ist gross, die Anstrengung bewundernswert und das Resultat beeindruckend. Und natürlich entsprechen die Darstellungsweisen und das weiterentwickelte Druckverfahren den bestmöglichen Gegebenheiten der Zeit. Die Überzeichnung und Idealisierung der abgebildeten Bauwerke lässt sich dabei nicht übersehen. Schliesslich erschienen auch schon die Darstellungen von 1570 in mancher Hinsicht idealisiert, was wesentlich zur Erfolgsgeschichte der *Quattro Libri* beitrug. Diese Tendenz wird nun bei Muttoni und noch weit mehr bei Bertotti Scamozzi – und natürlich auch bei Giacomo Leoni – deutlich verstärkt. Palladio stellte am Ende des zweiten Buches der *Quattro Libri* das Villen-Projekt für Leonardo Mocenico an der Brenta mit vier in Viertelkreisen angeordneten Loggien vor, dankte dann Gott («sia laude di Dio») und bestärkte seine Absicht des «insegnare facilmente con parole, e con figure».[503] Der Entwurf musste in einer Epoche, deren Hang zu radikaler Symmetrisierung offensichtlich ist, besonders interessieren. In Palladios *Quattro Libri* war die Ansicht des Gebäudes wegen Platzmangels störend in den Grundriss hineingeschoben. Die Freisetzung des Grundrisses bei Bertotti Scamozzi lässt die Brisanz dieser Figur eines 'idealen Palladios' mit seiner doppelten Symmetrie erkennen. Die Umzeichnung des Aufrisses bei Bertotti Scamozzi erscheint nur leicht verändert – mit neun statt fünf Säulen an den Loggien.[504] Und trotzdem lassen das spezifische 'Rendering' und die dadurch in suggestiver Weise gesteigerte Kompaktheit der Baukörper ein durch und durch klassizistisches Gebilde entstehen. Die zusätzlich hinzugefügte Schnittfigur unterstützt diesen Eindruck.[505] Die neue monumentale, klassische Sichtweise macht sich deutlich durch die Art der zeichnerischen Darstellung bemerkbar, ganz im Sinne der jeweiligen Modernität!

Es gehört zu den faszinierenden Entwicklungen jener Zeit vom Ende des 18. Jahrhunderts, dass neben dem Hang zur suggestiven Verbildlichung von Architekturvorstellungen in ebensolcher Radikalität die rationalisierende Bereinigung einer Architekturlehre vorangetrieben wurde. Diesbezüglich – präziser auf die abstrahierende Darstellungsweise architektonischer Gebilde bezogen – bedeutete das Auftreten von Durand in der Tat einen Wendepunkt. In seinem *Recueil et Parallèle* brachte er das unvermeidbare historische Material in eine kategorielle, typologische Ordnung und, was noch entscheidender ist, in eine einheitliche Darstellungsform von Strichzeichnung und masstäblicher Identität, die für die folgende Entwurfslehre entscheidend war. Mit Durands grafischen Reduktionen wurden Grundlagen geschaffen, auf denen die Moderne im 20. Jahrhundert ihre Erfolgsgeschichte in wichtigen Belangen aufbaute.

Die für Durands Strategie angewandten Kriterien waren ausschliesslich formal. Seitdem stand *Klassifikation* für Ordnung und wurde Geschichte durch *graduelle Analogie* ersetzt. Auf den Prinzipien darstellerischer Vereinfachung und Disziplin baute Durand in seinem *Précis* (1802) eine Entwurfslehre auf, in der konsequent «composition» als «combinaison des élemens des édificies» angelegt wurde und zu den «parties des édifices» und schliesslich zu einem «ensemble», dem Gebäude nämlich, führen sollte. Man ist verführt anzunehmen, Palladios Architektur passe zu diesem Modell eines (modernen) Architekturverständnisses. Mittelbar wird mit dieser 'Versuchsanordnung' allerdings unterstellt, Palladio habe die immergleichen Elemente in leicht variierender Art angewandt und kombiniert und auf diese Weise seine palladianische Architektur, eine eben doch sehr einheitliche «physiognomie», geschaffen. Diese Sichtweise – des 'Baukastens' als Lehrgebäude der Architektur und auch die des systematischen Erreichens einer Lösung gemäss Durands «marche à suivre» – hält sich bis zum heutigen Tag, zumal ihr didaktische Vorzüge nicht abzusprechen sind. Sie hat natürlich auf Palladio abgefärbt und ihn zu seinem Vor- oder Nachteil typologisch modern erscheinen lassen. Es überrascht also keineswegs, dass im Zeichen der Moderne das Gesetzmässige bezogen auf Palladio in den Vordergrund drängt. Cornelius Gurlitt spricht 1914 vom «Geist ästhetischer Schulmässigkeit» und vom «Gefühl der Notwendigkeit, sich beim Schaffen einem Gesetze zu unterwerfen», als Wesenszügen Palladios. Und deutlich wird, dass bei all diesen Deutungen und Sichtweisen die äussere Anwendung einer Geometrie als Linienwerk begünstigt wird – und nicht mehr die im albertischen Sinne alles, auch die Inhalte, festlegenden «lineamenta». Die Geometrie ist dann nicht mehr Mittel zum Zweck, sondern mit sich selbst beschäftigt und allein schon Architektur, so, wie es Theo van Doesburg ganz generell mit seinen «elementaren Gestaltungsmitteln», Linie, Fläche, Volumen (aber nicht «Materie»!), Raum und Zeit anstrebt. Architektur ist demnach eine «Synthetische Konstruktion der verschiedenen elementaren Gestaltungsmittel».

Soweit De Stijl, Grundlage der modernen Architektur! Es ist bemerkenswert, dass selbst nach dieser radikalsten modernen Abspeckung alles physisch Greifbaren ein Rückbezug auf Palladio willkommen und aussichtsreich erscheint. Jene von Durand programmatisch auf den Schild gehobene Darstellung gemäss dem «degré d'analogie» dient Colin Rowe zur Nobilitierung der Bauten Le Corbusiers durch den Vergleich mit Palladio, genauer: durch den Vergleich der jeweiligen reduzierten grafischen Darstellungen. Rowe verschleiert auf diese Weise die Historisierung Le Corbusiers im Sinne einer Klassischen Moderne. All dies geschieht im Zeichen der Mathematik, womit der Forderung der Moderne nach Objektivität Genüge getan wird. Colin Rowe charakterisiert Palladios Architektur in dem einschlägigen Aufsatz *The Mathematics of the Ideal Villa* 1947: «Palladio is concerned with the logical disposition of motifs dogmatically accepted, but he attempts to discover structural reasons for his planning symmetries […] Palladio is the convinced classicist with the sixteenth-century repertoire of well-humanised forms.»[506] Wie bei Durand findet sich bei Colin Rowe der alte vitruvianische Grundsatz der «dispositio» ganz offensichtlich als der verlässlichste und systematischste aus dem begrifflichen Instrumentarium der Architektur hervorgehoben und zudem durch eine ganze Reihe einschlägiger Termini verstärkt (logisch, dogmatisch, «structural reasons»). Rowe hat zuvor – im Rahmen seiner Tätigkeit in Austin/Texas mit Robert Slutzky und Bernhard Hoesli – die Modelle van Doesburgs und Cornelis van Eesterens, aber auch die frühen modernen Bauten Le Corbusiers als Ideale einer Architekturlehre auserwählt.

Doch Colin Rowe und selbst Theo van Doesburg können sich nicht vollständig von der konkreten Erscheinung palladianischer Architektur lösen. So kehren bei Rowe die «well-humanised forms» aus der Geschichte zurück. Und van Doesburg lässt schon 1923 die Mitteilung in die Zeitschrift *G* einrücken, wonach Le Corbusier eben eine Renaissance-Villa erstellt habe. Worauf dies genau bezogen ist, darüber darf man rätseln. Jedenfalls kann die konkrete körperliche Erscheinung corbusierscher Architektur ebenso überzeugend, wenn nicht gar viel plausibler, in einen direkten Vergleich mit Palladio gesetzt werden. Le Corbusier platziert in Heft 20 (1923) von *Esprit Nouveau* ebenfalls ein palladianisches Rätsel. Ohne weitere Erläuterung erscheint dort das Bild der Villa

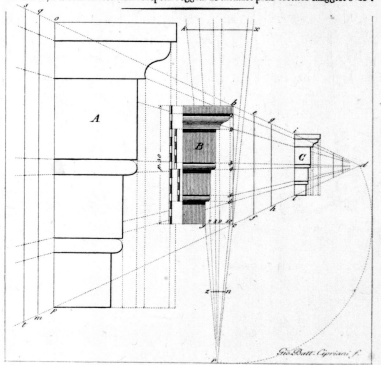

Giovan Battista Cipriani, «Maniera facile di ridurre dal grande al piccolo, o dal piccolo al grande qualunque cornice», Rationalisierung des Entwurfsprozesses, in: Giovan Battista Cipriani, *I Cinque ordini dell'Architettura di Andrea Palladio illustrati e ridotti a metodo facile*, Rom 1801

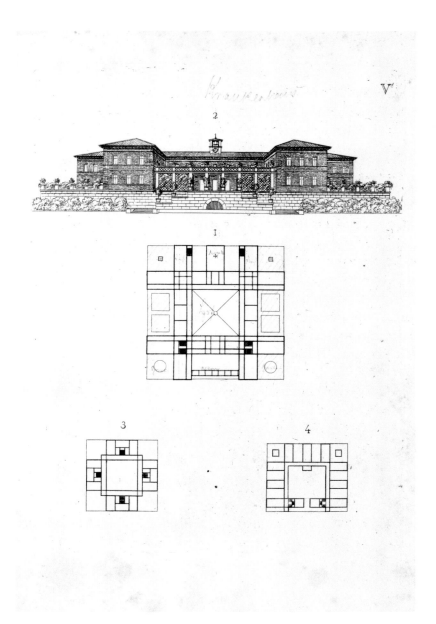

Karl Marzell Heigelin, Illustration der Entwurfsmethode am Beispiel eines Krankenhauses, in: Karl Marzell Heigelin, *Lehrbuch der höheren Baukunst […]*, Leipzig 1828–1832, III, Taf. V

Figure 12

Figure 13

Figure 14

Figure 15

Figure 16

Fritz Burger, *Die Villen des Andrea Palladio. Ein Beitrag zur Entwicklungsgeschichte der Renaissance-Architektur*, Leipzig [1909], Frontispiz mit der Villa Rotonda nach Fritz Burger (Rekonstruktion) und Josef Durm (Zeichnung), Titel

Gegenüber: Hendrik Petrus Berlage, Kritik an der Sakralarchitektur, in: Hendrik Petrus Berlage, *L'Art et la Société*, Brüssel 1914, Fig. 12–16

Rotonda. Es folgt dem Aufsatz *Pérennité*, in dem Le Corbusier vorangegangene enthusiastische Bemerkungen zu Technik und Industrie relativiert und für die doppelte Wurzel menschlicher Tätigkeit in «raison» und «passion» optiert.[507] Gegen den «homme archi-raisonnable» setzt er die «individus de génie», die eben jene «œuvres impérisables, images des Dieux, ou Parthénons» auf die Welt bringen. Noch kurz zuvor hat er – zusammen mit Amedée Ozenfant – auf das «métier» geschworen und gegen das «génie» argumentiert.[508] Nun folgt also die Korrektur und der erneute Blick auf den Parthenon, an dessen Stelle – so darf man suggerieren – das Bild von Palladios Villa Rotonda erscheint. Der letzte Satz, der, einer Bildlegende nicht völlig unähnlich, oberhalb der Abbildung steht, lautet: «Ce sera l'architecture qui est tout ce qui est *au-delà* du calcul.» Nein, auf ein Zahlenwerk, auf Mathematik lässt sich Palladio nicht reduzieren, wie man das aus dem Zusammenhang deuten kann. Palladios Villa Rotonda erscheint wie aus einer anderen Sphäre und einer anderen Welt, in der «raison» und «passion» noch nicht getrennt waren!

Indirekt wurde also Palladio in diese entscheidende Debatte zu Beginn der Grundlegung einer künstlerischen Moderne hineingezogen. Dort ging es nicht nur allgemein um Objektivität, sondern auch ganz konkret um Gesetz und Systematik künstlerischer Verfahren. Am prägnantesten apostrophierte dies Léonce Rosenberg und korrigierte dabei auch gleich eine allzu einseitige Ausrichtung. Im ersten Heft von *Esprit Nouveau* zu *Parlons peinture* und anderweitig unter dem Titel *Cubisme et Empirisme* schreibt er: «Le peintre Braque a écrit quelque part: 'J'aime la règle qui corrige l'émotion'.» Dem lässt Rosenberg seine eigene Version folgen: «J'aime le sentiment qui humanise la Règle.»

Mit Palladio ist man also auf der humanistischen, menschlichen Seite künstlerischer Schöpfung. Und so möchte man auch von Colin Rowe lieber den Hinweis auf die «well-humanised forms» als den rigiden Dogmatismus einer klassischen oder genauer einer klassizistischen Architektur annehmen. Der Dogmatismus dient der Theorie. Dagegen hält Palladio, so hat es schon

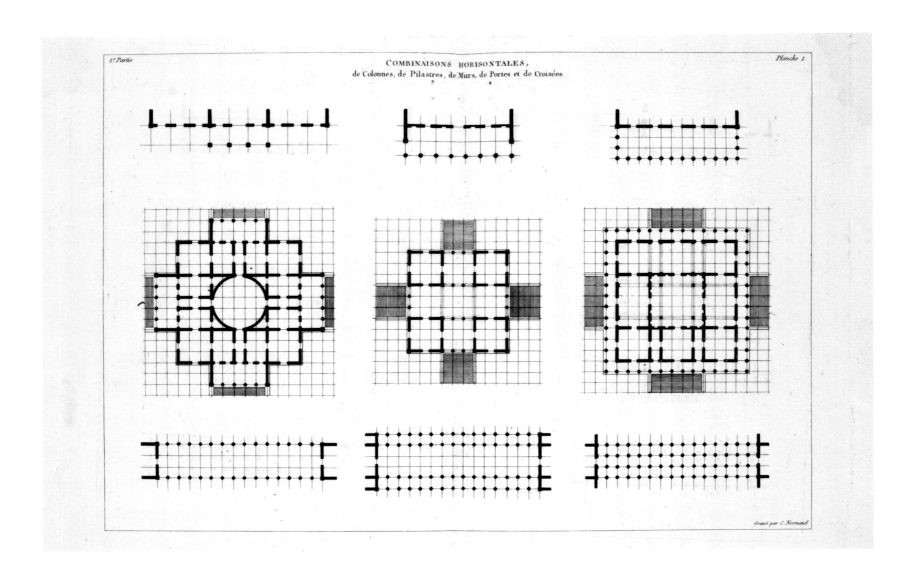

Jean-Nicolas-Louis Durand, «Combinaisons horisontales», mit dem Grundriss der Villa Rotonda, Rationalisierung auf der Grundlage der 'Moderne', in: Jean-Nicolas-Louis Durand, *Précis des Leçons[...]*, Paris An XI [1802], 2. Teil, Taf. 1

Gegenüber: Alfred Messel, Pergamonmuseum, Berlin, 1914

Seite 292 oben: Villa Marco Thiene von Palladio, Quinto, Darstellung inspiriert durch die Ausgabe von Bertotti Scamozzi, in: Cornelius Gurlitt, *Andrea Palladio, Bibliothek Alter Meister der Baukunst,* 1, Berlin, 1914, Taf. 44

Seite 292 unten: Alfred Messel, Entwurf für den Ausbau der Museumsinsel, Berlin, in: Alfred Messel, *Werke,* Bd. 1, Berlin 1912, Taf. XXXIIIb

Seite 293: Alfred Messel, Berliner Handelsgesellschaft, Detail der Fassade, in: Alfred Messel, *Werke,* Bd. 1, Berlin 1912, Taf. IXe

Quatremère de Quincy gesehen, jene goldene «medietas» und ist eben deshalb 'Palladio': «Il offre en effet une sorte de moyen terme entre cette sévérité rigoriste dont quelques esprits exclusifs abusent dans la doctrine de l'imitation des antiques, et l'anarchie licencieuse de ceux qui refusent à y reconnaître des règles, par cela que ces règles comportent des exceptions.»[509] Was hier mit Bezug auf die Autorität der antiken Architektur gesagt wurde, setzte sich im Grundsatz in modernen Zeiten fort. Man zog auch dann häufiger die vageren ästhetischen Grundbegriffe zu Rate, um aus dem Gefahrenkreis des Doktrinären herauszutreten. Damit liess sich ein Konsens erzielen. Die Einfachheit bot sich stets als gemeinsamer Nenner an. Sie war schon bei den Logikern gefragt und erschien gelegentlich an die unmittelbare Wahrnehmung – und deren Vorzüge – gekoppelt. «Simplex Apprehensio, est nudus rei conceptus intellectivus, similis quodammodo perceptioni sensitivae»: So lautet die erste Definition in den *Artis Logicae Rudimenta* des 1710 verstorbenen Henry Aldrich, der sich auch über Architektur verbreitete.[510] In der spät, 1839, seinen nun auf Englisch publizierten *Elements of Civil Architecture* wohl vom Übersetzer Philip Smyth hinzugefügten Einleitung erscheint Palladio nicht nur als der vorzüglichste aller Architekten seiner Zeit – er ist derjenige, der ganz präzis das Ideal der Perfektion erfüllt und für Aldrich deshalb einem verbreiteten Topos zufolge zu Recht als «the Raphael of Architects» zu gelten hat.[511] Architektonische Umschreibungen greifen hier zu kurz, und so vergleicht Aldrich Palladios Architektur – ganz 'modern' die Bekleidungsmetapher benützend – mit «that of a personal dignity well dressed».

Einfachheit ist ein ästhetischer genauso wie ein ökonomischer Begriff. Beide Aspekte sind schon bei Milizia auf unzweideutige Weise zusammengeführt. «Maximus est ille qui minimis urgetur»: Den Grundsatz zitiert er, um die – klassizistischen – Erweiterungsbauten Michelangelo Simonettis im Vatikan zu beschreiben.[512] «Optimus ille est qui minimis urgetur»: Damit lobt er in einem

Brief vom 2. Mai 1778 Calderari für seinen – palladianischen – Entwurf von San Orso.⁵¹³ Und Mies van der Rohe schreibt über seine Kapelle auf dem Campus des IIT in Chicago in Ausdeutung seines berühmten «less is more»: «[...] it was meant to be simple, and in fact, it is simple. But in its simplicity it is not primitive, but nobel, and in its smallness it is great – in fact monumental.»⁵¹⁴ Einfachheit, die auch monumental sein kann! Dank solcher allgemeiner Einsichten und Urteile lebt Palladio letztlich in der Moderne fort. Und es ist in seinem besonderen Fall entscheidend, dass eben nicht in erster Linie Regel und Abstraktion – und die daraus abgeleitete Überwindung der Geschichte – die Verbindung herstellen, sondern der Ausgleich und die Synthese des Gesetzmässigen mit dem im eigentlichen Sinne Künstlerischen. Auch das ist Ökonomie oder eben Perfektion. Richtig und falsch, Regel und Missbrauch reichen als Beurteilungsgrundlage nicht aus. Von einem absolut gesetzten Regelwerk ausgehend sahen schon François Blondel und später Francesco Milizia die Architektur Palladios durchaus kritisch. Andererseits wurde Palladio selbst zur Autorität einer solchen, an den «abusi», den Missbräuchen und Verstössen, gemessenen, regelhaften Architektur und in der einschlägigen Literatur – von Antonio Visentini bis Francesco Gasparoni – an den Beginn dieser Betrachtungsweise gerückt.⁵¹⁵

Man wird Palladio auf diesem Wege nicht gerecht. Man kann ihn auch aus der Sicht Durands gleich zum 'Schachbrettkanzler' herabwürdigen, mit jenem Attribut, das ihm von Gottfried Semper zugeteilt wurde. Es ist zudem nicht so, dass Architekten wie Palladio und Vignola auf der einen Seite «an almost blind acceptance of rules» zeigten, um auf der anderen – praktischen – Seite sich selber gleichsam Fehler zu gestatten.⁵¹⁶ Dennoch begleiten diese Sichtweisen die Einschätzung Palladios und ermöglichen es, dass ihm mehr als jedem anderen auch in modernen Zeiten die Aufmerksamkeit sicher ist. Das ist *ein* Strang der Betrachtungsweise Palladios: nach Durand! Es interessiert nicht mehr der mühsame Prozess einer in und aus der Architektur («a parte per parte» und «a membro per membro») entwickelten «usanza nuova». Längst gilt die Gesetzmässigkeit als erreicht. Dadurch erscheint a posteriori alles und jedes in einem nicht begrenzten Kombinationsspiel enthalten und anwendbar. Die gebaute Architektur kann, ja muss sich danach richten. Schon Giovanni Battista Cipriani fügt seiner Bearbeitung der *I Cinque Ordini dell'Architettura di Andrea Palladio* (1801) als letzte Tafel eine Anleitung zu solcher Anpassung und als Beleg einer solchen Anpassungsfähigkeit hinzu, die den entsprechenden Titel trägt: «Maniera facile di ridurre dal grande al piccolo, o dal piccolo al grande qualunque cornice, o modano eseguito per mezzo di scalette a parti uguali, o di altre scale numeriche.»⁵¹⁷ Auch Vignola suchte in seiner Zeit nach einer «regola facile». Aber er meinte eine universale Regel, eher eine 'Weltformel der Architektur' als das, was jetzt als 'Rezeptur für alle Wetterla-

ANDREA PALLADIO

TAFEL 44

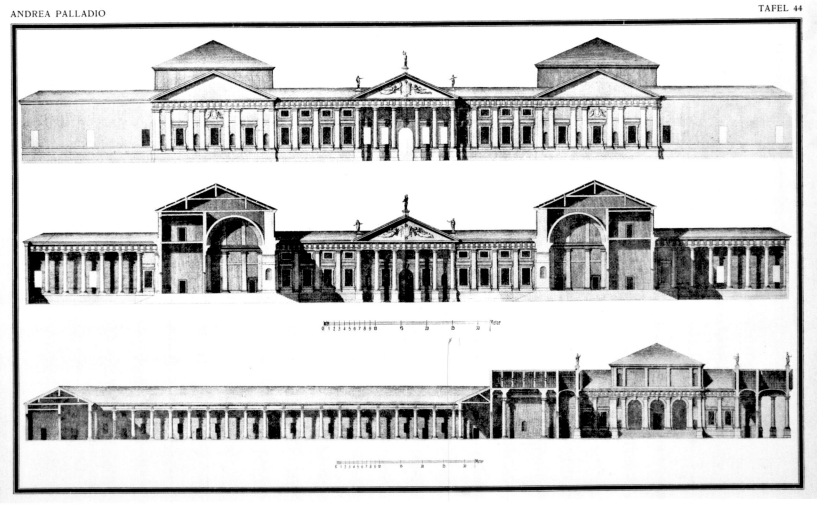

Oben: Wayss & Freytag, Getreidesilo, Worms, in: *Die Kunst in Industrie und Handel. Jahrbuch des Deutschen Werkbundes 1913*, Jena 1913, Taf. 43

Unten: Peter Behrens, Montagehalle der AEG, in: *Die Kunst in Industrie und Handel. Jahrbuch des Deutschen Werkbundes 1913*, Jena 1913, Taf. 4

Rechts: Peter Behrens, Turbinenfabrik der AEG, Berlin, 1909, in: *Die Kunst in Industrie und Handel. Jahrbuch des Deutschen Werkbundes 1913*, Jena 1913, Taf. 1

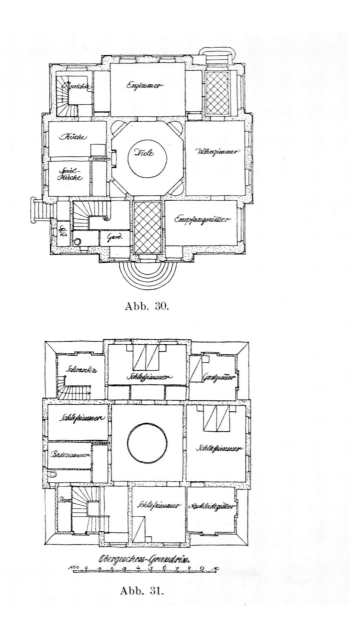

Abb. 30.

Abb. 31.

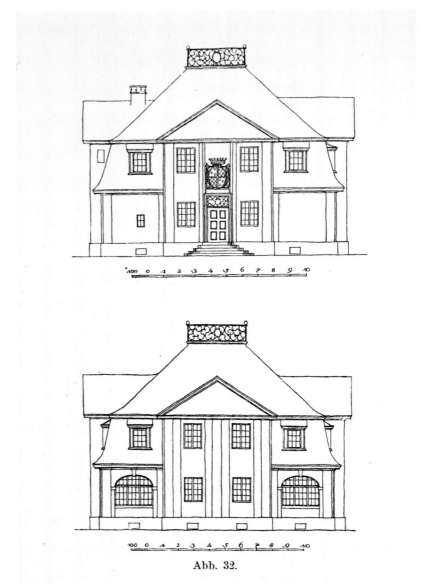

Abb. 32.

gen' angepriesen wird. Die Selbstverständlichkeit, mit der über die Formen und ihre frei wählbare Abwandlung und Anwendung befunden wird, ist erstaunlich. Sie führt zur Beliebigkeit – und Ubiquität – der Moderne (nicht der Postmoderne), die dies hinter ihrem Anspruch auf objektive Gültigkeit versteckt. Der Drang, die Frage schneller Verfahren und routinierter Umsetzungen zu lösen, nimmt zu. Damit geht eine neue Deutung der Ökonomie einher, für die bisher in architektonischer Hinsicht das Prinzip der «distributio» («quae graece oikonomia dicitur», Vitruv I, II, 1), einer auf das Bauen selbst bezogenen Regelung, und damit stets verbunden dasjenige des «decor», der Angemessenheit, gestanden hat.

Der Akzent verschiebt sich also zu Beginn des 19. Jahrhunderts von den Inhalten zu den Verfahren. «Anweisung für *alle möglichen* verschiedenen Fälle zu geben», ist für Karl Marzell Heigelin in seinem *Lehrbuch der höheren Baukunst für Deutsche* (1828–1832) ausdrücklich der Ausgangspunkt.[518] Die Gefahr «umständlicher Breite in der Darstellung» sei zu vermeiden, und es müsse «Geist» und «wissenschaftliche Einheit» gewonnen werden, damit man «Herr des ganzen Reiches der Anwendung» werde. «Denn überall ist Analogie, und die Regel jedes Theiles liegt in dem Zusammenhange des Ganzen.» Heigelin präzisiert und sucht den Ausgleich, die Verschiedenheit der äusseren Erscheinungen müsse durch das grosse «Grundgesetz» überwunden werden, das das ganze Bauwesen beherrschen solle: «Dieses Gesetz ist: vollständige Befriedigung des Bedürfnisses mit dem geringsten Aufwande von Mitteln.»[519] Nicht überraschend – und lange vor den entsprechenden modernen Thesen – werden hier die «Konstrukzions-Formen» direkt auf den «Schönheits-Sinn» bezogen.

Abstraktion auf allen Ebenen, auch auf derjenigen der Verfahren, was schon in Palladios eigener Empfehlung «comprendere, & in disegno ridurlo» angelegt war! Gleichwohl gerät Palladios Nachruhm zuweilen in eine Schieflage. Wer sich gegen die neuen Sachzwänge des Bauwesens auflehnt, riskiert in den Verdacht zu kommen, zu nahe beim konkreten Vorbild und bei der Imitation als *äusserer* Nachahmung zu verharren. Der Nachahmungsbegriff hat längst seinen tieferen Sinn als verstehende Neudeutung eingebüsst und das wirkt sich auch auf die Einschätzung der Geschichte aus. In solch unsicherer Lage wird Palladio 1913 ausgerechnet von Berlage ins Zwielicht gebracht. Berlage hat sich damals auf die griechische und die mittelalterliche Architektur als den entscheidenden Polen einer gültigen und zukunftsträchtigen Architekturauffassung festgelegt. Er bestätigt, die Renaissance sei unfähig, das Sub-

Gegenüber: Friedrich Ostendorf, Beispiel für das architektonisch perfektionierte Haus, Grundrisse (links), Aufrisse (rechts), in: Friedrich Ostendorf, *Sechs Bücher vom Bauen*, Bd. 1, 2. Aufl. Berlin 1914, Abb. 30–32

Unten: Kleines Wohnhaus, Doberan, in: Paul Schultze-Naumburg, *Kulturarbeiten,* Bd. V: *Kleinbürgerhäuser*, 2. verm. Aufl. München 1911, Abb. 7

lime zu erreichen und finde lediglich die Schönheit. So wird nun Palladios Il Redentore irgendwo zwischen den «différences graduelles dans un même style» (den antiken Bauten) und der «faiblesse des imitations» (den antikisierenden Bauten des 19. Jahrhunderts) situiert. Berlage kommentiert dies in eher gequälter Weise: «Cet exemple montre que malgré le talent de l'architecte, l'art religieux de la Renaissance tomba en décadence, réussissant à peine à atteindre la beauté.»⁵²⁰

Immer wieder ist andererseits die Wirklichkeit der Bauten Palladios gefährdet, hinter Abstraktionen jeder Art zu verschwinden. Die Abstraktion ist das Nadelöhr, durch das hindurch man in die Moderne gelangt. Dagegen hält es schwer, das Ideal konkreter, körperhafter architektonischer Vorstellungen, einen radikalen Bruch vermeidend, über die Zeit hinaus zu retten. Allein, auch hierbei weist die Architektur Palladios ihre – durchaus 'modernen' – Vorzüge aus. Mit seiner neuartigen Architektur, der «usanza nuova», zu der das gesonderte Davor-Stellen des Fassadenmotivs, des «Frontispicio nella facciata dinanti», gehört, hat er konsequenterweise das Körperhafte, den proportionierten und anderweitig kaum geschmückten oder gegliederten Baublock betont, von der Fassade deutlich unterschieden und herausgestellt. Auch am Körper hat also die Verallgemeinerung, die Abstraktion *ante litteram* stattgefunden und die Masse zur Architektur erklärt, lange bevor Le Corbusier in seinen *Trois Rappels* aus dem «volume» ein Prinzip konstituiert und dieses gegen die Architektur der Stile stellt. Genauer besehen passt Le Corbusiers Dreiheit von «volume», «surface» und «plan», mit der er de facto die «species dispositionis» Vitruvs von perspektivischer (körperlicher!) Darstellung, Aufriss und Grundriss ersetzt, perfekt zu Palladios Architekturverständnis.⁵²¹

In Frankreich dauerte es allerdings lange, bis auf diese Weise der Primat von Säulenordnung und Gliederung gebrochen wurde. Doch es ist der Abbé Laugier, der in seinem berühmten *Essai sur l'architecture* (1753) schon einen frischen Blick auf die bauliche Wirklichkeit wirft und dabei die schiere Menge von «Edifices où l'on n'employe aucun ordre d'Architecture» in Erinnerung ruft.⁵²² Dabei handele es sich um den Normalfall des Bauens. Laugier argumentiert 'modern', ökonomisch. Die grossen Ordnungen gehörten eigentlich nur zu Kirchen, fürstlichen Palästen und öffentlichen Bauten. Es gehe auch einfacher. Und so gelangt er zu einer

Georg Muche, Versuchshaus des Bauhauses, Weimar, 1923, die moderne Analogie zur Villa Rotonda ohne Kuppel und Säulen

Zu Seite 299–307: Le Corbusier, Villa Stein, Garches, 1927.
Die Villa Stein in Garches war von Anfang an ein obligatorischer Bezugspunkt für sämtliche Modelle zur Exegese der Prinzipien moderner Architektur. Gleichzeitig diente sie Le Corbusier zur Entwicklung seiner «Tracés Régulateurs», als Basis einer Projektmethode, und schliesslich Colin Rowe, um moderne Architektur überhaupt – durch Analogiesetzung mit Palladio – als klassisch zu legitimieren.

Regelhaftigkeit von Bauten ohne Säulen und fasst sie in den Begriff einer «proportion du total», den modernen Blick auf das Ganze der Bauerscheinung vorwegnehmend. Unter genau diesen Gesichtspunkten wurde Palladio gerade damals durch Briseux (1752) neuentdeckt. Palladio erfüllte jene ästhetische Forderung einer auf den Proportionsgesetzen aufgebauten Architektur und mithin des Erfassens des Baukörpers auf einen Blick wie kaum ein anderer. Es besteht kein Zweifel, dass der Verweis auf die Gesamtproportion, so auch bei Jacques-François Blondel – und auch der damals 'erfundene' «plan par masse» –, am ehesten dazu dienlich sein konnte, dem Baukörper unter Wahrung der planerischen «économie» wieder zu seinem Recht zu verhelfen. Die Verleger des *Cours d'Architecture Civile* von Jacques-François Blondel fügen 1773 am Ende des vierten Bandes in diesem Sinne die Pläne zu Metz (1764) und Strassburg (1767) an.[523] Es passt zu der Betrachtungweise der Gesamtproportion von Gebäuden im Sinne des «plan de masse», dass Blondel im *Cours d'Architecture Civile* zuvor auch die Frage der Proportionierung der Innenräume mit den geometrisch-abstrakten Schemata von Palladio und Scamozzi einführt.[524] Von hier aus entwickeln sich nicht nur die allgemeinen didaktischen Rezepte bis hin zu Durands *Précis* und zu Weinbrenners *Architektonisches Lehrbuch*, es wird eben auch der weitere städtebauliche Zusammenhang auf diese geometrisch-körperhaft verallgemeinernde Weise hergestellt. Vorausgegangen ist in demselben Band des *Cours d'Architecture Civile* Jacques-François Blondels, der auf seinen seit 1750 privat veranstalteten Unterricht zurückgeht, die Erläuterung, wie der Architekt zu einem «homme génie» werde, der befähigt sei, die Vielzahl einzelner Regeln im Zusammenhang und «d'un seul coup d'oeuil» zu beurteilen, anstatt sich darin zu verlieren.[525]

Entsprechende Bauvorstellungen waren im 19. Jahrhundert gang und gäbe. Und als dann gegen Ende des Jahrhunderts die Säulen und Gliederungen doch wieder alles zuzudecken drohten, ging jener Ansatz wohl vergessen. Einer radikalen – und vorrangig linearen – Abstraktion schien Körperlichkeit nur aus barocker Fülle entgegentreten zu können. Palladios Mittelweg wird so von Cornelius Gurlitt in seiner *Geschichte des Barockstiles und des Rococo in Deutschland* 1889 als «freudloser Palladianismus» zitiert.[526] Karl Scheffler sieht andererseits aus ähnlichen Motiven palladianische Architektur als ein unvermeidbares Korrelat zu jenem «Genialen des deutschen Barock», das nun einmal «voller Unsicherheiten» war. «Der Palladianismus war darum immer nebenher gegangen.»[527] Eine Art Garant für architektonische Kontinuität also und nicht mehr: Routine! Und gerade deshalb konnte und wollte man stets auf diese Position zurückgreifen, wenn fern der notorischen Stildebatte über Architektur, deren Proportionierung und deren Körperhaftigkeit in systematischer Absicht diskutiert werden sollte.

Als Fritz Hoeber 1913 mit der Darstellung zu Peter Behrens die Reihe *Moderne Architekten* beginnt, charakterisiert er dessen architektonische Eigenart als durch den «soliden Respekt vor dem Materiellen» bestimmt.[528] Bezeichnenderweise hat sich für Hoeber diese Einsicht aus dem Vergleich des 'norddeutschen' Temperaments des Hanseaten mit dem 'süddeutschen' ergeben, der «ungeschmückten, abstrakten Herbheit des Domes von Stendal» mit der

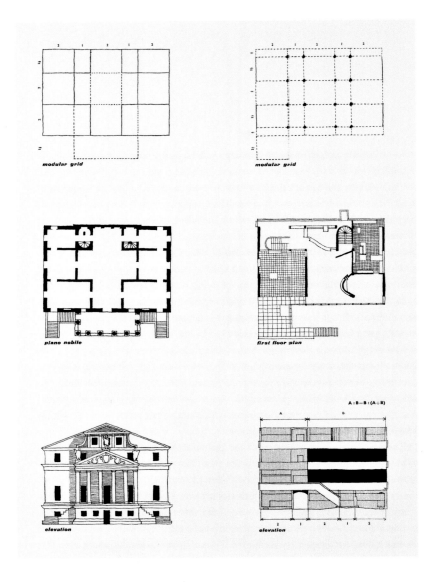

«malerischen Zierlichkeit der Nürnberger Frauenkirche». Der Nord-Süd-Kontrast bildete stets die Achse, auf der man die eher barocken und die eher klassischen Temperamente – mitsamt dem palladianischen, bei Gurlitt «freudlosen» Mainstream – einordnete.[529] Nun aber geschieht dies in einer entwickelten Phase eines angekündigten Umbruchs, vor dem Hintergrund der damaligen Hochphase des Kunstgewerbes und zudem in einer «allzu vergeistigten Zeit».[530] Hoeber versteht sein Urteil auf die Weiterentwicklung im Schaffen von Behrens bezogen, die seiner Meinung nach in «geradezu vorbildlicher Konsequenz» verlief. Das ist in Erinnerung der häufigen Kennzeichnung Behrens' als 'Malerarchitekt' erstaunlich. Zuvor hat Hoeber Behrens noch deutlicher wegen der «durchsichtigen Formenpräzision» gelobt, in ihm den «erfahrenen

Colin Rowe, Vergleich zwischen der Villa Stein von Le Corbusier und Palladios Villa Malcontenta auf der Basis eines «modular grid», in: Colin Rowe, The Mathematics of the Ideal Villa, in: *The Architectural Review*, 603, 1947

Gegenüber: «Zuordnungen»/«Lesarten». Die palladianischen Modelle finden Eingang in die Überlegungen zu einer systematischen Methodik des Entwurfs in der Architektur. Seite mit Kommentar von Bernhard Hoesli zu *Transparency* von Colin Rowe und Robert Slutzky (1968), in: Colin Rowe/Robert Slutzky, *Transparenz*, 4. erw. Aufl. Basel u. a. 1997, S. 67

Ph. Johnson: Boissonnas House

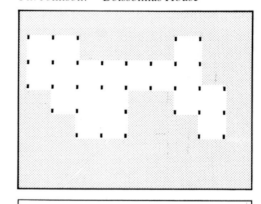

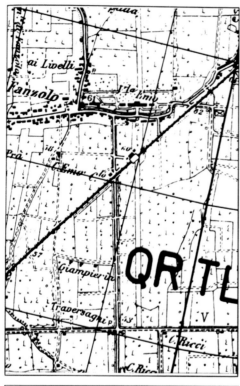

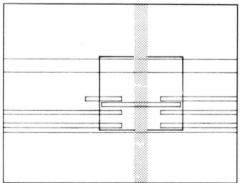

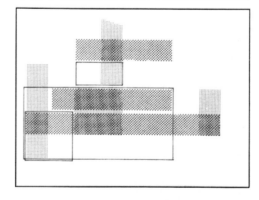

Innerhalb der komplexen Ordnung, in der sich konstruktive Regelmäßigkeit und nutzungsbedingte Vielfalt in unvergleichlicher Art verbinden, schafft Transparenz die vielfachen **Lesarten** möglicher räumlicher Beziehungen und Zusammenhänge.

309

pollock

Painting, 1953—a formal composition in action.

henderson

Sgraffiti on a Window (photograph)—image of human as well as formal value.

Parallel of Life and Art—exhibition of 100 Brutalist images.

burri

NEW BRUTALISM

Painting on burlap—typically Brutalist in his attitude to materials, Burri accords the burlap the same visual value as the paint it carries.

cordell

Figure, 1955—'anti-aesthetic' human image.

paolozzi

Head, 1953—'sophisticated primitivism.'

The first building to be categorized as Brutalist, this project for a house in Soho (A. & P. Smithson) exhibits not only the emphasis on materials and structure, but

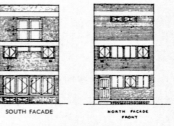

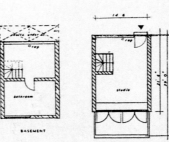

also the compositional formality of early Brutalism.

School at Hunstanton (A. & P. Smithson), first completed New Brutalist building, view toward gymnasium.

310

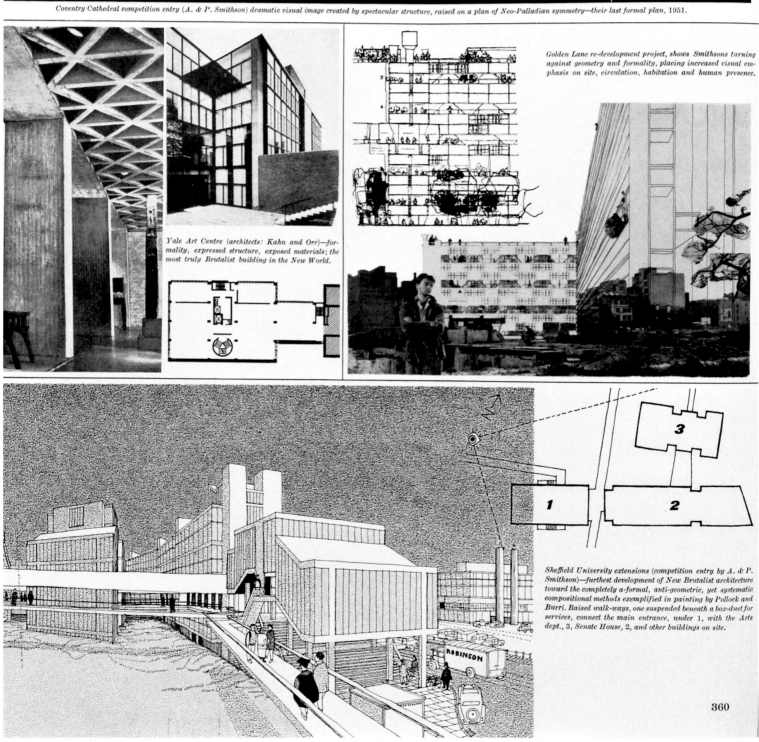

Die Illustrationen zum Manifest des Brutalismus, mit dem 'neopalladianischen' Projekt von Alison und Peter Smithson für Coventry Cathedral (rechts oben), in: Reyner Banham, The New Brutalism, in: *The Architectural Review*, 708, 1955, S. 359–360

Theo van Doesburg und Cornelis van Eesteren, Konstruktion (Projekt für ein Privathaus), 1923, Umschlag zu: *the museum of modern art bulletin*, XX, 2, 1952/53

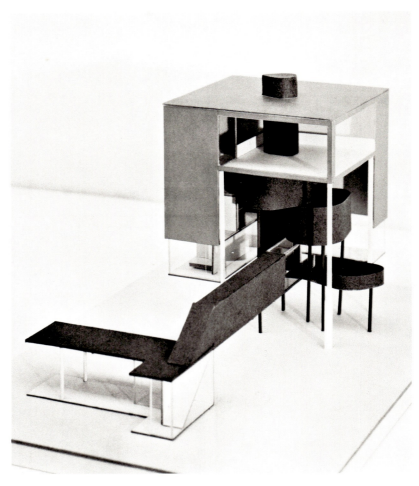

Fred Travisano, Hausentwurf; Cooper Union School of Art and Architecture, in: Ulrich Frantzen (Hg.), *Education of an Architect: a point of view [...]*, New York 1971, S. 137

Flächenkünstler» gesehen, aber auch schon das «sorgfältige, mählich vorbereitende Abwägen der beziehungsvollen Massenproportionen» bemerkt.[531] Noch galten für Hoeber Johannes L. M. Lauwericks mit seinem «sinnlich-abstrakten Architektursystem» und August Thiersch, der «Entdecker des Gesetzes der geometrischen Ähnlichkeit», als die entscheidenden Mentoren Behrens'. Die Zusammenarbeit mit Karl Ernst Osthaus erscheint Hoeber als das bisher Bedeutsamste in dieser Entwicklung und Hagen sei eine Stadt, «zu der man einmal pilgern wird wie zu dem Vicenza Palladio's».[532] Palladio betrachtet die Szene also gleichsam aus dem Hintergrund.

Behrens ist damals gemäss Hoeber bereits «zu einer Klassik gelangt». 1913 verbindet Behrens' Biograf jenen «soliden Respekt vor dem Materiellen» mit einer «gewissen konservativen Beharrlichkeit» des Hanseaten. Hoebers Einschätzung findet ihre Bestätigung in dem berühmten Vortrag, den Peter Behrens unter anderem anlässlich des ersten *Kongresses für Ästhetik und Allgemeine Kunstwissenschaft* am 8. Oktober 1913 in Berlin hält.[533] Dort beginnt Behrens mit einer Kritik an der Übernahme des «Formenschatzes der vergangenen Jahrhunderte» und an der Missachtung der «aussichtsvollen Hinweise, die die moderne Konstruktion für die Formgestaltung gibt». Doch beendet er andererseits diesen Gedanken mit einer dezidierten Kritik an der «Körperlosigkeit der Eisenkonstruktion»: «Eisen und Glas entbehren in ihrer Erscheinung des Voluminösen der aus Steinen geschichteten Mauern.» Demgegenüber steht das – gegen die 'Gotiker' mit ihren Auflösungstendenzen gerichtete – Bekenntnis Behrens': «Architektur ist Körpergestaltung».[534]

Behrens' Palladianismus liegt also nicht nur im souveränen Umgang mit Geometrie und Proportion, dem Plädoyer für «die möglichst geschlossene ruhige Fläche», sondern noch deutlicher im Festhalten an der Körperlichkeit, in seinem «soliden Respekt vor dem Materiellen», verborgen. Das Moderne ergibt sich aus dem von der «modernen Technik» bestimmten Gegenstand, dem Silo als dem Inbegriff der neuentdeckten exemplarischen Vorstellungen einer Industriebaukunst oder eben der Fabrikhalle, die – im Bau der Turbinenhalle der AEG in Berlin-Moabit (1909) – ostentativ einen Giebel, ein «Frontespicio», erhält. (Auch Le Corbusier wird programmatisch an einem Silo, einem Industriebau, sein Prinzip «volume» exemplifizieren.) Ein folgenreicher Kompromiss zwischen Körperlosigkeit und Körpergestaltung entsteht dort, wo Behrens empfiehlt, «Eisen und Glas prinzipiell in eine Ebene zusammen[zu]legen», um so «der Eindruck von körperbegrenzenden Flächenwänden zu bekommen». Das ist die Spur, die Mies van der Rohe auf seinem Weg bis hin zur Chapel des IIT-Campus in Chicago weiterverfolgen wird.

Man darf auch dazu das palladianische «Frontespicio nella facciata dinanti» als eine gültige Verkörperung des Prinzips Fassade in

Inneres des kaiserlichen Palastes Katsura, die moderne Faszination für die Einfachheit der japanischen Architektur, in: Tetsuro Yoshida, *Das japanische Wohnhaus*, Berlin 1935, S. 37

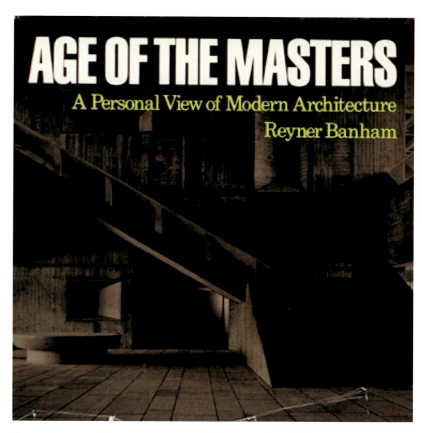

Reyner Banham, *Age of the Masters* (1962), New York 1975, Umschlag

Parallele setzen. Behrens' Musterbau, die für die AEG errichtete Turbinenhalle, scheint insofern beides, das Körperideal wie die körperbegrenzende Flächenwand, in einer Synthese zusammenzuführen. Nicht umsonst hat dieses Werk bis heute die Bedeutung einer Ikone aus der Gründungsgeschichte der modernen Architektur. «Sie hatte kein Vorbild und hat in ihrer Art noch kein Nachbild gefunden», schreibt 1913 Franz Mannheimer im *Jahrbuch des Deutschen Werkbundes*.[535] Und «durchaus neuartig» sei «die Erscheinung der Front». Richtig ist, dass Behrens alle Kennzeichen eines Tempelbaus, die Kolonnade der Seitenfront, das «Frontespicio nella facciata dinanti» mitsamt dem Giebel und den Baukörper selbst umgebildet hat – dem Zweck und der Bedeutung als Industriebau entsprechend. Behrens bleibt jedoch angewiesen auf die Formen, die der Architektur als Konventionen einverleibt sind. Der programmatische Bau wird schnell vom Deutschen Werkbund als Erfüllung eigener Zielsetzung und als Signal kommender Baukunst gefeiert. Palladio im Fabrikbau! Die ungewohnte Vorderansicht enthält in einer präzis bestimmten Analogie zum Tempel körperlich betonte Seitenteile und anstelle des Tetrastylos (oder Hexastylos) in der Mitte eine in Glas und Eisen ausgeführte «körperbegrenzende Flächenwand». Der Giebel der Turbinenhalle ersetzt den Dreiecksgiebel des Tempels durch eine dem hexagonalen Formensignet der AEG nachgeformte, in sechs Geraden geteilte Begrenzung.

Behrens' Werke entstanden gleichzeitig mit den Bauten von Ludwig Hoffmann, in denen Mauertexturen nach dem Vorbild Palladios 'wörtlich' zitiert wurden, und auch mit denjenigen von Alfred Messel, den Walter Curt Behrendt 1911 als den Gründer der neuen «Berliner Bauschule» feierte.[536] Dabei konnte der explizite Verweis auf Palladio nicht fehlen. Und dies fand sich im Zusammenhang einer Diskussion, die sich auf Eklektizismus und Tradition sowie deren Verhältnis bezog. Es ging mittelbar darum festzustellen, welche Position sich einer Weiterentwicklung der Architektur besser zuordnen lasse. Das Verhältnis Messels zu Hoffmann charakterisiert Behrendt so: «Wo aber Hoffmann mit sicher geschultem Auge das Gesetz der Proportionen erkennt und ihre kontrapunktische Schönheit nachrechnet, fühlt Messel die Wirkung der plastischen Form und hört den melodischen Klang und die ewige Musik der architektonischen Schönheit.»[537] Behrendt verbindet solche Beobachtungen mit dem Verweis auf jene «norddeutsch-märkische Kunstempfindung» und die ihr zugeordneten «flächig-glatten, fast nüchternen Putzbauten». Aber es fehle dort Tradition und die ihr innewohnende «unbewusst» entwickelte «Kulturarbeit». Man sehnt sich nach einer verlässlichen Grundlage und Entwicklung. Messels hier ansetzende Bemühung um eine neue Berliner Schule sucht grundsätzlicher die «elementare Einfachheit», die «Wirkung der Verhältnisse» und den «Sinn für grosse, klare Dispositionen», und dies, so Behrendt, «ähnlich

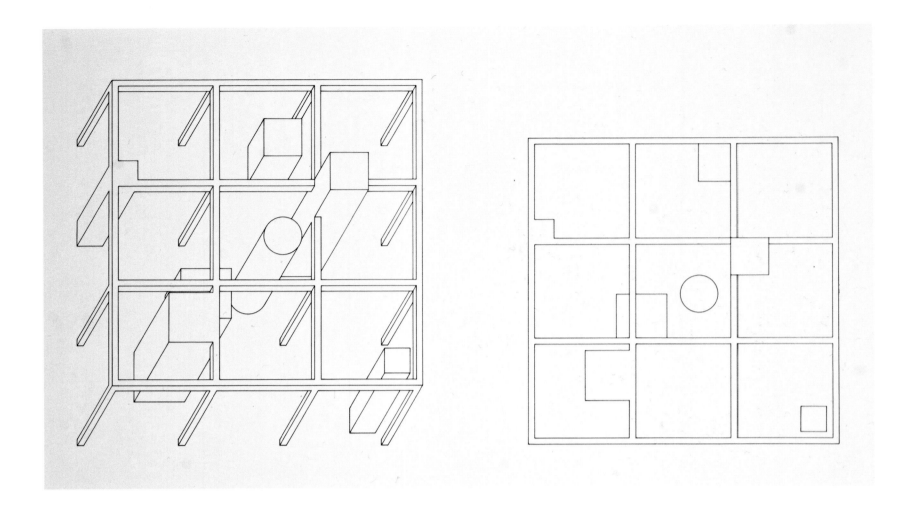

wie die Schule Palladios, auf deren Fährte man nach einem Worte Burckhardts den wahren und ewigen Gesetzen der Architektur näher blieb, als wenn man dem Barockstil folgte.»[538]

So gelangt man einmal mehr zu den (musikalischen) Proportionen und deren Melodie. Diesem roten Faden entsprachen beinahe sämtliche tiefer gründenden Versuche einer modernen Architekturtheorie, bis hin zu Le Corbusiers *Modulor* und späteren Lehren. Er betrifft die Fortsetzung der Themen der «proportion du total» und der «Körpergestaltung» genauso wie die abstrakteren Grundlegungen in blossen Linien und geometrischen Bezügen. Le Corbusier, so scheint es vorerst, ist dabei als einer der wenigen imstande, beide Stränge miteinander zu verbinden. Er provoziert mit dem Ausspruch «Des Yeux qui ne voient pas [...]» und vereinigt in den «Tracés régulateurs» den «coup d'oeil» und die alles bestimmmende «mathématique primaire». Zu der Ordnung, die der Architekt schaffe, meint er: «C'est ordre, c'est la loi du monde *sensible*.» Doch die gleichen Bestrebungen und die gleiche Sehnsucht nach Synthese, wie so vieles andere, was Le Corbusier in seine Sprache und in sein System integriert, sind längst in diesem berlinerischen Umfeld zu spüren.[539]

Den «Fehler» einer «rein radikalen Abstraktion», eines reinen «calcul» also, will Messel, der stattdessen wie später Le Corbusier «Kunst» erreichen möchte, bei seinem Projekt für das Warenhaus Wertheim erfahren haben. Behrendt zitiert 1911 zu dieser Frage Schinkel, der in jener Abstraktion die Gefahr des «allzu Trockenen, Starren», der Freiheit Ermangelnden erkannt hatte.[540] Es geht stets um architektonische Körper und deren Wahrnehmung. Und man braucht die Tradition. Jenes *Um 1800* und die Neigung zur

John Hedjuk, Figuren der Serie «The Nine-Square problem», in: Ulrich Frantzen (Hg.), *Education of an Architect; a point of view [...]*, New York 1971, S. 19

Gegenüber: Peter Eisenman, «Heuristic diagrams» (Quadrate, Winkel und rotierende Quadrate) und Modell; Studien für das House X, in: Peter Eisenman, *House X*, New York 1982, S. 49

Seite 316–317: Peter Eisenman, House II, Hardwick (Connecticut), 1969

Seite 318–319: Oswald Mathias Ungers, Hamburger Kunsthalle 1993–1996, Fassade

Einfachheit sei aber auch ein «Eingeständnis von der Schwäche der Zeit», so Behrendt.[541] Die von Paul Mebes gezeigten Beispiele spiegelten zwar «das Prinzipielle moderner Tendenzen». Aber es gebe noch andere, öffentliche, städtisch-repräsentative Bauaufgaben, um deren angemessene Erfüllung die moderne Architektur noch lange kämpfen wird. Ein blosses «zurück zur Tradition» im Sinne von Paul Schultze-Naumburg und ein alleiniges Anschliessen an die biedermeierliche, schlichte bürgerliche Architektur sei ein Trugschluss.[542] Man bekennt sich also zu Messels Zeiten zum Eklektizismus, dem historisch erworbenen Formenvorrat. «Der Eklektiker», so formuliert Behrendt, «nahm von Palladio seinen Ausgangspunkt.»[543] Palladio biete insofern «ganz äusserlich geeignete Vorbilder». Aber dann sei die Verinnerlichung gefolgt, getragen von einem «modernen, tief in der Gegenwart wurzelnden Instinkt».[544]

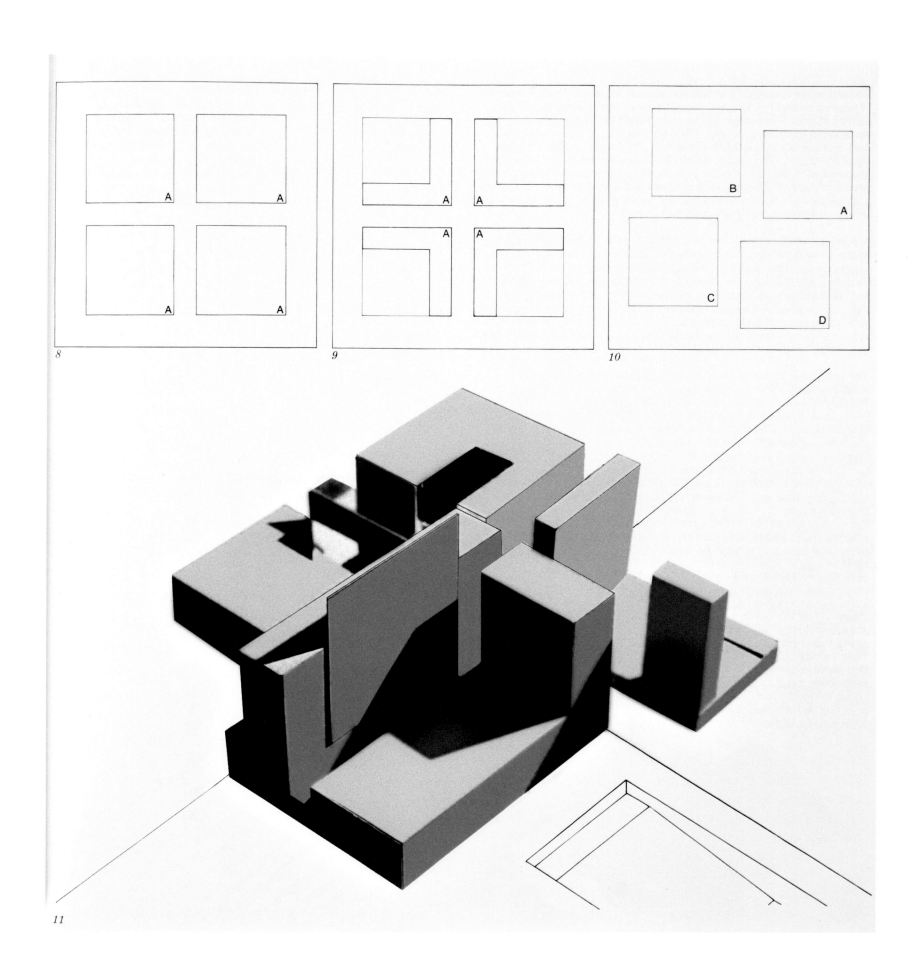

Behrendt prognostizierte 1911, stets im Zusammenhang mit Messel und parallel zu anderen Vorhersagen zur kommenden Baukunst – beispielsweise von Walter Gropius –, ein «neu erwachtes Raumgefühl», das «nach Klarheit der kubischen Formen und Massen drängt». Es konnte nicht ausbleiben, dass er diesen Gedanken auf Palladio übertrug: «Wenn Messel anfangs nur durch ein äusserliches Moment auf Palladio hingewiesen wurde, so fand er sich zuletzt durch die gleichen künstlerischen Ziele ihm geistig verbunden.» Es geht insgesamt bei solchen Traditionen um eine «innerlich verwandte, grossgeartete Baugesinnung».⁵⁴⁵ Es ist in diesem Sinne allzu augenscheinlich, dass das messelsche Pergamonmuseum in Berlin (1914) palladianisch gedacht ist. Wenn man Messels Projekt mit der Villa Thiene in Quinto vergleicht – zumal in der zeitgenössischen grafischen Umsetzung in Cornelius Gurlitts *Palladio* von 1914 –, ist dies evident.⁵⁴⁶ Aber, so Behrendt, das ist nur ein Moment und dahinter steht die Einsicht in die jeder architektonischen Gestaltung zugrunde liegenden Proportionen. So fährt Behrendt fort: «Palladio, der 'nach den wahren und ewigen Gesetzen der Architektur' strebte und sie in die Praxis zu übertragen wusste, wurde dem zum Grossen und Monumentalen Drängenden [Messel] leuchtendes Vorbild. Bei Palladio, dem 'durch und durch gesetzlichen', der nach einem Worte Burckhardts sich nie an den dekorativen Einzeleffekt hielt, sondern ausschliesslich von der Disposition und von dem Gefühl der Verhältnisse aus seine Bauten organisierte, ging Messel in die Schule, nicht um ihm dekorative Einzeleffekte abzusehen, wie die stilgerechten Akademiker, sondern um die ihm eigentümliche Kunst der grossen Dispositionen und Proportionen zu erlernen, um aus einem Zeichner ein *Formendenker* zu werden. Denn diese Kunst der Verhältnisse kann allein die Anwendung überlieferter Formen zur selbständigen Leistung erhöhen helfen.»⁵⁴⁷

Der moderne Blick erkennt in Palladio das Grosse und Monumentale und die Gültigkeit der Proportionsgesetze. Darüber hinaus sieht er in Palladio den Architekten, der befähigt ist, Überliefertes zur «selbständigen Leistung» neu zu formen. Die Fähigkeit zu diesem Verwandlungsprozess macht den «Formendenker» aus. Behrendt bemüht hier Wölfflin, gemäss dem «dieselbe Triebkraft Formen und Proportionen untrennbar vereinigt» hervorbringt. Das kennzeichne den Künstler. Auch Cornelius Gurlitt fordert 1914 in der Einleitung seines ausdrücklich «zum Gebrauch für Architekten» gedachten Palladio-Buches in diesem Sinne ein vertieftes Verständnis Palladios. «Der lediglich aus stilistischen Erwägungen sich entwickelnde Palladianismus» habe «nie den Werken Palladios Gleichwertiges zu schaffen gewusst!» Dennoch bleibt Palladio für ihn «ein Meister der Form, vorbildlich hinsichtlich der Freiheit und Grösse, mit der er die Massen aufzurichten und zu gliedern verstand, der Feinheit im Formenspiel mit antiken Ordnungen.»⁵⁴⁸

Der Zugang zu Palladio oszillierte ganz im Einklang mit den damaligen Optionen und Zielsetzungen. So führte von hier aus der Weg – trotz oder wegen der einseitig betonten «Sachlichkeit» einfacher Bürgerhäuser – auch zurück zum Hausbau als der elementaren Bauaufgabe, der die an den Anfangsgründen der Architektur so sehr interessierte Moderne grosses Gewicht zumass. Dort war Tradition noch stärker verwurzelt als im Monumentalbau. Für Paul Schultze-Naumburg wie für Friedrich Ostendorf ist es selbstverständlich, dass die mit dem Monumentalbau verbundenen Grundgesetze im Hausbau in ganz besonderer Weise gegeben sind. Sie wenden sich jedoch gegen die Tyrannei der Symmetrie genauso wie gegen die Anarchie. Ein «einfacher symmetrischer Bau in würdiger Haltung» entspricht am ehesten dem Ideal Schultze-Naumburgs, der damit das überwinden will, was er als das «Jämmerlichste, was überhaupt gebaut wird», bezeichnet.⁵⁴⁹ Seine *Kulturarbeiten* umfassen deshalb auch das «Kleinbürgerhaus» und wollen die 'gute' Tradition zu neuem Leben erwecken. Und das verträgt sich mit spezifischen palladianischen Formen wie dem – fassadenbildend – in die Mitte einer Hausfront gesetzten Thermenfenster. Auch das hat seine Zukunft. Dem Haus mit einfachen Mitteln und sichtbar in direkter Auseinandersetzung mit Palladio Würde zu verleihen, unternimmt Heinz Bienefeld 1968 in einem Haus in Köln-Wesseling in überzeugender Weise. Dass solches später postmodern, stilistisch interpretiert und im gleichen Atemzug mit der Piazza d'Italia in New Orleans von Charles Moore genannt würde, liess sich wohl kaum vermeiden.⁵⁵⁰

Friedrich Ostendorf schliesst 1913 seinerseits von der Tatsache der «allgemeinen Erscheinung» und von der gleichfalls modernen These «Entwerfen heisst, die einfachste Erscheinungsform zu finden» auf die konkrete Umsetzung und die «Bildung der Teile». In seinem unvollendet gebliebenen Werk *Sechs Bücher vom Bauen* gibt er in der programmatischen Darstellung eines in auffälliger Analogie zur Villa Rotonda Palladios stehenden Wohnhauses ein Paradigma dafür, wie modern *und* klassisch eine architektonische Idee «in vollendeter und bis zum letzten durchgearbeiteter Erscheinung» verwirklicht werden könne.⁵⁵¹ Insofern überschreitet Ostendorf die Schwelle des bloss Proportionalen und Gesetzmässigen – entsprechend der Einsicht in die architektonische Wirklichkeit der Bauten Palladios – und fordert folgerichtig den Gang in die Praxis als notwendige Konsequenz. Ist es bei Behrendt bezogen auf Messel der «Formdenker», ist es bei Ostendorf der «Entwerfer», der dies bewerkstelligen soll. Beiden ist das Ziel gemeinsam, die nicht mehr gegebene «Bautradition» und die ebenfalls verlorene «Baukultur» für die Zukunft wiederzugewinnen. Und dazu gehört die «grosse Einfachheit» und die «klare Erschei-

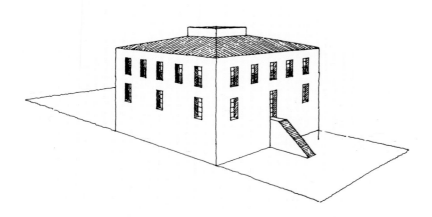

Oswald Mathias Ungers, Wohnhaus, Südeifel, 1986–1988, Entwurfsskizze, in: *DAM Architektur Jahrbuch*, 1993, S. 147

Gerd Neumann, Abschälungen/Abschliffebenen der Casa Cogollo, Studien zu Körper und Gliederung bei Palladio, 1981, in: *Daidalos* 1, 1981, S. 75ff.

nung» eines Gebäudes sowie der Grundsatz, wonach Architektur «eine mit Baustoffen zur körperlichen Erscheinung gebrachte künstlerische Idee» sei. Hier erweist sich die Parallele zu Palladio nicht nur im äusseren Resultat, sondern auch in jenem von Barbaro in der Nachfolge Albertis mit dem Begriff der «ars» erklärten, der Erfahrung entstammenden, grundsätzlichen künstlerischen Vermögen und Umsetzen.

Es gab auch im fortgeschrittenen 20. Jahrhundert eine Tradition, die an Palladio und der Physiognomie seiner Bauten festhielt. Da war ausserdem das Interesse am Klassischen, das genauso zu Palladio hinführte wie das neue abstrakte Körperideal, das in der Villa Rotonda sein bevorzugtes Modell fand und in der Typologie-Diskussion der 1960er und 1970er Jahre die Zeichentische der Architekturschulen besetzte. Doch zuvor war es noch deutlicher der radikal abstrakte Zugang, der nach der Gesetzmässigkeit suchte und in Palladio den «durch und durch Gesetzlichen» dogmatisch verstehen wollte. Insofern diente Palladio häufig genug der Legitimation, gerade wenn im Zeichen der erfolgten Bildung einer – gemäss Reyner Banham – 'inneren', die moderne Architektur für sich allein betrachtenden Geschichte das zeitlose Klassisch-Moderne aus der Taufe gehoben werden sollte. Schliesslich machte ausgerechnet dort, wo der allgemeine Gang der Entwicklung – gemäss Walter Gropius – ausserhalb des Mainstreams verlief («outside the currents of European thought») und unverständlich blieb («a vein of anarchism, amounting at times to pig-headedness, that rejects the logical approach and the commonly shared view»), nämlich in England, ein zweiter Neo-Palladianismus, wenn auch nur für kurze Zeit, seine Aufwartung.

Palladio kam all dem entgegen. Unzweifelhaft empfand er sich mit seiner «usanza nuova» selbst als 'Moderner'. Doch keiner aus der Reihe der gefeierten historischen Architekten verkörperte das Klassische so sehr wie er. Die Kunstgeschichte entwickelte und pflegte dieses Bild. Paul Klopfers *Von Palladio bis Schinkel* (1911) will eine «Charakteristik der Baukunst des Klassizismus» liefern und diese Entwicklung «aus der Schule des Palladio heraus» begreifen, wobei Klopfer umgekehrt danach trachtet, «die Schöpfungen der klassizistischen Baukunst als Funktionen der zeitgenössischen Kultur aufzufassen und zu werten».[552] Es gilt ihm wie zuvor Heinrich Wölfflin als gesichert, dass sich nur eine klassische Kunst nicht erschöpfe und somit Gültigkeit beanspruchen könne. Und zu den klassischen Bauten rechnet Klopfer auch die damals unter dem Stichwort von Paul Mebes' einschlägigem Buch *Um 1800* zusammengefassten Nutzbauten. Andererseits ist Palladio für Klopfer keineswegs ein Klassizist. Seine Bauten charakterisiert er als «in ihrer Zeit moderne Kulturausdrücke mit den Mitteln der römischen Antike». Als «Akademiker», so Klopfer, zeigt Palladio sich hingegen in den *Quattro Libri*.[553]

Das Klassische entwickelte sich zu einer der grossen kulturellen Fragen der Moderne. Heinrich Wölfflin, dem Autor der ausschliesslich mit der Malerei befassten Darstellung *Die klassische Kunst* (1899), war es vorbehalten, über die vertiefende und sinngebende Betrachtung des Klassischen hinaus «das Grosse und Einfache» zu beschreiben und im Sinne des italienischen «Formgefühls» bei Palladio wiederzuentdecken. Als 1931 jene Darstellung Wölfflins, *Italien und das Deutsche Formgefühl*, erscheint, hat längst die in erster Linie von der Altertumswissenschaft ausgehende Debatte zur Inhaltsbestimmung des Klassischen begonnen. Sie erreicht 1930 in der Naumburger Tagung unter dem Vorsitz von Werner Jaeger einen ersten Höhepunkt.[554] Wölfflins Schüler Hans Rose veröffentlicht wenig später, 1937, die Darstellung *Klassik als künstlerische Denkform* – auf Ganzheit ausgerichtet und auf Griechentum konzentriert.[555] Wölfflin selbst macht 1931 in seiner in der Kurzform «Italien und wir» apostrophierten Analyse zum Formgefühl Palladio als Zeugen für die menschliche Tiefe hinter jener klassischen Formel des «Grossen und Einfachen» aus.[556] Empfinde Wölfflin das deutsche Rathaus von Rothenburg lediglich als gross, so gewinne er vor Palladios Basilica in Vicenza «unmittelbar die Vorstellung eines bestimmten menschlichen Daseins von grosser Haltung und Gebärde».[557] Er zitiert Goethes «Nur aus dem Natürlichen kann Grösse entwickelt werden» und kommentiert: «Palladio hat sie».[558]

Die nachfolgende Krise, in die gerade auch das Klassische geriet, verstärkte nur die Sehnsucht nach inhaltlicher, menschlicher Tiefe. Die in den Congrès Internationaux d'Architecture Moderne (CIAM) zusammengeschlossenen Pioniere der Moderne wählten 1933 eher zufällig und unfreiwillig den Weg über das Mittelmeer

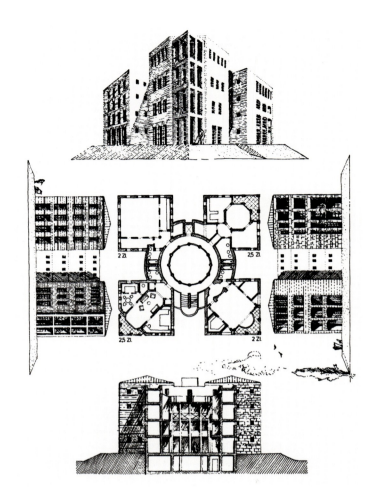
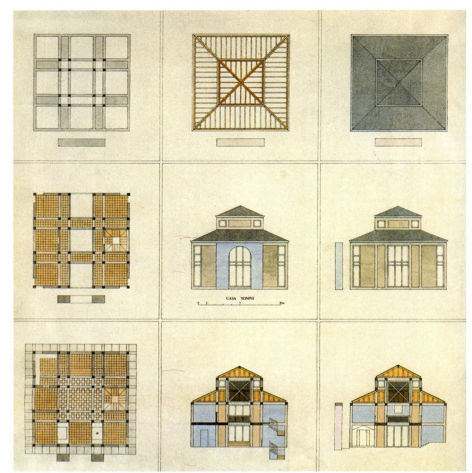

nach Athen, um ihren Kongress abzuhalten.⁵⁵⁹ Die Frage «Klassik als Wert» blieb in der Luft hängen, und davor wurde auch schon 1933 im Zeichen einer drohenden «klassischen Ideologie», so Werner Weisbach, gewarnt. «Symmetrie, Rhythmus, Proportion sind doch nichts als Rahmen», meinte Kurt Bauch 1932 anlässlich seiner Antrittsvorlesung in Frankfurt am Main. Und gerade dies wurde nach 1945 zum Rettungsanker der Architektur in einer vorerst desorientierten und inhaltslos gewordenen Situation. Humanismus liess sich eben doch am ehesten über die Proportion in die sichtbare Welt zurückführen. Das ist mit ein Grund, weshalb der Studie von Rudolf Wittkower, *Architectural Principles in the Age of Humanism* (1949), ein so durchschlagender Erfolg weit über das engere wissenschaftliche Fachpublikum hinaus beschieden war.⁵⁶⁰ Es sind damals insbesondere die jüngeren englischen Architekten, die in dem Buch – vorübergehend – auch eine Quelle ihres eigenen Schaffens entdecken wollen. Man erkennt in Wittkowers Analyse die erfolgreiche Begründung allgemeingültiger Prinzipien – aufgebaut auf den musikalischen Proportionen, was den gemeinsamen Auftritt mit Le Corbusier am Mailänder *Proporzioni*-Kongress geradezu provoziert.⁵⁶¹ Hier die *Architectural Principles* von Alberti und Palladio, dort Leonardo Fibonacci und der *Modulor*! Das sieht nach einer rundherum gültigen Grundlage der Architektur aus. Wittkower vertritt zu jener Zeit England und Alison und Peter Smithson kommentieren, Wittkows Buch sei «the most important work on architecture published in England since the war». Wichtiger ist, dass aus Anlass der Vorstellung des *New Brutalism* im Dezemberheft der *Architectural Review* von 1955 das Projekt der Smithsons für Coventry Cathedral (1951) als «raised on a plan of Neo-Palladian symmetry» beschrieben wird.⁵⁶² Der Zusatz lautet: «their last formal plan»! Gleichzeitig nehmen die Smithsons im Text, der auch als Manifest von *The New Brutalism* gelesen werden kann, auf Wittkowers Einfluss Bezug: «[…] there are certain lessons in the formal use of proportion (from Prof. Wittkower)». Sie korrigieren dies durch den ergänzenden Hinweis auf «the sensuous use of each material (from the Japanese)» und insgesamt auf Architektur «as the direct result of a way of life».⁵⁶³ Abschied von der reinen Theorie und Geschichte! Der doppelte Hinweis auf Form und sinnliche Materie hätte zwar gut auf Palladio gepasst. Doch die palladianische Lehre erfolgte bei Wittkower – wie auch bei seinem Kontrahenten Colin Rowe – auf dem Weg abstrakter Proportionslehre. Die entsprechende Auseinandersetzung mit einer systematischen Grundlage der Architektur war also nur von kurzer Dauer. Reyner Banham erinnerte sich zwar: «[…] and neo-Palladianism became the order of the day».⁵⁶⁴ Aber die Smithsons vertrauten eben mehr den japanischen Vorbildern und dem *Parallel of Life and Art*, wie die damals zusammen mit den Künstlern Edouardo Paolozzi und Nigel Henderson inszenierte Ausstellung lautete.

The Age of the Masters, so ein späterer Buchtitel Reyner Banhams, wurde nach diesem kurzen Abstecher in die Geschichte wieder auf die Pioniere der Moderne eingeschränkt. Wenn 1955 James Stirling mit einer verblüffenden Selbstverständlichkeit von Le Corbusiers Villa Stein in Garches als einem perfekten neopalladianischen Gebilde spricht («masterpiece of Neo-Palladianism in

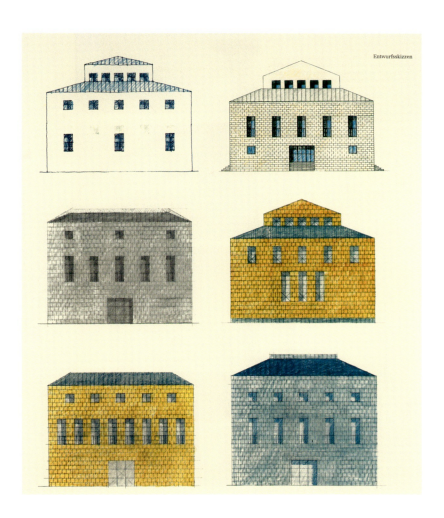

Links: Oswald Mathias Ungers, Wohnhaus, Südeifel, 1986–1988, Aufrisse, in: *DAM Architektur Jahrbuch,* 1993, S. 146
Oben: «WARTE! SIEH MAL DORT UNTEN… ES IST PALLADIO! WIR SIND GERETTET», in: Michael Brinitzer, *Blick zurück auf Andrea Palladio durch die Brille von Roy Lichtenstein,* Frankfurt a. M. 1982

Gegenüber links: Rob Krier, Stadtvilla, Rauchstraße, Berlin-Tiergarten, typologische Studien aus dem siegreichen Projekt für den ersten Wettbewerb für die IBA 1984, in: *Neue Heimat Monatshefte,* 1, 1981
Gegenüber rechts: Bruno Reichlin/Fabio Reinhart, Casa Tonini, Torricella, 1972–1974, Grund-, Aufrisse und Schnitte, in: a+u, 1976, 9, S. 40

modern architecture»), so ist dies andererseits eher Colin Rowe zuzuschreiben, der den Ansatz Wittkowers prospektiv in die Zukunft richtet, dabei die Geschichte verlässt, um umso mehr die jüngere Architektengeneration zu beeinflussen.⁵⁶⁵ Colin Rowe unterscheidet, wie er später in aller Deutlichkeit und Schärfe beschreibt, eine bloss der «erudition» zugewandte Kunstgeschichte («art historical language») von der «studio language», die eng am «drawing board» orientiert den Architekturstudenten unmittelbar und notwendigerweise begeistern und in den Bann ziehen solle.⁵⁶⁶ Eine «voice of immediacy and enthusiasm» allein müsse das mögliche Verhältnis zum geschichtlichen Gegenstand bestimmen. Und Reyner Banham fordert seinerseits, es habe eine kritische historische Reflexion einzusetzen, jedoch im deutlich auf die «inner history of the Modern Movement» eingeschränkten Sinn einer «recent history of history».⁵⁶⁷ So war – auch im Hinblick auf Palladio – einer weiteren vertieften Auseinandersetzung die Grenze zugunsten eines auf den unmittelbaren Nutzen beschränkten und deshalb meist formalistisch-oberflächlichen Interesses gesetzt. Darüber hinaus fand sich in jener Phase versuchter Wiederbegegnung mit der Geschichte kaum eine Berührungsmöglichkeit.

Früh schrieb Colin Rowe 1947 in *The Mathematics of the Ideal Villa*: «Palladio is concerned with the logical disposition of motifs dogmatically accepted […].»⁵⁶⁸ Das las sich wie ein Programm für die weitere Diskussion, wie sie sich von den Texas Rangers zu den New York Five entwickelte, eingeschränkt auf die genauso reduktiv gelesenen Modelle einer idealen Moderne von van Doesburg bis Mondrian.⁵⁶⁹ Dementsprechend fiel die Charakterisierung aus, die Colin Rowe Palladio und so auch der Villa Rotonda gleich zu Beginn seiner Analyse zuteilwerden liess: «mathematical, abstract, four square, without apparent function». Der daraus gezogene Schluss leuchtet umso mehr ein: «[…] its dry aristocratic derivatives have enjoyed universal diffusion.» Die Entwicklung einer Entwurfsmethode, wie sie Bernhard Hoesli an der ETH Zürich kurz darauf einführte, war das erklärte Ziel. Und die Aufgabe der Geschichte blieb – wie so oft – schnell auf die legitimierende Absicht und auf entsprechende, meist formale Verweise zurückgestutzt.

1963 beendet Peter Eisenman, mit Colin Rowe eng befreundet, in Cambridge (England) seine Dissertation *Formal Basis of Modern Architecture*, die ein Zeugnis dafür abgibt, wie jene «logical disposition of motifs dogmatically accepted» auf die «Masters» der Moderne angewandt zu einer Grundlage des Entwerfens werden sollte. Palladio spielt auch hier eine Rolle, aber schon damals erweckt insbesondere Giuseppe Terragni als modernes Äquivalent Palladios die besondere Aufmerksamkeit Eisenmans.

Durch die Analogiesetzung von Palladios Villa Malcontenta mit Le Corbusiers Villa Stein verdeutlichte Colin Rowe die verbindenden *formalen Eigenschaften im Sinne von Gesetzmässigkeiten*. Form bedeutete plötzlich alles und führte zu neuen Verabsolutierungen. Peter Eisenman bezeugt dies noch spät, wenn er 1984 in seinem Aufsatz *The End of the Classical: the End of the Beginning, the End of the End* schreibt: «[…] 'modern' architecture exhibits a system of relations similar to the classical».⁵⁷⁰ Die formale Ähnlichkeit – wohl im Ersatz der alten Mimesis – bestimmt den

'Perimeter' und die Mittel des Planens und Entwerfens mitsamt ihrer Einordnung und Bewertung. Damit ist auch die Marge von Unabhängigkeit und Freiheit garantiert, die zuvor noch als «Platonic ideality» beschrieben worden ist und jetzt formal präzisiert werden will. Durch Wittkower, so Henry A. Millon zur Bedeutung der *Architectural Principles*, soll ein «reassessment of Modern Architecture *in broader cultural terms*» bewirkt werden.[571] Doch Eisenman dreht aus dieser Verallgemeinerung einen Spiess gegen die neuerlich drohende Historisierung der modernen Architektur bei Banham wie John Summerson. Das geht mit der systematischen Verleugnung der nicht-modernen Quellen einher, womit auch jener zweite englische Neo-Palladianismus nach kurzer Dauer schnell und endgültig verschwindet. Erhalten bleibt der Formalismus und, genauer, die Variation der Form in den Grenzen ihrer vermuteten Regelmässigkeit. Und mit zunehmender Unabhängigkeit von der neugefundenen Quelle wird das Formale des Formalismus stärker betont. Wie Ulrich Franzen 1971 anlässlich einer New Yorker Ausstellung bemerkt, deren Mittelpunkt die didaktische Arbeit an der Cooper Union School of Art and Architecture bildet, stehen die «visual discoveries that lie at the foundation of Modern Architecture» im Vordergrund.[572] Die Angst vor der Geschichte ist längst wieder eingekehrt. War es bei Colin Rowe die «studio language», die eng am «drawing board» orientiert eine «voice of immediacy and enthusiasm» garantieren sollte, so spricht Franzen von einer «non-verbal historical research», die nun an der Cooper Union School of Art and Architecture vollzogen werde.[573] Beides kennt natürlich in Muthesius' Diktum von 1911 einen historischen Präzedenzfall: «Die kunstgeschichtliche Erkenntnisarbeit verscheucht die lebendige Architektur.»[574]

Man kann es auch so verstehen: Was Palladio zu einem Programm machte und womit er die nachfolgenden Generationen stets überzeugte, dass er nämlich aufgrund systematischer Analyse am historischen Gegenstand ein Neues, seine «usanza nuova», bildete, blieb je länger, je mehr eine unerreichte Position. Die Experimente an der Cooper Union School of Art and Architecture, die Arbeit am «Nine-Square problem» als einem bewährten «pedagogical tool», sind gleichwohl wie alle diese Bemühungen höchst beachtlich.[575] Ihr Ziel blieb die Form. Und je deutlicher sich das herausstellte, desto unerheblicher geriet ein gegebener oder eben verzichtbarer Bezug auf Palladio. Daniel Libeskind stellt im Rahmen jener Ausstellung von 1971 seine ersten «collages» im Sinne eines «synthetic construct» vor und begreift sie als Architektur.[576] Er erkennt die Grenzen dieses «analytic approach» und beschreibt ihn wohl gerade deshalb als «devoted of multiple means». Die Hoffnung liegt in der Fomulierung: «A poverty of matter *to be compensated* by the development of the conceptual ideal.» Es hat seither nicht an *conceptgivers* gefehlt, die diesen Mangel der neuen *formgivers* ausgeglichen, kompensiert haben. Verleugnen lässt sich auch nicht, dass etwa das House X (1982) von Peter Eisenman in bester Weise einem Architekturmodell gleichkommt, jedoch noch auf seine architektonische Umsetzung, auf seine Körpergestaltung wartet. Dieser Konflikt durchzieht die gesamte moderne Architektur.

«Moden gibt es auch in der Kunstwissenschaft und die waren in den letzten Jahrzehnten Palladio nicht günstig», schrieb Fritz Burger 1909 im Vorwort zu seinem Palladiobuch.[577] Er sah dies vor dem Hintergrund einer in seiner Zeit wahrgenommenen «sentimentalen Vergötterung des Individualismus», wogegen auch er Palladio als den «klassischen Vertreter des doktrinären Dogmatismus auf baukünstlerischem Gebiete» begriff.[578] Es gab allerdings auch Moden, die gerade Palladio ganz deutlich und in erster Linie bevorzugten. 1980 fiel der vierhundertste Todestag Palladios mit der von Paolo Portoghesi initiierten Architekturbiennale zusammen, die im Zeichen der Postmoderne stand und mit der Wiederauferstehung der Säule die Körperlichkeit der Architektur einforderte.[579] Die Polemik wandte sich alsbald – und durchaus tendenziös – den «facciatisti»[580] zu und betonte diejenigen Beiträge, denen die Geschichte in den zur Schau getragenen Säulen und Giebeln allzu offensichtlich ins Gesicht geschrieben stand: bei Thomas Gordon Smith und eben auch bei den von Hans Hollein in die «Strada novissima» der Ausstellung in der Corderia dell'Arsenale gestellten Säulen. *Ex negativo* wurden hier die palladianischen Kennzeichen herausgelöst und zur Diskussion gestellt. Traditionalisten und 'Klassizisten' witterten Morgenluft. 1981 folgte unter deutlich amerikanischen Vorzeichen die Ausstellung *Speaking a new Classicism: American Architecture now*. Sie setzte die Villa Rotonda an den Anfang der neu begründeten Ahnenreihe.[581] Henry Hope Reed, der Präsident von Classical America, votierte damals, man solle die im 15. Jahrhundert in Italien entstandene und in Amerika bis in die 1930er Jahre reichende Tradition fortsetzen.[582] Er war von Robert A. M. Stern in das Unternehmen eingeführt worden.[583] So war postmoderne Architektur, sekundiert von Philip Johnson und Colin Rowe in ihren jüngsten 'Verwandlungen', insbesondere ein Thema amerikanischer Architekturschulen geworden. Dort hatte sich die Erinnerung an einen 'wörtlich' aufgefassten, der äusseren Erscheinungsform verpflichteten Palladianismus ohnehin besser gehalten. So besehen fügte sich Charles Moores Piazza d'Italia von 1975, die das 'Palladio-Motiv' – oder die Serliana – zur Bildmetapher eines grundsätzlichen historischen Verweises stilisierte und auch dementsprechend wahrgenommen wurde, harmonisch in die neu betrachtete Geschichte ein.

Noch galt andererseits die Typologie – und nicht das *icon* – als Leitthema architektonischer Erfindung. Und so wandelten 1980 ganze Architekturschulen Palladios Grundrisse im Sinne typologischer Varianten ab. Allein, die Villa Rotonda war schon zuvor zum 'Lackmustest' der Kompositions- und Proportionslehre im architektonischen Entwurfsunterricht geworden. Die proportionale Vergleichbarkeit Palladios mit Le Corbusiers hatte sich herumgesprochen, und ihre Feststellung war zuweilen wie bei Ernst Stockmeyer dem entsprechenden Aufsatz Colin Rowes und Wittkowers Buch um etliche Jahre vorausgegangen.[584] Alles mündete in jene versuchte Synthese, der der «behutsame Umgang» mit der Geschichte einbeschrieben war.[585] Die typologischen Bemühungen neigten hingegen vermehrt einem Kompromiss mit der Abstraktion zu. Gerd Neumann und Manfred Fischer unternah-

Bruno Reichlin/Fabio Reinhart, Casa Tonini, Torricella, 1972–1974, in: a+u, 1976, 9, S. 35

men es vor diesem Hintergrund, die ganze Bandbreite der Architektur Palladios von Körperlich bis Abstrakt in ein Schema stufenweiser Veränderung zu stellen. Für Gerd Neumann war es im engeren Sinn der Dualismus von Körper und Gliederung. Diesen brachte er am Beispiel der Casa Cogollo und mit Bezug auf Goethe und dessen Vergleich Palladios mit einem Dichter zur Darstellung, der «aus Wahrheit und Lüge ein drittes bildet, dessen erborgtes Daseyn uns bezaubert.»[586] Im Rahmen eines Entwurfsseminars von Johannes Uhl in Stuttgart, das 1977/78 den Themen von Variation, Transformation und Präfiguration gewidmet war, verwandelte dagegen Manfred Fischer die Villa Rotonda in 18 Schritten in Rob Kriers Haus Dickes in Luxemburg.[587]

Auf solch exemplarische Weise wurde das Hin und Her der damaligen Architektur zwischen moderner Abstraktion und neuer Körperhaftigkeit dokumentiert. In diesem Umfeld und im Hinblick auf die *Internationale Bauausstellung* (IBA) in Berlin 1984 wurde ein erster Wettbewerb im Tiergartenviertel (Rauchstraße) ausgeschrieben, dessen erklärtes Ziel es war, eine Reihe von Mehrfamilienhäusern entstehen zu lassen, die «an die historische Situation des ehemals offen bebauten Villenviertels» gemahnen sollten. Rob Krier gewann den Wettbewerb mit einem Vorschlag, der durch die klare Geometrie und die Kubatur der gewählten Bautypen über Ledoux auf die Villa Rotonda zurückwies. Selten fand der Begriff Stadtvilla auf so überzeugende Weise Verwendung. Und nicht zufällig versammelten sich vor Kriers Bauten Vertreter der damaligen Prominenz des Hausbaus von Hans Hollein und Klaus-Theo Brenner bis zu Aldo Rossi und Giorgio Grassi, um jener palladianischen Grundidee des kompakten Baukörpers nachzuspüren.

Palladio war damals zweifelsohne in aller Munde. Paraphrasiert wurde die im Palladiojahr ausgebrochene Euphorie 1982 in einer Broschüre, in der der *Blick zurück auf Andrea Palladio durch die Brille von Roy Lichtenstein* inszeniert wurde.[588] Man liest dort in einer Sprechblase den Schrei «ES IST HOFFNUNGSLOS, ES IST ... HOFFNUNGSLOS», auf die dann Superman antwortet: «WARTE! SIEH MAL DORT UNTEN ... ES IST PALLADIO! WIR SIND GERETTET». Der Comicstrip, die *fumetti* haben die *Quattro Libri* eingeholt!

Der allzu explizite Umgang mit Palladio ebbte schnell ab. Wer aus der Villa Rotonda – oder aus Ledoux – den quadratischen Grundriss oder den reinen Kubus herausdestillieren wollte, war mit Oswald Mathias Ungers und dessen Arbeit am Kubus schneller, radikaler und gültiger am Ziel angelangt. «Like a Palladian villa» und mit Verweis auf Nikolaus von Kues wurde die Villa Quadrata (1986–1988), ein auf die radikale Nacktheit des Baukörpers zurückgeführtes Wohnhaus in der Eifel, vorgestellt.[589] Nimmt man die Vorskizzen dieses tatsächlich wie eine palladianische Villa in der Landschaft ruhenden Hauses hinzu, ist man nicht mehr weit von Georg Muches Versuchshaus des Bauhauses in Weimar entfernt. Alles mündete in die – wiedergefundene – «Neue Einfachheit», die Vittorio Magnago Lampugnani postmodernen Exzessen in ausgleichender Absicht nachfolgen liess.

Gerade aus dieser späteren Perspektive heraus bleibt von der postmodernen Architektur eigentlich nur die Casa Tonini von Bruno Reichlin und Fabio Reinhart als überzeugendes Beispiel einer sorgsam entwickelten, selbstständigen Auseinandersetzung mit Palladio übrig. 1972 bis 1974 in Torricella nördlich von Lugano erstellt, ging dieser Bau genauer besehen jener Phase voraus und weist auch, frei von jeglicher reaktiven Berührung mit Stilformen, alle Zeichen einer aus der modernen Tradition erwachsenden, die Bedingungen moderner Konstruktion und Materialisierung bedenkenden, neuen Architektur auf.[590] Jeder mögliche – auch der typologisch-abstrakte – Bezug erscheint hier auf den konkreten Fall und die konkrete Lösung hin bedacht. Insofern kommen Reichlin/Reinhart Palladio sehr viel näher, als es die den Erscheinungsformen nachgeschaffenen Bilder oder andererseits die auf den nackten Körper reduzierten Bauten suggerieren. In jene Tradition darf man die jüngsten Werke Valerio Olgiatis stellen. Im K+N Haus in Wollerau (2007, Kanton Schwyz) geht er das Thema der vier Portiken der Villa Rotonda gleichsam von innen heraus an und entwickelt einen nach allen vier Seiten in grossen Fenstern geöffneten Raum.

Die grossen Geister und Architekten waren sich stets der Überlegenheit Palladios bewusst. Le Corbusier äusserte sich 1923 in *Esprit Nouveau*, der Zeitschrift, die ausgerechnet eine neue Epoche einläuten wollte, wohl in diesem Sinne zum Thema der *Pérennité* und fügte das Bild der Villa Rotonda gerade deshalb unkommentiert hinzu, weil sich die ausserhalb jeglicher Berechnung liegende, Ewigkeitsanspruch geniessende Leistung nicht beschreiben lässt: «Ce sera l'architecture qui est tout ce qui est au-delà du calcul». Auch Jacob Burckhardt übte sich in erster Linie in Respekt und Distanz. Er liess sich im *Cicerone* (1855) zwar vorerst dazu verleiten, Palladio gleichsam als den Meister des «calcul» darzustellen: «Palladio ist durch und durch gesetzlich.» Dann aber fügte er hinzu: «[...] derjenige Baumeister muss noch geboren werden, welcher ihm in der Raumbehandlung – sowohl der Grundflächen als des Aufrisses – irgendwie gewachsen wäre.» Palladio ist immer noch eine Herausforderung!

Valerio Olgiati, K+N Haus, Wollerau, 2007

Anmerkungen

1 Vgl. Werner Oechslin, «C'est du Palladio»: un avvicinamento al fenomeno del Palladianesimo, in: Guido Beltramini/Howard Burns/Kurt W. Forster/Werner Oechslin/Christoph Thoenes (Hg.), *Palladio nel Nord Europa*, Ausst. Kat. Vicenza 1999, S. 64ff.: «I. 'Ismo': una metafora della generalizzazione».

2 Vgl. Antoine Chrysostome Quatremère de Quincy, *Dictionnaire Historique d'Architecture*, Bd. 2, Paris 1832, Artikel «Palladio», S. 190ff., hier S. 193.

3 Vgl. Werner Oechslin, Ozenfant und Le Corbusier: Die neue, systematische Grundlegung der Kunst und die Psychophysik, in: Karin Gimmi/Christof Kübler/Bruno Maurer/Robin Rehm/Klaus Spechtenhauser/Martino Stierli/Stefanie Wenzler (Hg.), *SvM. Die Festschrift für Stanislaus von Moos*, Zürich 2005, S. 176ff.

4 Vgl. Amédée Ozenfant/Charles Edouard Jeanneret, Sur la Plastique, in: *Esprit Nouveau*, 1 (o. J.), S. 38ff.

5 Vgl. Antoine Chrysostome Quatremère de Quincy, *Essai sur la Nature, le But et les Moyens de l'Imitation dans les Beaux-Arts*, Paris 1823, S. VI («Préambule»).

6 Ebd.

7 Ebd., S. 3.

8 Vgl. Werner Oechslin, Il Vignola, «l'Abbicci degli architetti», in: Christoph Luitpold Frommel/Maurizio Ricci/Richard J. Tuttle (Hg.), *Vignola e i Farnese. Atti del convgno internazionale Piacenza 18–20 Aprile 2002*, Mailand 2003, S. 375ff.

9 Vgl. Werner Oechslin, Le Corbusier e Vignola, in: *Aion, Rivista internazionale di architettura*, 1 (2002), S. 27ff.

10 Vgl. Vincenzo Monti, *Alla Maestà di Napoleone I. Imperator de'Francesi coronato Re dell'Italia il dì 26 maggio 1805, Visione*, Mailand [1805], S. [3].

11 Vgl. Vincenzo Monti, *La Palingenesi politica, Canto*, [Mailand 1809], S. VI.

12 Vgl. Claude-Nicolas Ledoux, *L'Architecture considérée sous le rapport de l'art, des moeurs et de la législation*, Bd. 1, Paris 1804, S. 11.

13 Ebd., S. 34.

14 Ebd., S. 103.

15 Vgl. Goerd Peschken, *Das Architektonische Lehrbuch*, München 1979, S. 20 (aus: «Textentwürfe für das systematische 'Werkchen' über das Ideal der Architektur»).

16 Vgl. Franz Kugler, *Karl Friedrich Schinkel. Eine Charakteristik seiner künstlerischen Wirksamkeit*, Berlin 1842, S. 17.

17 Vgl. Johann Gottlieb Fichte, *Die Bestimmung des Menschen*, Berlin 1800, S. V (Vorrede).

18 Ebd., S. 19.

19 Vgl. Karl Friedrich Schinkel, Gedanken und Bemerkungen über Kunst im Allgemeinen, in: Alfred Freiherr von Wolzogen, *Aus Schinkel's Nachlass*, III, Berlin 1863, S. 345ff.: hier S. 345.

20 Ebd.

21 Vgl. Karl Friedrich Schinkel, Tagebuch der zweiten italienischen Reise (Fortsetzung), in: Alfred Freiherr von Wolzogen, *Aus Schinkel's Nachlass*, II, Berlin 1862, S. 3ff., hier S. 102.

22 Vgl. Andrea Rigato, *Osservazioni sopra Andrea Palladio*, Padua 1811, S. 3.

23 Ebd., S. 5.

24 Ebd., S. 56.

25 Ebd., S. 57. Es handelt sich um John Fane, 7. Earl of Westmoreland, der in Tunbridge Wells durch Colen Campbell Mereworth Castle in direkter Anlehnung an die Villa Rotonda erstellen liess.

26 Ebd., S. 37.

27 Ebd., S. 56.

28 Zuvor erscheint Perfektion in erster Linie als von jeglichem Regelverstoss frei begriffen. Als Allegorie der Geometrie nachgebildet findet sich die «perfezione» als Frontispiz in: Antonio Visentini, *Osservazioni di Antonio Visentini […] che servono di continuazione al trattato di Teofilo Gallacini sopra gli errori degli architetti*, Venedig 1771.

29 Vgl. Denis Diderot/Jean le Rond d'Alembert, *Encyclopédie ou Dictionnaire Raisonné des Sciences, des Arts et des Métiers […]*, XII, Neufchastel 1765, S. 351.

30 Vgl. Johann Georg Sulzer, *Allgemeine Theorie der Schönen Künste […]*, Zweyter Theil, Leipzig 1774, S. 1239f., Artikel «Vollkommenheit. (Schöne Künste.)».

31 Vgl. Antonio Diedo, Elogio di Ottone Calderari Vicentino Architetto, in: *Discorsi letti nella R. Veneta Accademia di Belle Arti per la distribuzione de'premii, il dì IV. Agosto, MDCCXI*, Venedig o. J., S. 41ff., hier S. 43.

32 Vgl. Werner Oechslin, Bewunderung, Kritik und Ekstase in Sankt Peter im 18. Jahrhundert, in: Georg Satzinger/Sebastian Schütze (Hg.), *Sankt Peter in Rom 1506–2006, Beiträge der internationalen Tagung vom 22.–25. Februar 2006 in Bonn*, München 2008, S. 485ff.

33 Vgl. Antonio Diedo/Giovambatista Marangoni/Andrea Rigato/Agostino Vivorio (Hg.), *Disegni e Scritti d'Architettura di Ottone Calderari*, Bd. 1, Venedig 1808, «A Canova», o. S.

34 Vgl. Jean Antoine Coussin, *Du Génie de l'Architecture et de la Philosophie de cet Art […]*, Paris [1822], S. [1] (Prospekt der Imprimerie de Firmin Didot Frères).

35 Vgl. Diedo 1808 (wie Anm. 33), «A Canova», o. S.

36 Ebd., S. [3] («Prefazione»).

37 Vgl. Rigato 1811 (wie Anm. 22), S. 9.

38 Vgl. Giannantonio Selva, *Elogio di Michel Sammicheli Architetto Civile e Militare, Letto per la distribuzione de'Premj il dì 7. Agosto 1814*, Venedig o. J., S. 52 und Anm. 15 S. 61f.

39 Ebd., S. 51.

40 Vgl. Oechslin 1999 (wie Anm. 1), S. 68ff. Der andere Topos der Palladiokritik Milizias zielt auf die mangelnde Korrektur eines blinden Antikenverständnisses («Egli studiò più ad imitar l'antico, che ad esaminare, se l'antico era esente da vizj.») Vgl. Francesco Milizia, Andrea Palladio, in: *Le vite de'più celebri architetti […]*, Rom 1768, S. 271ff., hier S. 280.

41 Vgl. Margaret Binotto, Iconografia Calderariana, in: Guido Beltramini (Hg.), *I disegni di Ottone Calderari al Museo Civico di Vicenza*, Venedig 1999, S. 181ff.

42 Vgl. Diedo 1808 (wie Anm. 33), S. 25.

43 Ebd.

44 Vgl. Franco Barbieri, *Illuministi e Neoclassici a Vicenza*, Vicenza 1972, S. 135.

45 Vgl. Werner Oechslin, Das Architekturmodell zwischen Theorie und Praxis, in: Bernd Evers (Hg.), *Architekturmodelle der Renaissance*, München/New York 1995, S. 40ff.

46 Vgl. unten. Vgl. Rudolf Wittkower, *Architectural Principles in the Age of Humanism*, London 1949 (= Studies of the Warburg Institute, Bd. 19).

47 Vgl. Jacopo Barozzi da Vignola, *Regola delli cinque ordini d'architettura*, [o. O. 1562], «Ai Lettori»; vgl. Oechslin 2003 (wie Anm. 8), S. 375ff.

48 Vgl. François Blondel, *Cours d'Architecture enseigné dans l'Académie Royale d'Architecture, Première Partie*, Paris 1675. Vgl. unten.

49 Vgl. Werner Oechslin, Musik und Harmonie: Universalien der Architektur. Versuche der Annäherung, in: *Daidalos*, 17, 1985, S. 58ff.

50 Vgl. Alessandro Barca, *Saggio sopra il Bello di Proporzione in Architettura*, Bassano 1806.

51 Vgl. William Halfpenny, *Magnum in Parvo: or The Marrow of Architecture. Shewing how to draw a Column with the Base, Capital, Entablature, and Pedestal; […]*, London 1728; vgl. Eileen Harris, *British Architectural Books and Writers 1556–1785*, Cambridge 1990, S. 218ff. und Anm. 291.

52 Vgl. William Salmon, *Palladio Londinensis; or, The London Art of Building*. London 1734, hier «The Sixth Edition» London 1762; vgl. Harris 1990 (wie Anm. 51), S. 404ff. und Anm. 798.

53 Vgl. Barca 1806 (wie Anm. 50), S. XIX.

54 Ebd., S. 2.

55 Vgl. Alessandro Pompei, *Li Cinque Ordini dell'Architettura Civile di Michel Sanmicheli […]*, Verona 1735, «Proemio».

56 Vgl. Barca 1806 (wie Anm. 50), S. 3f.: mit Bezug auf Vitruv, IV, II.

57 Vgl. Henry Lemonnier, *Procès-Verbaux de l'Académie Royale d'Architecture 1671–1793*, I, Paris 1911, S. 21. Vgl. unten.

58 Ebd., S. 35.

59 Ebd., S. 41 («lundi 24 juillet 1673»).

60 Vgl. Barca 1806 (wie Anm. 50), S. 3.

61 Der entsprechende berühmte Satz Lodolis lautet gemäss Algarotti: «Nessuna cosa si dee mettere in rappresentazione (queste sono originalissime parole lodoliane) che non sia anche veramente in funzione […].» Vgl. Andrea Memmo, *Elementi d'Architettura Lodoliana […]*, Bd. 2, Zara 1834, S. 16.

62 Vgl. ebd., Bd. 1, Zara 1833, S. 261f. Die Entsprechung zu Milizias «Se egli avesse ben filosofato non avrebbe […]» (vgl. Milizia 1768 (wie Anm. 40), S. 282) ist evident.

63 Widmung der *Prima Parte* vom 18. 7. 1743: «[…] altro partito non veggo restare a me, e a qualsivoglia altro Architetto moderno, che spiegare con disegni le proprie idee […].» Giovanni Battista Piranesi, *Prima Parte di Architetture, e Prospettive*, Rom 1743.

64 Vgl. Francesco Algarotti, *Opere Scelte*, Bd. III: *Lettere Scelte*, Mailand 1823, S. 206.

65 Ebd.

66 Vgl. Aldo Rossi, L'architettura della ragione come architettura di tendenza, in: Manlio Brusatin (Hg.), *Illuminismo e architettura del '700 veneto*, Castelfranco Veneto 1969, S. 7ff.; vgl. Werner Oechslin, Fantasie palladiane, in: Beltramini 1999 (wie Anm. 1), S. 39f.

67 Schon bei Milizia 1768 (wie Anm. 40, S. 280) eingeflossen in die Biografie Palladios: «[…] un bello spirito ha detto, che il più commodo abitare

68 Vgl. Antonio Diedo, Osservazioni intorno all'Architetto Quarenghi, in: *Discorsi letti nella I. R. Accademia di Belle Arti in Venezia per la distribuzione de'Premii il dì 3 agosto 1823*, Venedig o. J., S. 19ff., hier S. 27.
69 Vgl. Charles de Brosses, *Lettres Historiques et Critiques sur l'Italie*, I, Paris An VII, 1799, S. 189.
70 Vgl. Alfred Freiherr von Wolzogen, *Aus Schinkels Nachlass*, I, Berlin 1862, S. 102.
71 Vgl. de Brosses An VII (wie Anm. 69), S. 187.
72 Vgl. Jacques Leoni, *Architecture de Palladio, divisée en quatre livres [...]*, Den Haag 1726, o. S. Diese etwas geschichtsfremde Sicht bereits in der englischen Version von 1715: «[...] even to Michel-Angelo and Brunelleschi his Contemporaries» (vgl. Giacomo Leoni, *The Architecture of A. Palladio. In Four Books [...]*, London 1715, o. S.).
73 Vgl. Johann Wolfgang von Goethe, *Goethes Werke*, III, 1: *Goethes Tagebücher*, Weimar 1887, S. 213.
74 Vgl. Johann Wolfgang von Goethe, *Goethes Werke*, I, 30: *Italienische Reise*, Weimar 1903, S. 77.
75 Ebd., S. 78.
76 Vgl. oben. Semper findet dazu – zeitgemäss – die Formulierung: «Schon zeigt es sich, dass die Erfindungen nicht mehr wie früher, Mittel sind zur Abwehr der Noth und zum Genusse; vielmehr sind die Noth und der Genuss Absatzmittel für die Erfindungen. Die Ordnung der Dinge hat sich umgekehrt.» Vgl. Gottfried Semper, *Wissenschaft, Industrie und Kunst*, Braunschweig 1852, S. 9.
77 Vgl. Giovanni Pietro Bellori, L'Idea del Pittore, dello Scultore, e dell'Architetto [...] Discorso, in: *Le Vite de'Pittori, Scultori et Architetti moderni [...], Parte Prima*, Rom 1672, S. 4.
78 Ebd., S. 11f.
79 Ebd., S. 12.
80 Vgl. oben. Text zur *Prima Parte*: «Riveritissimo Sig. Sig. Padrone Collendissimo [...] Roma 18. Luglio 1743 [...] Giambatista Piranesi.» Piranesi 1743 (wie Anm. 63).
81 Ebd.
82 Vgl. Arthur Schopenhauer, Skitze einer Geschichte der Lehre vom Idealen und Realen, in: *Parerga und Paralipomena: kleine philosophische Schriften*, Bd. 1, Berlin 1851, S. [3].
83 Vgl. Piranesi (wie Anm. 63).
84 Vgl. Daniele Barbaro, *I Dieci Libri Dell'Architettura di M. Vitruvio Tradutti et Commentati [...]*, Venedig 1556, S. 20.
85 Vgl. Daniele Barbaro, *La Pratica Della Perspettiva [...]*, Venedig 1569, S. [3], «Proemio»: «[...] Scenographia. Di questa ne i miei commentari sopra Vitruvio mi ricorda d'haver promesso di trattare [...]».
86 Vgl. Martino Bassi, *Dispareri in Materia d'Architettura, et Perspettiva, con Pareri di Eccellenti, et Famosi Architetti, che li risolvono [...]*, Brescia 1572, S. 50. Vgl. Werner Oechslin, Auf der Suche nach dem 'wahren Stil', in: *Daidalos*, 8, 1983, S. 21ff.
87 Vgl. Andrea Palladio, *I Quattro Libri dell'Architettura*, Venedig 1570, «Proemio à i Lettori», S. 5.
88 Man kann diese Einbindung in die persönliche Biografie bis auf Petrarcas *Epistola de studiorum suorum successibus* zurückführen. Mit Petrarcas Nachwirkung auf Palladio befasst sich Andreas Beyer.
89 Vgl. Antoine Chrysostome Quatremère de Quincy, *Encyclopédie Méthodique. Architecture [...]*, Bd. 1, Paris 1788, S. 175.
90 Ebd.
91 Gemäss den Topoi der Geschichte: Cicero, *De Oratore*, II, 9: «Historia vero testis temporum, lux veritatis, vita memoriae, magistra vitae, nuntia vetustatis [...]».
92 Vgl. Quatremère de Quincy 1788 (wie Anm. 89), «Autorité», S. 176.
93 Ebd.
94 Ebd.
95 Ebd.
96 Ebd.
97 Ebd., S. 178.
98 Ebd., S. 52.
99 Ebd.
100 Vgl. Andrea Palladio, *L'Antichità di Roma [...] Raccolta Brevemente da gli Authori Antichi & Moderni. Aggiuntovi Un Discorso sopra li Fuochi de gli Antichi; Antiquitates Urbis Romae [...] Ex Veterum & Recentiorum Authorum Scriptis [...]*, Oxford 1709.
101 Das Imprimatur von Ar. Charlett trägt das Datum «Dec. 17. 1709.» Ebd.
102 Vgl. oben und Oechslin 1999 (wie Anm. 1).
103 Vgl. Frédéric-Jean-Laurent Meyer, *Voyage en Italie*, Paris An X [1802], S. 9f. Vgl. zum Folgenden: Werner Oechslin, Gemeingeist, Weltkenntnis, Civilisation, Patriotismus: Hamburg 'um 1800', Frankreich und Friedrich Johann Lorenz Meyer, in: Ullrich Schwarz (Hg.), *Christian Frederik Hansen und die Architektur um 1800*, München/Berlin 2003, S. 69ff.
104 Vgl. Palladio 1570 (wie Anm. 87), «Proemio à i Lettori», S. 5.
105 Vgl. Vitruv, I, I, 1: «Ea [scientia] nascitur ex fabrica et ratiocinatione.» Vgl. Werner Oechslin, Geometrie und Linie. Die Vitruvianische 'Wissenschaft' von der Architekturzeichnung, in: *Daidalos*, 1, 1981, S. 20ff.
106 Vgl. Leon Battista Alberti, *De Re Aedificatoria*, I, I: «Lineamentorum omnis vis et ratio consumitur, ut recta absolutaque habeatur via coaptandi iungendique lineas et angulos, quibus aedificii facies comprehendatur atque concludatur. Atqui est quidem lineamenti munus et officium praescribere aedificiis et partibus aedificiorum aptum locum et certum numerum dignumque modum et gratum ordinem, ut iam tota aedificii forma et figura ipsis in lineamentis conquiescat.»
107 Vgl. Vitruv I, I, 1: «Ratiocinatio autem est, quae res fabricatas solertiae ac rationis pro portione demonstrare atque explicare potest.»
108 Vgl. Barbaro 1556 (wie Anm. 84), S. 6.
109 Vgl. Palladio 1570 (wie Anm. 87), «Proemio à i Lettori», S. 5.
110 Vgl. Barbaro 1556 (wie Anm. 84), S. 6.
111 Ebd.
112 Ebd.
113 Ebd.
114 Ebd.
115 Ebd.
116 Ebd.
117 Ebd.
118 Ebd., S. 7.
119 Vgl. Palladio 1570 (wie Anm. 87), «Proemio à i Lettori», S. 5.
120 Vgl. Werner Oechslin, Premesse a una nuova lettura dell'«Idea della Architettura Universale» di Scamozzi, in: *L'Idea della Architettura Universale di Vincenzo Scamozzi*, hg. von Centro Internazionale di Studi di Architettura Andrea Palladio, I, Verona/Vicenza 1997, S. XIff.
121 Vgl. Giovanni Orlandi/Paolo Portoghesi (Hg.), Leon Battista Alberti, *De Re Aedificatoria*, Mailand 1966, Prolog, S. 15.
122 Vgl. Werner Oechslin, Le Corbusier/Pierre Jeanneret – «Les Cinq Points d'une Architecture Nouvelle», in: *Moderne entwerfen, Architektur und Kulturgeschichte*, Köln 1999, S. 207ff.: «Ce sont ici les conclusions théoriques d'observations successives faites dans les chantiers depuis plusieurs années.»
123 Vgl. Charles Edouard Jeanneret Gris/Amedée Ozenfant, *Après le Cubisme*, Paris 1918, S. 27: mit den Versprechungen des «esprit moderne»: «L'instinct, le tâtonnement, l'empirisime sont remplacés par les principes scientifiques [...].»
124 Vgl. Palladio 1570 (wie Anm. 87), «Libro Secondo», S. 22.
125 Vgl. oben. Vgl. beispielsweise das Protokoll zur Sitzung vom 28. 5. 1674 (Lemonnier 1911 wie Anm. 57), S. 74): «On a encore fait des remarques sur la différence qu'il y a entre l'élévation du dedans, selon les desseins de Palladio, et ce qui se voit encore aujourd'huy [...].»
126 Man vergleiche den Titel des zweiten Buches der *Quattro Libri* («[...] nel quale si contengono i disegni di molte case ordinate da lui dentro, e fuori della Città, et i disegni delle case antiche [...]») sowie das erste Kapitel «Del Decoro, o' Convenienza, che si deve osservare nelle fabriche private.»
127 Vgl. Johann Jakob Sandrart, *Palatiorum Romanorum [...], Pars Secunda. Cui accesserunt Immortalis Gloriae Architecti Andreae Palladii Praedia Aedesque Hortenses Iussu Ipsius hincinde in Statu Veneto a fundamentis erectae et exstructae, adjunctis Ichnographiis, Palmorumque Scalis*, Nürnberg 1694.
128 Vgl. Palladio 1570 (wie Anm. 87), «Proemio à i Lettori», S. 5. Vgl. oben.
129 Vgl. Barbaro 1556 (wie Anm. 84), S. 171.
130 Ebd.
131 Ebd.
132 Vitruv, VI, II, 1.
133 Vgl. Barbaro 1556 (wie Anm. 84), S. 171.
134 Vgl. Werner Oechslin, Das Architekturmodell zwischen Theorie und Praxis, in: Bernd Evers (Hg.), *Architekturmodelle der Renaissance. Die Harmonie des Bauens von Alberti bis Michelangelo*, München/New York 1995, S. 40ff.
135 Vgl. Sebastiano Serlio, *Regole Generali di Architettura*, 1537, 1540, hier Venedig 1551, 4. Buch, fol. IIIr.
136 Ebd.
137 Vgl. Sebastiano Serlio, *Il Terzo Libro [...] nel qual si figurano, e descrivono le antiquita di Roma [...]*, Venedig 1540, hier 1551, S. [III].
138 *Sebastiani Serlii Bononiensis De Architectura Libri Quinque [...] a Ioanne Carolo Saraceno ex Italica in Latinam linguam nunc primum translati atque conversi*, Venedig 1569, S. 228.
139 Euklid, *Elemente*, I, Definition 14.
140 Vgl. Francesco Barozzi, *Procli Diadochi Lycii Philosophi Platonici ac Mathematici Probatissimi in Primum Euclidis Elementorum librum Commentariorum [...] Libri IIII [...]*, Padua 1560, S. 78.
141 Vgl. Sebastiano Serlio, *Il Primo Libro d'Architettura*, Venedig [1551], fol. 2r.
142 Vgl. Vignola [1562] (wie Anm. 47), «Ai Lettori».
143 Vgl. Barozzi 1560 (wie Anm. 140), S. 83.
144 Vgl. Albertus Durerus, *Quatuor his suarum Institutionum Geometricarum libris [...]*, Paris 1535, S. 1; ders., *Underweysung der messung [...]*, Nürnberg 1525, o. S.: «Auff das die unsichtig Lini durch den geraden ryss im gemüt verstanden werd. Dann durch solche weyss muss der innerlich verstand im eussern werck angetzeigt werden.» Vgl. Oechslin 1981 (wie Anm. 105).
145 Vgl. Serlio 1551 (wie Anm. 137), S. XC.
146 Vgl. Werner Oechslin, 'A parte per parte' – 'a membro per membro'. Die Konkretisierung der architektonischen Form, in: *Archithese*, 26 (1996), 2, S. 15ff.

147 Vgl. Serlio 1551 (wie Anm. 137), S. XCVIII.
148 Vgl. Barbaro 1556 (wie Anm. 84), S. 9 (zu Vitruv, I, I, 2, und zum Ungenügen eines bloss praktischen oder bloss gebildeten Architekten).
149 Vgl. Vitruv, I, I, 3.
150 Vgl. Barbaro 1556 (wie Anm. 84), S. 9.
151 Ebd.
152 Ebd.
153 Vgl. oben zur alten Gleichsetzung «ratiocinatio»/Syllogismus. «Ratiocinatio» wird von Barbaro übersetzt als «discorso», von Jean Martin als «discours». Ebd., S. 8; [Jean Martin], *Architecture ou Art de bien bastir, de Marc Vitruve Pollion [...] mis de Latin en François par Ian Martin*, 1547, hier Paris 1572, fol. 1 verso.
154 Vgl. Barbaro 1556 (wie Anm. 84), S. 9.
155 Das spiegelt sich noch in Carl Böttichers *Tektonik der Hellenen* (und seiner «Junktur») und in Sempers *Stil* (und seinem als «in hohem Grade vergeistigt und mehr im struktiv-symbolischen denn im struktiv-technischen Sinne» eingeführten «Prinzip der Bekleidung»); vgl. Gottfried Semper, *Der Stil in den technischen und tektonischen Künsten*, I, Frankfurt a. M. 1860, S. 220. Vorausging die Definition in Karl Otfried Müllers Standardwerk *Handbuch der Archäologie der Kunst*, Breslau 1830, S. 1: «§. 1. Die Kunst ist eine Darstellung, d. h. eine Thätigkeit, durch welche ein Innerliches, Geistiges in die Erscheinung tritt.»
156 Vitruv, I, I, 4; vgl. Barbaro 1556 (wie Anm. 84), S. 10.
157 Vgl. Barbaro 1556 (wie Anm. 84), S. 10.
158 Vgl. Alberti, *De Re Aedificatoria*, I: «[...] via coaptandi iungendique lineas et angulos, quibus aedificii facies comprehendatur atque concludatur.»
159 Vgl. Barbaro 1556 (wie Anm. 84), S. 10.
160 Ebd., S. 9.
161 Ebd., S. 9f.
162 Ebd., S. 9: «[...] & questo è perche il segno si riferisce alla cosa significata, l'effetto alla causa, la conclusione alla prova.» – «Ma per dichiaratione io dico, che significare è per segni dimostrare, & segnare, e imprimere il segno: là dove in ogni opera da ragione drizzata, & con dissegno finita è impresso il segno dell'Artefice, cioè la qualità, & la forma, che era nella mente di quello, perciò che l'artefice opera prima nell'intelletto, & concepe nella mente, & poi segna la materia esteriore dell'habito interno.»
163 Ebd., S. 10: «La Settima, che è posta in saper usare la detta via, et nell'applicatione.»
164 Vgl. oben.
165 Vgl. Giovan Giorgio Trissino, *Dubbii Grammaticali*, Vicenza 1529, aa IIr.
166 Ebd.
167 Priscianus' *Institutio de arte grammatica* stellt als umfassendstes Lehrgebäude der lateinischen Sprache auch in unserem Zusammenhang («de litera») die verbindliche Autorität dar. Vgl. Martin Hertz (Hg.), Prisciani Institutiones Grammaticae, in: H. Keil (Hg.), *Grammatici Latini*, II, 6, S. 23f. Priscianus' *De accentibus* beginnt mit der Definition «Litera est nota elementi» und es folgt Zeilen später der Verweis auf die Bildähnlichkeit: «Quod cum ratio ita se habeat, quasi imago huius rei esse videtur [...]»; zitiert nach: *Prisciani Grammatici Caesariensis Libri Omnes [...]*, Basel 1568, S. 832.
168 Vitruv, VI, Vorrede, 1. Vgl. auch im Folgenden: Oechslin 1981 (wie Anm. 105).
169 Vgl. Johann Gottfried Herder, *Ideen zur Philosophie der Geschichte der Menschheit*, I, Riga/Leipzig 1784, S. 216.
170 Vgl. Barbaro 1556 (wie Anm. 84), S. 265 [165].
171 Ebd., S. 26.
172 Vgl. Giovanni Marinello, *La Prima Parte della Copia delle Parole [...]*, Venedig 1562, S. 1.
173 Vgl. Barbaro 1556 (wie Anm. 84), S. 18 (hier abgebildet).
174 In diesem Sinne einer systematischen Zusammenführung der 'vitruvianischen Grundbegriffe' ist der entsprechende Titel bei Barbaro zu lesen: «Di quai cose e composta l'architettura», weshalb er ja auch den zugehörigen Kommentar einleitet, es gebe «libere & assolute» Dinge, aber eben auch: «altre hanno relatione o rispetto». Dieser Unterscheidung folgt die Ramifikation. Ebd.
175 Vgl. William J. Mitchell, *The Logic of Architecture, Design, Computation, and Cognition*, Cambridge, Mass./London 1990. Heute (Gespräch im Mai 2008 mit dem Autor) bekennt sich Mitchell zur Komplexität und zur Notwendigkeit, sie zu berücksichtigen und zu erforschen.
176 Ebd., S. 167 (bezogen auf «entrance treatments»).
177 Ebd., S. X («Preface»).
178 Ebd., S. 183ff. Diese Logik wird auch noch auf «social systems» ausgedehnt.
179 Vgl. Wittkower 1949 (wie Anm. 46), S. 65 (hier abgebildet).
180 Ebd., S. 66.
181 Ebd.
182 Vgl. Barbaro 1556 (wie Anm. 84), S. 6 («Proemio»).
183 Vgl. Eduard Gans (Hg.), *Georg Friedrich Wilhelm Hegel's Werke*, Bd. 9: *Vorlesungen über die Philosophie der Geschichte*, Berlin 1837, S. VI (Vorrede des Herausgebers).
184 Vgl. Edmund Husserl, *Die Krisis der europäischen Wissenschaften und die transcendentale Phänomenologie. Eine Einleitung in die phänomenologische Philosophie*, Belgrad 1936, (= Philosophia, Bd. 1), S. 77ff., hier S. 101.
185 Ebd.; vgl. dazu auch: Werner Oechslin, «Auf einen Blick», in: Heike Gfrereis/Marcel Lepper (Hg.), *Deixis. Vom Denken mit dem Zeigefinger*, Göttingen 2007, S. 62ff.
186 Vgl. Barbaro 1556 (wie Anm. 84), S. 6.
187 Vgl. Husserl 1936 (wie Anm. 184), S. 119.
188 Ebd., S. 121.
189 Ebd., S. 122.
190 Ebd., S. 101.
191 Ebd., S. 120. Die hier auch in den Kapitelüberschriften benutzten Wortbildungen wie «Formelsinn», «Formalisierung» sind Husserl entlehnt. Husserl benutzt auch die Formulierung «Ideenkleid der Mathematik» (S. 126) und bildet so eine 'Bekleidungstheorie' sui generis.
192 Ebd., S. 104, Anm. 1. Zur Locke-Kritik und den negativen Folgen des 'Psychologismus' siehe auch S. 139ff. und S. 159ff.
193 Ebd., S. 100.
194 Ebd.
195 Vgl. Ernst Neufert, *Bauordnungslehre*, hg. vom Generalbauinspektor für die Reichshauptstadt Reichsminister Albert Speer, Berlin 1943, S. 24.
196 Ebd., S. 11.
197 Vgl. Christopher Alexander, *A Pattern Language*, Berkeley 1968, hier Oxford 1977.
198 Vgl. Werner Oechslin, «Out of History»? – Peter Eisenmans «Formal Basis of Modern Architecture», in: Werner Oechslin (Hg.), *Peter Eisenman, Die formale Grundlegung der modernen Architektur*, Zürich/Berlin 2005, S. 11ff. – Vgl. unten.
199 Vgl. Antoine Laurent Lavoisier, *Traité élémentaire de Chimie, présenté dans un Ordre nouveau [...], Seconde Edition*, I, Paris 1793, S. VI («Discours préliminaire»).
200 Vgl. Hans Sedlmayr, *Die Architektur Borrominis*, Berlin 1930, S. 133; vgl. Werner Oechslin, Borromini e l'incompresa 'intelligenza' della sua architettura: 350 anni di interpretazioni e ricerche, in: Richard Bösel/Christoph L. Frommel (Hg.), *Borromini e l'Universo Barocco*, Mailand 1999, S. 107ff., hier S. 111.
201 Ebd.
202 Ebd.
203 Ebd., S. 126 ff.
204 Vgl. Lavoisier 1793 (wie Anm. 199), S. VI.
205 Ebd., S. XXXII.
206 Vgl. Jean-Nicolas-Louis Durand, *Précis des Leçons d'Architecture données à l'Ecole Polytechnique*, Bd. 1, Paris An XI [1802].
207 Vgl. «Notice. J. N. L. Durand, Recueil et Parallèle des Edifices de tout genre [...]» in: Jean-Nicolas-Louis Durand, *Précis des Leçons d'Architecture données à l'Ecole Polytechnique*, Bd. 2, Paris An XIII [1805], S. 99ff.
208 Ebd., S. 100.
209 Vgl. Durand [1802] (wie Anm. 206), S. 23.
210 Ebd., S. 24.
211 Vgl. oben.
212 Vgl. Lukas Voch, *Wirkliche Baupraktik der bürgerlichen Baukunst*, Augsburg 1780, Vorbericht: «Man wundere sich nicht, dass ich dieser Abhandlung den Titel wirkliche Baupraktik beylege. Ich glaube mehreres und besseres Recht zu haben, als diejenige, welche ihren Schriften, worinn von denen fünf Säulenordnungen und andern Verzierungen gehandelt worden, Architecturam practicam vorgesetzet.»
213 Vgl. Friedrich Weinbrenner, *Architektonisches Lehrbuch, Erster Theil. Geometrische Zeichnungslehre, Licht- und Schattenlehre, Erstes Heft*, Tübingen 1810, S. VII.
214 Ebd., S. IX.
215 Vgl. Etienne Bonnot de Condillac, *La Langue des Calculs, Ouvrage posthume et élémentaire*, Paris An VI [1798], S. [1].
216 Vgl. [Charles Batteux], *Les Beaux Arts réduits à un même principe*, Paris 1746, S. [I]: «Avant-Propos. On se plaint tous les jours de la multitude des régles [...] J'ai un dessein tout différent: c'est de rendre le fardeau plus léger, & la route simple.»
217 Vgl. Condillac [1798] (wie Anm. 215), S. 214.
218 Ebd., S. 235.
219 Ebd., S. 236.
220 Vgl. Orlando/Portoghesi 1966 (wie Anm. 121), Prolog, S. 2.
221 Vgl. Barbaro 1556 (wie Anm. 84), S. 164.
222 Ebd., S. 166; Vitruv, VI, II, 1: «Nulla Architecto maior cura esse debet, nisi uti proportionibus ratae partis habeant aedificia rationum exactiones.»
223 Barbaro 1556 (wie Anm. 84), S. 171.
224 Vgl. Palladio 1570 (wie Anm. 87), 2. Buch, 1. Kapitel, S. 3.
225 Ebd.
226 Ebd.
227 Ebd.
228 Vgl. Barbaro 1556 (wie Anm. 84), S. 265 [165]. (Das Argument ergibt sich aus dem Zusammenhang der Aristipp-Anekdote; vgl. oben).
229 Vgl. Palladio 1570 (wie Anm. 7), 2. Buch, 2. Kapitel, S. 4.
230 Ebd., 2. Buch, 3. Kapitel, S. 4.
231 Vgl. Heinrich Tessenow, *Hausbau und dergleichen*, Berlin 1916.
232 Ebd., S. 1 (Einleitung).
233 Ebd., S. 6.
234 Vgl. Palladio 1570 (wie Anm. 87), 2. Buch, 3. Kapitel, S. 4: «[...] & in vero io non posso se non sommamente ringratiare Iddio».
235 Vgl. Le Corbusier, *Une maison – un palais*, Paris [1928], S. [1]; vgl. Werner Oechslin, Das «Haus K. in O.» oder: die moderne Villa, in: Hermann Hipp/Roland Jaeger/Johannes Weckerle (Hg.), *Haus K. in O. 1930–32. Eine Villa von Martin Elsaesser für Philipp F. Reemtsma*, Berlin 2005, S. 11ff.
236 Vgl. Le Corbusier [1928] (wie Anm. 235), S. 2.
237 Ebd., S. 3 und S. 12: «La géométrie qui est le seul langage que nous sachions parler [...].»

238 Vgl. Tessenow 1916 (wie Anm. 231), S. 7.
239 Vgl. Alberti, *De Re Aedificatoria*, IV, I.
240 Vgl. Virgilio Polidoro, *Libellus Proverbiorum*, Mailand 1512, a IIIIr.
241 Ebd.
242 Der 'Kupferzeller Pfarrer' Johann Friedrich Georg Hartmann Mayer (1719–1798) gehört immerhin zu den prominentesten Landwirtschaftsreformern des späteren 18. Jahrhunderts.
243 Vgl. Barbaro 1556 (wie Anm. 84), S. 42.
244 Ebd.
245 Ebd; dieser Passus zur «Urerfindung des Hausbaues» (Übersetzung Curt Fensterbusch) gemäss Vitruv, II, I, 6 (bei Barbaro die freie Übersetzung vor 5. mit dem Exkurs zu den Phrygiern gesetzt): «Ita his signis de antiquis inventionibus aedificiorum, sic ea fuisse ratiocinantes, possumus iudicare.»
246 Vgl. Barbaro 1556 (wie Anm. 84), S. 42.
247 Vgl. Jean-Marie Pérouse de Montclos (Hg.), *Etienne-Louis Boullée, Architecture. Essai sur l'art*, Paris 1968, S. 49 (Introduction).
248 Vgl. Le Corbusier, *Vers une Architecture*, 1923, hier Paris 1924 («nouvelle edition»), S. VII (Argument).
249 Vgl. Palladio 1570 (wie Anm. 87), 2. Buch, 3. Kapitel, S. 4.
250 Vgl. oben. (Barbaro 1556 (wie Anm. 84), S. 42).
251 Vgl. Palladio 1570 (wie Anm. 87), 2. Buch, S. 69: «Della Casa di Villa de gli Antichi. Cap. XVI». Palladios einleitende Absichtserklärung: «[...] hora il mio principale oggetto è solamente di mostrare come si debba intendere Vitruvio in questa parte.»
252 Ebd.
253 Vgl. Alessandro Pompei, *Li Cinque Ordini dell'Architettura Civile di Michel Sanmicheli Rilevati dalle sue Fabriche*, Verona 1735, S. 12 («Proemio»).
254 Vgl. Werner Oechslin, Begründungen des Neuen aus der Geschichte: Claude Perraults Louvrekolonnade und die «querelle des anciens et des modernes», in: *Daidalos*, 52, 1994, S. 48 ff.
255 Vgl. Palladio 1570 (wie Anm. 87), S. 6 («Proemio à i Lettori»).
256 Damit ist im weitesten Sinne auf den Zusammenhang dieser Argumente mit der Diskussion von Staat und Stadt in der platonisch-aristotelischen Tradition verwiesen, wie sie insbesondere auch bei den im mittleren 16. Jahrhundert neuaufgelegten und 'popularisierten' Schriften von Francesco Patrizi zusammengefasst und erläutert sind. Vgl. u. a.: Francesco Patrizi, *De Discorsi [...] sopra alle cose appartenenti ad una città libera, e famiglia nobile [...]*, Venedig 1545, fol. 33rff.: «Dell'Architettura, e de gli inventori suoi. Capitolo nono.»; S. 33v: «Dico dunque che l'architettura è una faculta, che a tutti i tempi e necessaria nella città. la pace la ricerca perche ha bisogno e dell'utile e ornamento suo [...].»
257 Vgl. Francesco Bocchi, *Ragionamento sopra l'Huomo da bene*, Florenz 1600, S. 9: «[...] che è grado piu nobile, non solo, che sia, ma che nelle cose humane si possa imaginare.»
258 Vgl. *Sebastiani Serlii Bononiensis* 1569 (wie Anm. 138), o. S. («Ad Ioannem Delphinum Andreae Filium, Patritium Venetum, Torcellanumque Episcopum. Praefatio.»).
259 Vgl. Nicolò Vito di Gozze, *Governo della Famiglia*, Venedig 1589, a 3r: «Di Villa non meno da quella, che in Arcadia fu anticamente, il dì primo, dell'Anno M.D.XXIX.»
260 Vgl. Pietro Selvatico, *Sulla Architettura e sulla Scultura in Venezia dal medio evo sino ai nostri giorni*, Venedig 1847, S. 321.
261 Vgl. Barbaro 1556 (wie Anm. 84), S. 171 (3. Kapitel).
262 Ebd. (zum 2. Kapitel).
263 Vgl. Palladio 1570 (wie Anm. 87), S. 69.
264 Vgl. Antoine Desgodets, *Les Edifices Antiques de Rome*, Paris 1682, S. 3 (zum Pantheon), S. 101 (zum Tempel der Fortuna Virilis).
265 Ebd., S. 3.
266 Vgl. Pompei 1735 (wie Anm. 253), S. 41 («Capo X. Sebastiano Serlio»); vgl. auch: ebd., S. 37: «[...] e a congetturare da quelle, che rimaneano, quale il tutto fosse stato, e ridurlo in disegno.»
267 Ebd., S. 41.
268 Vgl. Carlo Fea (Hg.), *Desgodetz, Les Edifices Antiques de Roma; li Edifizj Antichi di Roma*, Rom 1822, S. 5, Anm. 1.
269 Vgl. Müller 1830 (wie Anm. 155), hier Breslau 1835, S. 19.
270 Vgl. Eduard Gerhard, *Thatsachen des archäologischen Instituts in Rom*, Berlin 1832, hier zweite veränderte Ausgabe Berlin 1834; vgl. Werner Oechslin, Gottfried Semper und die Archäologie in ihren neuerlichen Anfängen um 1830, in: Winfried Nerdinger/Werner Oechslin (Hg.), *Gottfried Semper 1803–1879. Architektur und Wissenschaft*, München/Zürich 2003, S. 92ff.
271 Vgl. Werner Oechslin, Dekor und Architektur. Canina's Kritik an Paxton's Crystal Palace (Résumé), in: *Kunstchronik* 30 (1977), S. 120ff.
272 Vgl. Luigi Canina, *Particolare Genere di Architettura proprio degli usi domestici decorato con ornamenti di svelte forme ed impiegato con poca varietà dai più rinomati popoli antichi ora solo ordinato con metodo [...]*, Rom 1852.
273 Ebd., S. [3], «Prefazione».
274 Vgl. Jacques-Guillaume Legrand, *Essai sur l'Histoire Générale de l'Architecture [...] pour servir de texte explicatif au Recueil et Parallèle [...] par J. N. L. Durand [...], Nouvelle Edition*, Paris 1809, S. 261 (Text zu «Maisons d'Italie»).
275 Ebd.
276 Ebd.
277 Vgl. Vincenzo Scamozzi, *Dell'Idea della Architettura Universale, Parte Prima*, Venedig 1615, S. 5ff. («Che cosa sia Architettura: la forza di questo nome Architetto, e che egli nella sua Idea va speculando tutte le belle forme.»)
278 Vgl. hier: Kapitel «Das Grosse und Einfache und das Moderne. Palladianismus vom 18. bis zum 21. Jahrhundert».
279 Vgl. Barbaro 1556 (wie Anm. 84), S. 40 (4. Buch, Kapitel VI).
280 Vgl. Barbaro 1556 (wie Anm. 84), S. 167–170 (Grundriss, Schnitt und Fassadenaufriss der «casa privata»); ders., *M. Vitruvii Pollionis De Architectura Libri Decem [...]*, Venedig 1567, S. 211 («tetrastylon cavum aedium»), S. 212 («Tuscanicum cavum aedium»), S. 213 («displuviatum»), S. 214 («cavaedium testudinatum») und S. 216–219 («domus privata» analog von 1556); ders., *I Dieci Libri dell'Architettura di M. Vitruvio [...] in piu commoda forma ridotti*, Venedig 1567, S. 278–281 («casa privata» analog zu 1556, 1567 lat.), S. 284 («Tetrastilo»), S. 285 («Toscano»), S. 286 («Displuviato»), S. 287 («Testudinato») analog zu 1567 lat.); Palladio 1570 (wie Anm. 87), 2. Buch, «Dell'Atrio Toscano Cap. IIII.» (S. 24ff.), «Dell'Atrio di Quattro Colonne Cap. V.» (S. 27f.), «Dell'Atrio Corinthio. Cap. VI.» (S. 29–32; Convento della Carità), «Dell'Atrio Testugiteum [...] Cap. VII.» (S. 33ff.); es folgen die drei Kapitel zu «Sale di Quattro Colonne», «Sale Corinthie», «Sale Egittie» (S. 36–42).
281 Vgl. Barbaro 1556 (wie Anm. 84), S. 171.
282 Vgl. unten, insbesondere die Ausführungen zu Frankreich.
283 Vgl. Le Corbusier [1928] (wie Anm. 235), S. 40 und S. 6: hier verbunden mit «Dieu a tout ordonné dans l'Univers» (vgl. oben) sowie der Definition: «Ordonnancer, acte émanant d'une autorité suprême.»
284 Vgl. [Abbé Laugier], *Essai sur l'Architecture*, Paris 1753, S. 121ff.: «Article VII. Des Edificies où l'on n'employe aucun ordre d'Architecture.»
285 Vgl. Le Corbusier [1928] (wie Anm. 235), S. 40.
286 Ebd.
287 Vgl. Piet Mondrian, *Le Néo-Plasticisme, Principe Générale de l'Equivalence Plastique*, Paris 1920, S. [1].
288 Ebd.
289 Vgl. Francesco Barozzi, Quaestio de Medietate Mathematicarum, in: ders., *Opusculum, in quo una Oratio, & duae Quaestiones [...]*, Padua 1560, fol. 34rff.; das Werklein bietet einen philosophiegeschichtlichen Abriss, wobei der besondere Hinweis auf Platon und die Geometrie – natürlich auch im Sinne von Le Corbusier und Mondrian – nicht fehlen kann: «Plato ex omnibus mathematicis disciplinis geometriam potissimum maxima ceteris scientjs afferre emolumenta, atque ob id ipsas ordine lectionis praecedere.» (fol. 39r).
290 Ebd., fol. 6vff.: fol. 7r. Das entsprach einer bedeutenden Streitfrage im Austausch mit Alessandro Piccolomini.
291 Vgl. Mathieu H. J. Schoenmaekers, *De Werldbouw*, Bussum 1926, S. 115; vgl. Werner Oechslin, «God werkt geometrisch» – 'Holländereien' einmal anders: kosmologisch, theosophisch und architektonisch, in: *Scholion*, 2008, 6 (im Erscheinen).
292 Vgl. Mondrian 1920 (wie Anm. 287), S. 5.
293 Ebd., S. 7.
294 Ebd., S. 9.
295 Vgl. Hans Richter/Werner Gräff, Editorial, in: *G, Material zur elementaren Gestaltung*, 1, 1923; vgl. auch im Folgenden: Werner Oechslin, «Not from an aestheticizing but from a general cultural point of view». Mies's Steady Resisteance to Formalism and Determinism: A Plea for Value-Criteria in Architecture, in: Phyllis Lambert (Hg.), *Mies in America*, Montréal/New York 2001, S. 22f.
296 Vgl. Fritz Höber, Das Kulturproblem der modernen Baukunst, in: *Zeitschrift für Ästhetik und allgemeine Kunstwissenschaft*, 13 (1918), S. 1.
297 Vgl. Peter Behrens, Über den Zusammenhang des baukünstlerischen Schaffens mit der Technik, in: *Kongress für Ästhetik und Allgemeine Kunstwissenschaft. Berlin 7.–9. Oktober 1913. Bericht*, Stuttgart 1914, S. 251ff., hier S. 257f.
298 Der Begriff bei Werner Hegemann, *Reihenhaus-Fassaden, Geschäfts- und Wohnhäuser aus alter und neuer Zeit*, Berlin 1929, S. 15.
299 Ebd., S. 5. Neben den Gefahren des «Fassaden-Denkens» erinnert Hegemann aber auch daran: «Es ist ein beliebter Wahn, im Altertum habe es kein 'Fassaden-Denken' gegeben.» (ebd.).
300 Ebd. S. 6f.
301 Ebd., S. 12f. Den Palazzo Chiericati zitiert Hegemann (ebd., S. 9) als «ein beschämendes Gegenbeispiel von vorgeklebter 'Fassade'».
302 Ebd., S. 15.
303 Ebd., S. 130, Abb. 263: M. M. Peretjatkowitsch, Russische Bank für Handel und Gewerbe.
304 Ebd., S. 17.
305 Vgl. Edwin Redslob (Einführung), in: E. M. Hajos/L[eopold] Zahn, *Berliner Architektur der Nachkriegszeit*, Berlin 1928, S. VIIff.
306 Vgl. Gustav Adolf Platz, *Die Baukunst der neuesten Zeit*, 2. Aufl. Berlin 1927, S. 78.
307 Vgl. Kurt Breysig, *Eindruckskunst und Ausdruckskunst*, Berlin 1927, S. 123f.
308 Vgl. Werner Oechslin, Palladio «moderno», in: Beltramini 1999 (wie Anm. 1), S. 101.
309 Vgl. Le Corbusier, Pérennité, in: *L'Esprit Nouveau*, [1923] Nr. 20, o. S.
310 Vgl. Heinrich Rickert, *Die Grenzen der naturwissenschaftlichen Begriffsbildung. Eine logische*

Einleitung in die historischen Wissenschaften, Tübingen/Leipzig 1902, S. 311.
311 Vgl. Barbaro 1556 (wie Anm. 84), S. 40 (im Zusammenhang mit dem Lob Palladios, vgl. oben).
312 Die Reduktion des (palladianischen) Interesses auf die Villa Rotonda und ihre Nachahmungen hat Tradition. Gerade in osteuropäischen Regionen fallen Villa-Rotonda-Paradigmen und architektonischer Klassizismus häufig genug zusammen, was mit der dort besonders akzentuierten Wirkung italienischer Modelle und oft eher mit dem Namen Quarenghis als mit demjenigen Palladios verknüpft ist. Auch das öfter als Musterbeispiel der Villa-Rotonda-Nachfolge geführte Palais Krolikarnia in Warschau (1786–1789) von Dominik Merlini zeigt nur eine der Facetten der reichen italienischen, französischen und englischen Bezüge im Werk dieses Architekten auf. Vgl. Wladyslaw Tatarkiewicz, *Dominik Merlini*, Warschau o. J. Andererseits hat sich die Palladianismus-Forschung nun einmal vorwiegend an das Muster nationaler Traditionen gehalten, was James Ackerman 1967 aus aktuellem Anlass und einen 'Palladio-Stil' voraussetzend dokumentierte (vgl. James S. Ackerman, *Palladio's Villas*, New York 1967, S. 28 Anm. 34): «A history of Palladianism gradually is being compiled in the successive volumes of the B.C.I.S.A. by scholars invited to the Center from the several countries affected by the style.»
313 Vgl. Leonhard Christoph Sturm, *Goldmanns Beschreibung Eines Italiänischen Lust-Hauses, Zu einem Anhang zu dem Tractat Von Fürstlichen Pallästen mit Erklärung ausgeführt*, [Augsburg] o. J., [S. 1].
314 Vgl. Nicolaus Goldmann, *Vollständige Anweisung zu der Civil Bau-Kunst, In welcher nicht nur die fünf Ordnungen, sampt den dazu gehörigen Fenster-Gesimsen, Kämpfern, Geländer-Docken und Bilder-Stühlen […] Alles aus den besten Überresten des Alterthums, auss den ausserlesensten Reguln Vitruvii, Vignolae, Scamozzi, Palladii und anderer zusammen gezogen […]*, hg. von Leonhard Christoph Sturm, Wolfenbüttel 1696; weitere Ausgaben: Braunschweig 1699, Leipzig 1708.
315 Vgl. Sturm o. J. (wie Anm. 313), [S. 1].
316 Vgl. Goldmann 1696 (wie Anm. 314), S. 148ff.: «Das XXIII. Capitel. Von den Wohnungen auf dem Lande.»
317 Ebd., S. 149.
318 Ebd.
319 Ebd.
320 Ebd.
321 Vgl. Sturm o. J. (wie Anm. 313), [S. 1]: «Erklärung durch Goldmanns eignes Exempel.»; jetzt: Jeroen Goudeau, *Nicolaus Goldmann en de wiskundige architectuurwetenschap*, Groningen 2005, S. 416ff. mit Abb. 18.20 dieser Skizzen gemäss dem Manuskript der Staatsbibliothek Berlin (Libr. pict. fol. A 71, fol. 268v).
322 Vgl. Leonhard Christoph Sturm, *Ein sehr nöthiges Haupt-Stuck Der vollständigen Anweisung Zu der Civil-Bau-Kunst, nach Nicolai Goldmanns Gründen Von Land-Wohnungen und Meyereyen, sonderlich vor die von Adel; Worinnen Goldmanns Worte ausführlich erkläret, auf die heutige Teutsche Praxin appliciret, mit vielen nöthigen Anmerckungen vermehret, und mit schönen und völlig ausgearbeiteten Kupffer-Tabellen erkläret werden*, Augsburg 1721.
323 Vgl. Sandrart 1694 (wie Anm. 127).
324 Vgl. Georg Andreas Böckler, *Die Baumeisterin Pallas, Oder Der in Teutschland erstandene Palladius, Das ist: Des vortrefflich italiänischen Baumeisters Andreae Palladii Zwey Bücher Von der Bau-Kunst […] Ins Teutsche nach dem Italiänischen übersetzet, Mit nothwendigen Additionibus und Notis, auch dazugehörigen Figuren erbaulich ausgerüstet […]*, Nürnberg 1698; vgl. dazu: Bernd Vollmar, *Die deutsche Palladio-Ausgabe des Georg Andreas Böckler Nürnberg 1698. Ein Beitrag zur Architekturtheorie des 17. Jahrhunderts*, Ansbach 1983.
325 Vgl. Böckler 1698 (wie Anm. 324), Verso des Vortitels.
326 Vgl. Goldmann 1696 (wie Anm. 314), Titel.
327 Vgl. Böckler 1698 (wie Anm. 324), Vorrede (b 4r).
328 Ebd., Vorrede (c 1r).
329 Vgl. Roland Fréart de Chambray, *Parallèle de l'Architecture Antique avec la Moderne: Avec un Recueil des dix principaux Autheurs qui ont écrit des cinq Ordres; Sçavoir, Palladio et Scamozzi, Serlio et Vignola, D. Barbaro et Cataneo, L. B. Alberti et Viola, Bullant et De Lorme, comparez entre eux […]*, Paris 1650.
330 Ebd., S. 20; [Roland Fréart de Chambray], *Parallèle de l'Architecture Antique et de la Moderne […] Seconde Edition*, Paris 1689, «Préface». Von dieser bei François Iollain l'ainé erschienenen und durchgängig gestochenenen Ausgabe ist die von Jombert ebenfalls als zweite Ausgabe bezeichnete Edition zu unterscheiden (Paris o. J.). Hier ist die separat gedruckte «Préface» dem Titel vorangesetzt und stellt sich in erster Linie als Ankündigung des Herausgebers dar («[…] & depuis plus de trente ans qu'on attend de la seconde édition, la rareté du Livre en a rendu le prix excessif.») Der Passus zu Palladio erscheint hier verkürzt.
331 Vgl. Böckler 1698 (wie Anm. 324), Vorrede (c 1v): «[…] und ist von der Categoria, welche die Italiäner Cicaloni nennen, welche immer schwätzen […].»
332 Ebd., Vorrede (c 2r).
333 Ebd., «Zuschrifft» (b 1r); datiert 24. 3. 1698; signiert «Unterthänig-gehorsamer Georg Andreas Endter.»
334 Vgl. J. C. V. [Johann Christoph Volkamer] *Nürnbergische Hesperides, Oder Gründliche Beschreibung Der Edlen Citronat, Citronen, und Pomerantzen Früchte […]*, Nürnberg 1708.
335 Vgl. Giovanni Battista Ferrari, *Hesperides sive de malorum aureorum Cultura et Usu Libri Quatuor*, Rom 1646.
336 Die die Editionsgeschichte der *Quattro Libri* häufig genug unberücksichtigt lassende Wirkungsgeschichte Palladios übersieht das meistens. Leonis in London und den Haag verlegte Folianten boten damals die präzisesten grafischen Dokumente zu Palladios Werken (vgl. oben und Harris 1990 (wie Anm. 51), S. 355ff.).
337 Vgl. zuletzt: Frank-Andreas Bechtoldt/Thomas Weiss (Hg.), *Weltbild Wörlitz, Entwurf einer Kulturlandschaft*, Wörlitz 1996.
338 Vgl. Pierre Le Muet, *Traicté des Galleries, Entrées, Salles, Antichambres, & Chambres […]*, Paris 1645 (angebunden an: ders., *Traicté des Cinq Ordres d'architecture desquels se sont servy les anciens. Traduit du Palladio*, Paris 1645). Diese Reihenfolge – aber nicht immer die Trennung – ist auch in den nachfolgenden Ausgaben und Übersetzungen beibehalten.
339 Vgl. Georg Andreas Böckler, *Compendium Architecturae Civilis*, Frankfurt a. M. 1648.
340 Vgl. *Architecture de Palladio, contenant Les cinq Ordres d'Architecture, suivant cet Auteur, ses observations sur la maniere de bien bâtir, & son Traité des grands Chemins & des Ponts, tant de charpente que de maçonnerie. Nouvelle Edition*, Paris 1764.
341 Vgl. B. W. P. L., Dem Hocherfahrnen unnd Sinnreichen Herrn Georg Andreas Böckler Ingenieur, in: Böckler 1648 (wie Anm. 339), o. S. (nach der Vorrede).
342 Vgl. Werner Oechslin, Le goût et les nations: débats, polémiques et jalousies au moment de la création des musées au XVIIIe siècle, in: Edouard Pommier (Hg.), *Les Musées en Europe à la veille de l'ouverture du Louvre, 3.-4. juin 1993*, Paris 1995, S. 365ff.
343 Vgl. Daniel Schwenter, *Geometriae Practicae Novae et Auctae Tractatus I. Darinnen auss rechtem Fundament gewiesen wird; wie man in der Geometria […]*, Nürnberg 1641.
344 Vgl. Daniel Schwenter, *Geometriae Practicae Novae et Auctae Libri IV […] durch Georgium Andream Böcklern […]*, Nürnberg 1667.
345 Vgl. Pierre Le Muet, *Traitté des Cinq Ordres D'Architecture dont se sont servi les Anciens. Traduit du Palladio […]*, Amsterdam 1682, Widmung («A Monsieur Jean Louis de Waldkirch»).
346 Vgl. Georg Andreas Böckler, *Architectura Curiosa Nova […] et in Latinam Linguam translata a Johanne Christophoro Sturmio*, Nürnberg [1664].
347 Vgl. Harris 1990 (wie Anm. 51), S. 352ff.; diese Kurzfassung Palladios aufgelistet unter den im Ausland erworbenen Büchern: vgl. Fiske Kimball, *Thomas Jefferson Architect, Original designs in the Coolidge Collection […]*, Boston 1916, hier New York 1968, S. 97; aber Jefferson besass natürlich auch Leonis und Fréart de Chambrays *Palladio* (ebd., S. 97f.).
348 Vgl. oben.
349 Vgl. Jean Le Blond, *Deux Exemples des Cinq Ordres de L'Architecture Antique, et des quatre plus Excelens autheurs qui en ont traité, Sçavoir, Palladio, Scamozzi, Serlio et Vignole […]*, Paris 1683; ders., *Paralelle des Cinq Ordres D'Architecture Tiré des exemples Antiques des plus excelens; et des quatre principaux auteurs modernes qui en ont écrit Scavoir Palladio, Scamozzi, Serlio et Vignole […]*, Paris 1710.
350 So in der Ausgabe: Godfrey Richards (Hg.), *The First Book of Architecture by Andrea Palladio translated out of Italian [...], With an Apendix touching Doors and Windows, By Pr. Le Muet […]*, London 1716, Taf. nach «Preface».
351 Vgl. Pierre Le Muet, *Maniere De Bastir Pour touttes sortes de personne […]*, Paris 1623; vgl. Claude Mignot, Introduction à la «Manière de Bâtir», Einleitung zum Reprint der Ausgabe von 1663/64, Paris 1981.
352 Le Muet 1623 (wie Anm 351), «Au Lecteur».
353 Vgl. Antoine Le Pautre, *Desseins de plusieurs Palais Plans & Elevations en Perspective Geometrique […]*, [Paris 1652]. Vollends klären die beiden Grundrisse («Plan du Second estage»; «Plan du Rez de Chossee»; zwei von insgesamt fünf Stichen) über die axiale Ausrichtung und über die unterschiedliche Gestaltung von vorn und hinten auf.
354 Vgl. [Charles-Antoine Jombert], *Les Oeuvres D'Architecture d'Anthoine Le Pautre […]*, Paris [vor 1706], S. 7 («Discours Second»).
355 Charles-Etienne Briseux, *Traité du Beau Essentiel dans les Arts, Appliqué particulièrement à l'Architecture, et démontré Physiquement et par l'Expérience. Avec Un traité des Proportions harmoniques […]*, Paris 1752. S. 9.
356 Vgl. *L'Architettura Di Andrea Palladio, Divisa in quattro Libri […] A Gl'Illustrissimi Signori Vidmani*, Venedig 1642.
357 Vgl. Roland Fréart de Chambray, *Les Quatre Livres de l'Architecture d'André Palladio. Mis en François*, Paris 1650, Widmung («A mes Tres-Chers Freres […] Paris, le premier de Iuin 1650 De Chambray»).
358 Ebd. (Anfang der Widmung).
359 Ebd., S. 148, S. 328 und S. 329; vgl. Frédérique Lemerle, A propos des trois planches de Palladio insérées par Fréart de Chambray dans sa tra-

duction des Quattro Libri, in: *Annali di architettura*, 1997, Bd. 9, S. 93ff.
360 Fréart de Chambray 1650 (wie Anm. 357), S. 328. Das Thema wird später bei Lodoli und Milizia vertieft.
361 Ebd., Widmung.
362 Ebd., Schlusssatz der Widmung.
363 Vgl. André Félibien, *Des Principes de l'Architecture, de la Sculpture, de la Peinture, et des autres Arts qui en dépendent [...]*, Paris 1676, S. 7.
364 Vgl. Louis Savot, *L'Architecture Françoise des Bastimens Particuliers [...] Avec des Figures & des Nottes de M. Blondel, Professeur, & Directeur de l'Académie Royale d'Architecture [...]*, Paris 1673, S. 345 Anm. b (und: ebd., Ausgabe von 1685, S. 346f. Anm. b).
365 Der letzte Satz lautet dann gleichsam stereotyp: «Cet Architecte peut passer pour le premier entre les modernes.» (Ebd.)
366 Vgl. Savot 1673 (wie Anm. 364), S. 160f.
367 Vgl. Abraham Bosse, *Traité des Pratiques Geometrales et Perspectives, enseignées dans l'Académie Royale de la Peinture et Sculpture*, Paris 1665, Taf. 67 und S. 119.
368 Vgl. François Blondel, *Cours d'Architecture enseigné dans l'Académie Royale d'Architecture, Première Partie*, Paris 1675, «Préface».
369 Ebd.
370 Ebd.
371 Ebd. Das steht offensichtlich nicht im Widerspruch (wie später bei Alessandro Pompei) zu der in der «Epistre Au Roy» dargestellten damaligen 'Barbarei': «L'Architecture [...] eut le malheur de tomber entre les mains d'Ouvriers ignorans».
372 Ebd., «Préface».
373 Bei Francesco Gasparoni (*Prose*, Rom 1841, S. 138) ist so die Linie Palladio-Perrault-Milizia entstanden und die bei Milizia und Visentini geführte Liste der «errori» und «licenze» auf 59 «abusi», Verstösse gegen die Regeln, erweitert worden.
374 Vgl. *Quattro Libri*, 1. Buch, 20. Kapitel, S. 52.
375 Vgl. oben und Oechslin 1994 (wie Anm. 254), S. 48ff.
376 Vgl. Blondel 1675 (wie Anm. 368), S. 95 («L'Ordre Ionique de Palladio»).
377 Vgl. Palladio 1570 (wie Anm. 87), S. 33.
378 Vgl. François Blondel, *Cours d'Architecture, Quatrième, Cinquième et Dernière Partie*, Paris 1683, «Livre Cinquième. De la Proportion des Parties de l'Architecture», S. 727.
379 Ebd., S. 738ff. (zu Palladios Bauten), S. 756 ff. (zu Ouvrard), S. 758 (Verweis auf Pythagoras).
380 Vgl. Briseux 1752 (wie Anm. 355), I. Die «Préface» stellt die Untersuchung in den Zusammenhang der «contestation qui s'éleva entre François Blondel et Claude Perrault»; im «Avant-Propos» antwortet der Autor vorab auf die einzeln aufgelisteten wichtigsten Thesen Perraults.
381 Ebd., S. 79ff. («Chapitre Troisième. Où l'on fait voir, que les grandes Architectes n'ont réglé les principaux corps de leurs Edifices sur les principes de l'Harmonie.»), Taf. 2–6 zu Palladio.
382 Ebd., Text der Taf. 6.
383 Ebd.
384 Vgl. dazu die differenzierten Analysen von Michel Gallet/Monique Mosser, Claude Mignot, Jean-Pierre Mouilleseaux, Daniel Rabreau, in: Il Palladianesimo in Francia. «Palladio vestito alla francese», in: *Palladio. La sua eredità nel mondo*, Ausst. Kat. Vicenza 1980, S. 193ff.
385 Vgl. Christian Baulez, Le nouveau Trianon, in: Michel Gallet/Yves Bottineau, *Les Gabriel*, Paris 1982, S. 168ff.
386 Vgl. Coussin [1822] (wie Anm. 34), S. 149ff.: «De l'Art Influencé par les Systèmes des Cinq Modes, appelés Toscan, Dorique, Ionique, Corinthien et Composite».
387 Vgl. oben. Coussin [1822] (wie Anm. 34)
388 Vgl. Ledoux 1804 (wie Anm. 12), S. 139, Erläuterung der «Maison du directeur».
389 Ebd., S. 149, Kommentar zur «Maison d'un Homme de Lettres».
390 Sammelband, Stiftung Bibliothek Werner Oechslin, Einsiedeln.
391 Vgl. J.-L.-G. Palaiseau, *La Ceinture de Paris, ou Recueil des Barrières qui entourent cette Capitale*, Paris [1819], Taf. 4.
392 Vgl. Aléxandre Sobro, *Traité des Cinq ordres d'Architecture d'André Palladio Mise en Parallèle avec ceux de Vignole*, Paris o. J., Taf. «51 bis», der Zusatz: «Corrigé, augmenté et mise au jour Par Alex. C. Architecte.».
393 Vgl. J. C. Huet, *Parallèle des Temples Anciens, Gothiques et Modernes*, Paris 1809, S. 58.
394 Vgl. Quatremère de Quincy 1832 (wie Anm. 2), S. 191ff., hier S. 196.
395 Ebd., S. 193.
396 Vgl. [Werner Hegemann], Aus der Amsterdamer Schreckenskammer, in: *Wasmuths Monatshefte für Architektur*, 1925, S. 147ff. Vgl. Werner Oechslin, Die Tabuisierung des russischen Beitrags zur modernen Architektur, in: ders., *Moderne entwerfen. Architektur und Kulturgeschichte*, Köln 1999, S. 269ff., hier S. 276 und Anm. 37.
397 Vgl. Oechslin 2008 (wie Anm. 291).
398 Berlages Urteil über die Basilica («Palladio's beste werk») in dem postumen Werk: Hendrik Petrus Berlage, *Het Wezen der Bouwkunst en haar geschiedenis*, Haarlem 1934, S. 162. Der Zusammenhang des Innenraums der Börse und der Vicentiner Basilica ist trotz der Äusserlichkeit dieses Vergleichs zum Topos der Berlage-Literatur geworden (vgl. beispielsweise: Manfred Bock, *Anfänge einer neuen Architektur. Berlages Beitrag zur architektonischen Kultur der Niederlande*, S'Gravenhage/Wiesbaden 1983, S. 368ff.).
399 Vgl. Marinus Jan Granpré Molière, *De Leer van het Schoone (Naar de Delftsche dictaten)*, Typoskript von J. E. Schoenmaekers, Sittard 1942/43, S. 80, Exemplar der Stiftung Bibliothek Werner Oechslin, Einsiedeln.
400 Vgl. Hendrik Petrus Berlage, *Grundlagen & Entwicklung der Architektur. Vier Vorträge gehalten im Kunstgewerbemuseum zu Zürich*, Rotterdam [1908].
401 Vgl. Jan Hessel de Groot, *Vormharmonie*, Amsterdam [1912], S. 115 und Fig. 18v.
402 Vgl. Jan Hessel de Groot, *Iets over Evenwicht in Architectuur*, Amsterdam o. J., S. [5], «Voorbericht».
403 Vgl. Mathieu H. J. Schoenmaekers, *Het Nieuwe Wereldbeeld*, Bussum 1915, S. 39.
404 Vgl. Samuel Jebb (Hg.), *Roger Bacon, Opus Majus*, London 1733, passim und S. 4 («De figura mundi cap. IX»): «Quoniam vero necesse est corpora mundi esse plura, & divisibilia, & quanta, oportet quod figurationem habeant debitum, ad hoc ut mundus consistat.»
405 Vgl. oben und Oechslin 2001 (wie Anm. 295); ders. 2005 (wie Anm. 4).
406 Vgl. Karl Scheffler, *Holland*, Leipzig 1930, S. 31.
407 Ebd., S. 54.
408 Es geht hier um nichts anderes als kulturgeschichtliche Typisierungen. Insofern vom Hang zu Abstraktion und 'Spekulation' die Rede ist, rücken natürlich Holland und Gegenreformation und mittelbar die intellektuelle Figur Scamozzis näher zusammen, was im Ansatz der Frage, weshalb in Holland gerade Scamozzi mehr als Palladio zum Bezugspunkt wird, ein Argument – zusätzlich zu den evidenten äusseren Umständen – hinzusetzt (vgl. dazu die Analysen in: Oechslin 1997 (wie Anm. 120)).
409 Die an die 'Nationalcharaktere' geknüpften Überlegungen drängen sich hier genauso auf wie die berühmten Max Weberschen Thesen, die ja längst auf die – spezifisch holländische – Bewegung von De Stijl Anwendung gefunden haben.
410 Vgl. Jacob van Campen, *Afbeelding van't Stadt Huys van Amsterdam, In dartigh Coopere Plaaten geordineert [...]*, Amsterdam 1661, S. 1.
411 Vgl. Koen Ottenheym, *Philips Vingboons*, Amsterdam/Zutphen 1989.
412 Vgl. Friedrich Mielke, *Potsdamer Baukunst. Das klassische Potsdam*, Frankfurt a. M. u. a. 1981, S. 48 und passim; vgl. auch: ders., *Das holländische Viertel in Potsdam*, Berlin 1960.
413 Gemäss der Widmung von Scamozzis *Idea dellla Architettura Universale* an Erzherzog Maximilian ist die architektonische Zielsetzung im Rahmen staatspolitischer Interessen umschrieben mit: «[...] ad honor d'Iddio, & a sicurezza de gli huomini, & altre degne materie, che cadono per conseguenza & in abbellimento del mondo». (vgl. Oechslin 1997 (wie Anm. 120), S. XIV).
414 Vgl. Antonio Possevino, *Bibliotheca Selecta de Ratione Studiorum [...]* Bd. 2, Köln 1607, S. 247.
415 Vgl. dazu: Oechslin 1997 (wie Anm. 120), S. XXVIIIff.; zu den entsprechenden Ausführungen Daniele Barbaros vgl. oben.
416 Dazu der Beitrag von Franco Barbieri zum Palladio-Kolloquium des CISA Vicenza im Mai 2008. Vgl. zu dieser 'alten' Frage des *scamozzism*: J. J. Terwen, Mag de bouwkunst van het Hollands classicisme 'palladians' genoemd worden?, in: *Nederlands Kunsthistorisch Jaarboek*, Teil 33, 1983, S. 169ff.
417 Vgl. Scamozzi 1615 (wie Anm. 277), I, S. 11 («Essendo vero, come fù detto, che l'Architettura sia Scienza speculativa [...]»).
418 Vgl. Oratio Lombardelli, *Della Eccellenza Libri Due*, Firenze 1578; zu dem Exemplar aus Scamozzis Besitz vgl. Oechslin 1997 (wie Anm. 120), S. XXIVff.
419 Vgl. Antonio Possevino, *Coltura de gl'Ingegni*, Vicenza 1598.
420 Ebd., S. 25.
421 Ebd., S. 41f.
422 Vgl. Simon Bosboom, *Kort Onderwys van de vyf Colomnen [...]*, Amsterdam o. J. (mit zweitem Titel: *Architectura, Vervattende in zig't Kort en bondig Onderwys van de 5 Colommen*); vgl.: W. Kuyper, *Dutch Classicist Architecture*, Delft 1980, S. 225f.
423 Vgl. Georg Galland, *Geschichte der Holländischen Baukunst und Bildnerei im Zeitalter der Renaissance, der nationalen Blüte und des Klassicismus*, Frankfurt a. M. 1890, S. 296.
424 Vgl. *Het Huys van L. en H. Trip*, [Amsterdam 1662]. Die Stiche – ohne Privileg, dafür mit zusätzlichen französischen Titeln – aufgenommen und mit einem neuen separaten Text ergänzt in der zweiten Werkausgabe: *De Gronden Afbeldingen en Beschryvingen der Aldervoornaamste en Aldernieuwste Gebouwen uyt alle die door Philippus Vingboons, Binnen Amsterdam in de nieuwe Vergrooting, en daar na aldaar en elders geordonneerd zyn*, Leiden 1715.
425 Wie Anm. 424. Die Ausgaben von 1648 und 1674 («Tweede Deel») – ohne Tripshaus – in: Ottenheym 1989 (wie Anm. 411), S. 185ff.
426 Vgl. Peter Paul Rubens, *Palazzi Antichi di Genova, Raccolti e designati da Pietro Paolo Rubens* [1622], hier Antwerpen 1652.
427 Vgl. Werner Oechslin, Rubens' Palazzi di Genova und die Modernisierung der Welt, in: Piet Lombaerde (Hg.), *The Reception of P. P. Rubens's Palazzi di Genova during the 17th century in Europe: Questions and Problems*, Turnhout 2002, S. IXff. («Preface»).

428 Vgl. *La ij Parte dell Architetura dell Vignola […] Het tweede deel van de Architectura van Vignola als van andre beroemde meesters geteeckent*, in: *Regola de'Cinque Ordini d'Architettura, Di M. Giacomo Barozzio da Vignola. Con la nuova aggionta di Michael-Angelo Buonaroto. Regel vande vijf Ordens […]*, Amsterdam 1642.
429 Vgl. Bosboom o. J. (wie Anm. 422), S. 4.
430 Vgl. Pierre Post, *Les Ouvrages d'Architecture ordonnez […]*, Leiden 1715, «L'Imprimeur au Lecteur. La satisfaction & le plaisir que je trouve depuis longs tems […] m'ont incité à publier en françois les Oeuvres du celebre Vincent Scamozzi […].»
431 Vgl. Colen Campbell, *Vitruvius Britannicus, or The British Architect, Containing The Plans, Elevations, and Sections of the Regular Buildings both Publick and Private , in Great Britain […]*, I, London 1715, «Introduction».
432 Ebd. (erster Abschnitt).
433 Vgl. dazu und im Folgenden: Oechslin 1995 (wie Anm. 342), S. 367ff., hier S. 373ff.
434 Vgl. John Gwynn, *Essay on Design. Including Proposals for Erecting a Public Academy […] For Educating the British Youth in Drawing, And the several Arts depending thereon*, London 1749.
435 Ebd., S. 13.
436 Ebd., S. 15.
437 Vgl. Campbell 1715 (wie Anm. 431) «Introduction».
438 Ebd.
439 Ebd., S. [3], Text zu Taf. 8–9.
440 Ebd., «Introduction».
441 Vgl. [Horatio] Walpole, *An Answer To the latter Part of Lord Bolingbroke's Letters on the Study of History […]*, London 1762, S. 132f. und S. 200f.
442 Vgl. *Tractatus Pacis & Amicitie inter […] Annam […] reginam […] ac Philippum V. […] Regem […]; Treaty of Peace and Friendship […]*, London 1714, S. 108.
443 Vgl. Emanuel de Size, *Histoire du Whigisme et du Torisme […]*, Leipzig/Amsterdam 1717, S. 1ff.
444 Vgl. John Moore, *View of Society and Manners in France, Switzerland, and Germany […]*, I, London 1781, S. 34f.
445 Ebd., S. 35.
446 Vgl. ebd., S. 3.
447 Vgl. ebd., S. 296 und S. 18.
448 Vgl. Henry Wotton, *The State of Christendom: Giving A Perfect and Exact Discovery of many Political Interregues and Secret Mysteries of State practised in most of the Courts of Europe […]*, London 1667, S. 1ff. (S. 4: «This is in brief the open and hidden Idea of the present estate of Christendome […].»)
449 Vgl. William Coxe, *Memoirs of the Life and Administration of Sir Robert Walpole, Earl of Orford*, I, London 1798, S. 59.
450 Der prominente Sitz der Walpoles in Houghton und der 'Fall Ripley' belegen zur Genüge, dass sich ausserhalb der engsten Kreise (um Lord Burlington insbesondere) der Palladianismus keineswegs als einheitliche Bewegung durchsetzte, sondern verschiedensten Interessen und Strömungen ausgeliefert war. Zu Recht spricht John Harris deshalb von den «Palladians» und grenzt andererseits das Phänomen auf die konkreten Zirkel ein (vgl. John Harris, *The Palladians*, London 1981; ders., *The Palladian Revival. Lord Burlington, His Villa and Garden at Chiswick*, New Haven/London 1994). Eine ausgewogene Darstellung bietet nach wie vor: John Summerson, *Architecture in Britain 1530 to 1830*, 1953, hier Harmondsworth 1969 (= Pelican History of Art), S. 189ff. Zu Houghton, Campbell, Ripley und auch Gibbs siehe u. a.: Terry Friedman, *James Gibbs*, New Haven/London 1984, S. 105f.; Howard E. Stutchbury, *The Architecture of Colen Campbell*, Cambridge/Mass. 1967, S. 51ff. Popes Verse auf Ripley in: Horace Walpole, *Anecdotes of Painting in England; With some Account of the principal Artists […]*, IV, Strawberry-Hill 1771, S. 106.
451 Vgl. Isaac Ware, *The Plans, Elevations, and Sections; Chimney-Pieces, and Cielings of Houghton in Norfolk; The Seat of the R.t Honourable S.r Robert Walpole; First Lord Commissioner of the Treasury, Chancellor of the Exchequer, and Kn.t of the Most Noble Order of the Garter*, o. O. 1735.
452 Vgl. Walpole 1771 (wie Anm. 450) S. 44.
453 Ebd., S. 47.
454 Vgl. Horace Walpole, *Aedes Walpolianae: or, a Description of the Collection of Pictures at Houghton-Hall in Norfolk […], The Second Edition with Additions*, London 1752.
455 Ebd., S. VI.
456 Vgl. unten.
457 Vgl. Walpole 1771 (wie Anm. 450), S. 104.
458 Ebd., S. 108 und S. 111.
459 Ebd., S. 112.
460 Vgl. Jonathan Richardson, *Two Discourses. I. An Essay On the whole Art of Criticism as it relates to Painting […], II. An Argument in behalf of the Science of a Connoisseur; Wherein is shewn the Dignity, Certainty, Pleasure, and Advantage of it*, London 1719; zu Jonathan Richardson siehe: Irene Haberland, *Jonathan Richardson (1666–1745). Die Begründung der Kunstkennerschaft*, Bonn 1989; Carol Gibson-Wood, *Jonathan Richardson. Art Theorist of the English Enlightenment*, New Haven/London 2000.
461 Vgl. Anthony Earl of Shaftesbury, *Characteristicks of Men, Manners, Opinions, Times […], The Second Edition Corrected*, [London] 1714, I, S. 9 («A Letter concerning Enthusiasm»; 1707).
462 Vgl. «Treatise III., Soliloquy: or Advice to an Author» (1710), ebd., S. 150ff., hier S. 236 und S. 332f., Zitat S. 333.
463 Ebd., S. 338.
464 Vgl. «Of the Goodness of a Picture», Richardson 1719 (wie Anm. 460), I, S. 11ff., hier S. 33.
465 Vgl. «Of Originals and Coppies», ebd., S. 150ff., hier S. 179.
466 Vgl. Colen Campbell, *Vitruvius Britannicus […]*, II, London 1717, S. 4 (zu Taf. 86).
467 Ebd., S. 5 (zu Taf. 89–90).
468 Ebd.
469 Ebd., Taf. 41–42 und Kommentar S. 2: «[…] In the second Plate is the Front with a Rustick Basement and two Orders of Pilasters in the Theatrical Style, which admits of more Gayety than is proper either for the Temple or Palatial Stile.»
470 Ebd., S. 5 (zu Taf. 91–92).
471 Campbell 1715 (wie Anm. 431), Taf. 20 («[…] of my own Invention in the Style of Inigo Jones»). Der Kommentar (S. 4; «A new Design for the Duke of Argyle») gibt hier zusätzliche stilistische Angaben: «The Windows are dress'd in the Palladian manner»; «[…] I have endeavoured to reconcile the Beauty of an Arcade in the ancient Buildings with the Conveniency of the Moderns […].»
472 Das – zerstörte – Wanstead gilt zu Recht als ein Gründungsbau des britischen Palladianismus. Vgl. u. a. Harris 1981 (wie Anm. 450), S. 16ff.; Stutchbury 1967 (wie Anm. 450), S. 27ff.
473 Vgl. Campbell 1715 (wie Anm. 431), S. 4 (Text zu Taf. 23–27).
474 Vgl. Robert Morris, *Select Architecture: Being Regular Designs of Plans and Elevations […]*, London 1757. (Die nachfolgenden Zitate aus der «Preface».)
475 Vgl. oben und Harris 1990 (wie Anm. 51), S. 355ff.
476 Vgl. Nicholas Du Bois, The Translator's Preface, in: Leoni 1715 (wie Anm. 72).
477 Ebd.
478 Vgl. Harris 1990 (wie Anm. 51), S. 359ff.
479 Vgl. Giovanni Montenari, *Del Teatro Olimpico di Andrea Palladio in Vicenza Discorso […] Seconda Edizione […]*, Padua 1749, «Prefazione» («[…] Non voglio mancar di dire, come de' varj disegni lasciati del Palladio una buona raccolta in Londra si è fatta a'giorni nostri pel Milord Conte di Burlington […]».).
480 Vgl. Werner Oechslin, «Philosophemur»: zu Henry Wottons 'Elements of Architecture' (1624), in: Loredana Olivato/Giuseppe Barbieri (Hg.), *Lezioni di metodo. Studi in onore di Lionello Puppi*, Vicenza 2002, S. 251ff., hier S. 263.
481 Vgl. John Martin Robinson (Hg.), *Thomas Howard, 14th Earl of Arundel, Remembrances of things worth seeing in Italy given to John Evelyn 25 april 1646*, [London] 1987.
482 Ebd., S. 23.
483 Vgl. William Kent, *The Designs of Inigo Jones, Consisting of Plans and Elevations For Publick and Private Buildings*, Bd. 1, [London] 1727, «Advertisement».
484 Ebd.
485 Vgl. Alexander Pope, *An Epistle to the Right Honourable Richard Earl of Burlington. Occasion'd by his Publishing Palladio's Designs of the Baths, Arches, Theaters, &c. of Ancient Rome*, London 1731.
486 Vgl. Alexander Pope, *Of False Taste. A Epistle to the Right Honourable Richard Earl of Burlington. Occasion'd by his Publishing […] The Third Edition*, London 1731.
487 Vgl. John Trusler, *The Works of William Hogarth*, I, London o. J., S. 65f. (Burlington Gate); ebd., II, S. [231] (The Man of Taste).
488 Vgl. Legrand 1809 (wie Anm. 274), S. 263.
489 Vgl. u. a. Desmond Guinness/Julius Trousdale Sadler, *Mr. Jefferson Architect*, New York 1973.
490 Vgl. John Brown, *Essays on the Characteristics*, London («Second Edition») 1751, S. 194.
491 Vgl. M. J.-A. Borgnis, *Traité élémentaire de Construction appliquée à l'Architecture Civile […], Atlas*, Brüssel 1840, Taf. XXI (mit der Villa Barbaro in Fratta Polesine gemäss Durands «Maison d'Italie par Palladio»).
492 Vgl. Jean-Nicolas-Louis Durand [1802] (wie Anm. 206), , S. 85.
493 Ebd., S. 86.
494 Bekanntlich stellt Vitruv die zeichnerischen Darstellungsformen von «ichnographia», «orthographia» und «scenographia» bei der Erläuterung des Begriffs der «dispositio» vor (Vitruv, I, II, 2).
495 Vgl. Legrand 1809 (wie Anm. 274), S. 260.
496 Ebd., S. 262.
497 Vgl. Carl Ferdinand von Ehrenberg, Republikanische Einfachheit im Bauwesen, in: *Zeitschrift für das gesamte Bauwesen*, 3 (1839), S. 95f.; vgl. dazu: Werner Oechslin, «Einfach, edel, dabei dem Zweck entsprechend»: eine moderne, klassische und «republikanische» Version der Baukunst – Melchior Berri 1801–1854, in: Dorothee Huber/Doris Huggel (Hg.), *Melchior Berri 1801–1854, Architekt des Klassizismus*, Basel 2001, S. 43–61.
498 Vgl. Artikel «Palladio», in: Carl Ferdinand von Ehrenberg/Eduard Knoblauch/L. Hoffmann, *Baulexikon. Erklärung der im gesammten Bauwesen am häufigsten vorkommenden technischen- und Kunstausdrücke*, Frankfurt a. M. 1854, S. 494.
499 Vgl. Francesco Milizia, *Memorie degli architetti antichi e moderni, quarta edizione accresciuta e corretta dallo stesso autore*, II, Bassano 1785, S. 309ff. («Conclusione»).

500 Vgl. Joseph Forsyth, *Remarks on Antiquities, Arts, and Letters during an excursion in Italy, third edition*, II, London 1824, S. 129.
501 Vgl. Berlage [1908] (wie Anm. 400), S. 74f.
502 Vom Original unterscheidet sich diese Ausgabe lediglich durch die anstelle der Holzschnitte verwandte Kupferstichtechnik. Vgl. Frances Vivian, *Il Console Smith mercante e collezionista*, Vicenza 1971, S. 59 und S. 125ff.
503 Vgl. Palladio 1570 (wie Anm. 87) 2. Buch, S. 66.
504 Vgl. Ottavio Bertotti Scamozzi, *Les bâtimens et les desseins de André Palladio, deuxième edition*, Bd. IV, Vicenza 1786, Taf. XLVII und XLVIII.
505 Ebd., Taf. XLIX.
506 Vgl. Colin Rowe, The Mathematics of the Ideal Villa. Palladio and Le Corbusier compared, in: *Architectural Review*, 1947, CI, 603, S. 101 und 104.
507 Vgl. Le Corbusier 1923 (wie Anm. 309), o. S.
508 Vgl. Ozenfant/Jeanneret o. J. (wie Anm. 4), S. 38ff.
509 Vgl. Quatremère de Quincy 1832 (wie Anm. 2), Artikel «Palladio», S. 196.
510 Vgl. [Henry Aldrich], *Artis Logicae Rudimenta*. Oxford 1820, S. 5.
511 Vgl. Henry Aldrich, *The Elements of Civil Architecture, according to Viruvius and other Ancients and the most approved Practice of Modern Authors, especially Palladio […] translated by […] Philip Smyth […]*, Oxford 1839, S. LIX.
512 Vgl. Francesco Milizia, *Roma delle Belle Arti del Disegno. Parte Prima Dell'Architettura Civile*, Bassano 1787, S. 198.
513 Vgl. Francesco Milizia, *Saggio di Architettura Civile e Lettere risguardanti le Belle Arti, Opere Complete*, Bd. IX, Bologna 1827, S. 256 f.
514 Hier zitiert nach einem Vortrag von Hannes Böhringer, *Die Neue Nationalgalerie und das Alte Museum*.
515 Vgl. Werner Oechslin, Auf der Suche nach dem 'wahren Stil'. Die Unterscheidung von 'richtig' und 'falsch' bei den Rigoristen, in: *Daidalos*, 8, 1983, S. 21ff.
516 So beispielsweise: Arnold Whittick, *Eric Mendelsohn*, London [1939], S. 20. Dort aber auch die Korrektur: «But here is a case where the artist's originality and feeling triumphed over the convictions of the scholar.»
517 Vgl. Giovanni Battista Cipriani, *I Cinque Ordini dell'Architettura di Andrea Palladio illustrati e ridotto a metodo facile […]*, Rom 1801.
518 Vgl. Karl Marzell Heigelin, *Lehrbuch der Höheren Baukunst für Deutsche*, Bd. 1, Leipzig [1828], Zueignung an Ludwig Zanth.
519 Ebd., S. 4.
520 Vgl. Hendrik Petrus Berlage, *L'Art et la Société*, 1913/1914, hier Brüssel 1921, Legende zu Abb. 14, Taf. nach S. 10.
521 Vgl. Le Corbusier, *Vers une Architecture*, Paris [1923], S. 11f.: «Trois Rappels à Messieurs les Architectes».
522 Vgl. [Laugier] 1753 (wie Anm. 284), S. 121ff.; vgl. dazu: Werner Oechslin, *Stilhülse und Kern*, Zürich/Berlin 1994, S. 40f.
523 Vgl. Jacques-François Blondel, *Cours d'Architecture […]*, IV, Paris 1773, S. 393ff.: Im Text lautet die Bezeichnung «plan par masse»; in der Abbildung zu Strassburg (Taf. LI) findet sich auch die Bezeichnung «plan par masses».
524 Ebd., S. 192ff. und Taf. XXXVII (Palladio) und Taf. XXXXVIII (Scamozzi).
525 Ebd., S. XLIX («Dissertation sur différents parties de l'Architecture. Moyen de concevoir en quoi consiste le talent, le goût et le génie du véritable architecte.»)
526 Vgl. Cornelius Gurlitt, *Geschichte des Barockstiles und des Rococo in Deutschland*, Stuttgart 1889, S. 31.
527 Vgl. Karl Scheffler, *Deutsche Kunst*, Berlin 1915, S. 36.
528 Vgl. Fritz Hoeber, *Peter Behrens*, München 1913, S. 1.
529 Vgl. Gurlitt 1889 (wie Anm. 526), S. 120.
530 Vgl. Hoeber 1913 (wie Anm. 528), S. 1: hier zweifelsohne mit Bezug auf die Werkbund-Parole der «Durchgeistigung».
531 Vgl. Fritz Hoeber, *Die Kunst Peter Behrens*, o. O. [1909], o. S.
532 Ebd., o. S.
533 Vgl. Behrens 1914 (wie Anm. 297), S. 251ff.
534 Ebd., S. 257.
535 Vgl. Franz Mannheimer, A.E.G.-Bauten, in: *Die Kunst in Industrie und Handel*, Jena 1913 (= Jahrbuch des Deutschen Werkbundes, 1913), S. 33ff., hier S. 35.
536 Vgl. Walter Curt Behrendt, *Alfred Messel*, Berlin 1911, S. 127ff.
537 Ebd., S. 132.
538 Ebd., S. 134.
539 Vgl. dazu u. a.: Werner Oechslin, Le Corbusier und Deutschland: 1910/1911, in: ders. 1999 (wie Anm. 396), S. 172ff.
540 Vgl. Behrendt 1911 (wie Anm. 536) S. 70.
541 Ebd., S. 94.
542 Ebd., S. 93.
543 Ebd., S. 100.
544 Ebd., S. 101.
545 Ebd.
546 Vgl. Cornelius Gurlitt (Hg.), *Bibliothek alter Meister der Baukunst zum Gebrauch für Architekten*, Bd. 1: *Andrea Palladio*, Berlin 1914, Taf. 44.
547 Vgl. Behrendt 1911 (wie Anm. 536), S. 109f.
548 Vgl. Gurlitt 1914 (wie Anm. 546), S. X.
549 Vgl. Paul Schultze-Naumburg, *Kulturarbeiten*, Bd. V: *Kleinbürgerhäuser*, 2. verm. Aufl. München 1911, Vorwort.
550 Vgl. Claudia Dornberger, Postmoderne – ein neuer Historismus, in: *Renaissance der Renaissance, ein bürgerlicher Kunststil im 19. Jahrhundert*, München/Berlin 1995, S. 189ff., hier S. 200.
551 Vgl. Friedrich Ostendorf, *Sechs Bücher vom Bauen*, Bd. 1: *Einführung*, 2. veränd. und verm. Aufl. Berlin 1914, S. 42ff.
552 Vgl. Paul Klopfer, *Von Palladio bis Schinkel. Eine Charakteristik der Baukunst des Klassizismus*, Esslingen 1911, S. IX (Vorwort).
553 Ebd., S. 5.
554 Vgl. dazu und im Folgenden: Werner Oechslin, Klassisch und modern: um 1933, in: Wolf-Dieter Heilmeyer (Hg.), *Die Griechische Klassik, Idee oder Wirklichkeit*, Ausst. Kat. Berlin/Bonn 2002, S. 61ff.
555 Vgl. Hans Rose, *Klassik als künstlerische Denkform des Abendlandes*, München 1937.
556 Vgl. Heinrich Wölfflin, *Italien und das deutsche Formgefühl*, München 1931, S. 157ff.
557 Ebd., S. 158.
558 Ebd.
559 Vgl. Oechslin 2002 (wie Anm. 554).
560 Vgl. Wittkower 1949 (wie Anm. 46); vgl. dazu: Henry A. Millon, Rudolf Wittkower, Architectural Principles in the Age of Humanism. Its influence on the Development and Interpretation of Modern Architecture, in: *Journal of the Society of Architectural Historians*, 1972, Bd. 31, S. 83ff.
561 Vgl. dazu und im Folgenden: Oechslin 2005 (wie Anm. 198), S. 11ff., hier S. 20ff.: «Palladianismen – 'Systematic study of art-history' und Wittkowers Vermächtnis».
562 Vgl. Reyner Banham, The New Brutalism, in: *Architectural Review*, 1955, Bd. 118, Nr. 708, S. 355ff., Legende zur Abbildung S. 360.
563 Vgl. Alison und Peter Smithson, The New Brutalism, in: *The Architectural Digest*, 1955, Januar, o. S.
564 Banham 1955 (wie Anm. 562), S. 158f.
565 Vgl. James Stirling, Garches to Jaoul, in: *The Architectural Review*, 1955, Bd. 118, Nr. 705, S. 145ff.
566 Vgl. Colin Rowe, Two Italian Encounters, in: Alexander Caragonne (Hg.), *Colin Rowe, As I was saying: recollections and miscellaneous essays*, I, Cambridge, Mass./London 1996, S. 3ff., hier S. 9; vgl. Oechslin 2005 (wie Anm. 198), S. 12ff.
567 Vgl. Banham 1955 (wie Anm. 562), S. 356.
568 Vgl. Rowe 1947 (wie Anm. 506), S. 101ff., hier S. 101.
569 Vgl. oben und Werner Oechslin, Transparenz: Die Suche nach einer verlässlichen Entwurfsmethode nach den Prinzipien der modernen Architektur, in: Colin Rowe/Robert Slutzky, *Transparenz*, 4. erw. Aufl. Basel 1997, S. 9f.
570 Vgl. Peter Eisenman, The End of the Classical: the End of the End of the Beginning, the End of the End, in: *Perspecta* 11, 1984, S. 155.
571 Vgl. Millon 1972 (wie Anm. 560), S. 91; vgl. Werner Oechslin, Gegen die 'Emphasis of History': Klassisch!, in: ders. 2005 (wie Anm. 198), S. 40ff.
572 Vgl. Ulrich Frantzen (Hg.), *Education of an architect: a point of view*, Ausst. Kat. New York 1971, S. 5 («Introduction»).
573 Ebd.
574 Vgl. Hermann Muthesius, Wo stehen wir? Vortrag gehalten auf der Jahresversammlung des deutschen Werkbundes in Dresden 1911, in: *Jahrbuch des Deutschen Werkbundes 1912*, Jena 1912, S. 14.
575 Vgl. John Hejduk, The Nine-Square Problem, in: Frantzen 1971 (wie Anm. 572), S. 7ff.
576 Vgl. Collage/Daniel Libeskind, in: Frantzen 1971 (wie Anm. 572), S. 280f.
577 Vgl. Fritz Burger, *Die Villen des Andrea Palladio. Ein Beitrag zur Entwicklungsgeschichte der Renaissance-Architektur*, Leipzig [1909], o. S. (Vorwort).
578 Ebd., S. 1 (Einführung).
579 Vgl. Paolo Portoghesi (Hg.), *La Presenza del Passato. Prima mostra internazionale di architettura. La Biennale di Venezia 1980*, Mailand 1980.
580 Ein Streitgespräch zwischen Paolo Portoghesi und Bruno Zevi in *L'Espresso* wurde damals unter den Titel *Facciatisti e facciatosti* gestellt.
581 Vgl. Helen Searing (Hg.), *Speaking a new Classicism: American Architecture now*, Ausst. Kat. Northampton/Mass.
582 Vgl. Henry Hope Reed, The Classical Tradition in modern times: a personal assessment, in: Searing 1981 (wie Anm. 581) S. 23ff.
583 Vgl. Charles Chetham, Acknowledgments, in: Searing 1981 (wie Anm. 581), S. 7.
584 Vgl. Ernst Stockmeyer, Mass und Zahl in der Baukunst, in: *Werk*, 1943, S. 353ff.
585 Vgl. Jürgen Joedicke, *Raum und Form in der Architektur. Über den behutsamen Umgang mit der Vergangenheit*, Stuttgart 1985.
586 Vgl. Gerd Neumann, Aus Wahrheit und Lüge ein Drittes: Das erborgte Dasein der Architektur, in: *Daidalos*, 1, 1981, S. 74ff.
587 Vgl. Johannes Uhl (Hg.), *Kleine Häuser – Grosse Häuser. Variationen von Einzelhäusern in der Reihe*, Berlin 1979, o. S.
588 Vgl. Michael Brinitzer, *Blick zurück auf Palladio durch die Brille von Roy Lichtenstein*, Frankfurt a. M. 1982.
589 Vgl. Ulrich Maximilian Schumann, Villa Quadrata von Oswald Mathias Ungers, in: Vittorio Magnago Lampugnani/Annette Becker (Hg.), *Architektur Jahrbuch 1993*, München 1993, S. 144ff.
590 Vgl. Werner Oechslin, Die Architekturauffassung Palladios und ihre Aktualität, in: *Neue Heimat Monatshefte*, 1981, 1, S. 34ff.

Bibliografische Notiz

Die Literatur zum Thema des Palladianismus ist ausufernd und weit, gleichwohl bei näherem Hinsehen überraschenderweise doch eher spärlich. Die Anmerkungen beschränken sich hier deshalb auf das Wesentliche, dienen dem Beleg der angeführten Quellen und nennen weiterführende Literatur sowie – in dieser Absicht – anderweitige Studien des Verfassers. Es sei daher generell auf das Schrifttum zu Palladio verwiesen und so auch auf das *Bollettino del Centro Internazionale di Studi di Architettura Andrea Palladio* (CISA), das 1970 Band XII dem Thema *La fortuna del Palladio* widmete und den Blick auf die Wirkungsgeschichte Palladios nach Nationen eröffnete. Palladianismus gelangte als Teil der vom CISA 1973 organisierten Ausstellung (Renato Cevese u. a., *Mostra del Palladio*, Milano 1973) mit einem zugehörigen Text von Peter Murray (S. 155ff.) zur Darstellung. 1980 folgte die vom CISA in Vicenza organisierte Ausstellung, die ausschliesslich der «Eredità» gewidmet war (*Palladio: la sua eredità nel mondo*, Milano 1980) und als bisher umfassendste Untersuchung zu gelten hat. Erik Forssman schrieb aus diesem Anlass in einem einleitenden Text (*Il Palladianesimo: un tentativo di definizione*): «Il Palladianesimo europeo ha una sua storia che non è stata ancora scritta: ma forse è addirittura impossibile descrivere isolatamente un simile fenomeno, che può manifestarsi in ogni momento e in ogni luogo e che presenta troppi aspetti differenti.» 1999 veranstaltete das CISA eine weitere einschlägige Ausstellung, *Palladio nel Nord Europa. Libri, viaggiatori, architetti*, der die von Jürgen Bracker organisierte Schau im Museum für Hamburgische Geschichte vorausging (*Die Erben Palladios in Nordeuropa*, Hamburg 1997). Zu der italienischen Ausstellung legte der Autor die Studie *'C'est du Palladio': un avvicinamento al fenomeno del Palladianesimo* vor, die Ausgangspunkt der vorliegenden Schrift ist.

Zusätzlich zu den im Text erwähnten Quellen, von denen die Analyse in erster Linie ausgeht, seien die folgenden wichtigsten bibliografischen Hinweise gegeben. Für die Vicentiner Bauten in der Nachfolge Palladios bleibt die Darstellung von Franco Barbieri, *Illuministi e Neoclassici a Vicenza* (Vicenza 1972) verbindlich; siehe auch: Franco Barbieri, *Architetture Palladiane* (Vicenza 1992).

Am reichsten ist aus naheliegenden Gründen das Schrifttum zum englischen Palladianismus: Das Phänomen findet als obligater Teil der britischen Architekturgeschichte überhaupt genauso in Handbüchern (John Summerson, *Architecture in Britain 1530 to 1830*, Hardmonsworth 1953, 4. überarb. und erw. Aufl. 1963) wie auch in einer Vielzahl von Einzeluntersuchungen seine ausführliche Behandlung. Immer noch empfehlenswert sind die einschlägigen Forschungen von Rudolf Wittkower, zusammengefasst in: Rudolf Wittkower, *Palladio and English Palladianism* (London 1974). Die bedeutendsten neueren Beiträge stammen von John Harris, der einerseits von den «Palladians» (John Harris, *The Palladians*, London 1981), andererseits vom «Palladian Revival» spricht (John Harris, *The Palladian Revival. Lord Burlington, His Villa and Garden at Chiswick*, New Haven/London 1995). Aus englischer – und nordamerikanischer – Sicht ist die Darstellung von Robert Tavernor, *Palladio and Palladianism* (London 1991) verfasst.

Ähnlich deutlich ist die Nachwirkung Palladios – und Scamozzis – in der holländischen Architekturgeschichtsschreibung integriert: ausgehend von der Gesamtdarstellung von Georg Galland, *Geschichte der Holländischen Baukunst und Bildnerei im Zeitalter der Renaissance, der nationalen Blüte und des Klassicismus* (Frankfurt a. M. 1890) zu den Darstellungen von E. H. Ter Kuile (in: Jakob Rosenberg u. a., *Dutch Art and Architecture 1600 to 1800*, Hardmonsworth 1966) und W. Kuyper (*Dutch Classicist Architecture. A Survey of Dutch Architecture, Gardens and Anglo-Dutch Architectural Relations from 1625 to 1700*, Leiden 1980). Besonders nützlich sind die Untersuchungen von Koen Ottenheym wie seine Monografie *Philips Vingboons (1607–1678) Architect* (Amsterdam 1989).

In der einschlägigen Literatur zur französischen Architekturgeschichte wird Palladio – so auch in der monumentalen *Histoire de l'Architecture classique en France* von Louis Hautecoeur – stets berücksichtigt, jedoch kaum je als eigenständiges Problem gesehen oder zusammengefasst. Die löbliche Ausnahme bilden die Beiträge von Michel Gallet und Monique Mosser, Claude Mignot, Jean-Pierre Mouilleseaux, Daniel Rabreau im zitierten Katalog *Palladio: la sua eredità nel mondo* (Milano 1980, S. 193–221).

Zu den hier behandelten Aspekten der palladianischen Nachfolge in Deutschland seien hervorgehoben: Jeroen Goudeau, *Nicolaus Goldmann (1611–1665) en de wiskundige architectuurwetenschap* (Groningen 2005); Bernd Vollmar, *Die deutsche Palladio-Ausgabe des Georg Andreas Böckler Nürnberg 1698. Ein Beitrag zur Architekturtheorie des 19. Jahrhunderts* (Ansbach 1983) sowie der Faksimile-Neudruck von Böcklers *Baumeisterin Pallas oder der in Teutschland erstandene Palladius* mit einer Einführung von Bernd Vollmar (Nördlingen 1991); Frank-Andreas Bechtoldt und Thomas Weiss (Hg.), *Weltbild Wörlitz. Entwurf einer Kultur-*

landschaft (Wörlitz 1996) mit den Beiträgen von Erik Forssman, *Erdmansdorff und die Architekturtheorie der Aufklärung* (S. 99–115) und Hubertus Günther, *Anglo-Klassizismus, Antikenrezeption, Neugotik in Wörlitz* (S. 131–161).

Unabdingbar sind die Untersuchungen zum Schrifttum Palladios und zur Editionsgeschichte der *Quattro Libri* insbesondere, ausgehend vom Beitrag von Lionello Puppi im Katalog von 1973 (*Bibliografia e Letteratura Palladiana*, S. 171–190), fortgeführt in der Ausstellung *Andrea Palladio: il testo, l'immagine, la città* (Lionello Puppi u. a., Milano 1980). Für die englischen Quellen ist äusserst verdienstvoll: Eileen Harris (und Nicolas Savage), *British Architectural Books and Writers 1556–1785*, Cambridge 1990; John Archer, *The Literature of British Domestic Architecture 1715–1842*, Cambridge, Mass./London 1985 sowie: Robin Middleton u. a., *British Books,* Washington/New York 1998 (= The Mark J. Millard Architectural Collection, Bd. 2). Nützlich ist auch der Katalog der Sammlung Cappelletti am Sitz des CISA in Vicenza (Giovanni Maria Fara und Daniela Tovo, *La raccolta palladiana Guglielmo Cappelletti del Centro Internazionale di Studi di architettura Andrea Palladio di Vicenza*, Vicenza 2001).

Das Thema 'Palladio und die moderne Architektur' führte nur vereinzelt zu einschlägigen Publikationen. (Vgl. dazu: Werner Oechslin, Die Architekturauffassung Palladios und ihre Aktualität, in: *Neue Heimat Monatshefte*, 28 (1981), 1, S. 34–45 sowie die Beiträge des Autors im Katalog *Palladio nel Nord Europa*.) Die kritische Auseinandersetzung mit der früheren Palladioforschung hat kaum begonnen. (Verdienstvoll: Elena Filippi und Lionello Puppi (Hg.), *Fritz Burger, Le Ville di Andrea Palladio*, Turin 2004; ergänzt mit: Elena Filippi, *Fritz Burger (1877–1916). Arte come critica – Critica come arte*, Rom 2006). Zum modernen Verständnis Palladios bleibt unabdingbar das Studium von: Rudolf Wittkower, *Architectural Principles in the Age of Humanism* (London 1949) sowie: Colin Rowe, *The Mathematics of the Ideal Villa and Other Essays*, Cambridge, Mass./London 1976. Man vergleiche dazu und zum neuerlichen, kurzfristigen Neo-Palladianismus des englischen Brutalismus und zur weiteren Entwicklung: Werner Oechslin (Hg.), *Peter Eisenman. Die formale Grundlegung der modernen Architektur*, Zürich/Berlin 2005. Zu Palladio und zur 'Neuen Berliner Bauschule' sei verwiesen auf: Walter Curt Behrendt, *Alfred Messel*, Berlin 1911.

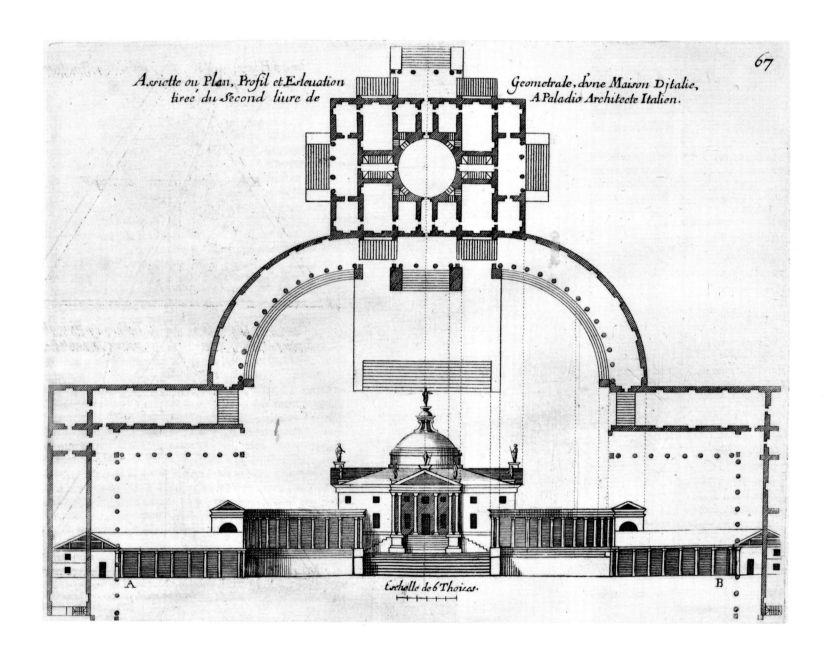

Abraham Bosse nach Andrea Palladio (*Quattro Libri,* II, 60), «Assiette géometrale d'une Maison», Villa Trissino in Meledo von Palladio, in: Abraham Bosse, *Traité des Pratiques Géometrales et Perspectives, enseignées dans l'Académie Royale de la Peinture et Sculpture*, Paris 1665, Taf. 67

Namensregister

Aa, Peter van der 216
Achill 19
Alberti, Leon Battista 39, 69–72, 76, 81, 95, 100, 118, 183, 321–322
Aldrich, Henry 66, 290
Alembert, Jean Baptiste Le Rond d' 15, 26
Alexander der Grosse 19
Alexander I. Pawlowitsch, Kaiser von Russland 19
Alexander, Christopher 91
Algarotti, Francesco 45–46, 160, 220, 232
Almerico, Paolo 190
Anguissola, Francesco 24
Anne, Königin von England 221
Apoll 19, 233, 252
Archer, Thomas 221
Aristides 100
Aristipp 84
Aristoteles 70, 219
Arundel, Thomas Howard, 21. Earl of 251
Athene 220

Bacon, Francis 219, 251
Bacon, Roger 198
Banham, Reyner 115, 321–324
Barbaro, Daniele 24, 31, 58, 69–70, 72, 75–77, 81, 83–85, 88–89, 94–95, 97–98, 100–101, 103, 106–107, 110, 114, 117–120, 122, 183, 210, 321
Barca, Alessandro 41–42
Barozzi, Francesco 75, 77, 119
Bassi, Martino 58
Batteux, Charles, Abbé 16, 94, 183
Bauch, Kurt 322
Behrendt, Walter Curt 313–314, 320
Behrens, Peter 119–120, 308, 312–313
Bellori, Giovanni Pietro 57
Bellucci, Antonio 266
Bembé, Carl August 117
Berlage, Hendrik Petrus 197, 285, 296, 298
Bernini, Gian Lorenzo 220
Bertani, Giovanni Battista 58
Bertotti Scamozzi, Ottavio 286
Bienefeld, Heinz 320
Bissari 24
Blondel, François 41, 107, 118, 159, 162–163, 172–173, 182–183, 194, 291
Blondel, Jacques-François 114, 119, 285, 308
Bocchi, Francesco 107
Böckler, Georg Andreas 127, 136–137, 140, 144, 160, 163
Boldrini, Francesco 27
Bolingbroke, Henry St. John, 1. Viscount 221
Borgnis, M. J.-A. 283
Borromini (Francesco Castelli) 92, 220
Bosboom, Simon 197, 212, 216
Bose, G. 128
Bosse, Abraham 172
Boullée, Etienne-Louis 26, 101, 110
Boumann, Jan 203
Bramante, Donato 59, 220, 246
Braque, Georges 289
Brenner, Klaus-Theo 326
Breysig, Kurt 122
Briseux, Charles-Etienne 160–161, 183, 194, 308
Britannia 220
Brogiollo, Marc'Antonio 161
Brosses, Charles de 46
Brown, John 251, 270
Brunelleschi, Filippo 46
Burckhardt, Jacob 314, 320, 326

Burger, Fritz 324
Burlington, Richard Boyle, 3. Earl of 27, 31, 199, 232–233, 251–252, 266

Calderari, Ottone 24, 26–27, 31, 39, 41, 127, 291
Campen, Jacob van 197, 199, 211–212
Campbell, Colen 198, 219–221, 232–233, 238, 246, 248, 251
Canaletto (Giovanni Antonio Canal) 45–46
Canina, Luigi 114
Canova, Antonio 26–27
Capra, Marzio, Conte 25, 251
Chandos, James Brydge, 1. Duke of 266
Cicero 16, 57, 67
Cipriani, Giovanni Battista 291
Clérisseau, Charles-Louis 114
Colbert, Jean-Baptiste 172–173
Cole, Benjamin 251
Condillac, Etienne Bonnot de 91–95
Cordemoy, Gérauld de 41
Coussin, Jean Antoine 26, 189, 194
Coxe, William 232
Ctesibius 144

Decker, Paul 140
Desgodets, Antoine 110–112, 114, 159
Diderot, Denis 15, 26
Diedo, Antonio 26, 46
Doesburg, Theo van 122, 286–287, 323
Donaldson, Thomas Leverton 112
Droysen, Johann Gustav 122
Du Bois, Nicholas 251
Dümler, Jeremias 144
Durand, Jean-Nicolas-Louis 87, 93–94, 114, 190, 266, 283, 285–287, 291, 308
Dürer, Albrecht 77, 197

Eesteren, Cornelis van 287
Ehrenberg, Carl Ferdinand von 285
Eisenman, Peter 91, 323–324
Endter, Georg Andreas 137, 140, 144
Euklid 75, 77
Evelyn, John 140, 251

Fairfax, Charles 66
Falda, Giovanni Battista 71
Fea, Carlo 111–112
Félibien, André 41, 163
Ferrari, Giovanni Battista 140
Ferrerio, Pietro 71
Fibonacci, Leonardo 322
Fichte, Johann Gottlieb 20, 24
Fischer, Manfred 324, 326
Fischer von Erlach, Johann Bernhard 136
Florinus, Franz Philipp 136
Fontana, Carlo 232
Forsyth, Joseph 285
Fortmann-Drühe, Nicola 58
Franz I., König von Frankreich 76
Franzen, Ulrich 324
Fréart de Chambray, Roland 60, 127, 137, 140, 159, 161–163, 190
Friedrich II., König von Preußen 19
Fürst, Paul 144
Furttenbach, Joseph 128

Gabriel, Jacques-Ange 188
Galland, Georg 216
Gans, Eduard 88

Gasparoni, Francesco 291
George I., König von Grossbritannien 219, 221, 232
George II., König von Grossbritannien 219, 220, 232
Gerhard, Eduard 112
Gibbs, James 232, 266
Gilliver, L. 260
Giorgi, Francesco 107
Glotsch, Ludwig Christoph 140
Goethe, Johann Wolfgang von 46–47, 91, 120, 122, 283, 321, 326
Goldmann, Nicolaus 127–128, 135–137, 140, 160, 172
Gosse, Pierre 46
Gozze, Nicolò Vito di 107
Gräff, Werner 119
Granpré Molière, Marinus Jan 197
Grassi, Giorgio 326
Gravesande, Arent van s' 212
Groot, Jan Hessel de 197–198
Gropius, Walter 285, 320–321
Gurlitt, Cornelius 286, 308, 320
Gwynn, John 220

Halfpenny, William 41
Hansen, Christian Frederik 67
Hardouin-Mansart, Jules 220
Harris, John 248
Hawksmoor, Nicholas 221, 248
Hegel, Georg Wilhelm Friedrich 88
Hegemann, Werner 120, 122
Heidegger, Martin 100
Heigelin, Karl Marzell 296
Henderson, Nigel 322
Herder, Johann Gottfried 84, 100
Herkules 19
Hermes 220
Hermogenes 107
Heron von Alexandrien 144
Heyne, Christian Gottlob 67
Hoeber, Fritz 119, 308, 312
Hoesli, Bernhard 287, 323
Hoffmann, Ludwig 122, 313
Hogarth, William 232, 238, 260
Hollein, Hans 324, 326
Hollis, Thomas 220
Hooke, Robert 203
Horaz 58
Huet, J. C. 190, 210
Hume, David 87
Husserl, Edmund 87–89, 93, 95

Iselin, Jacob Christoff 127

Jaeger, Werner 321
James, John 221
Jefferson, Thomas 159, 268
Jenkyns, Tobias 246
Johnson, Philip 324
Jombert, Charles-Antoine 140
Jones, Inigo 27, 31, 220, 232, 248, 251–252, 260
Joseph Bonaparte, König von Neapel und Spanien 19
Jupiter 19
Juvarra, Filippo 58

Kain 103
Kant, Immanuel 16
Kent, William 220, 232–233, 238, 252, 266
Kepler, Johannes 251
Klopfer, Paul 321
Krier, Rob 326

Kues, Nikolaus von 326
Kugler, Franz 20

Labacco, Antonio 110
Laguerre, Louis 266
Laugier, Marc-Antoine 41, 118, 298
Lauwericks, Johannes L. M. 312
Lavoisier, Antoine Laurent de 91–93
Le Blond, Jean 159
Le Corbusier, (Charles-Edouard Jeanneret) 16–17, 39, 71, 97, 100–101, 106, 115, 118, 122, 198, 287, 289, 298, 312, 314, 322–324, 326
Le Muet, Pierre 140, 144, 159–160, 163, 190, 251
Le Pautre, Antoine 160
Le Roy, Philibert 41
Ledoux, Claude-Nicolas 19–20, 189–190, 266, 326
Legrand, Jacques-Guillaume 103, 114, 266, 268, 283, 285
Leoni, Giacomo 46, 140, 251, 286
Libeskind, Daniel 324
Lichtenstein, Roy 326
Locke, John 233
Lodoli, Carlo 41–42
Lombardelli, Orazio 211
Ludwig XIV., König von Frankreich 160–161, 220
Lysipp 27, 31

Magnago Lampugnani, Vittorio 326
Mannheimer, Franz 313
Marinello, Giovanni 85
Marlborough, John Churchill, 1. Duke of 251
Mars 19, 246
Martin, Edme 162
Mayer, Johann Friedrich 100
Mebes, Paul 314, 321
Messel, Alfred 313–314, 320
Methuen, Paul 246
Meyer, Friedrich Johann Lorenz 67
Michelangelo (Michelangelo Buonarroti) 27, 46, 120, 122, 220, 266
Mieras, J. P. 197
Mies van der Rohe, Ludwig 106, 115, 119–120, 122, 198, 291, 312
Milizia, Francesco 25, 27, 188, 285, 290–291
Millon, Henry A. 324
Minerva 27
Mitchell, William J. 87
Mocenigo, Leonardo 286
Mondrian, Piet 119, 197, 323
Montenari, Giovanni 251
Monti, Vincenzo 19, 24
Moore, Charles 320, 324
Moore, John 221
Morris, Robert 248
Muche, Georg 326
Müller, Karl Otfried 112
Muthesius, Hermann 285, 324
Muttoni, Francesco 286

Napoleon I., Kaiser der Franzosen 15, 19, 31
Neufert, Ernst 91
Neumann, Gerd 324, 326
Normand, Charles-Pierre-Joseph 190

Olgiati, Valerio 326
Orme, Philibert de l' 137
Ostendorf, Friedrich 320
Osthaus, Karl Ernst 312
Oud, Jacobus Johannes Pieter 197
Ouvrard, René 183
Oxford, Edward Harley, 2. Earl of 232
Ozenfant, Amedée 16, 71, 198, 289

Palaiseau, J.-L.-G. 190
Palladio (Andrea di Pietro della Gondola) 15–17, 21, 24–27, 31, 39, 41–42, 45–47, 57–60, 63, 66–67, 69–72, 75–77, 81, 83–85, 87–89, 91–95, 97–98, 100–101, 103, 106–107, 110–112, 114–115, 117–120, 122, 127–128, 135–137, 140, 144, 159–161, 163, 172–173, 182–183, 188–190, 194, 197–198, 203, 210–211, 219–221, 232, 238, 246, 248, 251–252, 260, 266, 268, 283, 285–287, 289–291, 296, 298, 308, 312–314, 320–324, 326
Palladius, Rutilius Taurus Aemilianus 128
Pallas 137, 140, 246
Paolozzi, Edoardo 322
Patrizi, Francesco 107
Paxton, Joseph 112
Pembroke, Henry Herbert, 9. Earl of 232–233
Perrault, Claude 107, 182–183
Pesci, Prospero 45
Pevsner, Nikolaus 248
Phidias 27, 31
Piranesi, Giovanni Battista 45, 58–59
Platon 19, 70
Platz, Gustav Adolf 122
Plinius 100, 128
Polidoro, Virgilio 100
Pompei, Alessandro 41, 107, 110–112, 199, 211, 220
Pope, Alexander 232, 238, 252, 260, 266
Portoghesi, Paolo 324
Possevino, Antonio 210–212
Post, Pieter 216
Poussin, Nicolas 162
Praxiteles 27, 31
Priscianus 83–84
Proclus 77
Pythagoras 19, 84, 119

Quarenghi, Giacomo 41, 46
Quatremère de Quincy, Antoine Chrysostome 15–16, 47, 57, 59–60, 63, 66–67, 88, 188–189, 194, 286, 290

Raphael (Rafaello Santi) 27, 220, 233, 238, 266, 290
Redlob, Edwin 122
Reed, Henry Hope 324
Reichlin, Bruno 326
Reinhart, Fabio 326
Rembrandt, Harmensz van Rijn 198
Richards, Godfrey 159–160, 251
Richardson, Jonathan 119, 233, 238, 248, 252
Richter, Hans 119
Rickert, Heinrich 122
Rigato, Andrea 19, 24–27, 41
Ripley, Thomas 232
Rose, Hans 321
Rosenberg, Léonce 198, 289
Rossi, Aldo 46, 326
Rowe, Colin 91, 287, 289, 322–324
Rubens, Peter Paul 198, 216

Salmon, William 41, 160
Salvi, Nicola 58
Sandrart, Johann Jakob 71, 136, 140
Sangallo, Giuliano da 101
Sanmicheli, Michele 27
Sansovino, Jacopo 189
Saraceno, Giovanni Carlo 76, 107
Savot, Louis 163, 172
Scamozzi, Vincenzo 24, 26–27, 31, 70, 94, 115, 127–128, 137, 140, 159–160, 172–173, 189, 197–198, 203, 210–212, 216, 220, 251, 285, 308
Scheffler, Karl 198, 308
Schinkel, Karl Friedrich 20–21, 24–25, 46, 314, 321
Schmarsow, August 285
Schoenmaekers, Mathieu H. J. 119, 197, 198
Schopenhauer, Arthur 58
Schubert, Otto 117
Schultze-Naumburg, Paul 314, 320
Schwenter, Daniel 144

Sedlmayr, Hans 91–92
Selva, Giannantonio 27
Selvatico, Pietro Estense 107
Semper, Gottfried 291
Seneca 212
Serlio, Sebastiano 75–77, 84, 94, 107, 110–111, 140, 159, 197, 246
Sesso 24
Shaftesbury, Anthony Ashley Cooper, 1. Earl of 233
Shaftesbury, Anthony Ashley Cooper, 3. Earl of 183, 211, 233, 238, 270
Simonetti, Michelangelo 290
Size, Emanuel de 221
Slutzky, Robert 287
Smith, Console 286
Smith, Thomas Gordon 324
Smithson, Alison und Peter 322
Sobro, Alexandre 190
Stanhope, James 246
Stern, Robert A. M. 324
Stirling, James 322
Stockmeyer, Ernst 324
Sturm, Johann Christoph 144
Sturm, Leonhard Christoph 128, 135–137, 140, 144
Sublet de Noyers, Monseigneur 161
Sulzer, Johann Georg 16, 26, 41
Summerson, John 324

Talman, William 221
Terragni, Giuseppe 91, 323
Tessenow, Heinrich 98, 100
Thiersch, August 312
Thornhill, Sir James 266
Townshend, Charles Viscount 221
Trip, Louys und Hendrick 216
Trissino, Giangiorgio 24, 83–84, 94, 127

Uhl, Johannes 326
Ungers, Oswald Mathias 326

Vanbrugh, Sir John 221, 248
Vanvitelli, Luigi 58
Velo, di 24
Vergil 19
Vertue, George 232
Vidmani, Gebrüder 161
Vignola, Jacopo Barozzi da 17, 39, 41, 77, 94, 115, 137, 140, 159, 173, 189–190, 216, 266, 291
Vinckenboons, Pieter 216
Vingboons, Johannes 216
Vingboons, Justus 199, 203, 216
Vingboons, Philip 199, 203
Viola Zanini, Giuseppe 137
Visentini, Antonio 211, 291
Vitruv 41–42, 45–46, 57–59, 63, 69–72, 75–77, 81, 83–85, 88, 95, 97–98, 100–101, 106–107, 110, 114, 117–118, 137, 159, 172–173, 182–183, 210, 219, 248, 260, 298
Voch, Lukas 94
Volkamer, Gottlieb 127, 137, 140

Waldkirch, Jean Louis de 144
Walpole, Horace 221, 232–233, 252
Walpole, Sir Robert 221, 232
Ware, Isaac 232, 251
Webb, John 203
Weinbrenner, Friedrich 94, 308
Weisbach, Werner 322
Wellem, Jan 251
Westmoreland, John Fane, 7. Earl of 25
Wetstein, Henry 144
Wittkower, Rudolf 39, 88, 322–324
Wölfflin, Heinrich 283, 320–321
Wotton, Sir Henry 219, 232, 251
Wren, Sir Christopher 221
Windham, William 246

Ortsregister

Altona 67
Amsterdam 144, 159, 199, 216, 233
    Börse 197
    Rathaus 199, 216
    Tripsches Haus 216
Assisi, Minervatempel 190
Athen 322
    Parthenon 289
Austin (Texas) 287
Bassano 41
Berlin 312
    Turbinenhalle der AEG 119, 312–313
    Pergamonmuseum 320
    Warenhaus Wertheim 314
Bologna 45
Cambridge (England) 323
Caprarola 216
Charlottesville (Virginia), Monticello 268
Chicago, IIT-Chapel 119–120, 291, 312
Chiswick, Chiswick House 136, 232, 252
Coventry, Cathedral 322
Den Haag 46, 221
    Mauritshuis 211
Dresden 45
Düsseldorf 251
Enochia 103
Florenz, Palazzo Pitti 216
Frankfurt am Main 140, 322
Fusina, Villa Malcontenta 323
Garches, Villa Stein 322
Genf, Völkerbundspalast 100
Genua 140, 216
Göttingen 67
Greenwich
    Banqueting House 220
    Queen's House 251
Hamburg 67
Hannover 221
Herrenhausen 221
Houghton, Houghton Hall 232
Köln-Wesseling 320
Kopenhagen 67, 251
Kupferzell 100
Leiden 212, 216
Leningrad 122
London 41, 112, 159, 203, 220–221
    Banqueting House 251
    Crystal Palace 112, 114
    Saint Paul's Cathedral 160, 221
    Whitehall 220, 251
Lonigo (Vicenza), Rocca Pisana 128
Luxemburg, Haus Dickes 326
Mailand 39, 322
Meledo (Vicenza), Villa Trissino 128, 135–136, 172
Mereworth, Mereworth Castle 136, 232
Metz 308
Neapel 233
Nervi 140
New Orleans, Piazza d'Italia 320, 324
New York 324
Nîmes
    Dianatempel 163
    Maison Carrée 190
Nürnberg 71, 136–137, 140, 144
    Frauenkirche 308
Oxford 66
Padua 21, 41
    Villa Molin alla Mandria 128

Paris 67, 111, 120, 160, 183, 190
    Barrières 19, 190
    Louvre 107, 161, 182
Poggio a Cajano, Villa Medici 101
Potsdam 21, 58, 140, 203
    Altes Rathaus 203
Prag 251
Rhodos 84
Rom 26–27, 41, 45, 57–58, 66–67, 75–76, 110, 127, 140, 160, 162, 199, 220, 233, 252
    Kolosseum 26
    Pantheon 27, 111–112
    Sankt Peter 26, 221
Rothenburg, Rathaus 321
Salisbury 232
Santorso, San Orso 291
Stendal, Dom 308
Stockholm 203
    Riddarhuset 203
Strassburg 308
Stuttgart 326
Torricella, Casa Tonini 326
Tunbridge Wells 25
Utrecht 221
Vatikan 26, 290
Venedig 21, 45, 162, 199, 216
    Rialtobrücke 45
    Il Redentore 298
    San Francesco della Vigna 107
    San Giorgio Maggiore 21
Verona, Atrio del Seminario 31
Versailles 220
    Petit Trianon 188
Vicenza 17, 19, 21, 26–27, 45–46, 127, 161–162, 211, 251, 312
    Basilica 26, 42, 57, 197, 321, 326
    Casa Cogollo 326
    Palazzo Angarano 203
    Palazzo Barbarano 31, 71
    Palazzo Chiericati 31, 42, 46, 120, 183
    Palazzo Cordellina 31
    Palazzo Iseppo Porto 31
    Palazzo Valmarana 31, 246
    Palazzo Thiene 122, 320
    Teatro Olimpico 46
    Triumphbogen auf dem Campo Marzo 46
    Villa Rotonda 25, 88, 122, 128, 135–136, 140, 160, 190, 232, 251, 285, 289, 320–321, 323–324, 326
Wanstead, Wanstead House 248
Weimar 326
Wilton, Wilton House 232
Wolfenbüttel 128
Wollerau, K+N Haus 326
Woolterton, Woolterton Hall 232
Wörlitz 140
Zürich 197, 323

Bildnachweis

© Stiftung Bibliothek Werner Oechslin, Einsiedeln, Foto Robert Rosenberg, Einsiedeln: S. 8, 16, 17, 18, 20, 21, 22–23, 24, 25, 26 oben, 26 unten, 27 oben, 27 unten, 28–29, 30, 38, 40, 43, 56, 61, 62, 64, 65, 66, 67, 68, 73, 74, 78–79, 80, 82, 84, 85, 86, 88, 89, 90, 92, 93, 95, 96, 98 oben, 98 unten, 99, 102, 104–105, 106, 108–109, 110, 111, 112, 113, 115, 116, 120, 121, 123, 126, 130, 131, 132, 133, 134, 135, 138, 139, 140, 158, 160, 161 links, 161 rechts, 162, 163, 164, 165, 166–167, 167 rechts, 168, 169, 170, 171, 172, 173, 174–175, 182, 184–185, 186, 187, 188, 189, 190, 191, 194, 195, 196, 198, 199, 200–201, 201 rechts, 202, 203 links, 203 rechts, 204–205, 210 links, 210 rechts, 211 links, 211 rechts, 214–215, 217 oben, 217 unten, 218, 220, 222–223, 228–229, 233, 234–235, 236, 237, 238 links, 238 rechts, 239, 240–241, 248, 249, 250 oben, 250 unten, 252, 253 oben, 253 unten, 254–255, 256–257, 258–259, 262 links, 262–263, 264–265, 266 links, 266 rechts, 267, 268, 269, 270, 271, 282, 284 oben, 284 unten, 285, 287 links, 287 rechts, 288, 289, 290, 291, 292 oben, 292 unten, 293, 294 oben, 294 unten, 294–295, 296 links, 296 rechts, 297, 308, 309, 310, 311, 312 links, 312 rechts, 313 links, 313 rechts, 314, 315, 320, 321, 322 links, 323 links, 323 rechts, Umschlag Rückseite

Agence Photographique de la Réunion de Musées Nationaux, Paris: S. 180, 181

Arcaid, Kingston upon Thames, Surrey: S. 260, 261

Archivio Arsenale, San Giovanni Lupatoto (VR): S. 129

Archivio fotografico Soprintendenza PSAE di Parma e Piacenza, foto Galloni e Medioli: S. 44 su concessione del Ministero per i Beni e le Attività culturali – Soprintendenza PSAE di Parma e Piacenza

Archivision, Montreal: S. 176–177, 192, 193

Bildarchiv Monheim, Krefeld: S. 145, 146–147, 148–149, 150–151, 152–153, 154–155, 178–179, 206–207, 208–209, 224–225, 226–227, 231, 242–243, 244, 298, Umschlag Vorderseite

Cameraphoto, Venedig: S. 32–33, 34, 35, 36–37, 48, 49, 50, 51, 52, 53, 54, 55

Centro Internazionale di Studi di Architettura Andrea Palladio, Vicenza: S. 142–143, 230

Chatsworth Settlement Trustees: S. 246, 247

Edwin Smith/RIBA Library Photographs Collection, London: S. 245

Eisenman Architects, Photo Norman McGrath, New York: S. 316–317, 318–319

Fondation Le Corbusier (FLC), Paris: S. 299, 300–301, 302–303, 304–305, 306–307

Jefferson Foundation Monticello/Thomas Jefferson Fondation, Inc, Robert C. Lautman/Thomas Jefferson Fondation, Inc.: S.S. 272–273, 274–275, 276–277, 278–279, 280–281

Privatbesitz: S. 14

Roeland Koning: S. 212

Valerio Olgiati, Archiv des Architekten, Flims: S. 327

Walther Schoonenberg: S. 213

Wissenschaftliches Bildarchiv für Architektur, Berlin: S. 156–157, 289